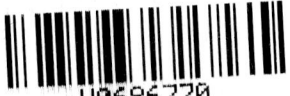

革命文献与民国时期文献
保护计划

成果

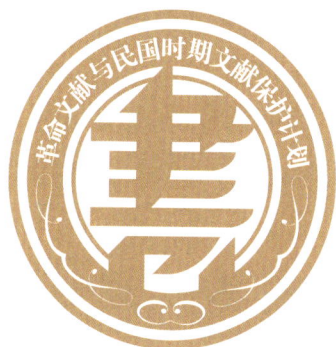

國家圖書館出版社　編

社會部公報兩種

第四冊

國家圖書館出版社

第四册目録

社會部總務司　編

社會部公報

第九期

重慶：中華民國社會部總務司，民國三十二年（1943）鉛印本

中華郵政登記認爲第一類新聞紙類

中華民國三十二年一月至三月

社會部公報

第九期

社會部總務司編印

國父遺像

國父遺囑

余致力國民革命，凡四十年，其目的在求中國之自由平等，積四十年之經驗，深知欲達到此目的，必須喚起民衆，及聯合世界上以平等待我之民族，共同奮鬥！現在革命尚未成功，凡我同志，務須依照余所著：建國方略，建國大綱，三民主義，及第一次全國代表大會宣言，繼續努力，以求貫澈！最近主張開國民會議，及廢除不平等條約，尤須於最短期間，促其實現，是所至囑。

社會部公報 第九期目錄

法規 附方案

命令

府令

部令

公牘

總務類

組織訓練類

組七字第四二七八八號 令各省市社會行政機關及合作主管機關 爲抄發工作競賽獎勵辦法暨照施行由

組一字第四三〇九五號 令湖南省民政廳 據湖南省社會處呈以桂東縣政府呈爲農民接待所行文程式圖記式樣如何規定請核示等情令仰轉飭知照由

組五字第四三三三四號 令中國染化工程學會等四團體 令飭該會暫停活動由

組五字第四三三三八號 令中華工商協進會等六團體 爲撤銷該會社組織令仰遵照由

組四字第四三七二〇號 令各省市社會行政機關 爲職業團體中心工作要點增列各種自由職業團體中心工作項目令仰飭遵由 一一八

社會部指令九件 …………………………………… 一二二

組六字第四〇二六七號 令福建省社會處 據電請解釋各級人民團體書記是否視同各級公務員並援例購領公米指令知照由

組工字第四一七三四號 令浙江省社會處 據呈資岩縣政府呈報麗江民船船員工會行文程式如何辦理一案令仰知照由

組三字第四一五八八號 令湖南省社會處 據呈請核示磁錢兩業可否合併組織公會一案令仰知照由

組三字第四三七四五號 令雲南省社會處 據轉請解釋醫藥兩業可否合組爲醫藥業同業公會疑義核飭轉知由

組五字第四三二〇四號 令重慶市社會局 據轉呈請示地方銀行與滙通訊處可否免予加入公會該核示一案核飭轉知由

組十字第四一六〇三號 令福建省社會處 據呈以臨海各縣處國防前線彼此距離不及四十華里之漁村各有設立漁分會之必要可否准予變通請核示合等情令仰遵照辦理由

組三字第四三二三七號 令福建省社會處 據電請核示縣市以下婦女會如何組織令仰遵照由

組三字第四三七二八號 令廣東省社會處 據轉呈核示組織商會疑義一案指令知照由

組五字第四三一九九號 令廣東省社會處 據呈請解釋宗祠蒸產整理委員是否屬社會行政範圍一案令仰遵照由

社會福利類

社會部呈一件 …………………………………… 一二四

福三字第四〇六八〇號 呈行政院 據爲呈請褒獎衡陽縣萬部社會服務處協進會會員李同榮捐資興辦社會福利事業乞鑒核令遵由

社會部咨一件 …………………………………… 一二五

合作事業類

附錄

附錄

法規

修正公務員服務法第十三條第二十二條第二十三條及第二十四條條文

三十二年一月四日國民政府公布

第一三條　公務員不得直接或間接經營商業或投機事業但兼任公營事業機關或特種股份有限公司代表官股之董事監察人不在此限

公務員投資於農工礦事業而為股份有限公司股東兩合公司或股份兩合公司之有限責任股東者不以經營商業論

公務員利用權力公款或公務上之秘密消息而經營商業者依刑法第一百三十一條處斷其他法令有特別處罰規定者依其規定

公務員違反第一項或第二項之規定者應先予撤職

第二二條　公務員有違反本法者應按情節輕重分別予以懲處其觸犯刑事法令者並依各該法令處罰

第二三條　公務員有違反本法之行為該管長官知情而不依法處置者應受懲處

第二四條　本法於受有俸給之文武職公務員及其他公營事業機關服務人員均適用之

職工福利金條例

三十二年一月二十六日國民政府公布

第一條　凡公營私營之工廠礦場或其他企業組織均應提撥職工福利金辦理職工福利事業

第二條　工廠鑛場或其他企業組織提撥職工福利金依左列之規定
一　創立時就其資本總額提撥百分之一至百分之五
二　每月比照職員工人薪津總額提撥百分之二至百分之五
三　每月於每個職員工人薪津內各扣百分之〇・五
四　營業年度結算有盈餘時就盈餘項下提撥百分之五至百分之十
五　下脚變價時提撥百分之二十至四十
前項第一款及第四款之規定於不以營利為目的之公營事業不適用之
第三條　無一定僱主之工人應由所屬工會就其會費收入總額提撥百分之三十為福利金必要時得呈請主管官署酌予補助
第四條　辦理職工福利事業成績優異者得由主管官署酌予奬助金
第五條　職工福利金之保管動用應由各工廠鑛場或其他企業組織設置職工福利委員會負責辦理
前項職工福利委員會應有工會代表參加其組織規程由社會部定之
依第二條規定辦理之福利事業準用前二項之規定
第六條　工廠鑛場或其他企業組織及工會應於每年年終分別造具職工福利金收支表册公告之並呈報主管官署備查必要時主管官署得查核其賬簿
第七條　職工福利金不得移作別用
第八條　職工福利金不得沒收
第九條　職工福利金有優先受清償之權
第一〇條　因保管人之過失致職工福利金受損失時保管人應負賠償責任
第一一條　違反第二條第三條之規定不為提撥或提撥不足額者除由主管官署責令提撥外處負責人以一千元以下罰鍰
第一二條　違反第六條之規定處負責人以五百元以下罰鍰

第一三條　對於職工福利金有侵佔或其他舞弊情事者依刑法各該條之規定從重處斷

第一四條　本條例自公布日施行

新聞記者法（三十二年二月十五日國民政府公布）

第一條　本法所稱新聞記者謂在日報社或通訊社担任發行人撰述編輯採訪或主辦發行及廣告之人

第二條　依本法聲請核准領有新聞記者證書者得在日報社或通訊社執行新聞記者之職務

第三條　具有左列各款資格之一者得申請給予新聞記者證書

（一）在教育部認可之國內外大學或獨立學院之新聞學系或新聞專科學校畢業得有證書者

（二）除前款外在教育部認可之國內外大學獨立學院或專門學校修習文學教育社會政治經濟或法律各學科畢業得有證書者

（三）曾在公立或經立案之大學獨立學院專門學校任前二款各學科教授一年以上者

（四）在教育部認可之高級中學或舊制中學畢業並曾執行新聞記者職務二年以上有證明文件者

（五）曾執行新聞記者職務三年以上有證明文件者

第四條　有左列情事之一者不得給予新聞記者證書其已領有新聞記者證書者撤銷其證書

（一）背叛中華民國證據確實者

（二）因違反出版法第二十一條之規定或因貪污詐欺行爲被處徒刑者

（三）禁治產者

（四）褫奪公權者

（五）受新聞記者公會之會員除名處分者

（六）國內無住所者

第五條　聲請給予新聞記者證書者應於聲請書載明左列各款事項向內政部爲之

（一）姓名性別年齡籍貫現在住址及永久通訊處

(二)學歷經歷

(三)曾執行新聞記者職務者其所服務報社或通訊社之名稱地址及開始執行職務之年月與其服務期間

第六條　本法施行前在日報社或通訊社執行新聞記者職務者應於本法施行後三個月內聲請給予證書在其聲請未被駁回前得照常執行職務

第七條　新聞記者應加入其執行職務地之新聞記者公會或聯合公會其地無公會者應加入其鄰近市縣之新聞記者公會

第八條　市縣新聞記者公會以在該管區域內執行職務之新聞記者十五人以上之發起組織之其不滿十五人者應聯合二以上之縣或與市共同發起組織之

第九條　省新聞記者公會得由該省內縣市公會或其聯合公會五個以上之發起及全體過半數之同意組織之其縣市公會及其聯合公會不滿五單位者得聯合二以上之省共同組織之

第一〇條　全國新聞記者公會聯合會得由省或其聯合公會或院轄市公會十一個以上之發起及全體過半數之同意組織之

第一一條　在同一區域內同級之新聞記者公會以一個為限

新聞記者公會之會員以領有證書而現執行職務之新聞記者為限

第一二條　新聞記者公會之任務如左

(一)關於新聞學術及新聞事業之研究與發展事項

(二)關於三民主義之闡發與國策之推進事項

(三)關於宣揚政令與協助政府之宣傳事項

(四)關於社會文化之促進與地方風習之改良事項

(五)關於新聞記者品德之砥礪與風紀之整飭事項

(六)關於新聞記者共同利益之維護增進事項

第一三條　新聞記者公會之主管官署為各級社會行政機關其目的事業並受有關機關之指揮監督

第一四條　新聞記者公會設理事監事其名額如左

（一）縣市公會或其聯合公會理事三人至九人監事一人至三人

（二）省公會或其聯合公會或院轄市公會理事九人至十七人監事三人至五人

（三）全國公會聯合會理事十一人至二十一人監事五人至九人

前項各款理事監事之任期不得逾三年連選得連任一次

第一五條　市縣新聞記者公會或其聯合公會每年開會員大會一次省以上之新聞記者公會每年開會員代表大會一次必要時得因理事會之決議或經全體會員三分之一以上之請求召開臨時大會

第一六條　新聞記者公會得向會員徵收入會金及常年會費有必要時並得經主管官署之核准籌集事業用費新聞記者公會每年度終應將財產狀況報告主管官署並刊布之

第一七條　新聞記者公會應訂立章程連同會員名册及職員簡明履歷册各一份呈請主管官署立案

第一八條　市縣新聞記者公會或其聯合公會之章程應載明左列各款事項

（一）名稱區域及會所所在地

（二）宗旨組織任務或事業

（三）會員之入會及出會

（四）理監事名額權限任期及其選任解任

（五）會員大會及理事會監事會會議之規定

（六）會員應遵守之公約

（七）經費及會計

（八）章程之修改

省以上新聞記者公會之章程除準用前項規定外並應記載會員代表產生之方法

第一九條　新聞記者公會會員大會或會員代表大會或理事會監事會之決議有違反法令者得由主管官署撤銷之

第二〇條　新聞記者於職務上或風紀上有重大之不正行爲得由所屬公會全體會員三分二以上之出席出席會員四分

第二〇條　三以上之同意於會員大會議決將其除名

第二一條　新聞記者於法律認許之範圍內得自由發表其言論

第二二條　新聞記者不得有違反國策不利於國家或民族之言論

第二三條　新聞記者不得利用其職務爲詐欺或恐嚇之行爲

第二四條　新聞記者於其職務解除前不得兼任官吏

第二五條　新聞記者應於開始執行職務後十日內將證書及所加入之新聞記者公會會員證繳由所服務之日報社或通訊社報請市縣政府查驗後轉請登記其變更所服務之日報社或通訊社或解除職務後而復執行者亦同

第二六條　新聞記者執行職務於受有查驗證書之命令時非有正當理由不得拒絕

第二七條　未經領有證書而執行新聞記者職務者除停止其職務外處二百元以下罰鍰但第六條所定情形不在此限

第二八條　新聞記者違反第二十二條至第二十四條之規定者撤銷其證書

第二九條　新聞記者違反第二十五條之規定者處五十元以下罰鍰

第三〇條　本法施行細則由內政部會同社會部定之

第三一條　本法施行日期以命令定之

非常時期公務員考績條例

三十二年二月廿六日國民政府公布

第一條　非常時期公務員之考績依本條例於年終行之但戰地或具有特殊情形地方之公務員不能依規定時間考績者得由各機關主管長官報經銓敍機關核准隨時補行之

第二條　各機關舉行精神動員成績依本條例規定考核之黨政軍機關人員小組會議與公私生活行爲輔導辦法規定之公務人員成績總檢閱報告表仍依其規定分別造報

第三條　依本條例考績之公務員以任現職至考績時滿一年並於考績核定前經依法審查合格者爲限任職不滿一年得以在同一機關所任經審查合格之同官等職務合併計算其具有左列各款情形之一者並得視爲在同一機關任職

第四條　一、縣長在同省內調用或轉調他省繼續任職者

人員每月三十元薦任人員每月二十元委任人員每月十元

二 司法人員在同一高等法院管轄下調用繼續任同官等職務者

三 外交人員在國內外調用繼續任同官等職務者

四 財務人員在同一管轄區內調用繼續任同官等職務者

五 省政府各廳處或市政府各局處人員調用繼續任同官等職務者

六 各縣政府以下人員在同省內調用繼續任職者

七 改組或擴充成立之機關其原有人員繼續任同官等職務者

八 在籌備期間任職至機關正式成立後繼續任同官等職務者

九 其他人員在同一覆核長官所屬各機關調用繼續任同官等職務者

第三條 各機關主管長官平時對於所屬公務員應就其工作操行學識隨時嚴密考核根據確實事蹟詳加記錄並得予以記功或記過

公務員平時記功三次者考績時以大功一次論平時記過三次者考績時以大過一次論有大功一次者由本機關明令嘉獎二次者由考試院明令嘉獎三次者由國民政府明令嘉獎有大過一次者減俸二次者降級三次者免職

公務員平時有特殊功績應記大功者由本機關主管長官隨時詳敍確實事蹟報由銓敍部核定其有重大過失應記大過者除依上述程序懲處外並得視其情節依法交付懲戒

平時所記功過考績時得互相抵銷至大功大過應否抵銷由本機關主管長官詳敍意見報由銓敍部核定

平時考核成績優異或低劣人員各機關應於每年六月及十二月底將考核結果並撮舉確實事蹟列冊彙送銓敍機關備查

第四條 公務員考績分工作操行學識三項以分數評定之其分數如左

一 工作五十分

二 操行二十五分

三 學識二十五分

第五條 依前條評定之各項分數合計為總分數依左列規定其獎懲

前項分數評定標準於施行細則中定之

一 總分數在八十分以上者簡任晉一級薦任委任晉二級

二 總分數在七十分以上者簡任酌給一個月俸額以內之一次獎金薦任委任晉一級

三 總分數在六十分以上者留級

四 總分數不滿六十分者降一級

五 總分數不滿五十分者免職

前項第一款人員不得超過該機關參加考績人數三分之一如有超過者由銓敘機關就分數較少人員核減之

其總分數在同官等中為最多或次多者除晉級外並得酌給兩個月俸額以內之一次獎金但簡任以一員薦任以二員委任以三員為限

總分數在六十分以上者均認為考績合格但其工作不滿三十分操行或學識有一不滿十五分者仍以不合格論分別酌予申誡記過或減俸

第六條 公務員考績分初核覆核由各機關主管長官就高級職員中指定若干人組織考績委員會並以一人為主席執行初核主管長官執行覆核但長官僅有一級或機關在戰地不能組織考績委員會者得逕由該長官考核

考績委員會執行初核應斟酌被考績人員直接長官之意見比較本機關全部被考績人員之成績根據平時記錄及獎懲於考績表內評定分數報由主管長官覆核決定獎懲

考績表經主管長官覆核後依其官等編冊密封彙送銓敘機關核定登記

考績表式由考試院定之

第七條 公務員因考績應晉級而無級可晉者依左列規定辦理

一 已晉至各該官等最高級之人員簡任給予年功加俸薦任委任給予簡任薦任待遇

二 已晉至各該職務最高級之人員給予年功加俸

年功加俸每年以一次為限其數額簡任人員每月三十元薦任人員每月二十元委任人員每月十元

第一項第一款薦任委任晉至各該官等最高級人員已滿三年者並得給予簡任薦任存記由銓敍部頒發存記狀其格式由考試院定之

第八條　公務員因考績應降級而無級可降者依其級差數目比照減俸

第九條　公務員因考績應晉級而具有左列情形之一者改給獎狀其格式由考試院定之

一　試署人員改為實授已予晉級至考績時未滿一年者

二　升任職務已予晉級至考績時未滿一年者

三　於考績舉行前業經晉級者

前項人員已晉之級不及第五條應晉之級時仍得依其分數增進

第一〇條　公務員繼續任現職在五年以上經三次考績總分數均在八十分以上者得由銓敍部呈請考試院給予獎章

第一一條　在戰地服務人員對於抗戰直接有關工作能按照任務確實完成卓著效績者考績時除依本條例給予獎勵外並得依勛章條例授予勛章

公務員在同一機關繼續服務滿十年經五次考績總分數均在八十分以上者除依勛章條例授予勛章外並得附給一個月俸額以內之一次獎金

第一二條　公務員考績由銓敍部省銓敍處或各省委任職公務員銓敍委託審查委員會分別辦理

各省委任職公務員銓敍委託審查委員會於辦理考績後應造具表册彙報銓敍部備案

第一三條　公務員考績分數或獎懲經銓敍機關認為有疑義時得派員查核或通知本機關詳敍事蹟或提出確實證明

第一四條　公務員考績獎懲經銓敍機關核定後通知本機關分別辦理並得自次年一月份起執行

第一五條　經考績合格之公務員於退職時得請由原服務機關轉請原考績機關發給考績合格證明書

考績合格證明書式由考試院定之

第一六條　辦理考績人員應嚴守秘密並不得徇私舞弊及遺漏舛錯違者依法分別懲戒

第一七條　各機關聘任派任或准予任用人員及其他不適用本條例考績之人員得由各該主管長官參照本條例之規定酌予考成

第一八條　本條例施行細則由銓敍部擬訂呈請考試院定之

第一九條　本條例自公布日施行

第一九條　本條例自公布日施行

社會部勞動局統計室組織規程（三十三年十二月二日國民政府核准）

第一條　本規程依照國民政府主計處組織法國民政府主計處辦理各機關歲計會計統計人員暫行規程暨中央各機關所屬機關統計室組織與辦事通則制定之

第二條　社會部勞動局統計主任辦事處所定名為社會部勞動局統計室

第三條　統計室之職掌如左

一、關於社會部勞動局統計冊籍圖表格式之制定及編製統計方法之推行事項

二、關於社會部勞動局統計資料之整理彙編事項

三、關於社會部勞動局統計報告之編纂事項

四、其他有關統計事項

第四條　統計室對於社會部勞動局之所屬機關統計事務應負責辦理左列各事項

一、關於所屬機關統計人員之指導監督事項

二、關於所屬機關統計工作之分配事項

三、關於所屬機關統計冊籍圖表格式之審查覈訂及編製統計方法之統一事項

四、關於所屬機關統計報告之審核彙編事項

五、關於所屬機關統計主任及人事報告之核轉事項

第五條　統計主任承主計長之命受主計處主管局長及社會部統計長之指導監督并依法受社會部勞動局局長之指揮主辦社會部勞動局之統計事務

第六條　統計室設科員三人至五人科員由勞動局統計主任呈送社會部統計長轉呈主計長任用之雇員由勞動局統計主任呈請社會部統計長派充之均承長官之命佐理各項事務

第七條　統計室因事務之需要得設股辦事由統計主任指定職員兼任股長辦理各股事務

第八條　統計室於必要時得呈准社會部勞動局局長委託局內及其所屬機關職員代行登記及調查或調用職員佐理

二〇九

各項事務

第九條　統計室得派定職員在社會部勞動局各處室抄錄有關統計之表冊文簿從事登記

第一〇條　統計室主任得出席社會部勞動局有關其職掌之各項會議

第一一條　統計室為謀統計事務與行政事務之聯繫起見得呈請社會部勞動局局長置統計委員會其組織規程另定之

第一二條　統計室辦事細則另定之

第一三條　本規程自呈奉核准之日施行

國家總動員會議組織條例

三十二年三月十一日國民政府修正公布

第一條　國民政府為綜理推動國家總動員依國家總動員法第二十九條之規定於行政院內設置國家總動員會議

第二條　國家總動員會議之職掌如左

一　籌劃國家總動員有關人力財力物力之統制運用并推動其業務

二　審議行政院所屬各主管機關國家總動員之方案計劃

三　調協行政院所屬各主管機關國家總動員工作之執行

四　聯繫非行政院所屬各機關國家總動員有關之工作

第三條　國家總動員會議以左列人員為委員

行政院副院長

中央黨部秘書長

國防最高委員會秘書長

中央設計局秘書長

黨政工作考核委員會秘書長

國民政府主計長

軍事委員會參謀總長副參謀總長

軍令部部長
後方勤務部部長
軍事委員會委員長侍從室各處主任
內政部部長
外交部部長
軍政部部長
財政部部長
經濟部部長
教育部部長
交通部部長
農林部部長
社會部部長
糧食部部長
司法行政部部長
行政院秘書長
行政院政務處長
四聯總處秘書長
本會議秘書長
其他由行政院院長指派之人員

第四條　國家總動員會議以左列各員爲常務委員
行政院副院長
中央黨部秘書長

軍政部部長
財政部部長
經濟部部長
交通部部長
農林部部長
社會部部長
糧食部部長
行政院秘書長
本會議秘書長
其他由行政院院長指派之人員

第五條 國家總動員會議每兩星期開常務會議一次必要時得召集臨時會議

第六條 國家總動員會議全體會議由行政院院長於必要時召集之

第七條 國家總動員會議常務會議及全體會議由行政院院長主席院長因事未能出席時由副院長代理之

第八條 國家總動員會議之決議及對外行文由行政院行之其他事務之處理用會議名義或秘書長名義行之

第九條 國家總動員會議設秘書長一人特派秉承院長副院長綜理本會議事務副秘書長二人均簡派輔助秘書長處理事務

第一〇條 國家總動員會議設參事五人至八人均簡派掌理本會議業務之綜合設計研究及有關法令之審核

第一一條 國家總動員會議設秘書四人至六人簡派或荐派承長官之命辦理指派事宜

第一二條 國家總動員會議設總務處處內設文書科事務科會計科議事科宣傳科

第一三條 國家總動員會議設物資處處內設生產科管制科物價科調查室分掌各項事務

第一四條 國家總動員會議設軍事人力財力運輸檢查五組分任各項調查研究審核及建議等工作

第一五條 國家總動員會議總務處設處長副處長各一人均簡派秘書二人荐派每科設科長一人均荐派科員二十五人

至三十五人荐派或委派

第一六條 國家總動員會議物資處設處長副處長各一人均簡派專員四人簡派或薦派室設主任二人簡派各科設科長一人荐派科員二十人至三十人荐派或委派

第一七條 國家總動員會議軍事人力財力運輸四組各設主任一人副主任一人均簡派專員二十人簡派或薦派組員四人至六人薦派或委派

檢查組之編制視其業務需要由本會議擬訂報請行政院定之

第一八條 國家總動員會議附設經濟檢查總隊掌理國家總動員有關糾查檢舉事項其編制由本會議擬訂報請行政院定之

第一九條 國家總動員會議職員除專任以外得向各有關機關調用之國家總動員會議得僱用辦事員及書記分派各科室組辦事

第二〇條 國家總動員會議設國民精神總動員會掌理關於激勵國民精神指導國民思想推進工作競賽及有關文化建設事項其編制由本會議擬訂報請行政院定之

第二一條 國家總動員會議得在各省市或其他必要地點設置特派員或專員二人至四人負調查聯繫督促之責

第二二條 國家總動員會議處務規程由本會議擬訂報請行政院定之

第二三條 本條例自公布日施行

兵役法

三十二年三月十五日國民政府修正公佈

第一章 總則

第一條 中華民國男子依本法皆有服兵役之光榮義務

第二條 兵役分為國民兵役常備兵役二種

第三條 男子自年滿十八歲之翌年一月一日起役至屆滿四十五歲之年十二月三十一日除役

第四條 凡身體畸形殘廢或有痼疾不堪服役者免服兵役

第五條 凡判處無期徒刑或褫奪公權終身者禁服兵役

第六條 國民兵役分左列三種

一 初期國民兵役 以男子年滿十八歲者服之為期二年

二 甲種國民兵役 以初期國民兵役期滿適合於常備兵現役所需之超額者服之

三 乙種國民兵役 以初期國民兵役期滿而未徵服常備兵役及甲種國民兵役者服之

前項第二款第三款國民兵役期限均至滿四十五歲止

第七條 常備兵役分左列二種

一 現役 以年滿二十歲至二十五歲經徵兵檢查合格征集入營者服之為期二年但步兵之軍士及特種兵特業兵為期三年

二 預備役 由現役期滿退伍者服之至年滿四十五歲止期滿除役

前項常備兵現役如為受軍訓合格之高中以上畢業學生其服務期為一年但特種兵特業兵為期一年又六個月

前二項常備兵現役於期滿後得志願留營

第八條 國民兵役於平時受規定之軍事教育戰時或事變時以命令召集服任左列勤務

一 作戰部隊之補充

二 輔助作戰勤務

三 地方治安

第九條 現役中有左列情事之一者予以停役至原因消滅時回役

一 身體疾病不堪行動在三個月內無健復之望者

二 判處有期徒刑或褫奪公權經核准停役者

第一〇條 現役中有左列情形之一者得延長其服役期間

第一〇條　五　戰時或事變之際

二　航海中或在國外勤務時

三　重要演習或特別校閱時

四　因天災或其他不可避免之事故時

第三章　管理

第一一條　軍政部為全國兵役行政主管機關內政部為全國兵役行政協管機關其他有關各部會署事項由關係各部會署會同辦理之

第一二條　為執行兵役事務劃分全國為各級管區分別設置管區司令部層隸於軍政部辦理各該管區內之兵役及其有關事務

第一三條　省政府院轄市市政府受軍政部內政部之指示監督協助管區司令部辦理兵役及其有關事務

省政府主席院轄市市長為省市征兵監督

第一四條　縣長及省轄市市長為縣市征兵官受上級管區司令部之指示監督辦理所管區內兵役及其有關事務

第四章　徵集

第一五條　男子年滿十八歲者為國民兵役及齡年滿二十歲者為常備兵現役及齡

常備兵現役及齡之年應受左列徵兵處理

一　身家調查

二　體格檢查

三　抽籤

四　徵集

前項徵兵處理由管區司令部會同院轄市市政府或縣市政府及有關機關組設徵兵委員會辦理之

第一六條　身家調查以鄉鎮為單位每年四月至六月舉行僑居國外之現役及齡男子其身家調查由駐外使館或領事館辦理之

第一七條 體格檢查每年七月至九月就本籍舉行如寄居他籍者得就寄居地行之
屆檢查之年因故未受檢查者於次年補行

第一八條 抽籤每年十月舉行凡體格等位相同者分別兵種依抽籤定其征集順序
前項抽籤由現役及齡男子親自行之其未到場者由征兵委員會代爲抽籤

第一九條 徵集就本籍舉行如寄居他籍者經呈報核准時得就寄居地行之
應征服現役者以每年一月一日爲正規入營期於必要時另定補助入營期

第二〇條 現役及齡男子有左列情形之一者得延期征集稱爲緩徵
一 因公出國在三年以內未能回國者
二 身體疾病不堪行動經證明確實者
三 直系血親尊親屬或配偶死亡未滿一個月者
四 專科以上學校肄業學生年未滿二十五歲者
五 獨負家庭生計責任無同胞兄弟者
六 犯罪在追訴中者
前項緩征原因消滅時仍受徵集

第五章 召集

第二一條 預備役及國民兵受左列之召集
一 教育召集
二 演習召集
三 動員召集
四 點閱召集
五 臨時召集

第二二條 預備役及甲種國民兵有左列情形之一者得延緩動員召集稱爲緩召

一 現任小學以上教師經審查合格者
二 現任荐任以上官職經銓敍合格者
三 現任軍需工業或國防工程交通之專門技術員工經審查核定者
四 現任正規警察者
五 合於第九條各款或第二十條各款者
前項緩召原因消滅有召集必要時仍受召集

第二三條 有左列情形之一者得免除其教育演習點閱或臨時之召集
一 合於第九條各款第二十條第一款第二款第三款第六款者
二 航行於國外之海員

第六章 權利義務

第二四條 現役兵享有左列之權利
一 應徵前所負債務無力清償時得延至服役期滿後第二年內清償之
二 配偶及直系親屬得享受生活救濟之優待
三 退伍後對於機關法團學校工廠之職務有優先充任之權利
四 勳賞撫卹及其他法令規定應享之權利

第二五條 預役國民兵於集訓及演習期內得保留原有職位及薪金

第二六條 現役兵應履行左列之義務
一 於入營或受訓時應宣誓効忠中華民國國民政府
二 對於公務有保守祕密之責任至除役後亦同
三 未經長官之許可不得參加任何集會或結社
四 未經長官之許可不得結婚

第七章 附則

第二七條 合於本法第三條年齡之女子戰時得征調服任軍事輔助勤務其服務另以法律定之

第二八條 依志願而服兵役者其服役以命令定之

第二九條 海空軍之兵役除法律有特別規定外準用本法之規定

第三〇條 妨害兵役之處罰另以法律定之

第三一條 本法施行法另訂之

第三二條 本法自公布日施行

各級社會服務處工作指示要點（三十一年[illegible]月[illegible]日中央執委會五屆[illegible]常會通過）

一 各省市黨部在重要地點創辦社會服務處應將地址呈報中央備案各省社會行政機構舉辦之社會服務處地點及其工作狀況隨時由社會部函知中央黨部以求密切聯繫

二 各省市黨部創辦社會服務處時應與社會行政機構協商進行由社會行政機構予以行政上及技術上之便利
地方行政機構創辦社會服務處時亦應協商各省市黨部求得人力之配合及社會力量之發動
各省市黨部或社會行政機構舉辦社會服務處時應避免重複

三 縣市以下之社會服務處以由區黨分部主辦為原則其名稱得冠以某縣市黨部某鄉鎮社會服務處或以番號代表如某縣市黨部第一（四）區社會服務處仍保留區黨分部對外之祕密

四 各區黨分部主辦之社會服務處其工作報告應分繕二份以一份送呈上級黨部另一份送當地社會行政機構備查隨時求得密切之聯繫

修正簡易人壽保險章程（三十一年十二月十七日行政院修正頒行）

第一條 凡人壽保險之金額在簡易人壽保險法第五條規定之限度以內者均為簡易人壽保險個人或團體均得投保

第二條 簡易人壽保險由郵政儲金匯業局監督管理並指揮各郵政儲金匯業分局及郵局辦理之

辦理簡易人壽保險之局名由郵政儲金匯業局隨時公布之

第三條　簡易人壽保險分終身保險定期保險兩種

甲　終身保險按付費期間又分為左列四種

（一）十年付費終身保險

（二）十五年付費終身保險

（三）二十年付費終身保險

（四）終身付費保險

乙　定期保險按保險期限又分為左列四種

（一）十年期滿定期保險

（二）十五年期滿定期保險

（三）二十年期滿定期保險

（四）二十五年期滿定期保險

第四條　前條各種保險契約之保險費率依所定死亡率表按週息三釐半計算

第五條　保險局有選擇危險之權如被保險人之職業認為過分危險或體質認為羸弱時保險局得拒絕保險

被保險人於保險契約發生效力後如遭遇一切戰事災害而致喪失生命者保險局亦按章賠款

第六條　保險局對於要保人在保險契約上所負之責任并其聲明事項認為必要時得請求要保人或受益人覓具保證

第七條　保險契約成立後因保險契約事務對於送達保險局之一切文件均須載明保險單之記號及號數并於交付時索取收據

第八條　保險單保險費收據付款憑單或借款領取單遇有遺失或污損不堪再用時得由要保人或受益人請求補發或換發副本

請求補發或換發保險單或保險費收據者每件須繳納手續費國幣壹元

第九條　請求補發或換發副本者應依式填具申請書並將應繳手續費一併交付保險局如係請求換發者併應將原件

繳回

經保險局發給副本者其原本作廢

第一〇條 同一保險契約有數個要保人或受益人時應互推一人爲代表人其有完全代理權

同上 保險契約有數個要保人經推定代表人時其應負之責任仍由各要保人連帶担負

第二章 契約之成立

第一一條 要保人於要約時應將左列事項據實填具投保聲請書連同第一次保險費交付保險局或其派出之保險費徵收員幷索取保險費臨時收據

（一）保險種類

（二）保險費繳日及保險期間繳納保險費之方法（向保險局或保險費徵收員繳納）

（三）保險金額

（四）要保人姓名住址

（五）遇有第十條情形時其代理人姓名

（六）被保險人姓名年歲（年月日）職業及住址

（七）受益人姓名及其與被保險人之關係

（八）被保險人已往或現在患有何種重要疾病者述其病名及經過

（九）被保險人曾經投保簡易人壽保險者其已保金額並保險單之記號及號數如曾作投保之要約而未經承認者其關於要約情形及擬保之金額應一併記載

（十）欲將保險費及其他契約之保險費同時繳納者應附帶聲明並將各該保單之記號及號數連同依第二四十條規定之納費日期一併記載

第一二條 保險契約之被保險人爲受益人以外之第三人時前項要約應先得其同意並於聲請書上署名蓋章

第一二條　要保人於要約時應邀同被保險人到局會晤

第一三條　依前條之規定被保險人適在他地致保險局無法與之會晤時得由被保險人向所在地之保險局與之會晤遇有前項情形時要保人應將被保險人之詳細住址於投保聲請書

第一四條　投保人要約一經承認並繳納第一次保險費後保險人應即填發保險單及保險費收據前項之要約經保險人拒絕時應即通知要保人持保險費臨時收據向原保險局領還所納保險費

第一五條　保險單應記載左列事項由郵政儲金匯業局局長署名蓋章

（一）保險種類

（二）保險金額

（三）保險費數目及保險期間

（四）要保人被保險人受益人姓名及被保險人生辰（年月日）

（五）填發保險單年月日及該單之記號及號數

（六）保險契約期滿年月日（倘係定期保險時）

第三章　保險費之繳納

第一六條　保險費之繳納應按月付清以保險單上所載之日期為保險費到期之日期到期之保險費應於一個月以內繳納之

第一七條　保險費得提前繳納如願將每六個月之保險費作一次繳納者得享受等於半個月之折扣其一次繳納十二個月者得享受等於一個月又半個月保險費之折扣

依前項折扣之規定要保人預繳保險費時未將折扣之額減除者保險局應將折扣部份發還要保人

第一八條　保險費應向立約時指定之保險局或保險費徵收員按月繳納並索取正式收據向保險局按期連續繳納保險費至十二個月者得享受等於半個月保險費之折扣倘其中有已逾寬限期間補繳者應自補繳之次月份起另行推算

第一九條　保險費向徵收員繳納者如屢次延遲不納得由保險局令其改向該局繳納

第二〇條 同一要保人立有二個或二個以上之保險契約者得請求預定日期將各該契約之保險費同時合併繳納但各該契約以前未繳之保險費須一律繳清

第二一條 依前條之規定請求合併繳納時要保人應先聲明繳費之日期方法及地點

前項之日期應與第十六條規定之日期同

第二二條 要保人依第二十條之規定請求合併繳納時應依式填具聲請書連同保險費收據交付保險局

前項之請求一經承認即換發保險費收據交付要保人

第二三條 要保人對於保險費之全部或一部請求停止合併繳納時應依式填具聲請書連同保險費收據交付保險局收

保險局對於前項之請求一經承認或合併繳納保險費之數目遇有變更時應換發保險費收據

第二四條 要保人另行訂立第二個保險契約時其繳納保險費日期得準用第二十條及第二十二條之規定並將第一個契約之保險費收據連同第二個契約之投保聲請書一併交付保險局請求合併繳納保險費毋庸另具申請書

第二五條 要保人請求變更繳費地點時應依式填具聲請書連同保險費收據交付原保險局轉呈郵政儲金匯業局核辦

第二六條 繳納保險費猶豫期間以兩個月為限自第十六條規定之日期屆滿後第一日起算

在猶豫期間內補繳保險費者應加納逾期費逾期費為應納保險費百分之一其不足一元者按一元計算

第二七條 被保險人於保險契約發生效力後如遭遇一切戰事或其他意外災害毀敗二手或二足或一手及一足或雙目失明而將契約繼續者得請求作中途殘廢免納保險費

第二八條 前條之請求須由要保人依式填具申請書連同醫師診斷書及其他證明文件並保險單一併交付保險局

第二九條 保險局對於第二十七條之請求一經承認即在保險單上註明免納保險費之理由並發生效力時期即將原保險單發還要保人免納以後應納之保險費

第四章 保險金額之給付

第三〇條 遇被保險人死亡時要保人或受益人應立即向保險局報告由局派員查驗

要保人或受益人對於被保險人之死亡不立即報告致保險局無從查驗者於請求給付保險金額時須覓具保證證明被保險人之死亡

第三一條 給付保險金額時遇有左列欠款未曾清償者應於給付金額內扣除之[illegible]

第三〇條 [illegible]人[illegible]未[illegible]逾期[illegible]亡不立即報告致保險局無從查驗者[illegible]

[illegible]備款[illegible]益人應立即向保險局報告由局派員查驗

第三二條 受益人請求給付保險金額時應依式填具申請書連同保險單及保險費收據一併交付保險局因被保險人死亡而請求給付保險金額者應附具醫師診斷書及其他證明文件

第三[illegible]條 保險局[illegible]請求認為合法時應即按照保險金額填[illegible]付款通知書[illegible]受益人[illegible]

第三[illegible]條 受益人收到付款通知書後即依式署名蓋章連同保險單[illegible]收據向[illegible]指定之郵局領取保險金

第三四條 受益人[illegible]請求[illegible]保險金額[illegible]所領取者應依郵政章程繳納匯兌等費

第三[illegible]條 [illegible]以外之其他意外災害毀損[illegible]二年或二年以上或一年及一年[illegible]

第[illegible]條 [illegible]保險費[illegible]此項[illegible]計算

第[illegible]條 [illegible]定[illegible]日起算

第[illegible]條 [illegible]不[illegible]保險局[illegible]交付原保險局[illegible]業局

第[illegible]條 [illegible]合併繳納保險費[illegible]具申請書

第[illegible]條 [illegible]保險費[illegible]收據

第二[illegible]條 [illegible]更保險契約時應依式填具申請書[illegible]保險單保險費收據

第二[illegible]條 [illegible]局[illegible]保險費收據[illegible]交付保險局

第二[illegible]條 [illegible]填具申請書連同保險單及保險費收據一併交付原

第二[illegible]條 [illegible]時應依式填具申請書[illegible]

第二三〇條 [illegible]或要保人請求變更受益人時應依式填具更正保險單聲請書連同[illegible]

第四〇條　變更原名或變更受益人時應得被保證人之同意并於申請書上由其署名蓋章

要保人變更其住址或繳納保險費之地點時應將其新住址或擬定之繳費地點塡具申請書通知原保險局

被保險人遷居其他城市時須由要保人將其新住址通知原保險局由局指定一距離新住址最近之保險局爲其投報局被保險人到達新住址時即須向投報局投報登記

第四一條　要保人或受益人死亡其繼承人接受保險契約之繼承權時應依式塡具更正保險單聲請書連同保險單保險費收據一併交付原保險局轉呈郵政儲金匯業局更正發還

前項之請求應得被保險人之同意并於申請書上由其署名蓋章

第四二條　受益人對於受益權之享受已經確定成立時得將權利自由讓與他人但以左列各團體或法人或個人爲限

（一）非營利之公共團體法人或祠廟學校

（二）親屬

第四三條　依前條之規定讓與時受益人應依式塡具更正保險單聲請書由讓與人及受讓人雙方會同署名蓋章如被保險人生存者亦應署名蓋章連同保險單及左列證明文件交付原保險局轉呈郵政儲金匯業局更正發還

（一）受讓人爲團體或法人時須提出證明書證明其非爲營利而組織

（二）受讓人爲親屬時須提出證明書證明讓與人與受讓人之關係

第六章　保險契約效力及之終止停止回復及其解除

第四四條　要保人請求中途終止保險契約時應依式塡具終止契約申請書連同保險單保險費收據交付原保險局轉呈郵政儲金匯業局核辦

第四五條　依簡易人壽保險法第二十四條之規定發還積存金時其應得之積存金額等於該保險契約名下應有之積存金與左列百分率相乘之數

契約發生效力未滿三年者百分之八十

契約發生效力未滿四年者百分之八十一

契約發生效力未滿五年者百分之八十二

其他年數依此類推按年遞加百分之一但以百分之九十八爲最高限度

第四六條　因契約中途終止或失效而請求發還積存金時應由受益人依式填具聲請書連同保險單及保險費收據交付保險局

前項之請求一經承認保險局即依應發還之額數填發付款憑單交付受益人

受益人收到付款憑單應於單上署名蓋章向指定之保險局領取

第三十一條之規定於本條準用之

第四七條　依簡易人壽保險法第十九條第一項之規定保險人停止保險契約之效力時應填發通知書通知要保人

第四八條　保險契約一經停止效力即將應行發還之積存金填發付款憑單交付要保人署名蓋章向指定之保險局領取

第四九條　要保人請求回復保險契約之效力時應依式填具聲請書連同保險單保險費收據及失效期間未納之保險費逾期費等一併交付原保險局或該局派出之保險費徵收員轉呈郵政儲金匯業局核辦

要保人請求回復保險契約之效力時并依法請求保費借款者應於前項申請書上附帶申明並依式填具保費借款聲請書一併交付保險局

第十二條至第十四條之規定於本條準用之

第五〇條　依簡易人壽保險法第二十五條第一項之規定保險人解除保險契約時其手續準用第四十七條及第四十八條之規定

第七章　借款

第五一條　要保人依簡易人壽保險法第三十條之規定得請求借款

第五二條　借款分左列二種

（一）繳納保險費之借款（簡稱保費借款）

（二）現金借款

第五三條　每次保費借款之最高額不得超過該契約一年之保險費及當時之發還金額如係分期還款者其每次付還額數至少須等於一個月保險費之數現金借款一年得借一次最低額十元以上最高額不得超過該契約當時發

還金額百分之五十如係分期還款者其每次付還額數不得未滿一元

第五四條　借款期間定為一年期滿時得請求繼續借款

第五五條　在借款期間未滿以前保險契約遇有中途失效或滿期或因其他事故受益人或要保人得以領取保險金額或發還金額時其借款期間亦同時終止

第五六條　保單借款之利息由繳費日起算現金借款之利息由借款日起算

前項利息須於償還或請求繼續借款時一次還清要保人於借款期間未滿以前先行償還時其利息祇算至還款日為止

第五七條　借款利率由郵政儲金匯業局隨時訂定公告之

第五八條　要保人請求借款時應依式填具申請書連同保險單交付原保險局轉呈郵政儲金匯業局核辦受益人為第三人時前項之請求須得該第三人同意並於申請書上會同署名蓋章

借款一經承認即按左列手續辦理

(一)保費借款時保險局填發借款通知單一紙交付要保人

(二)現金借款時保險局填發借款領取單一紙交付要保人

第五九條　要保人收到借款通知單時應於單上署名蓋章連同保險費收據交付保險局登記發還

要保人收到借款領取單時應於單上署名蓋章向該單內指明之局所領取借款

領取借款時保險局應將借款領取單妥為保存作為借據俟還款時將該單發還借款人

第六〇條　要保人繳還借款時須將應還之本息連同保險單一併交付保險局保險局即將其所收之數登記於保險單

第六一條　要保人於借款到期後逾一個月仍不償還時除利息外尚須罰徵逾期費

第六二條　保要人於借款期滿請求繼續借款時應依式填具聲請書連同到期之利息及保險單一併交付保險局如受益人為第三人時此項請求須得該第三人同意並於聲請書上會同署名蓋章

第六三條　要保人於借款期滿尚未償還且同時該契約因超越猶豫期間而致失效時其所欠之借款應就簡易人壽保險法第三十四條規定之積存金內扣除之且算至猶豫期間屆滿之日為止

第八章　團體契約

第六四條　各機關公司銀行工廠學校及其他團體之員工集合十五人以上同時訂立保險契約者得依照團體契約辦理

第六五條　團體契約各保戶之保險費應全數由代表人彙集合併繳納

第六六條　團體契約之保險費得按九五折征收其預繳半年或一年保費者除享受預繳保費應得之折扣外並可享受團體繳費九五扣之優待

第六七條　團體契約應互推一人為代表人由代表人依式填具團體契約投保聲請書連同各個投保聲請書及第一次應繳之保險費交付保險局轉呈郵政儲金匯業局核辦但各個投保聲請書中應填之繳納保險費方法及地點得免填寫

團體契約聲請書應將左列事項據實填寫并由代表人署名蓋章

（一）團體名稱地址

（二）代表人姓名住址

（三）投保聲請書件數

第六八條　團體契約訂立後又加入新契約者應由代表人依式填具加入團體保險聲請書連同投保聲請書交付保險局轉呈郵政儲金匯業局辦核如新加入之契約係已成立之保險契約時應附繳該契約之保險費收據

第六九條　要保人欲將其保險契約退出團體契約者應由代表人依式填具退出團體保險聲請書交付保險局轉呈郵政儲金匯業局核辦如退出後其繳費方法及地點有變更時亦應一併填明

前項請求經保險局承認後應換發保險費收據交付退出之要保人

因要保人退出團體契約致不滿十五人時郵政儲金匯業局應拒絕其退出或將團體契約九五折收費之辦法予以取消

第九章　附則

第七〇條　各項聲請書之格式由郵政儲金匯業局制定并免費供用

第七一條　本章程與簡易人壽保險法同日施行

非常時期強制修築塘壩水井暫行辦法

（三十二年一月二十五日行政院公布）

第一條 非常時期為強制修築塘壩水井以興農田水利而增生產特訂定本辦法

第二條 各省各縣以內應行修築塘壩水井之地點與數量由各省政府制定表格令發各縣轉飭各鄉鎮長限期據實填報縣政府核定於冬季農閒時一律修築并由縣政府轉呈省政府或主管機關備查

第三條 下列各類之塘壩水井應一律修築

一 在農作物生育期內其塘壩水井蓄水量不敷灌溉用者

二 原有塘壩水井業已淤廢者

三 現有塘壩水井滲漏而失儲水功效者

四 有關塘車設置之壩閘堤堰及車基水道失修者

五 塘壩水井不敷應用者

第四條 各縣應行修築之塘壩水井限兩年內分區分期完成其不能按期完成者各該縣嗣後不得報旱請賑

第五條 關於修築塘壩水井之一切技術事宜由各省農業改進機關會同水利機關共同負責設計督導

第六條 各縣應行修築之塘壩水井先期由各鄉鎮長造表呈送縣政府公佈同時應由各鄉鎮長通知地主佃戶雙方促進行其地主與佃戶如有藉故阻撓陽奉陰違者得報請縣政府懲處之

第七條 各主修築塘壩水井所需之經費由各該塘壩水井所有權人或使用人依照當地習慣或收益情形自行籌措有必要者得由主管機關介紹金融機關貸款

第八條 各地主不得藉故避免修築費用佃戶應報告鄉鎮長自行修築准由租谷項下扣除應行攤派之用費惟佃戶應將賬簿單據送請鄉鎮長查核證明

第九條 本辦法實施細則由各省訂定呈報行政院并分咨農林部備案

第一〇條 本辦法自公布之日施行

中國工業合作協會工作及用款監督考核暫行辦法

三十二年二月十五日行政院核准

一　中國工業合作協會（以下簡稱工合協會）工作及用款之監督考核除法令別有規定外悉依本辦法之規定

二　工合協會組織章程之擬訂及修改由該會呈請社會部備案

三　工合協會應於每年度開始前擬具工作計劃呈送社會部及有關機關備案

四　工合協會在各地倡導組設之工業合作社除組社程序及登記手續應依合作社法及同法施行細則暨組社須知登記須知之規定辦理外其業務推進并應依社會部公布工業合作推進辦法之規定

五　工合協會應將該會總會工作情形及地方辦事處事務所指導站及各級業務代營機關之工作概況組社社數社員人數業務種類供銷數額及貸款收支情形等各項每六個月彙編表報并於每年終編製總報告呈送社會部查核并送各有關機關備查

六　工合協會倡導組設之工業合作社辦理社務業務暨有關貸款運用情形由社會部合作事業管理局適時派員視察報告報由社會部查核

七　工合協會理事會理事及全部工作人員應由該會編造名册送呈社會部存查并將人事異動每六個月彙報一次

八　工合協會舉辦工作人員訓練應依照社會部所定之訓練方針辦理必要時得由社會部合作事業管理局派員予以協助指導

九　工合協會經營基金應依核准工作計劃運用之其收支程序應照中央各機關經營特種基金收支處理暫行辦法第四五兩條規定辦理編造基金收支報告呈送財政部社會部審核并分送各有關機關備查

一〇　工合協會由基金項下貸放款項其貸放及收回手續應由該會擬具貸款規則呈送社會部轉財政部核定

一一　工合協會之經費得呈請政府予以補助於每年度開始前編造概算呈送社會部財政部轉呈核定并依法按期編送支出計算書類暨決算呈轉核銷

一二　工合協會工作人員之考核獎勵應參照合作事業工作人員考成辦法之規定辦理之

一三　本辦法呈准行政院核定施行并呈報國防最高委員會備案

振作行政精神整飭行政紀律綱要

三十二年二月二十五日行政院頒行

茲當抗戰建國兼程幷進繼往開來事業艱鉅之際凡我公務人員對於一切政治經濟之建設措置宜如何發憤惕勵加倍圖功由奮發有爲以表現日新又新之精神由踐履篤實以樹立整齊嚴肅之綱紀以期無負時代賦予之良機達成革命應盡之任務爰將今後應行整飭事項分條指示綱要切望本院各部會共體斯旨各就所司訂定實施辦法自主管官以至各級職員黽勉以赴一致力行務竟必勝必成之全功而奠法治之盛業是所厚望

一　各級組織須嚴密合理職掌須明白確實人才經費尤須集中使用俾能增加行政效率各機關應就本身隨時檢查改進

二　過去各部會主管之工作偏於事務方面者太多對於政策之決定與運用業務之考核與督導致未能充分注意今後應就所管業務擬訂具體政策提送本院綜合研討作全盤之決定即以爲指導所屬機關工作應取之方針求達預期之目的分工合作一致前進俾發實效而免紛歧

三　各種工作計劃須分項分期預定進度列表懸之辦公室內逐日檢查督導實施所定中心工作尤宜集中精力爭取時效以求實績

四　各級主官對經辦重要案件須自行加註意見不可輾轉交辦所屬職員亦應各本所見商承獻替毋令壅蔽對於下級行政並應本斷予以積極性之指導與定期考成

五　凡立一法辦一事下一令均須注意下級之環境條件能力是否堪以勝任務使令出能行不致扞格

六　各機關及各級人員均應自動自發開展工作不可坐待工作凡職掌範圍以內之事項務宜殫精竭慮早作夜思力求進步對上級命令尤應研究體會澈底執行

七　各機關人事必須切實調整機關主官雖未能親自逐一考核所有之屬員然必須責成各級主官分層負責對其所轄之人員適當分配具體的工作特定人員如委員專員等亦應指定專責限期按驗務使人盡其才事得其當

八　各級人員除日常工作外並應指定科目令其從事研習以求學業之進步或就其業務有關興趣所近擬定專題精勤研究按期報告由各級主官予以考核擇其工作與進修成績優良者予以保舉各單位間或按季舉行考核會報綜覈名實信賞必罰庶精神活潑當新工作日有進步

十九　各主管應隨時接近部屬聽取其對工作上之意見瞭解其個性與特點予以正確之指導對於低級職員之公私生活尤應勤加輔勉

二〇　各級紀律之精神須上下共同恪守維護始能貫徹爲主管者務必以身作則與部屬同甘苦以誠信相激勵使部屬皆能有充沛之志氣積極之精神奉公守法之習性以掃除一切沉悶頹廢鬆懈之現象

二一　各機關對於業務會議學術會議小組會議必須依照規定切實施行各主管並應親自主持督導與部屬於業務學術修養各方面隨時互相策勵而免怠忽

二二　各級人員均應以新生活運動綱要規定之整齊清潔簡單樸素等信條爲私人生活之規範

二三　凡各級人員均應自愛自重嚴守公私界限潔己奉公勤勞刻苦以樹立廉潔政治之風尚

社會部獎勵育嬰育幼事業暫行辦法

三十二年三月二十日行政院核准備案

第一條　社會部爲發展幷改進公私主辦之育幼育嬰事業起見特訂定本辦法

第二條　凡屬育嬰育幼設施有左列成績之一者應予獎勵

一　教養童嬰身心健全達到兒童發育標準者

二　保育設備完全辦理著有成績者

三　盡力收容當地孤苦童嬰著有勞績者

四　其他辦理育嬰育幼事業卓著者

第三條　育嬰育幼設施之獎勵分左列三種

一　傳令嘉獎

二　頒給獎狀或獎章

三　核給獎助金

第四條　凡合乎第二條規定應受獎勵之育嬰育幼設施在中央直屬事業由本部逕行獎勵地方事業由各該地方主管行政長官切實考核成績並開列事實層報本部獎勵之

第五條　凡育嬰育幼設施有左列情事之一者應予懲戒

一　收養童嬰保育未善致死亡率甚高者

二　保育設備簡陋內容窳敗者

三　對當地孤苦無依之童嬰未履行其所應盡之義務或無故拒絕收容者

四　其他有違背育嬰育幼宗旨或廢除業務者

第六條　育嬰育幼設施之懲戒處分分左列三種

一　警告

二　停止補助費

三　撤銷立案證書

第七條　凡受懲戒之育嬰育幼設施在中央直屬事業由本部逕行懲戒地方事業由各該地方主管長官核其情節之輕重層報本部懲戒之

第八條　凡傳令嘉獎三次以上者得呈請核給獎助金警告三次以上者得停止補助費

第九條　凡受警告懲戒與傳令嘉獎者得准予相互抵銷

第一〇條　本辦法自呈准公佈之日施行

中央黨政軍機關業務檢討會議與工作進度考核辦法

三十二年三月三十一日行政院頒發

一　中央黨政軍機關（以下簡稱各機關）應於年度工作計劃呈奉核定後分月訂定進度於年度開始前列表報查（表式附）

二　各機關工作應依照計劃進度及上級命令切實施行如限完成並注意工作與人事經費之配合

三　各機關每月應舉行業務檢討會議二次由各該機關長官主持各級主管人員均應出席並得指定其他重要職員參加會議日期定爲月半及月終如遇星期或其他例假得提前或順延一日

四　各機關業務檢討會議除對於本機關及其附屬機關主管業務檢討改進督促指示外月終一次會議應同時舉行考核評

對該月份之工作進度職員成績及經費支出情形其重點如左

甲　工作之進度　根據工作計劃及命令程限切實檢討

一　中心工作已否辦完

二　何項工作已照計劃完成

三　何項工作祇完成幾分之幾

四　何項工作或未辦理其原因何在

五　工作進行中有何錯誤缺點與困難應如何改進

六　未辦完或未舉辦工作應如何繼續辦理

乙　職員之成績　根據各機關原有職員每月成績紀錄及工作日記等有關資料切實審核

一　平日勤惰情形及承辦工作是否迅速確實

二　對職掌業務能否分層負責自動奮發

三　對過去工作之錯誤與缺點能否切實改正力求進步

四　語言態度舉止行動是否合於新生活條件

五　對於　總理遺教　總裁訓示及業務有關法令能否徹底研究忠實奉行

關於各職員勤惰與優劣功過審核之結果依照黨政軍機關原有人事法規辦理

丙　經費之支出　根據月份分配預算檢討該月份經費支出情形

一　預算數有無超過或賸餘其原因何在

二　各項支出有無不當或浪費之處及應如何撙節

三　經費支用在工作上是否發生預期之效能及應如何達到最經濟之程度

關於經費檢討之結果應按時依法造報計算

五　各機關應將各月工作進度考核之結果及業務檢討會議舉行情形按季於三、六、九、各月終了後十五日內填送工作進度檢討報告表其第四季工作進度檢討報告得併入年度政績比較表辦理（表式附）

六、純粹事務性質之機關無預定工作計劃者應填送業務檢討會議報告表其工作進度檢討報告表免予填送（表式附）

中央黨部所屬各部會處五院所屬各部會署工作進度檢討報告表或業務檢討會議報告表應由各該機關主管長官親自核定簽名蓋章分送中央監察委員會黨務工作考核委員會及各主管院審查簽註轉呈國防最高委員會交黨政工作考核委員會審核並輪流實地抽查

軍事委員會所屬各部會廳局工作進度檢討報告表或業務檢討會議報告表送軍事委員會考核委員會審核（另令辦理）

七、本辦法實施後國防最高委員會頒行之關於業務檢討會議之規定及中央黨政軍機關工作進度檢討報告辦法應即廢止

八、本辦法自三十二年四月一日實行

（中央黨政軍機關）　　年度工作計劃分月進度表

工作項目	預定分月進度											
	一月	二月	三月	四月	五月	六月	七月	八月	九月	十月	十一月	十二月

（中央黨政軍機關）年度工作計劃分月進度表

工作項目	預定分月進度											
	一月	二月	三月	四月	五月	六月	七月	八月	九月	十月	十一月	十二月
本表自三十　年　月　日實行												

說明

一、本表「工作項目」欄應將中心工作以※號特別標明之[illegible]
二、本表「預定進度」欄應將各項工作在該月份應達之程度作簡明之說明其時間性重要者以預定每月進度百分率為[illegible]考核原則[illegible]
三、各機關舉辦某種事業另有經費預算者須附帶說明經費與人事配備[illegible]
四、各機關工作計劃進度必要時得增備考一欄[illegible]
五、工作進度如有不能按月劃分時應將其情形另定限度並於表內註明[illegible]（[illegible]）

機關　　年第　　季工作進度檢討報告表　　主管長官簽名蓋章

工作項目	原定進度	工作之實施	考核評判結果	下季應補辦及新增工作	備註

29公分

20公分

說明

一、本表適用於中央黨政軍機關以三個月爲一季每年分四季造報

二、工作項目一欄應照年度工作計劃暨進度表所列每季三個月工作項目分類填列屬於中心工作者應以星號※

二　特別標明如有原計劃以外之新增工作亦須填列並加註明

三　「原定進度」一欄應將每季預定工作（包括分月進度表所列每季三個月工作及上季未依限辦完之工作與計劃以外之工作）之進度作簡賅之說明

四　「工作之實施與檢討」一欄應將實際辦理情形與工作之數量質量摘要填入並對工作實施時之困難缺點與改進意見詳細填明必要時附具說明書但不必各項皆備

五　「攷核評判結果」應以簡單語句填註如「提前辦完」「如限完成」「完成百分之幾」「呈准緩辦」「因某種困難未辦理」及「有某種缺點」等

六　「下季應補辦及新增工作」一欄應分別填明左列二項

甲　上季未依限辦完之工作

乙　原計劃以外奉令舉辦或呈准變更計劃之工作

七　本表內各項工作填列完畢後應依次填註左列各項

甲　職員成績將一般職員勤惰與優劣功過之攷評結果及施行獎懲等事項概舉數字不列姓名

乙　經費支出將經費支出情形之檢討結果對於有無浪費及經費與工作是否配合等簡賅說明

丙　法令實施關於奉行之法令頒行之法規及核定所屬各機關之單行法規等簡要列舉

丁　會議情形業務檢討會議及學術會議次數日期及對於一般業務之檢討改進督促指示與職員學術研究之設計指導促進攷核情形等應簡要填註

以上四項目之實施情形及檢討評判結果應斟酌分別填入相當欄內不必各欄皆備

（某機關）　年　月業務檢討會議報告表

會議日期	出（缺）席人數	檢討情形	備註

簽註意見

說明

一、本表適用於黨政軍各初核機關

二、會議日期欄填註本月份開會之時日及次數

三、出（缺）席人數欄填註出席人數與缺席人數

四、檢討情形一欄應將會議要點如提出討論事項之原定進度及辦理實在情形與決定改正之弱點缺點暨改進情形暨計劃新工作之實施辦法審核工作人員之優劣功過等項按實在情形摘要填入但不必各項皆備

五、各審核機關應於每月終了後十日將所屬機關實施報告按機關編列一表依式彙訂送核

六、本表格式長度照所頒式樣之規定惟寬度及審核意見一項格寬度得由各機關依內容繁簡自行伸縮

戰時管制工資辦法

（三十二年一月十三日國家總動員會議第二十八次常務委員會議通過）

第一條　為協助穩定物價制定戰時管制工資辦法

第二條　本辦法所稱工資係指正工及已有之各項津貼

第二條　本辦法適用於產業工人及職業工人

第三條　凡實施限制物價之地區同時限制工資

第四條　戰時工資限制之標準依照當地限制物價之標準隨同訂定之

第五條　管制工資之主管官署在中央為社會部在省為社會處（未設處之省為民政廳）在院轄市為社會局在縣（市）為縣（市）政府

第六條　各省（市）縣（市）限制工資時應由主管官署召集各該地同業公會工會黨（團）部憲警及有關機關法團組織工資評議會共同審議由主管官署核定施行

前項工資評議會組織章程另定之

第七條　各省（市）縣（市）限制工資同時應舉辦工人職業分類工作等級及其工資之調查統計以為調整工資時之依據

第八條　各省（市）縣（市）管制工資應按月將辦理經過連同物價工資之調查表冊層報社會部

第九條　各省（市）縣（市）限制工資時主管官署得隨時調閱僱傭雙方有關文件並命令雙方作有關工資之報告被命令之人不得拒絕

第十條　各省（市）縣（市）於限制工資後對於受固定工資而其工作有計算標準者應召集各該業同業公會工會商定工人工作成績標準超過者獎勵不及者懲罰之其獎懲規則由各省市訂定報社會部備案

第一一條　工資限制後除正工及已有各項津貼外僱主不得再以其他名義增加類似工資性質之報酬）實施之

第一二條　工資限制後不得擅自增加如有違背情事僱傭雙方應同受處罰

前項處罰依妨害國家總動員懲罰暫行條例第八條第三款之規定行之

第一三條　工資限制後凡雇主未經合法手續擅自解僱或挖雇他廠礦工人及工人未經合法程序擅自跳廠跳礦轉業者

主管官署應視情節輕重處罰之

第一四條　本辦法實施之地區前頒之平定工資實施辦法停止施行

第一五條　本辦法之補充章則得由各省市制定送社會部備查

第一六條　本辦法自公佈日施行

戰時取締奢侈行為辦法

民國三十二年三月十日國家總動員會議第三十二次常務委員會議通過

一　本辦法在配合禁絕奢侈品辦法限制及取締奢侈行為

二　左列各款依本辦法取締並禁止之

1. 宴會及酒食消費
2. 奢侈品之服用銷售
3. 餽送及季節酬酢
4. 迷信之消耗行為
5. 不正當之娛樂
6. 其他侈奢行為

三　對於宴會及酒食消費之取締辦法如左

1. 除招待外賓因公集會及婚喪慶典得照規定辦理外一律禁止宴會
2. 全國一律實行限制酒食消費各地應按當地情形規定限量限價辦法並限期普遍實施
3. 限制糖果餅餌之製售各地應規定其禁止製售之種類限期實施

4.各地應依其實際需要對經營酒食店及餐館業者予以統制調整已聲請停業者禁止復業申請新開業者不予登記

四　對於奢侈品之服用銷售其取締辦法如左

1.限期禁止製運買賣奢侈品各地應限期通告并督飭各工商業團體負責將各商店之奢侈品一律登記編號標價售賣以後不准再行進貨

2.未能禁絕之奢侈品（如煙酒香水脂粉等及其他非必需品應加重其稅率）

五　對於饋贈及季節酬酢之取締辦法如左

1.禁止婚喪慶弔贈送綢布紙聯幛及花籃花圈等無益消耗各地應限期將製售此類禮品之商店予以取締

2.禁止季節酬酢點綴物品之製售消費各地應一律規定執行

3.禁止饋贈緊縟禮品各地應提倡購買節約建國儲蓄禮券為各種必需饋贈者之禮品

六　對於迷信消耗行為之取締辦法如左

1.禁止迎神賽會及一切迷信之消耗行為

2.各地應限期調查登記製售迷信物品如錫箔紙紮紙錢等業之商店得令其轉業或改業

七　對於不正當娛樂行為之取締辦法如左

1.嚴禁賭博及其他不正當娛樂行為

2.各地應限期調查登記製售賭具之商店并通告自一定時期起嚴禁製售

3.限制戲院茶室及娛樂場所之設置各地并應規定上述場所之營業時間最遲不得逾晚間十一時

八　本辦法之實施先從重慶市及其他重要城市著手再逐漸推廣以期普遍

九　本辦法由國家總動員會議依其性質分別交由各主管機關執行之

一〇　取締奢侈行為之制裁辦法應以法令制裁及社會制裁方式行之

一一　法令制裁除情節重大者得比照妨礙國家總動員法懲罰條例處理外其輕者應依違警罰法及行政執行法處理并得加重其處分由憲警機關依法令執行之

一二　社會制裁分勸誡與公告兩種由各地協助推行之社團（婦新生活運動促進會戰時生活促進會等）實施之

一三　凡有逾量消耗之奢侈行爲者除依上述規定制裁外政府得比照其逾量價額派銷十倍以上之公債
一四　本辦法之實施章則由各地方自行訂定并呈報備案
一五　本辦法自公佈之日施行

社會部加强管制物價方案實施辦法合作事業部份

三十二年三月二十四日國家總動員會議第三十三次常務委員會議修正通過

甲　原則

一　農產品及日用必需品逐漸實行以各級合作社爲集中之中心機構先就實施限價之主要生產品指定區域施行之
二　日用必需品逐漸實行以各級合作社爲配給之中心機構先就實施限價之主要消費品指定區域施行之
三　凡實行以各級合作社爲集中及配給物資機構之區域物資管理機關得委託各級合作社担任此項任務
四　各級合作社除生產特種物品之合作社外應依鄉鎮保之區劃進行組設以期達每鄉鎮每保均有合作社之組織每戶有一社員各次級合作組織之業務均應受其上級合作組織之管制
五　縣及縣以上之合作社聯合社應逐級求其組織之完成
六　各級合作社除集中並配給物資外並應求生產之增加與消費之節約

乙　機構

七　各級合作組織之指導及行政機構在中央爲社會部合作事業管理局在省爲合作事業管理處在縣市爲縣市政府合作指導室
八　社會部合作事業管理局爲策進並輔導各級合作社行政機構分期分區完成以各級合作社爲集中物資及配給物資之任務起見設合作工作輔導團
九　中央及各省合作社物品供銷處應以集中物資及配給物資爲目的協助各級合作社業務之經營並得對各物資管理機關負責向規定區域之合作社收集或配給規定之物品

丙　實施

二〇　實行以各級合作社爲配給機構之區域及物品暫限於重慶市及各省會實施限價之必需品
二一　實行以各級合作社爲集中機構之物品及區域暫限於限價必需品及其主要原料之生產區域

二二 各物資管理機關以某種物品委託各級合作社產製或集中時應與所委託合作社或合作業務機關訂立合約公營或民營生產機構受物資管理機關之委託產製指定物品時亦得與合作社訂立委託產製之合約

二三 各物資管理機關對各級合作社負責生產或集中之物品得規定其價格並應予以合理收益之保障

二四 兼營各種業務之各級合作社爲辦理指定物品之集中及配給應設置專部必要時其會計並應予以獨立

二五 各級合作社爲集中物資應設置簡易倉庫加工設備及運輸工具

二六 各合作社應將社員之家屬人數及其異動隨時登記以憑配給物資

二七 各合作社應嚴格專對社員交易並應憑證銷售以達成配給物資之目的各社員及其家屬配給之數額政府定有限制時應嚴格依其規定

二八 各級合作社爲實行節約消費應禁止供應奢侈品並應根據節約原則採購幷介紹代替品於社員

二九 各級合作社應舉辦社員之合作住宅合作食堂及理髮洗澡等合作設備以收節約消費之效

三〇 各合作社應訂立社員節約公約禁止一切非必要之消耗及應酬

三一 爲便利各級合作社辦理物資之集中及配給合作金融機關或有關合作金融機關應充分予以資金之調劑

丁 管制

三二 合作主管機關對各級合作社之主要職員及財務處理應嚴密加以管制必要時得責成其所屬合作業務機關辦理之

三三 各級合作社必須依法完成登記手續在未正式登記以前不得予以集中或配給物資之任務上項登記手續合作主管機關應依法於規定期限以前辦理完畢

三四 合作行政及指導人員以不兼任各級合作社之經理出納會計及營業員等職務爲原則

三五 合作工作人員或各級合作社職員如查有假借合作社名義圖謀私利之行爲證據屬實時應依法予以嚴格之懲處

三六 合作社辦理物資之集中及配給成績特別優良者合作主管機關應對負責人予以獎勵

丁 附則

三七 本各省市合作主管官署實行以合作社集中及配給物資時應依本辦法及有關法令擬訂實施細則呈准社會部施行

二八　本辦法經國家總動員會議之決議由行政院公布施行

社會部勞動局統計室辦事細則

三十二年二月一日國民政府主計處第二四七次主計會議通過

第一章　總則

第一條　本細則依社會部勞動局統計室組織規程第十二條之規定制訂之

第二條　本室事務除遵照國民政府主計處辦理各機關歲計會計統計人員暫行規程及中央各機關所屬機關統計室組織規程辦理者外悉依本細則辦理其餘社會部勞動局各處室有關聯之事項于不抵觸上項範圍內由本室依社會部勞動局處務規程及職員服務細則辦理之

第二章　職權

第三條　本室事務由統計主任分配所屬職員辦理之遇有事務增繁原有職員不敷分配時得按照組織規程第八條規定呈請調用協助

第四條　本室於統計工作或社會部統計長指定而應指導監督之社會部勞動局所屬機關統計人員或呈經社會部勞動局指定之統計人員均得直接分配其工作其未經指定者得呈請社會部勞動局局長命行交辦以局室名義

第三章　統計工作

第五條　本室應屆社會部勞動局編製年度概算之前應擬具下年度統計工作計劃經社會部勞動局統計委員會會同社會部勞動局各處室審議後呈送社會部統計長轉呈主計處核准

第六條　本室統計工作由統計主任分配于各職員後承辦職員應按其資料性質分別登記整理彙編或編製圖表及說明等呈統計主任核定

第七條　本室之統計資料經統計主任指定本室職員或委託社會部勞動局各處室職員隨時辦理之並按期送統計主任核閱

第八條　本室統計報告之除送主計處及社會部統計長交辦者應逕行呈復外其經規定之經常統計報告應按統計法施行細則之規定行之

第九條　本室於各項册籍圖表格式之製定與統計結果公布以前應先呈送社會部統計長核轉主計處核定

第四章　文件處理

第一〇條　本室收到文件由收發人員摘由編號塡註收到日期時刻附件件數登入收文簿按日送統計主任核閱其封面有密件或親啓字樣者應即送統計主任親自拆閱

第一一條　本室收到文件經統計主任閱後批明辦法分交職員辦理

第一二條　本室文件應視其性質分爲速要件尋常件兩種速要件卽日辦竣尋常件限期辦畢如須查卷或因其他情形得由承辦職員陳明理由酌予延長之

第一三條　本室承辦文件職員收到交辦文件後應卽分別擬稿其有疑難者應隨時請示其應付存查者送統計主任核准歸檔

第一四條　本室承辦文件職員於文件辦竣後簽名負責送統計主任核閱判行其屬局稿者統計主任核簽後以局定判稿手續辦理

第一五條　本室發出文件由收發人員摘由編號塡註發出日期時刻附件件數登入發文簿分別將文件送發稿件歸檔其屬局稿者應依局定發文及歸檔程序辦理

第一六條　本室關於統計資料及其他應單獨保管之檔案由統計主任指定職員分門別類妥爲保管並依類登錄於登記簿

第一七條　本室未經核准公布之文件各職員應絕對嚴守祕密如有洩漏從嚴懲辦

第五章　行文程序

第一八條　本室對外行文以社會部勞動局名義行之

第一九條　本室對內行文程式如下

一　關於主計處方面

對主計處各局用呈

對主計處各局部份組織用函

（二）由中央對主計處所派其他機關之主辦計政人員用函

二　關於社會部統計處方面

對社會部統計長用呈

對社會部統計處部份組織用函

三　關於社會部勞動局方面

對局長用呈

對社會部勞動局所屬機關經指定受本室指導監督之辦理統計人員用令

對社會部勞動局各處室及所屬機關視其性質或依照局內向例辦理或呈請交辦

第二〇條　本室應行請示或報告各項事件應按其性質分別行之凡屬主計處主管者呈由社會部統計長轉呈其屬社會部勞動局者逕呈局長

第六章　工作報告

第二一條　本室每月應報告之工作事項如下

一　關於工作之成績事項

二　關於有關統計事務之會議紀錄事項

三　關於所屬職員之任免遷調獎懲事項

四　關於所屬職員之考勤事項

凡經主計處及社會部統計長指定受本室指導監督之社會部勞動局所屬機關統計人員之各種報告均由本室核轉

第二二條　本室應於每季終了後十日內將上季之各種工作報告造具二份送呈社會部統計長呈轉其有規定格式者依照規定辦理

第二三條　本室各種工作報告除呈報社會部統計長轉呈主計處外並視其性質分呈社會部勞動局備查

第七章 服務

第二四條 本室辦公時間依社會部勞動局之規定于必要時得延長之

第二五條 本室職員須按時到室辦公不得遲到早退但因公外出者不在此限

第二六條 本室職員在辦公時間不得會客但因公接見者不在此限

第二七條 本室職員應于社會部勞動局簽到簿簽到不得託人代簽

第二八條 本室職員請假依社會部勞動局規定辦理但統計主任請假在一月以上時並須呈經社會部統計長轉呈主計長核准

第二九條 各種例假循例休息但緊急事件仍得臨時召集辦公

第三〇條 本室値班出勤辦法依社會部勞動局規定行之

第八章 附則

第三一條 本細則如有未盡事宜由統計主任呈請社會部統計長轉呈主計處修改之

第三二條 本細則自呈奉主計處核准之日施行

國民月會及黨政軍學小組會議講習法令實施辦法（民三十一年十二月二十八日中央宣傳部頒行（補登））

一 各地國民月會及黨政軍學各機關之小組會議對於中央新頒各種重要法令尤其有關兵役糧政物價租稅社會新縣制及新生活運動者應予以講解討論

二 在月會時應由主講人將新法令提出詳細講解使會員皆能了解新法令之內容以及政府立法之本意在小組會議時應由各小組組長預先對新法令擬定討論題目提交小組會議研討以利法令之進行

三 為指示上項法令之要旨並供給其講材起見

（一）由中央宣傳部每月製定國民月會及小組會議法令講習大綱一次送頒各級黨部小組討論並分送行政院政治部教育部及國民精神總動員會分別轉發政軍學各小組及各地國民月會講習

（二）由中央宣傳部會同國民精神總動員會編印國民月會及小組會議法令講習小叢書一套上項叢書之編輯每月

六 以一種爲度應儘先就糧食兵役新縣制新生活運動以及物價租稅社會等重要法令趕速彙編一冊或數冊以應急需仍由中央宣傳部運發各級黨部小組研討并由各該機關翻印轉發所屬講習

四 製定國民月會及小組會議法令講習須知令發各月會主講人及小組組長遵照實施並由主管機關加以考核

五 本辦法由中央祕書處宣傳部及國民精神總動員會會同核定施行

國民月會及黨政軍學小組會議法令講習須知

三十一年十二月二十八日中央宣傳部頒行

一 各地國民月會及黨政軍學各機關之小組會議對於中央新頒布之各種重要法令尤其有關兵役糧政租稅社會新縣制及新生活運動者應予以講解討論

二 在月會時應由主講人將新法令提出詳細講解使會員了解新法令之內容以及政府立法之本意在小組會議時應由各小組組長預先對新法令擬定討論題目提交小組會議研討

三 爲指示法令講解之要旨并供給其講材起見每月由中央宣傳部製頒國民月會及小組會議政令講習大綱一次

四 爲便利法令條文之研究及基本精神之瞭解起見由中央宣傳部會同國民精神總動員會編發國民月會及小組會議政令講習小叢書以供參考

五 國民月會主講人及小組組長平日應悉心參閱政令講習小叢書予以深刻之研究在國民月會及小組會議每次開會前並應將政令講習大綱詳細研討依據大綱指示之項目自動搜集材料旁徵博引以爲講習之資料

六 上項政令講習大綱如因交通不便在國民月會舉行之後始行到達而其內容又無時間性者得由主講人於次屆國民月會補講之

七 國民月會主講人及小組組長應將每次講習或討論結果之紀錄按月呈報主管機關呈核

八 本講習須知經中央祕書處中央宣傳部及國民精神總動員會核定後施行

四 農民節紀念暫行辦法

三十二年一月九日農林部社會部會銜公佈

一 各省縣應於農民節（二月五日）分別舉行紀念大會

二

二　省紀念大會由省農林及社會主管機關合同主持縣紀念大會由縣農林及社會主管機關合同主持

三　鄉鎮紀念大會由縣農林及社會主管機關斟酌地方情形指導鄉農會及鄉鎮公所發動舉行

四　各級紀念大會除舉行儀式外并應斟酌當地情形辦理左列事項

1. 宣傳農民節之意義
2. 宣傳農業推廣糧食增產鄉鎮造產及發展農村經濟之意義與辦法
3. 舉辦農產展覽會
4. 舉辦農產或家畜比賽會
5. 舉行遊藝及聯歡會

五　各級主持機關應於紀念大會中對於農產畜產比賽優勝者及組織健全成績優異之農民團體暨熱心農運而有成績表現之負責人員酌予名譽獎或發給獎品以資鼓勵

六　紀念農民節所需經費由主持機關自籌為原則必要時得呈准上級機關向各機關團體及各界人士募捐

七　各級主辦機關應邀集當地各機關學校團體代表參加并發動報界學校等擴大關於農業改進事項之宣傳一次

八　各級主辦機關應於紀念大會完畢後半個月內將舉行紀念大會經過情形彙報省政府轉送農林社會兩部備核

九　本辦法由農林社會兩部會同公佈施行

辦公室整潔競賽實施辦法

三十二年一月二十日部長核准

一　為激勵本部各單位辦公室經常注重整潔起見特訂定本辦法

二　本競賽以本部各廳司局室處及各科之辦公室為競賽單位（以下簡稱各單位）

三　各單位對於室內整潔應經常指定人員負責管理並由主管每星期檢查一次

四　本競賽注重經常努力每一個月評判一次每三個月公佈一次

五　每月成績由工作競賽委員會檢查後評判分數並依照本部工作競賽辦法分別呈請部長予以獎懲

六　本競賽記分標準規定如下

(一)屬於公共者佔百分之六十

1. 佈置是否整齊　15分

2. 打掃是否清潔　15分

3. 是否能保持經常整潔狀態　20分

4. 有無特殊成績　10分

(二)屬於個人者佔百分之四十

1. 辦公桌面是否整潔　20分

2. 抽屜書架是否整齊　20分

七　本競賽之成績共分甲乙丙丁等級凡平均總分在八十分以上者爲甲等七十分以上者爲乙等六十分以上者爲丙等六十分以下者爲丁等

八　本競賽由工作競賽委員會派員督導及檢查

九　本辦法自批准之日起施行

工人福利社設立暫行辦法

三十二年一月二十五日部令公布

第一條　社會部爲改善工人生活促進工人福利起見特制定本辦法

第二條　廠場及其他企業組織僱用工人在二百人以上者暨職業工會有會員二百人以上者應附設工人福利社其不足二百人者得聯合設立之

縣市政府視當地實際需要情形就工人聚集之區酌設工人福利社

第三條　工人福利社應視需要情形及經濟狀況酌辦左列業務

一　勞工食堂

二　勞工宿舍與家庭住宅

三　勞工醫院或診療所

四　勞工補習學校或補習班及勞工子弟學校
五　勞工浴室
六　勞工理髮室
七　勞工托兒所
八　勞工職業介紹所
九　勞工洗衣補衣室
十　勞工圖書室
一一　勞工俱樂部
一二　勞工體育場
一三　勞工詢問代筆室
一四　其他有關勞工福利事業

第四條　前條業務除物品消耗得依成本收費外概以免費為原則

第五條　工人福利社設主任一人綜理社務幹事助理幹事各若干人襄理社務

前項職員其由廠場或其他企業組織及職業工會主辦者由各該主辦機構遴派其由縣市政府主辦者由縣市政府派充之

第六條　廠場及其他企業組織與職業工會設立之工人福利社成立時應向當地市縣政府呈請備案並受該市縣政府之指導監督

第七條　工人福利社成立後市縣政府應將成立經過及各項章則呈由省主管社會行政機關轉呈社會部備案在院轄市應由市主管社會行政機關逕呈社會部

第八條　工人福利社辦理特具成績者得由社會部授與獎狀其由廠場及其他企業組織與職業工會設立者并得給與獎助金

前項獎助依照社會部獎助社會福利事業暫行辦法辦理之

第九條　本辦法如有未盡事宜得隨時修正之

第十條　本辦法自公布日施行

社會部員工福利委員會組織規程

（三十二年二月十九日部長核准）

第一條　本部為改進員工生活增進員工知識技能以提高其服務效率起見特設置員工福利委員會（以下簡稱本委員會）

第二條　本委員會任務在秉承部次長之命計劃並推進辦理有關員工福利事業並協助主管單位辦理之

第三條　凡本部員工對於本委員會所舉辦之各項業務及利益一律平等享受

第四條　本委員會設主任委員副主任委員各一人委員若干人主任委員由總務司所派人員擔任副主任委員由委員會互推擔任委員由各單位選派人員擔任

第五條　本委員會設總幹事一人由部長指派之承主任委員副主任委員之命綜理本會事務

第六條　總幹事以下分八組辦事每組設組長一人組員若干人分別辦理各組事務其職掌如左

一　總務組掌理本會文書事務及會計出納及不屬於其他各組之事項

二　食宿組掌理關於本部員工食宿及其他起居上必需之改進事項

三　衛生組掌理本部員工之醫藥治療及公共衛生事項

四　學術組掌理本部員工學術進修事宜

五　娛樂組掌理提倡本部員工公餘正當娛樂事宜

六　體育組掌理本部員工業餘運動及體格鍛鍊等事宜

七　供應組掌理本部員工生活必需品之調查採購分配及籌辦員工公用事業等事宜

八　公益組掌理本部員工保險救濟托兒及子女教育等事宜

第七條　總幹事由部長就本部職員中遴派之專任各組組長由委員互推擔任之均為義務職

第八條　必要時各組得設置幹事以兼任為原則

八　本委員會舉辦事業經費應編造預算呈請部長核撥

九　本簡則由部長核定施行

社會部各直屬兒童福利事業機關收領捐款暫行辦法

三十二年二月二十五日部令公布

第一條　本部各直屬兒童福利事業機關收領私人或團體捐款悉依本辦法之規定

第二條　收領之捐款以私人或團體自動捐助者為限不得有對外勸募情事

第三條　收領之捐款其用途得由捐款人或團體指定其未指定用途者得由收領機關報請本部酌定之

第四條　收領之捐款應俟呈報本部後始得動用

第五條　收到捐款時除由收領機關給予正式收據并彙案登報鳴謝外對於捐款人或團體應按照捐資興辦社會福利事業褒獎條例予以褒獎

第六條　本辦法自公佈日施行

各縣市政府工資物價查報人員獎懲辦法

三十二年二月二十七日部令頒行

一　凡經指定限價之各縣市其縣市政府應即指定一人常川辦理工資物價之查報事宜并開具簡歷報部登記備查

二　辦理工資物價查報人員經指定後應即按照本部頒發之查報辦法將查報結果按期電報本部

三　前項人員之薪津及其辦公用費仍由所在機關負担本部得視事實需要及其工作成績按月給予六十元至一百元之津貼

四　前項人員之工作努力報告確實成績優良者由本部於年終頒給六百元至二千元之獎金或商得原服務機關同意調部優予使用

五　前項人員之工作不力或查報失實或貽誤時效者得由本部視情節輕重通知所在機關予以撤換罰薪或其他適當之懲處

六　前項人員對於調查技術應遵照本部之指導遇有疑義時並應直接向本部請示

七　本辦法如有未盡事宜得隨時修訂之
八　本辦法自頒發之日施行

全國重要市縣生活必需物品零售價格調查辦法

三十二年二月二十七日部令頒行

一　實施物價工資限價地域之市縣政府應依照本辦法辦理各該地生活必需物品之零售價格調查
二　各地應調查之物品由各市縣政府根據當地工人日常生活實際情形分別選定但其中至少應包括米麵粉豬肉鹽蛋菜油(或其他食用油)醬糖豆腐黃豆芽本色土布廠布藍布碎煤(或其他燃料)劈柴(或其他燃料)火柴肥皂煙絲茶葉燒酒房租等二十項
三　各項物品之花色牌號應就當地市場之實際情形選定最通用者一種爲標準
此項花色牌號經選定後非因無市或缺貨得另選其他質價相近者代替外不得任意變更
四　各項物品應就當地商業繁盛區域選定開業較久資本較大之店號一家爲實施調查之對象
此項對象經選定後非因特殊事故不得變更
五　各項物品之度量衡單位以採用市制爲原則否則應註明其對市制之折合率
六　各項物品除房屋月租外均每半月調查一次於每月之八日與二十三日爲之即以各該日之價格爲準
七　房屋月租應就當地選定工人家庭三十家於每月五日以前分別調查一次
八　調查開始後應即將三十一年十一月三十日之物價及十一月份之房租予以追查追查辦法另定之
九　調查所得材料除依全國重要市縣生活必需物品零售價格電報辦法電報本部外並應各繕寫二份以一份存查另一份於每月之九日與二十四日快郵寄遞本部惟房租一項得限於每月九日寄遞一次
一〇　本辦法如有未盡事宜由本部隨時修正之

全國重要市縣生活必需物品零售價格追查辦法

三十二年二月二十七日部令頒行

一　各重要市縣生活必需物品零售價格調查開始後應即將民國三十一年十一月三十日之物價及十一月份之

二　房租依照本辦法予以追查追查物品之種類及其花色牌號單位與店號均應與調查者同房屋月租之追查並應就選定之家庭辦理

三　物價之追查應根據選定店號之銷貨簿或其他記載價格之簿册

四　如某項物品爲選定各號過去所無者得就其他店號追查之

五　如本地已有其他機關或團體辦理物價調查者得借閱其已有資料作爲追查之參考

六　追查工作結束後除根據各重要市縣生活必需物品零售價格電報辦法即日將追查結果電報本部外並應各繕寫二份以一份存查另一份寄遞本部

全國重要市縣生活必需物品零售價格電報辦法

（三十二年二月二十七日部令頒行）

一　實施物價工資限價地域之市縣政府除依照生活必需物品零售價格調查辦法辦理物價調查外並應將調查所得價格依照本辦法之規定電報本部

二　上項電報應於每月九日及二十四日上午用「特急電」拍發

三　電文次序必須按照固定格式填寫不得變更其格式由各市縣政府按照本辦法所附舉例就選定之物品自行規定並造送本部備查

四　調查月日用四個阿拉伯數碼連續填寫前兩數碼爲月份後兩數碼爲日期月份或日期未及十者第一數碼或第三數碼以〇代替如九月九日應填寫爲〇九〇九

五　各種物品之價格均用五個阿拉伯數碼分別填寫第一個數碼爲百元第二個數碼爲十元第三個數碼爲元第四個數碼爲角第五個數碼爲分其不及百元者第一個數碼用〇代替不及十元者第一第二數碼均以〇代替餘類推如火柴價格爲每盒一元五角應填寫爲〇〇一五〇

六　物品因缺貨或無市致無法查得其價格者應以「〇〇〇〇〇」代替其位置

七　房租應塡平均每一市方丈之每月租金其計算方法如左

（一）如房租係按年或按季付給者應先以全年十二月或每季若干月除其年租或季租以求得其平均每月租金

（二）以每家以市方丈為單位之住屋總面積除每月租金以求得每家每一市方丈面積之平均租金

（三）以調查家數除各家每一市方丈面積平均月租之總和以求得平均每一市方丈之每月租金

此項房租之計算應按照規定之表式逐步為之並應將計算所得結果於每月九日電報一次其二十四日之電報得以「〇〇〇〇〇」代替其位置

八 計算所需表式另定之

九 發電處所代號除另有規定者外應以調查地域之第一字為準

各項價格用電報拍發後仍應即日將物價調查表連同房租調查表房租計算表快郵寄遞本部

一〇 追查之物價與房租適用本辦法於追查完畢後一次電報本部

一一 本辦法如有未盡事宜由本部隨時修正之

學術會議實施辦法

三十二年三月三日部令公佈

甲 會議組織

一 學術會議參加人數暫定為九人至十五人其人選就本部科長以上及相當於荐任以上之聘派人員中富有專門研究及教學經驗者指定之

二 學術會議設主席一人由政務次長担任主持一切並就參加會議人員中指定一人為秘書稟承主席辦理各項事務

三 學術會議為便於設計指導起見應就現實社會問題本部行政設施及戰後社會建設等範圍內擬定題目分別研究并隨時介紹新學術

四 學術會議每月舉行一次

乙 研究方法

一 學術會議負設計指導促進考核本部工作同志學術研究之責其任務如左

（1）擬定工作同志必讀及選讀書目

（2）確定研究問題并製發研究大綱

(3)指導促進並考核本部工作同志研讀工作

二　各小組會議應按照規定讀書進度及研究大綱督促各同志研讀討論必要時並須提出書面報告

三　為提高研究興趣增進讀書效果學術會議得酌定辦法通知各小組分別或合併舉行討論會座談會等並得請專家到部演講

四　學術會議應於每三個月將工作情形列表呈報部次長考核並於每年終將部內工作同志學術研究成績彙呈核閱分別優劣酌予獎懲

重慶市工人消費合作推進辦法

三十二年三月三日社會部公布

一　為普遍推進重慶市工人消費合作事業以謀減輕工人生活負担增進工人福利並協助平定工資起見特訂定本辦法

二　重慶市工人消費合作事業之推進除法令另有規定外悉依本辦法之規定辦理之

三　重慶市各職業工人及產業工人均應一律參加工人消費合作社為社員

四　重慶市各業工會為謀增進會員福利均應負責促進工人消費合作事業之發展

五　職業工人之消費合作社以分區混合組織為原則產業工人之消費合作社以一廠一社為原則

六　重慶市各業工人非參加工人消費合作社為社員者不得享受平價物資定量分售之優待

七　工人消費合作社均應採保證責任制

八　工人消費合作社得兼營其他生產公用等合作業務

九　工人消費合作社之貨品售價均應採取廉價制

一〇　工人消費合作社得以盈餘撥作社員福利及社員子女教育事業之用

一一　工人消費合作社之銷售物品以由社會部合作事業管理局全國合作社物品供銷處統購統銷為原則

一二　工人消費合作社之業務以供應工人工具食用服用日用品為主

一三　工人消費合作社之交易應採取憑證購物制

一四　參加工人消費合作社之社員不得再參加鄉鎮消費合作社為社員以免重複

二五　工人消費合作社之推進由社會部合作事業管理局督導之

二六　工人消費合作社以自有自營自享爲最高目標但初成立時其社務業務會計等工作之推進得由社會部合作事業管理局派員輔導之

二七　工人消費合作社所需資金除社員股金及工會會費之一部撥充外如有不足得請社會部合作事業管理局負責轉商金融機關或有關機關貸放之

二八　工人消費合作社所需之業務人員得請由社會部合作事業管理局派充或轉飭全國合作人員訓練所訓練之

二九　社會部合作事業管理局爲供給工人消費合作社之貨品管制其業務起見應於全國合作社物品供銷處設置工人消費合作社供應部

三〇　全國合作社物品供銷處爲辦理工人消費合作推進事宜得擬具概算呈請增撥經費

三一　工人消費合作社之業務計劃均應自行擬具送請全國合作社物品供銷處轉呈社會部合作事業管理局備案

三二　本辦法經社會部公布施行

社會部職業介紹工作人員通訊指導辦法

三十二年三月三日部令頒行

一　本部爲職業介紹工作人員相互通訊聯絡藉知各地業務實際情形及謀增進工作效能起見特訂定本辦法

二　本辦法所指職業介紹工作人員如左

1 曾在中央訓練團社會工作人員訓練班職業介紹組畢業之學員而現任職業介紹工作者

2 現在本部直屬或附屬之職業介紹機關任職業介紹工作者

三　前條所指各項人員按月須與本部通訊一次遇有緊要或特別事件得隨時通訊

四　通訊要點分左列各項

1 工作概況及業務困難情形

2 對職業介紹業務工作之改進意見

3 其他關於職業介紹業務建議事項或請示事項

五 凡屬通訊應於篇者註明「職介通訊」四字并附註姓名服務機關地點及現任職務等

六 前項通訊由部以通訊方式解答之該項文件祇供研究商討交換業務意見及解决業務上疑難問題之用不視爲公文書其正式請示事宜仍應依公文程式辦理

七 本部對各通訊人員得就近委託辦理調查事項

八 本辦法經部長核定施行

各職業介紹機關按月造送工作報告辦法

三十二年三月十日部令公布

一 各職業介紹機關於每月月終應將本月份工作情形編造報告書呈報主管機關

二 報告書須依照規定之項目依次彙編不得先後淩亂如對於某項事件無具體事實報告者得從略

三 報告書要目所列各事項除規定用表式者外一律用條舉說明體

四 報告中應將中心工作詳細敍述其餘可簡略又工作成績統計應摘舉要點併入報告中

五 凡例行細微事件無關重要者可不列入報告書內

六 報告書之附表除應編造頒發之表式外其餘有關表式塡報之必要者得由各該機關自行製定

七 報告書每頁紙張之面積以長二十八公分闊二十公分五厘爲度

八 前項報告書各縣市職業介紹機關應編造四份一份存本機關三份呈送縣市社會科並層轉省社會處暨社會部備查各省市職業介紹機關應編造三份一份存本機關二份送呈省市社會處局並彙呈社會部備查社會部直屬各職業介紹機關應編造二份一份存本機關一份送呈社會部

九 前項報告書主管機關於收到後應即分別審核並予以必要之指示

一〇 各職業介紹機關如不能按期呈送工作報告者予以下列處分

（一）三個月未送工作報告應予警告

（二）六個月未送工作報告應予停發經常費或補助費

一一 本辦法自公布之日施行

(機關名稱)工作報告　　年　　月份

甲　行政述要

1 奉行法令事項

2 人事動態

3 重要計劃

4 重要設施

5 重要會議

6 其他

乙　業務報告

1 求職登記

2 求人登記

3 實施指導

4 介紹接洽

5 繼續指導

6 職業調查

7 學校調查

8 聯絡接洽

9 代辦招考

10 代辦訓練

11 其他

丙　工作檢討

丙

1優點

2缺點

3困難問題

4心得與感想

5建議

丁　附表

1工作月報統計表

2求業者籍貫統計表

3求業者資格統計表

4求職者希望職務統計表

5求職者希望待遇統計表

6求職者年齡統計表

7委託求人機關統計表

8需要人才之職務類別統計表

9談話類別統計表

10其他附表

修正社會部各附屬機關經常費及事業費發領程序

三十一年四月十六日部令公布
三十二年三月十日修正

一　各附屬機關請領經常費須按規定時期塡具領款收據由會計室核其所塡數額與所核定預算分配數額相符會主管司後製傳票送總務司發款如某附屬機關業務減少或暫停一部份工作時該附屬機關應隨時報部由主管司登記後轉會計室登記發款時由司室就其實際狀況會商核減其原經核定額支之經費簽請部長核減發給

二　各附屬機關請領事業費時應先塡具領款書送由主管司詳核其動支計劃是否核定有案其已奉核定繼續請領者其工作進度請款時間與數額是否相符如無錯誤即簽註蓋章送經會計室核與預算分配數額相符會主管司後製傳票送總

務司發款其有工作進度提前完成經核實者應領款項得呈准設法先付其有不能如期完成而必需完成者所需款項除有特殊情形外應按實際進度核發附屬機關不按期呈送工作報告至主管司無從考核其進度者得簽准緩發其經費之全部或一部並同時錄批通知會計室及總三科登記

三　各附屬機關請領款項如已超過原分配數或追加預算時各主管單位應審核超支原因簽擬准駁其擬准者幷應簽明動支或勻撥何款項之預算項目呈核於奉准後幷隨時錄批通知會計室及總三科登記

四　各附屬機關會計報表應按月編送一式五份除依例按月以一份連同支出憑證簿選送該管審計機關核銷外並同時將其餘四份呈部先送主管司科查核登記送會計室審查無誤簽經呈核後仍會主管司科登記核准數字如會計報表逾四個月尚未報送到部者自第五個月起應領之經費得暫行扣發俟會計報表到部再行發領所送會計報表所列數字如日後發覺有與所送該管審計機關數字不相符合情事該機關長官應負責任並應由主管司簽報部長予以懲處

五　所有本部每月收支經臨費及事業費數目由會計室按月分別編製各該累計表呈閱俾詳知各項收支情形

六　所有本部經常費事業費現金結存數目由總三科按月列表呈司會會計室蓋章後呈閱

七　關於事業費內發給各社團之補助費用無論經常補助或一次補助概由主管司根據核准之案列册分送總務司會計室登記備核或隨時用通知單由主管司簽章分送總務司暨會計室登記其領款時之手續由會計室核對所核定數目無訛後製傳票送總務司發款

各社團未經依照規定手續呈送各項書表者應由主管司簽准緩發或停發其補助費幷同時錄批通知會計室登記

八　本程序如有未盡事宜得隨時修正之

九　本程序自公布之日施行

人民團體理事監事就職宣誓規則

三十二年三月十八日部令公布並於同月三十一日修正呈奉行政院備案

第一條　人民團體理事監事就職時須依照本規則之規定宣誓

第二條　人民團體理事監事宣誓就職時應舉行宣誓儀式並應由當地主管官署派員監督

第三條　人民團體理事監事宣誓時由宣誓人公推一人領導宣讀誓詞全體舉右手並隨聲朗誦監督員出席監督

第四條　人民團體理事監事之誓詞如下

余謹以至誠實行三民主義遵守國家法令忠心努力於本職如有違背誓言願受嚴厲之制裁謹誓

前項誓詞由宣誓人簽名

第五條　人民團體理事監事宣誓誓詞由各該人民團體自備印製

第六條　人民團體理事監事宣誓後應將誓詞彙呈當地主管官署備案

第七條　人民團體理事監事如有特殊情形不能舉行宣誓儀式仍應塡寫誓詞彙呈當地主管官署備案

第八條　本規則自公布之日施行

社會部分層負責辦事細則

三十二年三月二十六日部令公布

第一章　總則

第一條　本細則依照行政院所屬各部會署分層負責辦事通則第十一條之規定訂定之

第二條　本部分層負責之層次以依本部組織法及其他法令成立之單位爲限、

第三條　本部分層負責之人員以依法令設置之人員爲限

第二章　各級職責

第四條　本部部長直接處理之事項列左

一　重要政策及工作計劃之決定

二　預算編製之扼要提示

三　擬訂法規時重要原則之提示

四　所屬人員任免之決定

五　所屬人員考核之奬懲裁決

六　各單位工作之監督指導及考核

七　重要案件變更處理方式之決定

八　重要新案之決定

九　重要會議之主持及參加
十　其他有關政務之處理及重要事務之裁決

第五條　本部政務次長負責處理之事項列左
一　主管政務之綜合設計
二　法規及計劃方案之審定
三　各種重要報告之整編及審核
四　各種重要會議之進行及籌劃
五　學術研究之指導及主持
六　主管政務之巡視及督導
七　業務改進之評判及指導
八　隨時提請部長注意之事項
九　部長交辦事項

第六條　本部常務次長負責處理之事項列左
一　主管政績之綜合考核
二　全部文稿之審定
三　工作分配之指導
四　工作人員任免奬懲之擬議
五　經費依法支用之處理
六　機要事務之處理
七　主管政務之巡視及督導
八　業務改進之評判及指導
九　隨時提請部長注意之事項

十 部長交辦事項

第七條 本部參事負責辦理之事項列左

一 法規之撰擬審核及解釋

二 法案命令之擬議及審核

三 計劃方案之整理彙編及審核

四 其他有關法案之審查及會議

五 長官交辦事件

第八條 本部祕書負責辦理之事項列左

一 機要文件之擬辦

二 文稿之覆核

三 部務會議之紀錄及議程之編製

四 長官交辦事項

第九條 本部視導負責辦理之事項列左

一 部屬機關政務實施及業務推進之視察與指導

二 直屬人民團體組訓工作及其任務實施之視導

三 各級社會行政機關政務實施之視導

四 各級人民團體組織及任務之視察

五 外派人員工作之實地考核

六 長官交辦事項

第一〇條 本部各司局處室主官負責辦理之事項列左

一 長官交辦事項

二 本管職務推進計劃之擬議及初步核定

三　重要文件之審核
四　本管案件之調查處理與執行
五　人員考核及獎懲之初步擬議

第一一條　本部各科長負責辦理之事項列左
一　長官交辦事項
二　本管職務推進計劃之初步擬議
三　重要文件之擬辦
四　例行公事之辦理
五　所屬職員之初步考核

第一二條　本部科長以下人員之責任範圍由該管主官擬呈部長核定

第三章　對外行文

第一三條　本部對外行文之事項列左
一　呈報上級文件
二　與中央各機關相互商討查報事件
三　與各省市政府相互商討查報事件
四　命令下級機關文件
五　命令人民團體文件
六　任命所屬人員及指派工作文件
七　其他應以本部名義行文事件

第一四條　本部總務司對外行文以左列為限
一　關於文書收發之查詢查催事項
二　關於人事查詢事項

三 關於經費出納之通知催詢事項
四 關於庶務處理之通知事項

第一五條 本部組織訓練司對外行文以左列為限
一 關於直屬人民團體及社會運動機構組織內容之查詢事項
二 關於直屬人民團體組織進行之查詢事項
三 關於直屬人民團體職會員訓練之調查事項
四 關於直屬人民團體工作及經費報告之查詢查催事項
五 關於與目的事業主管機關相互查詢及初步交換意見事項

第一六條 本部社會福利司對外行文以左列為限
一 關於一般社會福利事業機構組織內容之查詢事項
二 關於所屬事業機關工作及經費報告之查詢查催事項
三 關於所屬事業機關業務上依法令應行通知事項
四 關於與主管業務有關機關相互查詢及初步交換意見事項

第一七條 本部勞動局合作事業管理局統計處會計室之對外行文事項各依其組織法規之規定

第一八條 本部各司局處室對外行文以各該單位之名義行之

第一九條 本部各單位對外行文應參照本部處務規程關於文書處理程序之規定辦理

第四章 附則

第二〇條 本部各層級間及各單位間相互關聯事件概依本部處務規程辦理

第二一條 本細則自呈奉行政院核准之日施行

保護童嬰運動辦法要點

三十二年三月二十六日部令頒行

一 發動社會力量保護童嬰防止墮胎溺嬰或遺棄並收容棄嬰遺孤

二 保護童嬰運動由各級社會行政機關聯合當地黨部團部學校及有關機關團體積極辦理

三 保護童嬰運動首應注重宣傳以喚起社會人士之警覺與同情其宣傳要點如下

1 國父遺教中對於人口問題之指示

2 民法對兒童受保護及教養權利之規定(民法一〇八四條一〇七七條及一一四二條)

3 刑法對於墮胎溺嬰或遺棄罪刑之規定(刑法第二七四條二八八至二九四各條)

4 社會人士對保護童嬰應有之同情與努力

5 政府年來對保護童嬰之方針與設施

四 保護童嬰運動之宣傳應充分利用講演廣播文字戲劇電影展覽等各種方式

五 社會行政機關應注重兒童保育事業並聯合其他有關機關團體積極從事下列各項工作

1 整理當地原有之育嬰育幼設施加強組織調整人事以及改進保育方法等

2 酌量各地需要籌設或增設育嬰育幼托兒等設施

3 發起保護童嬰捐募運動寬籌經費爲各地育嬰育幼托兒等設施之用

4 聯合醫藥衞生機關團體舉辦孕婦免費檢查助產及童嬰免費診療與一般婦嬰保健指導等

5 發動社會力量制止並檢舉墮胎溺嬰或遺棄等情事並獎勵報告檢拾及送養或收養

六 辦理育嬰育幼事業著有成績者或辦理不力者得依社會部獎懲育嬰育幼事業暫行辦法之規定報請社會行政主管機關核予獎懲

人民團體旗幟式樣及實施辦法

三十二年三月二十六日部令頒行

一 大小尺寸 分三種如下

(甲)中央直屬團體及省(市)級團體適用者——比照七號國旗橫長五七六市分直長三八四市分

(乙)縣(市)級團體適用者——比照六號國旗橫長四三二市分直長二八八市分

(丙)鄉鎮級團體適用者——比照五號國旗橫長二八八市分直長一九二市分

二　顏色　藍底白字

三　質料（藍白布）

四　字體　一律正楷地名較側體名稱宜稍大

五　字之排列　自右至左（即自旗桿之端起首）橫排兩行并以首行排地名次行排團體名稱為原則

六　字之位置　每行字應佔旗寬四分之一上下兩邊應各留空四分之一左右兩端之距離應相等適度

例舉（甲）

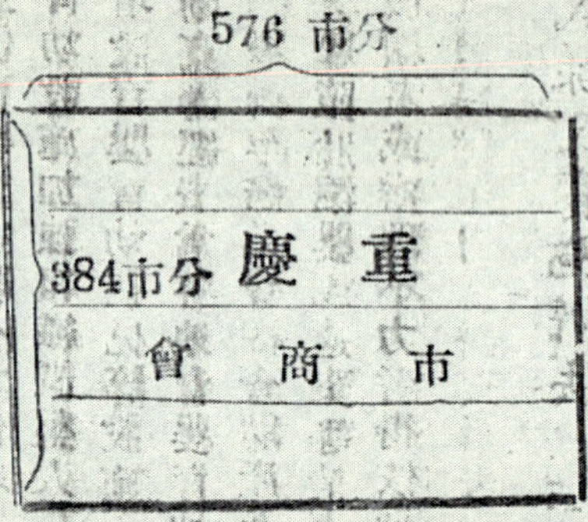

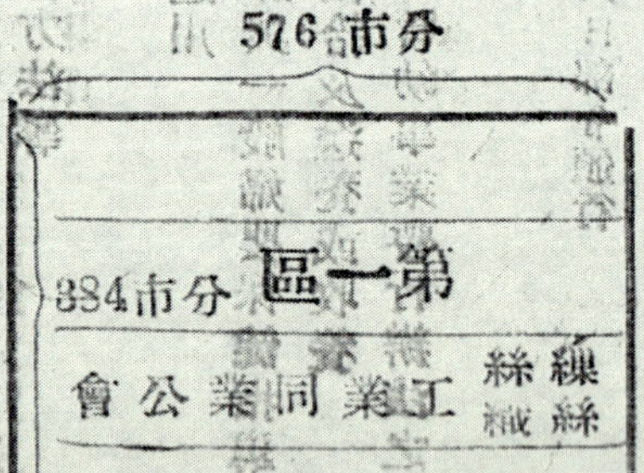

（乙）

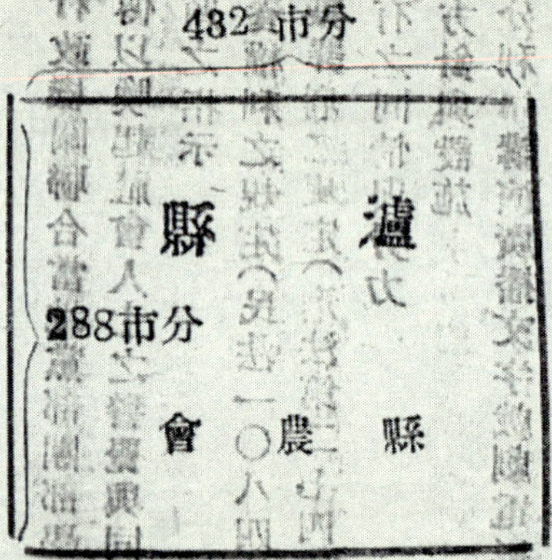

（丙）

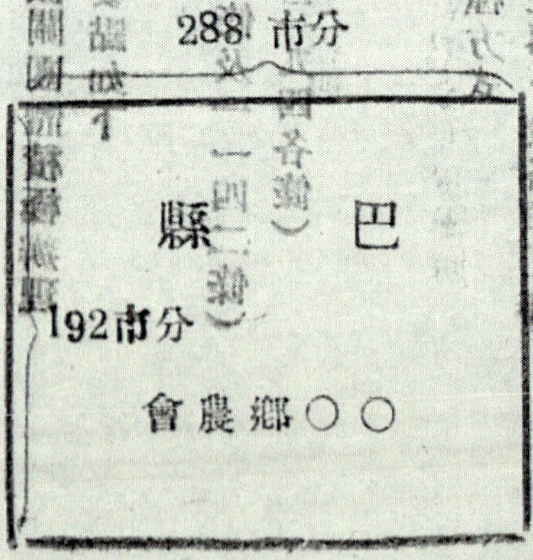

七 實施辦法 凡鄉鎮級以上之人民團體應一律依照規定之式樣辦製但其經費如確有困難時可暫緩辦理

乙 特定工作

增訂職業團體中心工作要點

三十二年三月三十一日部令頒行

戊 自由職業團體方面

一 教育會 每會至少設立民衆學校或識字班一所或兩會合設一所經常掃除境內文盲工作并按期檢查其成果

二 新聞記者公會 每會視環境需要舉辦簡報壁報或其他文化服務一種

三 醫藥職業團體 醫師及中醫師公會須至少設立義診所一所或合設一所經常爲社會免費服務

四 律師公會 每會設立平民法律扶助所一所經常爲社會免費服務

五 會計師公會 每會設立會計咨詢所一所經常爲社會免費服務

六 技師公會 視環境需要參加地方義務勞動担任設計指導工作

七 以上各團體并設立或合設會員合作社一所或其他福利事業一種

社會部職員請假規則

三十年七月十二日部令公布
三十二年三月三十一日修正

第一條 本規則依本部處務規程第三十八條之規定訂定之

第二條 本部職員非因疾病生育婚喪或不得已事故不得請假

第三條 請假分下列五種

一 事假

二 病假

三 婚假

四 喪假

五　生育假

婚假生育假以本人爲限喪假以父母承重祖父母及配偶爲限

第四條　病假全年不得過三星期事假全年不得過兩星期生育假在生育前後各不得過一個月婚假喪假各不得過二十日但因婚喪並特殊事故必須返家回籍者得呈請部長查核情形按照往返所需最短時間酌給途程假

第五條　請假期依年歷起訖日期計算職員到差未滿一年者第一年照比例扣算遞減星期日及例假日均不在假期日數內計算

第六條　請假得積四小時以半日計算每積八小時以一日計算

第七條　職員請假須親筆填具請假單如係病假在三日以上者須附具本部部醫之證明書但因急病或緊急事故不能親具假單者得託人代填

前項部醫證明書如因特殊情形事實上不能取得時得先由領有執照正式開業之醫生出具證明書

第八條　請假人於請假時間其職務須托同事代理并於假單內填明

第九條　簡任聘任職員請假應逕呈部長核准其他職員請假應呈由該管廳司局室長官核准其一次請假在三日以上或繼續請假至三日以上者並應呈經部次長核准

聘任職員之分派在各廳司局室處辦事者其請假由該主管長官核轉

第一〇條　職員假期已滿未能銷假者應即續假其手續與請假同

第一一條　凡未經請假擅離職守或假期已滿而未續假又不銷假者除因奔喪或緊急事故經主管長官證明者外均以曠職論

第一二條　凡曠職未滿一星期者按日扣除薪俸滿一星期以上者由部長酌量情形分別予以處分

第一三條　凡請病假生育假逾限者得以事假限定內尚未請假之日數抵銷不足抵銷時應按日扣除薪俸但確係因公積勞致病或受傷與產後罹病者經查明屬實得由部長特准酌予延長之

第一四條　請假時應向總務司第二科調取請假單逐項填明呈請核准後送回并由總務司第二科填發准假通知單銷假時將准假通知單繳銷

第一五條　凡職員之請假續假或曠職由總務司第二科於每月終分別查明列表呈閱

第一六條　本規則如有未盡事宜由部隨時修正之

第一七條　本規則自公布日施行

社會部處務規程

二十九年十二月二十八日部令公布呈　院備案
三十年十二月二日第一次修正
三十一年三月十六日第二次修正
三十二年三月三十一日第三次修正

第一章　通則

第一條　本規程依社會部組織法第二十一條之規定制定之

第二條　本部各職員執行職務均應遵照本規程之規定

第三條　本部各職員由部長按照事務繁簡分配之必要時得由主管長官簽請指派或添派

第四條　各廳司局室會事務如有相關聯者應由各該廳司局室會主管人員協商辦理彼此意見不同時陳請部長次長裁奪各廳司局室會所管事務涉及二科或承辦職員二人以上者由各該科長或職員等協商辦理彼此意見不同時由該長官解決之

第五條　各廳司局室會辦理事務必要時應互相移付或通知

第六條　本部職員承辦文件除緊急事務隨到隨辦外自接受之日起最要者不得逾一日次要及尋常者不得逾三日但須考查檔卷討論辦法或審核及擬辦表冊者不在此限

第七條　本部職員對於機密事務及未經宣布之文件無論是否主管承辦均不得洩漏退職後亦同

第二章　職責

第八條　法案命令及計劃方案由參事撰擬或審核之

第九條　法案命令及計劃方案由參事撰擬者應請部長次長核定之

第一〇條　法案命令及計劃方案由各廳司局室會起草者應先送參事廳審核再呈部長次長核定之

第一一條　參事撰擬或審核法案命令及計劃方案必要時得會同主管廳司局室會協商之

第一二條 關於解釋法令事項由參事協議簽請部長次長核定之

第一三條 本部部令公布之法令章則由總務司印刷分送各廳司局室會查考

第一四條 機要文電由祕書擬定後逕呈部長次長核定但遇有必要情形時得會同主管廳司局室會長官擬定之

第一五條 各廳司局室會科主管長官對於本廳司局室會科職員有指揮監督之權

第三章 文書處理

第一六條 到部文件由收發室折封摘由編號登簿註明文到日時送由總務司第一科加蓋最要次要及尋常戳記最要者即時送經祕書廳轉呈次長部長核示次要及尋常者按文書性質分送各廳司局室會分別擬辦

文件如有附件應隨文附送不得遺漏散失

第一七條 凡收到文件遇有緊急或重要者隨到隨送不得延擱

第一八條 凡收到文件封面上有密件或親啓字樣者收發室不得開折應即送祕書廳轉呈部長次長核閱批示辦理

第一九條 電報到部由譯電員譯就交還收發室依第十六條之規定辦理如係密電逕送祕書廳

第二〇條 附有錢幣證券及貴重物品之文件應於收文簿內註明數目送由總務司出納人員點收加蓋私章並掣具收據粘附原件

第二一條 各廳司局室會收到各項文件後即擬具辦法同時敘稿呈候批閱如遇疑難重大事件應由各該主管長官簽註意見送由祕書廳轉呈部長次長核示 再行辦稿擬存文件 應附具擬存事由 登簿送由祕書廳轉 呈部長次長核閱

第二二條 擬稿人員須於稿面簽名蓋章註明日時並摘由登記送稿簿送主管長官審核

第二三條 凡互相關聯之稿件應由關係較重之廳司局室會或科主稿移送他廳司局室會簽

第二四條 核稿人員核稿時須於添註塗改處加蓋私章以明責任

第二五條 各主管長官核稿時應於稿面簽名蓋章送由祕書廳復核轉呈次長核閱部長判行

第二六條 稿件判行後由祕書廳發還主辦廳司局室會送交繕校室繕校由繕校室送監印室用印校對員監印員均須加蓋名章

第二七條 文件用印後由監印室連同原稿送收發室分別掛號封發稿件送檔案室分別編號歸檔

丙檔案室保管卷宗辦法另定之

第二八條　應登政府公報之文件由承辦人員於送稿時在稿面粘具「應送登某公報」簽條經祕書廳轉呈部長次長核定後由總務司分別抄送

第二九條　收發室應按日製成收發文表送祕書廳轉呈部長次長核閱并分送各廳司局室會備查每星期應舉行公文總檢查一次列表呈報

第三〇條　勞動局合作事業管理局之對外行文以左列三項為限

一　遵照部令應行轉知事項

二　遵照部令所定辦法督率進行事項

三　會經呈部核准事項

第三一條　各局經辦事項之應以部名義行文者應先擬具辦法簽呈部長核定後擬辦部稿呈核例行文件得簽稿並送

前項文件經部長制行後發還各該局繕校清楚送部蓋印編號封發仍將原稿件發局歸檔

第三二條　各局依第三十條之規定以本局名義對外行文時由各該局自行處理

第三章　考勤

第三三條　各職員應照規定辦公時間到部離部不得遲到早退在辦公時間內除因公接洽經主管長官許可者外不得擅離職守

第三四條　各職員到部辦公時須在簽到簿上親自簽名各辦公室於辦公時間開始後十五分鐘內將簽到簿送由主管長官查閱未簽到人員應分別註明於辦公時間開始後半小時內送交總務司第二科月終由總務司列表彙呈部長次長核閱

第三五條　辦公時間除因公接洽外不得接見賓客

簽到簿考核辦法另定之

第三六條　辦公時間外各廳局室會科應派員輪流值日其規則另定之

第三七條　各種例假循例休息但有緊要事件得臨時召集辦公

第三八條　本部職員請假規則另定之

第四章　購置財物及營繕工程

第三九條　凡購置財物價值在一百元以下營繕工程費用在一百元以下者由總務司第四科辦理之
如財物價值工程費用超過前項之限制者其詢價比價投標訂約驗收各項手續由部長指定高級人員一人及熟諳市情或有營建工程學識之人員二人或三人辦理之

第四〇條　各類大宗經常消耗物品如文具類煤炭類油鹽類等應由總務司第四科預先估計每月所需數量整批購置之
前項大宗物品或臨時需要之物品其價值超過第三十九條第一項之限制者應由總務司第四科開具請求購置單送由指定人員向市場選擇貨品詢明價值開具估單簽呈部長次長審核決定採用比價或招標辦法仍交由總務司第四科辦理貨到時再行通知指定人員驗收

第四一條　購置財物價值在一千元以上營繕工程費用在一萬元以上者其比價投標驗收并應通知審計機關派員監視

第五章　會議

第四二條　本部因事務上之必要由部長召集部務會議會議規則另定之

第四三條　各廳司局室會因事務上之必要得舉行會議其辦法另定之

第六章　附則

第四四條　本部各司分科規則另定之

第四五條　本部各廳司局室會得另定辦事細則呈請部長次長核定施行

第四六條　本規程如有未盡事宜得以部令修改之

第四七條　本規程自公布日施行

修正非常時期人民團體訓練綱要丙丁兩項條文

三十一年一月七日部令公佈呈行政院備案
三十二年三月三十一日修正公佈呈行政院備案

丙　訓練方式

一 小組訓練

為實施會員訓練應由各團體按會員分布情形劃分為若干小組人數以五人至三十人為限如已有小組之劃編時即適用原有小組組設組長一人由所屬會員選舉負召集會議傳達命令及報告所屬會員異動情形之責小組會議每兩週至少開會一次舉行左列各節目

（一）報告團體工作及政府有關法令

（二）報告重要時事

（三）宣讀會員公約並檢討實踐情形

（四）討論會員建議

二 集會訓練

（一）國父紀念週

（二）國民月會

（三）各種紀念會

（四）各種競賽會或展覽會

（五）各種娛樂會

（六）各種討論會

（七）各種舊俗節會

為增進會員之工作興趣提高其集團意識凡具有紀念性質之集會應遵照規定舉行凡民間各種舊俗節日應換以新的意識領導實施並視事實之需要利用時間空閒舉行各種足以提高工作興趣鼓舞民族精神之集會

三 課堂訓練

（一）民衆學校

（二）各種業餘講習班

（三）各種訓練班

四

各團體得遵照政府之規定斟酌環境設立各種學校或班次增進會員之一般常識與業務知能

四　社會訓練

（一）生活指導所

（二）職業指導所

（三）同人福利社

（四）托兒所

（五）救濟院

（六）旅行團

（七）糾紛調解處

（八）書報閱覽室

（九）衛生檢查隊

各人民團體得視事實上需要舉辦以上各種社會福利事業藉事業以發揮訓練之功效

五　機會訓練

（一）家庭訪問

（二）田間訪問

（三）漁場訪問

（四）業務訪問

為啓發會員之正確觀念糾正其錯誤行為應利用其業餘閒暇機會以談話方式實施訓練

丁　實施要點

一　辦法

（一）人民團體訓練之主管官署在中央為社會部在省為社會處（未設社會處之省為民政廳）直隸行政院之市為社會局在縣市為縣市政府實施訓練者為各該人民團體理事會

（三）人民團體舉辦訓練所需費用概由各該主辦團體自行籌措必要時得呈請政府補助之

會　年　月至　年　月訓練工作報告表　年　月　日填報

團體所在地		所屬會員人數	
會務負責人姓名		訓練工作主持人姓名	

訓練方式	辦理情形	舉行次數	受訓總人數	經費概數及來源
小組訓練				
集會訓練				

課堂訓練	社會訓練	機會訓練

（三）本表只供參考大小不限

修正農貸辦法綱要

三十二年二月四日中中交農四行聯合辦事總處第一六一次理事會議修正通過

一 為謀促進農業生產發展農村經濟以適應抗戰建國之需要特訂定本辦法辦理各省農貸

二 各省農貸由中國農民銀行與各政府訂立農貸協議書為辦理各省農貸之依據

三 凡已訂立協議書省份應根據協議書之規定依照四聯總處理事會之決議分別合擬貸款合約報請四聯總處及財政部備案

四 辦理農貸以直接貸放為原則

五 貸款對象如左

甲 合作組織　凡依法登記之各級合作社屬之

乙 其他農民團體　凡依法登記之農會水利協會及合法組織經政府登記之農民團體等組織屬之

丙 農業改進機關　凡以改進農業為目的之省縣機關學校及水利機關等屬之

丁 其他　凡依法登記之農場林場牧場及具有研究推廣性質而有成效之農業組織等屬之

六 貸款種類如左

甲 農業生產貸款

乙 農田水利貸款

丙 農業推廣貸款

丁 農村副業貸款

戊 農產運銷貸款

各種貸款用途額度期限保障利率等項另以農貸準則規定之

七 農田水利貸款對於舊工程之修治新工程之建設應同樣注重並以鼓勵農民利用農閑就地取材自動舉辦為主尤注重平地開塘山谷築埧並利用合作組織推進兼營養魚水利利用等事業

八 農業推廣貸款特別注重優良種籽種畜肥料農具病虫害藥劑及家畜防疫血清之推廣并試辦實物貸放

九　有關土地貸款依照中國農民銀行兼辦土地金融業務條例辦理之
一〇　辦理農貸人員應採用簡易儲蓄辦法協同推行農村儲蓄業務並列爲考成
一一　辦理農貸人員應積極協助有關機關參加農業生產之指導工作並指導貧農參加或組織農民團體
一二　對於貸款對象應由各合作技術主管機關及貸款行分別負責監督考核並取得密切聯繫
一三　本辦法由四聯總處理事會通過施行並函財政部及陳報行政院備案

命令

（國民政府令）

行政院院長蔣中正呈據社會部部長谷正綱呈請任命吳曙曦署社會部科員應照准此令

三十一年十二月三十日

行政院院長蔣中正呈據社會部部長谷正綱呈請任命張　達爲社會部合作事業管理局視察應照准此令

三十一年十二月三十日

行政院院長蔣中正呈據社會部部長谷正綱呈爲社會部合作事業管理局科長尹樹生徐曰琨呈請辭職均請免本職應照准此令

三十二年二月二十八日

行政院院長蔣中正呈據社會部部長谷正綱呈請任命馮斌甲爲社會部合作事業管理局科長應照准此令

三十二年二月二十八日

（社會部令）

公布令

茲制定工人福利社設立暫行辦法公布之此令

社法字第四〇八四七號

三十二年一月二十五日

茲制定社會部各直屬兒童福利事業機關收領捐款暫行辦法公布之此令

社法字第四一九九〇號　三十二年二月二十五日

茲制定學術會議實施辦法公布之此令

社法字第四二三二三號　三十二年三月三日

（公令）

茲制定重慶市工人消費合作推進辦法公布之此令

社法字第四二三二五號　三十二年三月三日

（社會部令）

茲修正社會部各附屬機關經常費及事業費發領程序公布之此令

社法字第四二五九五號　三十二年三月十日

茲制定各職業介紹機關按月造送工作報告辦法公布之此令

社法字第四二六五四號　三十二年三月十二日

茲制定人民團體理事監事就職宣誓規則公布之此令

社法字第四二九一〇號　三十二年三月十八日

茲制定本部分層負責辦事細則公布之此令

社法字第四三五〇七號　三十二年三月二十六日

茲修正社會部職員請假規則公布之此令

社法字第四三七二四號　三十二年三月三十一日

茲修正社會部處務規程公布之此令

社法字第四三七二六號　三十二年三月三十一日

（國民政府令）

茲修正非常時期人民團體訓練綱要條文公布之此令

社法字第四三七三四號　三十二年三月三十一日

任免令

本部科員熊繼壎着即免職此令

茲派繆寶康代理本部科員此令　總二字第四〇一八二號　三十二年一月七日

茲派鍾緯鐸代理本部科員此令　總二字第四〇四一號　三十二年一月九日

本部科員楊繼祥呈請辭職應予照准此令　總二字第四〇二四五號　三十二年一月九日

本部科員李世濤應予免職此令　總二字第四〇二四六號　三十二年一月九日

本部科員盧慶鵬呈請辭職應予照准此令　總二字第四〇二五六號　三十二年一月九日

本部科員陳　銑呈請辭職應予照准此令　總二字第四〇三七七號　三十二年一月十四日

茲派吳瑞芳代理本部科員此令　總二字第四〇八二七號　三十二年一月二十六日

本部重慶第二育幼院院長吳瑞芳另有任用着免本職此令　總二字第四〇八九〇號　三十二年一月二十八日

茲派崔建勳為本部社會工作人員訓練班訓育幹事此令　總二字第四〇八九一號　三十二年一月二十八日

茲派石幼蓀為本部重慶嬰兒保育院總務主任此令　總二字第四〇九三一號　三十二年一月二十九日

茲派丁　燮為本部[illegible]員此令　總二字第四一〇七二號　三十二年二月八日

茲委任黃本淯試署本部科員此令　總二字第四一〇八五號　三十二年二月九日

茲派杜宇八為本部統計處家計調查員此令　總二字第四一一二九號　三十二年二月十日

茲派丁　堯為本部調查員此令　總二字第四一一四〇號　三十二年二月十日

茲派王友琴為本部統計處家計調查員此令　總二字第四一一四三號　三十二年二月十日

本部督導員江競秀着即撤職此令　總二字第四一一四四號　三十二年二月十日

代理本部勞動局科長王輝明因故不能到差應予免職此令　總二字第四一一四六號　三十二年二月十日

茲派燕永治代理本部勞動局科長除呈薦外此令　總二字第四一一四七號　三十二年二月十日

茲派江澤光代理本部勞動局科員此令　總二字第四一一四八號　三十二年二月十日

茲派童　謙代理本部勞動局科員此令　總二字第四一一四九號　三十二年二月十日

茲派滕敬侯代理本部勞動局科員此令　總二字第四一一五〇號　三十二年二月十日

茲派洪逸民代理本部勞動局科員此令　總二字第四一一五一號　三十二年二月十日

茲派李卓之代理本部勞動局科長除呈薦外此令　總二字第四一一五三號　三十二年二月十日

茲派張永言代理本部勞動局科員此令

本部科員周[illegible]另有任用着免本職此令　總二字第四一一五四號　三十二年二月十日

茲派徐茂芝代理本部勞動局科員此令　總二字第四一一五五號　三十二年二月十日

代理本部科員童泳鎏另有任用着免本職此令　總二字第四一一五六號　三十二年二月十二日

茲派童泳鎏爲本部調査員此令　總二字第四一一五七號　三十二年二月十日

茲派周賡鎬爲本部統計處家計調査員此令　總二字第四一一五八號　三十二年二月十日

茲委任徐貞順爲本部勞動局科員此令　總二字第四一一六八號　三十二年二月十一日

代理本部合作事業管理局視察齊國琳另有任用着免本職除呈報外此令　總二字第四一一八十號　三十二年二月十一日

茲派陳岩松代理本部合作事業管理局視察除呈荐外此令　總二字第四一一八一號　三十二年二月十一日

本部統計處調査審導員鄒錫壬呈請辭職應予照准此令　總二字第四一一八三號　三十二年二月十一日

本部督導員劉國政呈請辭職應予照准此令　總二字第四一一八八號　三十二年二月十一日

茲派劉榮華許光漢邵建民王德潤何三謀爲本部統計處家計調査員此令　總二字第四一一八九至四一一九三號　三十二年二月十一日

代理本部勞動局簡任視導丁文安另有任用應免本職此令　總二字第四一一九五號　三十二年二月十一日

代理本部勞動局第三處處長劉　翔另有任用應免本職此令
總二字第四一一九六號　三十二年二月十一日

茲派丁文安代理本部勞動局第三處處長除請簡外此令
總二字第四一一九七號　三十二年二月十一日

茲派劉　翔代理本部勞動局視導除請簡外此令
總二字第四一一九八號　三十二年二月十一日

茲派本部督導員曹培隆兼任本部社會工作人員訓練班訓育幹事此令
總二字第四一二一五號　三十二年二月十一日

茲派代理本部科長董廣英兼任本部社會工作人員訓練班兒童福利組組長此令
總二字第四一二一六號　三十二年二月十一日

茲派代理本部科長朱家讓兼任本部社會工作人員訓練班人民團體組訓組組長此令
總二字第四一二一七號　三十二年二月十一日

茲派本部社會行政計劃委員會專任委員兼科長喻兆明兼任本部社會工作人員訓練班職業介紹組組長此令
總二字第四一二一八號　三十二年二月十一日

茲派陶素君代理本部科員此令
總二字第四一二三六號　三十二年二月十二日

本部科員黃本清呈請辭職應予照准此令
總二字第四一二三七號　三十二年二月十二日

茲派張翼鴻代理本部科員除呈荐外此令
總二字第四一二五六號　三十二年二月十二日

茲派盛克猷代理本部科員除呈荐外此令
總二字第四一二五八號　三十二年二月十二日

本部科員周宏濤另有任用着免本職此令

總二字第四一二五九號　三十二年二月十二日

茲派周宏濤代理本部科員除呈荐外此令

總二字第四一二六〇號　三十二年二月十二日

本部科員田久安另有任用着免本職此令

總二字第四一二六一號　三十二年二月十二日

茲派田久安代理本部科員除呈荐外此令

總二字第四一二六二號　三十二年二月十二日

本部調查督導員汪　新劉梓琴呈請辭職應予照准此令

總二字第四一五八二號　三十二年二月十六日

茲派章柳泉爲本部北碚兒童福利實驗區籌備主任此令

總二字第四一七〇四號　三十二年二月十八日

茲派龔業光爲本部瀘縣育幼院籌備主任此令

總二字第四一七〇五號　三十二年二月十八日

本部視導陳　言另有任用應免本職除呈報外此令

總二字第四一九一八號　三十二年二月二十四日

茲派陳　言代理本部總務司司長除請簡外此令

總二字第四一九一九號　三十二年二月二十四日

茲派馬占和爲本部社會工作人員訓練班訓育幹事此令

總二字第四一九二七號　三十二年二月二十四日

茲派冷　雋代理本部視導除請簡外此令

總二字第四一九三八號　三十二年二月二十四日

本部統計處計算員祁振綱另有任用應免本職此令

總二字第四一九六一號　三十二年二月二十五日

茲委任唐盛琳爲本部科員此令　總二字第四二三六六號　三十二年三月四日

代理本部科長董廣英另有任用着免本職此令　總二字第四二三七一號　三十二年三月四日

本部統計處計算員高　勤着即撤職此令　總二字第四二三七四號　三十二年三月四日

本部統計處調查員任席璋呈請辭職應予照准此令　總二字第四二三七五號　三十二年三月四日

本部合作事業管理局秘書俞　鈐呈請辭職應予照准此令　總二字第四二四九二號　三十二年三月八日

本部合作事業管理局科長侯厚宗另有任用應免本職除呈報外此令　總二字第四二四九三號　三十二年三月八日

茲派侯厚宗代理本部合作事業管理局秘書除呈薦外此令　總二字第四二四九四號　三十二年三月八日

茲派王之丹代理本部合作事業管理局科長除呈薦外此令　總二字第四二四九五號　三十二年三月八日

代理本部科員張文源呈請辭職應予照准此令　總二字第四二五一七號　三十二年三月八日

代理本部勞動局科員劉　堯另有任用應免本職此令　總二字第四二五五二號　三十二年三月九日

茲派闞　琰代理本部勞動局科員此令　總二字第四二五五三號　三十二年三月九日

茲派朱伯龍爲本部督導員此令

本部內江社會服務處職業介紹組幹事蔣國輔擅離職守着即撤職此令　總二字第四二六三七號　三十二年三月十二日

本部科員倪覺吾呈請辭職應予照准此令　總二字第四二八五二號　三十二年三月十七日

茲派楊恩碌爲本部統計處調查輔導員此令　總二字第四二八八八號　三十二年三月十七日

茲派王崇剛爲本部統計處家計調查員此令　總二字第四二八九〇號　三十二年三月十七日

本部科員鍾玉成另有任用着免本職此令　總二字第四二八九一號　三十二年三月十七日

茲派鍾玉成代理本部科員除呈荐外此令　總二字第四二八九七號　三十二年三月十七日

本部科員劉　暢另有任用着免本職此令　總二字第四二八九八號　三十二年三月十七日

茲派劉　暢代理本部科員除呈荐外此令　總二字第四二八九九號　三十二年三月十七日

代理本部科員趙發蕙逾限未報到應予免職此令　總二字第四二九〇〇號　三十二年三月十七日

中華海員工會特派員辦事處設計委員謝東昇呈請辭職應予照准此令　總二字第四二九一四號　三十二年三月十八日

茲派張東林爲中華海員工會特派員辦事處設計委員此令　總二字第四二九三〇號　三十二年三月十八日

茲派徐竹若兼代本部科長此令
總二字第四二九三四號 三十二年三月十八日

代理本部勞動局科員王樹志另有任用應免本職此令
總二字第四二九八三號 三十二年三月十八日

中華海員工會特派員辦事處設計委員王雅倫着毋庸兼任祕書此令
總二字第四二九四三號 三十二年三月十八日

中華海員工會特派員辦事處設計委員吳抱嶽另有任用着免本職此令
總二字第四二九四三號 三十二年三月十八日

茲派吳抱嶽爲中華海員工會特派員辦事處西文祕書此令
總二字第四二九四四號 三十二年三月一八日

茲派劉豁公爲中華海員工會特派員辦事處設計委員此令
總二字第四三九四四號 三十二年三月十八日

茲派李耕瑤代理本部勞動局科員此令
總二字第四二九八二號 三十二年三月十八日

茲派郎奎第爲陪都育幼院院長此令
總二字第四三〇九二號 三十二年三月十九日

試署本部合作事業管理局科員徐芝萬逾限不回應予免職此令
總二字第四三一四九號 三十二年三月十九日

茲派徐正綸代理本部合作事業管理局科員此令
總二字第四三一五三號 三十二年三月十九日

茲派衛　玠代理本部科員此令
總二字第四三三四五號 三十二年三月二十四日

茲派陳聘三代理本部科員此令

茲派李志倫程和珠代理本部科員此令

總二字第四三三五三號　三十二年三月二十四日

茲派陳則釗艾叔才黃燕節董煦方靜清劉世棻賴菊英代理本部科員此令

總二字第四三三四三 四三三四四號　三十二年三月二十四日

茲派余仁侃萬華棠代理本部科員此令

總二字第四三三四六至四三三五二號　三十二年三月二十四日

本部調查員萬華棠另有任用着免本職此令

總二字第四三三五四 四三三五五號　三十二年三月二十四日

茲派王素青代理本部科員此令

總二年第四三三五六號　三十二年三月二十四日

本部調查員王知行呈請辭職應予照准此令

總二字第四三三五七號　三十二年三月二十四日

本部督導員曹培隆另有任用着即免職此令

總二字第四三五四七號　三十二年三月二十四日

本部督導員劉振鎧另有任用着即免職此令

總二字第四三六四〇號　三十二年三月三十一日

代理本部科員仲體泉另有任用着免本職此令

總二字第四三六四一號　三十二年三月三十一日

總二字第四三六四四號　三十二年三月三十一日

茲派政務次長洪蘭友兼任本部設計考核委員會主任委員兼設計組組長此令

總二字第四三七三〇號　三十二年三月三十一日

茲派常務次長黃伯度兼任本部設計考核委員會副主任委員兼考核組組長此令

總一字第[illegible]三七三〇號　三十二年三月三十一日

茲派

參事黃友郢　司長陳[illegible]　會計主任盧長忠

秘書黃夢飛　勞動局局長賀衷寒　人事室主任郭驥

司長陸京士　合作事業管理局局長壽勉成　研究室主任張鴻鈞

司長謝徵孚　統計長[illegible]

兼任本部設計考核委員會委員此令

總一字第四三七三〇號　三十二年三月三十一日

本部新聘社會行政計劃委員會委員姓名一覽

司徒美堂

總二字第四三五四七號　三十二年三月二十四日

本部添聘兒童福利研究委員會委員姓名一覽

楊崇瑞　[illegible]　李[illegible]章　丁瓚

總二字第四三三六七號　三十二年三月二十四日

本部新派副科長姓名一覽

總二字第四三三六六號　三十二年三月二十四日

本部科員田建疇兼任總務司第四科副科長

本部專員溫釗賓兼任社會福利司第三科副科長

總二字第四三三五四號　三十二年三月二十四日

茲派[illegible]兼任本部科員此令

總二字第四三三四六號　三十二年三月二十四日

茲派[illegible]兼任本部科員此令

總二字第四三三四四號　三十二年三月二十四日

茲派李志倫[illegible]本部科員此令

總二字第四三三六三號　三十二年三月二十四日

公牘

（一）總務類

社會部訓令　總二字第四〇〇八七號　三十二年一月五日

令本部附屬各機關

為奉令轉發修正簡易人壽保險章程令仰轉飭知照由

案奉

行政院本年十二月十七日順肆字第二六二六一號訓令開：「案查簡易人壽保險章程，前業經本院修正，令應即通飭施行。除分行外，合行抄發該項章程，令仰知照，并轉飭所屬一體知照。此令」等因；附修正簡易人壽保險章程一份，奉此，除分行外，合行抄發原章程一份，令仰知照，并轉飭所屬知照。此令。

附抄發修正簡易人壽保險章程一份（見法規欄）

社會部訓令　總五字第四〇一四五號　三十二年一月七日

令本部附屬各機關

為奉令抄發革命紀念日日期表附紀念辦法令仰知照并轉飭所屬知照由

案奉

行政院三十一年七月十三日順孝字第一三五三八號訓令開：「奉國民政府三十一年七月七日渝文字第七一四號訓令開：「案據本府文官處簽稱：「准中央執行委員

會祕書處三十一年七月一日渝世機字第一零七五號公函開：「查關於改訂各項紀念日日期，及紀念辦法一案，前經本會第一九二次常會決議，國定紀念日與本黨紀念日應行分別規定，并定國定紀念日為五天，業經函請政府明令公布在案。關於本黨紀念日日期，茲復經本會第二零四次常會決議，定為六天，定名為「革命紀念日」：并通過革命紀念日日期表（附紀念辦法）彌行各級黨部遵照，除國定紀念日五天，全國黨政機關學校團體均應舉行紀念儀式外，關於新訂革命紀念日六天，係由各級黨部分別舉行紀念大會，全體黨員均須出席，各機關學校團體可派代表參加。特錄案並檢同革命紀念日日期表，函達即希查照，並轉陳並分行所屬知照。」等由；理合簽呈鑒核」等情；據此，除飭復並分行外，合行抄發原附表，令仰知照，並轉飭所屬一體知照。此令。」等因；奉此，除分令外，合行抄發原表（附紀念辦法，）令仰知照，并轉飭所屬一體知照。此令，」等因；附抄發革命紀念日日期表（附紀念辦法）一份，奉此，除分行外，合行抄發原件，令仰知照，并轉飭所屬知照。此令。

附抄發革命紀念日日期表（附紀念辦法）一份

革命紀念日日期表（附紀念辦法）

三十一年六月二十二日中央常務委員會第二〇四次會議通過

九月九日　總理第一次起義紀念
十二月五日　肇和兵艦舉義紀念
四月十二日　清黨紀念
七月九日　國民革命軍誓師紀念
五月五日　革命政府紀念
六月十六日　總理廣州蒙難紀念

以上六項紀念日各級黨部分別召開紀念大會講述黨史全體黨員一律均須出席各機關學校團體可派代表參加不放假其講述黨史之段落如左

（一）九月九日講乙酉中法一役後　總理立志革命至辛亥武昌起義之興中會同盟會革命史

（二）三月五日講民國四年護國起義及雲南起義民國二年二次革命及中華革命黨史民國元年至二年十一月之國民黨史附之

（三）四月十五日講民國八年中華革命黨改名為中國國民黨共產黨之產生十二年本黨容共至十六年本黨清黨史

（四）七月九日講十三年本黨改組創辦黃埔至北伐完成之本黨軍事黨務史

（五）五月五日講民元 總理辭臨時大總統至十年五月 總理就非常大總統之本黨護法運動史

（六）六月十六日講自十年五月五日 總理就非常大總統後陳炯明叛變至十四年廣東統一之本黨平定反側史

社會部訓令 總二字第四〇一八七號 三十二年一月八日

令本部附屬各機關

為抄發國民月會及黨政軍學小組會議講習法令實施辦法并講習須知第一號法令講習大綱等件令仰遵照由

案准中國國民黨中央執行委員會宣傳部本年十二月二十八日渝美宣字第三〇六九八號函開：「前奉 總裁代電，以國民月會及黨政軍學小組會議，應講習新頒重要法令，飭本部按月擬具法令講習大綱，分送黨政軍學各機關轉發各地國民月會及小組會議講習，以利法令之推行等因；遵經擬具法令講實施辦法呈奉 核准，并經擬訂是項講習須知，及第一號法令講習大綱，用特檢送各一份，即希查照，於三十二年一月份起，切實辦理，并請迅予翻印，分發所屬遵辦為荷。」等由；附實施辦法及講習須知第一號法令講習大綱各一份，准此，除分令外，合行抄發原附件令仰遵照，并轉飭所屬遵照。此令。

計抄發實施辦法及講習須知（第一號法令講習大綱）各一份（辦法須知見法規欄除略）

社會部訓令 總二字第四二〇九九一號 三十二年二月二十五日

令重慶嬰兒保育院
第一二育幼院

為檢發社會部各直屬兒童福利事業機關收領捐款暫行辦法令仰遵照由

查本部各直屬兒童福利事業機關收領捐款暫行辦法，業於本年一月二十五日公布在案。除分行外，合行檢發原件，令仰遵照。此令。

附發社會部各直屬兒童福利事業機關收領捐款暫行辦法一份（見法規欄）

社會部訓令　總五字第四三〇七二號　三十二年三月二日

令本部附屬各機關

爲奉　院令抄發中國國民黨第五屆中央執行委員第十次全體會議宣言令仰知照由

案奉

行政院本年一月九日仁壹字第六八二號訓令開：

「奉　國民政府本年十二月十六日渝文字第一零七二號訓令，檢發第五屆中央執行委員會第十次全體會議宣言，令仰切實注意，并飭屬注意等因；除分行外，合行抄發宣言原文，令仰切實注意，并轉飭所屬一體切實注意。」

等因；附抄發原附宣言一件，奉此，自應遵辦，除分令外，合行抄發宣言原文，令仰切實注意。此令。

附抄發原附宣言一件（略）

社會部訓令　總一字第四二五四五號　三十二年三月九日

令本部附屬各機關

爲奉令轉發非常時期強制修築塘壩水井暫行辦法令仰知照由

案奉

行政院三十二年一月二十五日仁叁字第二四〇二號訓令內開：

「非常時期強制修築塘壩水井暫行辦法，業經本院制定公佈。應即通飭施行。除分令外，合行抄發原辦法，令仰知照。并轉飭所屬一體知照。此令。」

等因；附抄發非常時期強制修築塘壩水井暫行辦法一份，奉此，除分令外，合行令仰知照。并轉飭知照。此令。

附抄發非常時期強制修築塘壩水井暫行辦法一份（見法規欄）

社會部訓令 第……三號

令本部附屬各機關

爲奉令抄發振作行政精神整飭行政紀律綱要令仰遵照由

案奉

行政院本年二月二十五日仁考字第四八〇二號訓令開：

「……茲頒發振作行政精神整飭行政紀律綱要，除分令外，合行令仰切實遵照施行。並轉飭所屬一體遵行。

……此令。」

等因，附抄發振作行政精神整飭行政紀律綱要一份，奉此，除分令外，合行抄發原附件，令仰切實施行。并轉飭所屬一體遵照。此令。

附抄發振作行政精神整飭行政紀律綱要一份（見法規欄）

社會部訓令 總……字第四三〇六號 三十三年三月三十一日

令本部勞動局

爲奉令轉發統計室組織規程令仰知照由

案奉

行政院本年三月十二日仁統字第六〇七五號訓令開：

「……該部勞動局統計室組織規程，……業奉 國民政府渝文字第一七九號訓令頒發到院。合行抄發原規程，令仰

……轉飭知照。此令。」

等因，計抄發社會部勞動局統計室組織規程一份，奉此，合行抄發原件，令仰知照。此令。

附抄發社會部勞動局統計室組織規程一份（見法規欄）

（一）組織（二）訓練（三）……類

社會部咨 組三字第四二〇九六號 三十二年二月二十六日

社會部咨　勞三字第四二〇七六號　三十二年二月二十六日

為准咨以據閬中縣政府呈轉該縣總工會請示工人造物出售應否成立商業同業公會囑查照核復一案復請查照飭知由

案准貴省政府社（乙）字第四〇七號咨，以據閬中縣政府呈轉該縣總工會請示工人造物出售，應否成立商業同業公會疑義一案，囑核復等由；准此，查商業團體之會員，以公司行號為限，凡公司行號出售貨物，不問其所出售之物品，造自何種人，均應組織或加入同業公會，或逕加入商會。准咨前由，相應復請查照，并轉飭知照為荷。此咨

四川省政府

社會部咨　組一字第四三〇五三號　三十二年三月二日

為合作組織與農工團體配合推進辦法務須賡續推行尤須注意業務之配合除分咨外相應檢附該項配合推進概況彙報表式二種咨請查照飭遵由

查合作組織與農工團體配合推進辦法，實施以來，已一年有半，各地推行情形，除滇、黔、康、寧、青等五省迄未據報外，其他各省，在組織方面均已獲得相當成效，但在業務配合方面，尚待繼續推行，期能打破過去各自為政之成見，剷除過去互不相謀之積習，俾能收到預期效果。為便於考核起見，特將前頒表式，重加修正，俾便分期彙報。除分咨外，相應檢附該項彙報表式二種。咨請查照飭遵為荷。此咨

各省市政府

附農會工會合作社配合推進概況彙報表式二種（略）

社會部咨　組六字第四三四九三號　三十二年三月二十六日

為訂定人民團體旗幟式樣及實施辦法咨請查照由

茲為劃一人民團體旗幟式樣，并便於鑑別團體級數及配合國旗使用起見，比照五、六、七號國旗之大小尺度，訂定人民團體旗幟式樣及實施辦法。除分別函咨外，相應檢同人民團體旗幟式樣及實施辦法一份，咨請

查照，并轉飭遵照為荷。此咨

各省市政府

附人民團體旗幟式樣及實施辦法一份（見法規欄）

社會部
農林部公函 組一字第四〇二七二號 三十二年二月九日

為會同製定農民節紀念辦法頒佈施行函請查照轉飭所屬遵照辦理由

案查第一次全國農林行政會議決議，規定每年二月五日為農民節，當經呈奉行政院核定，復經本農林部電請各省政府轉飭各級農林機關發動舉行紀念各在案。茲為求紀念方法之劃一，使民眾加強認識，利於普遍推行起見，特會同制定農民節紀念暫行辦法頒佈施行。除分函外，相應檢同該辦法一份，函請查照，轉飭所屬遵照辦理為荷。此致

各省市政府

附送農民節紀念暫行辦法一份（見法規欄）

社會部代電 組三字第四〇九〇四號 三十二年一月二十八日

為據電請核示小規模營業應如何嚴密限制繳納會費一案電仰遵照由

福建省社會處：永乙佳代電悉。關於肩挑負販浮攤趕集自行經營零售業務，不僱用店員之規模營業，應由該處依照本部加強管制物價方案實施辦法釐訂小規模營業標準，予以限制；其他非常小規模營業，自應依法加入公會，照章繳費。特電遵照辦理為要。社會部組三子儉印。

社會部代電 組三字第四一三〇三號 三十二年二月十一日

為據呈報解釋中華海員工會組織規則第四條一二兩款條文電仰遵照由

中華海員工會特派員辦事處：案據該辦事處三十一年十一月十一日渝辦指字第五十一號呈報，解釋中華海員工會組織規則第四條一二兩款文字，備查一案，經咨請交通部核復在案，茲准交通部三十二年一月二十九日航船渝字第二三四

九一號咨節開：「查小輪與大輪之區分，依照本部小輪丈量檢查及註册給照章程第二條之規定，應解釋爲總噸數滿二十噸數者爲大輪，總噸數未滿二十噸者爲小輪。與載重若干節目並無關係，至於小輪船員與大輪船員之甄別，自應以其服務輪船之總噸數是否已滿二十噸爲依據。」等由，合行電仰遵照，社會部丑眞。

社會部代電　社組字第四一三六六號　三十二年二月十一日

爲電請飭將本年度發展農漁工商職業團體及教育婦女會各級組織數與強制會員入會會員數分類列表於文到二十日內函復過部備查由

各省市政府勛鑒：查戰時人民團體組織，關係國家總動員業務之推行至鉅。上年三月會奉　行政院院長蔣歌電指示，各省應加緊督促發展職業團體之組織，並注重運用與管制，歷經遵辦在案。際茲三十二年度工作，即將展開之時，各省對於各種人民團體，已成立者，應如何健全組織，充實工作，加強管制與運用；未成立者，應如何積極督促發展其組織，自應早爲詳細規劃，以利實施。應請貴省政府飭屬根據上年總登記結果，斟酌各地實況，擬具本年度發展農漁工商職業團體及教育婦女會各級組織數，與已成立之各該團體，強制入會會員數，分類列表，於文到二十日內函復過部，並請以發展及健全人民團體組織定爲本年度社政中心工作，擬定進度表，頒飭所屬切實推進，並檢送一份過部備查爲荷。社會部組丑眞印。

社會部代電　組一字第四一二一三號　三十二年二月十一日

爲據電請解釋現任鄉鎮保甲長暨農業推廣技術人員是否受農會法第二十條之限制一案電仰知照由

甘肅省社會處：社二子齊代電悉。查農會法第二十條所稱之現任公務員依照司法院院字第一一四六號解釋，係狹義之公務員，即指現在受有任命之官吏而言。鄉鎮保甲長自可被選爲農會職員。又農業推廣所等農林機關之技術人員如係現在政府任命之官吏，自應受農會法第二十條之限制。特電知照。社會部組一子丑眞印。

社會部代電　組七字第四一五〇三號　三十二年二月十五日

爲三月五日之童子軍節四月五日之音樂節六月六日之工程師節業經呈奉　行政院核定特電查照由

各省市政府公鑒：查三月五日之童子軍節，四月五日之音樂節暨六月六日之工程師節，雖已舉行有年，但未經政府核定公佈。茲經本部會同內政教育兩部呈奉　行政院三十二年一月十一日仁陸字第七六九號指令開：「呈悉。案經提出本院第五九次會議決議：『准予備案。』除分令內政教育兩部外，仰即知照。」等因；奉此，除分別函令外，特電請查照，並飭屬知照為荷。社會部組七丑咸印。

社會部代電　組三字第四一七號　三十二年一月十九日

為據電請釋示鎮區域內設立在先之縣同業公會其會員份子應否參加鎮商會組織各疑義核飭知照由

福建省社會處：陽子元日社乙永一八七七號代電悉。鎮商會成立，鎮內商店應另組公會（或直接加入鎮商會）不能保留縣公會會員資格；縣公會不能在鎮內設事務所。仰即知照。社會部組三丑皓印。

社會部代電　組三字第四一八九二號　三十二年十一月二十三日

為電示加強工商團體管制工作要點仰妥擬計劃實施並將成效報核由

各省社會處民政廳重慶市社會局：查本部前為協助推行物價管制工作，迭經制定工商團體管制法令，通飭遵行。實施以來，在本部派員督導地區及督導期間，尚見相當成效，此外殊鮮據報。其中關於工商團體組織之健全，訓練之加強，書記之派遣，會務之督導，類多未能切實推行，予物價管制，以充分之助力。本年十月政府實施限價政策，對工商團體之管制，更待加強，復經訂定「加強工商團體管制實施辦法」，藉與限價政策密切配合。除已通令各省市遵照實施外，為求貫徹推行起見，爰再指示本年度應辦事項如下：（一）發展並嚴密工商團體之組織，凡管制地區，各種必需品業及與限價有關之各業工人，其已有同業公會或工會之組織者，應加調整充實，尚未組織者，務須限期成立實施管制。（二）加速訓練，并派遣書記，以加強領導作用，發揮工作效能。（三）調訓各團體理監事，並督促各團體舉辦會員訓練，以培養團體幹部，充實其層組織，增進其對於當前經濟政策，及本身權利職務之認識。仰即依照上項要點，妥擬實施計劃，切實執行，並將實施成效，列入工作進度檢討報告表內，按期塡報，如有重要設施，並應隨時報部備核為要。社會部組三丑漾印。

社會部代電　組三字第四三〇九六號　三十二年十二月二十六日

為據電請核示合作金庫應否加入銀行商業同業公會一案電仰知照由

四川省社會處：社一字第二四五號刪代電悉。查合作金庫，為非營利法人，與一般銀行性質不同，不必加入銀行商業同業公會。仰即知照為要。社會部組三丑宥印。

社會部代電　組一字第四二一二五號　三十二年二月二十六日

為本年度植樹節規定各地農會植樹辦法要點五項電仰遵照由

各省市社會行政機關：查本年度植樹節各地農會應普遍舉行植樹，茲規定辦法要點五項：一、各地農會應以本年三月十日至十五日普遍舉行植樹；二、舉行植樹以鄉（區）農會為單位，每一會員至少植樹三株；三、鄉（區）農會應選擇公荒一處，或數處為植樹地區；四、鄉（區）農會應擬具保護管理辦法，呈報主管官署備案；五、商請當地農林機關免費供給樹苗，指導栽培方法。除咨農林部飭屬協助外，合行電仰遵照辦理具報為要。社會部組一丑梗印。

社會部代電　組一字第四二三六二號　三十二年三月二日

為強制各鄉成立農會規定非農會會員不得享有農貸權利一案電請查照飭遵由

各省市政府公鑒：案奉行政院三十二年一月二十日仁玖字第二三二七號指令，據呈為強制各鄉成立農會，擬規定非農會會員不得享有農貸權利，請轉飭四聯總處切實協助一案，內開：「呈悉。農貸既係對合法組織之合作社及其他農民團體為之，如農民中有拒絕入會情事，自得由該會依法呈請主管官署限制其享受農貸權利，或不准其參加合作社，仰即知照。此令」等因；查本案前據廣東省社會處呈請前來，經以組一字第三三五五〇號戌號代電各省市政府查照飭遵，並呈請行政院轉飭協助各在卷。茲奉前因，除電中中交農四行聯合辦事總處並分電外，特再電請查照飭遵為荷。社會部組一字寅冬印。

社會部代電　組五字第四三一二二號　三十二年三月十九日

為據電呈以校外同學會應否組織一案電仰遵照由

四川省社會處：社□□銑代電已悉。查在校學生依法不得組織社團，同學會名稱之上，應毋庸加「校外」等字。仰即遵照。社會部皓組五字印。

社會部代電　組三字第[illegible]號　三十二年三月[illegible]日

為准電詢廣寶商車大隊所屬車輛應否加入汽車同業公會一案復請查照轉知由

軍事委員會後方勤務部公鑒：寅魔乙麥運三代電敬悉。關於陝西省廣寶線軍用商車大隊所屬車輛，應否加入公會一案，前據陝西省社會處轉呈到部。經查該大隊所屬車輛，既均係無公司行號之商車，而同時又屬經營商車營運業務者，其非軍事又非純粹負担軍運任務，實顯而易見。又查汽車商業同業公會，為職業團體之組織，與軍事性命之組織不同，並不相衝突，一為組織訓練其同業，一為於中加強各商車之運用，其間職責，判然劃分，不僅無牴觸之處，且有增益發揮各商車運輸力量之效。為加強各汽車商之組訓管制，及增益發揮各商車之運輸力量計，該寶鷄縣之無行號之商車，無論是否編入軍用商車大隊，仍應依法加入該縣汽車商業同業公會。准電前由，相應復請查照，並轉飭遵照為荷。社會部組三寅皓印。

社會部代電　組三字第四一三號　三十二年三月[illegible]日

為據電轉湘潭民船商業同業公會呈請核示可否於他縣境內設立辦事處一案電仰知照由

湖南省民政廳：未民欲四字第二九〇七號代電悉。查法人在區域外設所不禁，亦毋庸官署核准，但不能為團體活動。本部前據廣東省社會處以興寧縣汽車商業同業公會在鄰設立辦事處，呈請到部轉示有案。事同一律，准予援例辦理。仰轉飭遵照為要。社會部組三寅[illegible]印。

社會部代電　組七字第四二四二七號　三十二年三月二十四日

為准教育部咨以本年音樂節希於可能範圍內擴大舉行轉飭知照由

各省市社會處局民政廳：准教育部本年三月十日社字第一二四一三號咨開：「查本部前經會同貴部暨內政部呈奉行政院核定四月五日為音樂節，藉以紀念書帝作樂之宏勳，并宣揚與振興國樂之偉績。現節期日近，本年又屬初次舉行，並自應於可能範圍內擴大辦理。除飭屬遵照，並分別函咨外，相應咨請查照，并轉飭所屬一體知照爲荷。」等由；准此，除分令復外，合行電仰知照，并飭屬知照爲要。社會部組七寅敬印。

社會部代電　組七字第四三五〇九號　三十二年三月二十六日

爲抄發兒童節宣傳指示仰即知照由

各省市社會行政機關：本部頃准中華慈幼協會抄送中央宣傳部關於兒童節宣傳指示如後：「甲、宣傳要點：（一）倡導推行兒童福利事業，力謀兒童之身心康健，對當前之難童災童，以及無力撫育之兒童，亟應施以救濟；並鼓勵各地巨商富戶士紳，速起興辦慈幼事業。（二）紀念兒童節，勿使兒童盡爲權利上之打算，應激發其義務思想。尤以現代兒童，均生於困難嚴重時期，應曉以抗戰建國之偉大使命；（三）鼓勵兒童自強、自立、尊崇領袖，愛護國家，實行新生活，及中美、中英新約訂立後，應有之努力；（四）紀念兒童節，應着重推行母教，提倡家庭教育。乙、紀念辦法：除依照五部會電各項辦理外，應切實普遍，勿蹈過去僅爲點綴之例。至標語方面，可參照指示，酌擬適用。以上各點希妥爲辦理。」仰即知照。社會部組七宥印。

社會部代電　組一字第四三七三三號　三十二年三月三十一日

爲規定籌組省農會變通辦法兩項電仰知照由

粵、陝、桂、黔、皖、康、鄂省社會處：查該省省農會，應於本年度內籌備成立，業經以丑蒸電飭遵照在卷。至省農會設立程序，自依農會法第一條規定，應先有全省縣市農會過半數之成立。惟爲顧及各省實際困難，本部前經規定變更辦法兩項：（一）縣市農會如未超過半數，即由各省社會行政機關指定省農會籌備委員會，負責督促縣市農會，加緊組織，俟其超過半數時，即正式進行籌組省農會；（二）選擇已成立鄉區農會較多之縣市，先行成立縣市農會籌備委員會，負責督促鄉區農會，加緊組織。俟其組織超過半數時，即正式進行籌組縣市農會。除分電外，特電遵照辦理。社會部組一寅世印。

社會部代電　組五字第四一八九〇號　三十二年三月三十一日

爲據電請解釋救火會組織方案暨印頒由

福建省社會處：永乙阮電悉。查各地救火會多有由人民自動組織，其性質與警察機關所組設之救火組織不同。茲經重新規定凡由人民發起，以公益爲目的而組織之救火會，應視爲公益團體，得適用人民團體組織法規辦理。其由警察機關所組織者，不在此限。電仰遵照。社會部子馬組印。

中央宣傳部
中央組織部電　組七字第四一九九九號　三十二年二月二十日
社會部

爲頒發配合「三八」婦女節推行母教運動工作要點電達查照由

各省省 重慶市 政府并抄送 ○省黨部 重慶市黨部：「三八」婦女節除照中央指示辦理外，并應發動母教運動，要點如：一、舉辦母教運動座談會；二、利用報紙刊物發行特刊，闡述婦女節及母教運動意義；三、策動婦女從事保育或其他教育及生產事業，并提倡戰時節約，改善家庭教育、衞生及生活；四、講述中英、中美新約訂立後我國婦女應有之認識與努力；五、中小學校舉辦母親聯歡會；六、獎勵參加兵役，并能鼓勵其夫兒子或兄弟服兵役之婦女；七、健全各級婦女會組織，着重鄉鎮婦女會之普遍發展。特電達查照，飭屬遵辦具報。中央宣傳部中央組織部社會部丑號組七印。

社會部電令　組二字第四一二五〇三〇號　三十二年二月二十六日（附發）

爲據電請解釋商會法選舉疑義并攤販組織公會應否參加選舉乞示遵一案電復查照由

江西吉安縣商會：有電悉。（一）商會選舉職員，以商會法及其細則有關選舉各條爲準，其無規定者，則依人民團體職員選舉通則辦理。（二）每一會員限投一票，票面註明權數，在代表不止一人時，祇須共同採取一致主張即可。（三）攤販不能組織公會。社會部寅魚組印。

中央宣傳部
三民主義青年團中央團部　組七字第四三二五六號　三十二年二月二十四日
軍事委員會政治部電
教育部
社會部

為訂頒本年「四四」兒童節推行兒童福利運動工作要點電達查照由

各省市政府，各省市黨部，三民主義青年團各省市支團部，及當地高級政治部公鑒：本年「四四」兒童節，除依照教育部二十年頒佈之兒童節紀念辦法辦理外，並應以推行兒童福利運動為中心工作，要點如下：（一）舉辦兒童書報、圖書及玩具展覽；（二）贈送抗戰軍人之兒童及難童禮品；（三）宣傳雙手萬能，提倡兒童勞動服務；（四）獎助成績優良之慈幼事業；（五）捐募或增籌兒童福利基金；（六）籌設並充實兒童教育館及兒童遊戲場；（七）擴大救濟災童、難童及貧苦兒童之宣傳；（八）喚起社會人士及慈幼團體注意兒童福利設施，並盡量收容棄嬰遺孤；（九）策動保護孕婦，防止墮胎、棄嬰、溺嬰運動；（十）提倡兒童合理營養。除分電外，相應電達查照，並飭屬遵照為荷。中央宣傳部、三民主義青年團中央團部、軍事委員會政治部、教育部、社會部寅組七印。

社會部訓令（三二社組字第三〇四〇五號）三十二年九月一日（補登）

令川滇浙粵贛甘湘閩陝桂黔各省社會處、鄂康寧晉豫皖魯青察省民政廳、重慶市社會局

為關於鄉鎮公所對人民團體行文程式一案經呈奉院令重予規定令仰遵照並轉飭一體遵照由

案查鄉鎮公所對於人民團體行文程式，前奉

行政院勇壹字第三〇一一二號訓令規定，並以順壹字第七九八六號指令核示，均經本部先後轉行各在案。旋據湖北省民政廳、福建省社會處暨准廣西省政府先後來文，以原令核示第一項「依鄉鎮區域組織之人民團體應以鄉鎮公所為主管機關，不得同時隸屬於縣市政府」一點，在非常時期人民團體組織法第十、第十三、第十七條所規定主管官署應有之職權實施時，倘鄉鎮區域內逕由鄉鎮公所辦理，按其實際人力財力及政治水準不免發生困難，擬請核復到部。當經以人民團體主管官署非常時期人民團體組織法已有明文規定：在縣級以下者應為當地之縣市政府，其團體組織之許可立案證書與圖記之頒發及書記之派遣，自應由縣市政府依法行使職權，不容因人民團體對鄉鎮公所互相行文，得用呈令之規定，而變更法定主管官署之職權。原令核示「依鄉鎮區域組織之人民團體應以鄉鎮公所為主管機關，不得同時隸屬於縣市政府」一點，擬重予明令規定「凡依鄉鎮區域組織之人民團體鄉鎮公所得為其指導監

督機關，其行文程式以令呈行之」等意見備文呈請行政院核示在案，茲奉本年八月八日順壹字第一五四零六號指令開：「呈悉，准如議辦理，仰即知照。此令」等因；奉此，自應遵辦，除分行外，合亟令仰遵照，並轉飭一律遵照！此令。

社會部訓令　組六字第四〇二三四號　三十二年一月九日

令各省社會處及設社會科之民政廳
　重慶市社會局

為轉發本部所編民間讀物一套仰轉飭各級人民團體採用由

查本部為普及人民團體會員訓練，以提高其知識水準，增強其民族意識起見，曾編有農家樂、漁父詞、勞工好、商業經、姑姑曲、兒童謠等六種通俗讀物，專備各級農、漁、工、商、婦女等團體會員及兒童閱讀之用。現該書已委託湖南藍田湖南青年圖書館印行。特檢發一套，仰即轉飭各級有關人民團體分別採用，普遍推行，並逕向湖南藍田湖南青年圖書館價購。此令。

附發農家樂漁父詞勞工好商業經姑姑曲兒童謠各一本（略）

社會部訓令　組一字第四二二六一號　三十二年三月二日

令各省社會處及設社會科之民政廳
　重慶市社會局

為依據非常時期職業團體會員強制入會與限制退會辦法徵求農會會員健全農會組織幷按期彙報藉憑考核令仰遵照切實辦理由

查我國農民，佔全國人口總額百分之八十以上，亟應加緊組織，以策動員業務之進行。各地農會，應即遵照「非常時期職業團體會員強制入會與限制退會辦法」普遍徵求會員。凡合於法定資格之農民，務須一律加入農會，方得享受農貸、農倉、農村合作及農會所舉辦福利事業之一切權利。各級主管官署，務須依據前項強制辦法，嚴格執行。並自本年度起，將所屬農會徵求會員之確數，每三個月為一期，按期專案彙報一次，藉憑考核。除分行外，合亟令仰遵照，切實辦理為要。此令！

社會部訓令　組七字第四二七八八號　三十二年三月十六日

令各省市社會行政機關合作主管機關

為抄發工作競賽獎勵辦法飭遵照施行由

令各省市社會行政機關合作主管機關

案准工作競賽推行委員會祕字第一五九五號公函開：「案查工作競賽獎勵辦法，業經遵照　總裁批示重行修正，提經本會第卅三次委員會議通過施行，除簽報　總裁外，相應檢奉工作競賽獎勵辦法一份，函請查照，轉飭施行為荷。」等由；附工作競賽獎勵辦法一份。准此，除分行外，合行抄發原件，令仰遵照，并飭屬一體遵照施行。此令。

附工作競賽獎勵辦法一份

工作競賽推行委員會工作競賽獎勵辦法

第一條　本會為提高競賽興趣激勵工作精神養成工作風氣增進工作效能特訂定本辦法

第二條　凡個人或團體按照本會訂定或認可之各種工作競賽辦法參加競賽經本會評定成績優勝者得依本辦法給予獎勵

第三條　獎勵之種類規定如下（一）獎狀（二）佩章（三）獎旗（四）獎金（五）獎品

第四條　前條之獎勵應由各直接辦理競賽之機關或團體分別擬送競賽成績報由最高主管機關核轉本會審查頒給之

第五條　本會對於工作成績特別優異者得呈請總裁加給獎勵

第六條　對於各項競賽優勝者之其他獎勵得由本會函知各有關機關團體酌量辦理之

第七條　本辦法如有未盡事宜得提請本會委員會議修正之

第八條　本辦法經本會委員會議通過施行

社會部訓令

組六字第四三〇九五號　三十二年三月十九日

令湖南省民政廳

為據湖南省社會處呈以桂東縣政府呈為農民接待所行文程式圖記式樣如何規定請核示等情令仰轉飭知照由

案據湖南省社會處三十二年二月十九日未社三字第三七五〇號呈以桂東縣政府，呈為農民接待所行文程式圖記式樣如何規定等情；請核示一案。玆核示如下：農會附設之農民接待所對外行文應由農會負責，毋庸頒發圖記，仰即轉飭知照爲要。此令。

社會部訓令　組五字第四三三四號　三十二年三月二十三日

令中國染化工程學會　中華法學會
　華僑生產建設協會　中國文化改進會

爲令飭該會暫停活動由

查該會會址向設上海香港，現該地淪陷，該會工作自屬無法推進。應暫停活動。仰即遵照。此令。

社會部訓令　組五字第四三三八號　三十二年三月二十三日

中華工商協進社　中國建設協會
令建國戲劇教育巡迴團　中華婦女互助會
河北難民青年救濟會　中華全國電影界抗敵協會

爲撤銷該會(團)(社)組織令仰遵照由

查該會(團)(社)工作停頓已久，會務負責無人，應依法撤銷組織，仰即遵照。此令。

社會部訓令　組四字第四三七二〇號　三十二年三月二十六日

令各省社會處及設社會科之民政廳
　重慶市社會局

爲職業團體中心工作要點增列各種自由職業團體中心工作項目令仰飭遵由

查各種職業團體中心工作要點，經於三十一年四月二十日以社組字第二四五五七號訓令頒發，嗣復制定表式，令飭考核填報在案。現在年度更始，除農漁工商各種職業團體，仍應遵照前令繼續督飭，努力進行外，再增訂各種自由職業團體中心工作項目，隨令附發，仰即連同前發要點「一般工作」，一併轉飭遵照。又上年度所有各種職業團體工作情形，多未據報，以後應由該廳處局切實考核，擇優報部，以憑核辦爲要。此令。

附發增訂職業團體中心工作要點一份（見法規欄），[illegible]，以[illegible]理。此令。

社會部指令　組六字第四〇二六七號　三十二年一月九日

令福建省社會處

三十一年十一月廿七日代電一件　為電請解釋各級人民團體書記是否視同各級公務員並援例領購公米由

電悉。查各級職業團體書記，不得視為公務員。惟由政府指派，并給薪者，自可斟酌當地經濟生活情形，酌量核給。此令。

社會部指令　組二字第四一一二四號　三十二年二月十日

令浙江省社會處

三十一年十二月八日組字第一七二四號呈一件　為據黃岩縣政府呈報靈江民船船員工會對於該府行文抗不用呈擬予處罰祈核示一案呈請核示由

呈悉。查各級行政機關對於人民團體行文，依照定例，在職權範圍內，有所指揮時，無論是否直接隸屬機關，一律用令；對於人民團體之陳述事項分別准駁時，無論是否直接隸屬機關，用批；若非職權上之指揮，僅為通知性質，批令均不適用時，用通知或函；曾經內政部於民國二十六年三月二十六日明文解釋有案。該黃岩縣政府與靈江民船船員工會相互間行文程式，自應依照上項定例辦理。靈江民船船員工會對黃岩縣政府有所陳述時，自應用呈。茲該船員工會抗不用呈，已屬違反政令，擬予處罰一節，姑念該會負責人對於法令或有未能詳明之處，應毋庸議。仰即一併轉飭知照。此令。

社會部指令　組二字第四一三八八號　三十二年二月十五日

令湖南省社會處

三十一年十二月二十六日呈一件　為磁鐵兩業以本省商場習慣均係一店合營可否合併組織公會乞賜核示遵由

呈悉。查該省磁鐵二業，雖多一店合營，惟有重要業與非重要之分，仍應分別組織公會。仰即知照。此令。

社會部指令　組二字第四一七四五號　三十二年二月十九日

三十二年元月十八日呈一件　據宜良等縣呈請醫藥業同業公會因法定人數不足可否變通將醫藥兩業暫行合併組織爲醫藥業同
（○○○）業公會等情轉請核示由　令雲南省社會處

呈悉。查醫師公會爲自由職業團體，以個人爲會員；藥業同業公會，爲商業團體，以公司行號爲會員。兩者性質不同，不能混合組織。仰即轉飭知照爲要。此令！

社會部指令　組三字第四二一〇四號　三十二年二月二十六日

令重慶市社會局

三十一年一月廿九日呈一件　爲據本市銀行公會呈爲地方銀行駐渝通訊處可否免其加入公會請核示一案轉請核示由

呈悉。地方銀行駐渝通訊處如不經營銀行業務，僅爲通訊機關，自可不加入公會。仰即轉飭知照爲要。此令。

社會部指令　組一字第四一六〇二號　三十二年二月二十七日

令福建省社會處

三十一年一月三日呈一件　爲本省臨海各縣處國防前綫彼此距離不及四十華里之漁村各有設立漁分會之必要可否准予變通辦理請核示由

呈悉。查該省濱海各縣漁村既地處國防前綫，境內且有敵僞盤據，其漁會之組織，自可依照非常時期人民團體組織綱領第十二條之規定，由該處另訂辦法，以適應事實需要。仰即遵照辦理爲要！此令。

社會部指令　組三字第四二三三七號　三十二年三月十日

令福建省社會處

三十一年十二月五日代電一件　電請核示縣市以下婦女會應如何組織由

代電悉。茲核示如下：

一、依照縣各級組織綱要規定，在新縣制下縣與鄉各爲一級。該省既實施新縣制，則縣市以下之婦女會，自應以鄉鎮爲組織單位；

二、鄉鎮婦女會，爲婦女會基層組織，關係重大應竭力克服一切困難，普遍組織幹部，可策動鄉鎮國民學校之女教職員及女職員、女團員負責領導。經費問題，除會員入會費外可呈准主管官署酌予籌募；

三、婦女會組織大綱，現正由本部修訂中，在未頒布之前，凡與非常時期人民團體組織法不相牴觸之條文，仍可適用。

以上三項，仰併遵照。此令。

社會部指令　組三字第四二七三八號　三十二年二月十五日

令廣東省社會處

三十二年一月二十一日呈一件　爲關於組織商會疑義呈請核示祇遵由

呈悉。查修正商會法第五條規定，繁盛之區鎮亦得單獨或聯合設立商會；同法第九條規定，商會以各業同業公會及無同業公會之公司行號爲會員，並無以商會爲會員之規定。故鎮商會與縣商會地位同等，已極明顯。自毋須加入縣商會爲會員。仰即轉飭知照。至來呈所稱「市鎮同業公會加入縣同業公會問題」奉飭「釋示」一節，本部查無此案，究屬何種情形？奉何機關釋示？仰并查明呈報爲要。此令。

社會部指令　組五字第四三一九九號　三十二年三月二十四日

令廣東省社會處

三十二年二月十五日呈一件　呈請解釋宗祠蒸產整理委員會是否屬社會行政範圍請核示由

呈悉。查宗祠蒸產整理委員會，僅屬宗祠整理財產之臨時組織，自屬民政範圍，並非人民團體。該會呈請備案一節，可由地方政府酌情辦理。仰即遵照。此令。

（社會福利類）

社會部呈　福三字第四〇六八〇號

為呈請褒獎衡陽縣黨部社會服務處協進會會員李向榮捐資興辦社會福利事業乞鑒核令遵由

案准中國國民黨湖南省執行委員會三十一年十二月八日（31）未社字第三五五五號公函，以據衡陽縣執行委員會呈該縣縣黨部社會服務處協進會會員李向榮慨捐幣三萬元，倡辦該處難童救養院，慨然樂輸，難能可貴，除呈報中央執行委員會外，請予核獎，以資激勵等由；准此，經核與捐資興辦社會福利事業褒獎條例第三條第六款之規定相符，應給予銀質獎章一枚，准函前由，理合繕具該員履歷備文呈賫

鑒核令遵

謹呈

行政院

附繕呈衡陽縣黨部社會服務處協進會會員李向榮履歷一份

衡陽縣黨部社會服務處協進會會員李向榮履歷

姓名	性別	年齡	籍貫	學歷	現任職務	通訊處	入會年月日
李向榮	男	五一	衡陽	縣立舊制中學畢業	難童教養院院長	王衙坪一號	三十一年六月一日

社會部咨　福五字第四〇〇六八號　三十二年一月五日

為優待征屬激勵前方士氣咨請轉飭儘先收容不能維持生活之出征軍人家屬由

查抗戰已將六載，各地出征軍人家屬以生活高漲度日維艱，飢寒所迫，情形至堪憫惻！自應儘予救濟，以安征屬，而勵前方士氣。以後各救濟機關，對於不能維持生活之征人家屬，應儘先予以收容，用體國家軫念征人之旨。除分行并令飭本部各直屬救濟機關外，相應咨請

查照轉飭所屬救濟機關遵照為荷。

此咨

各省市政府

社會部公函　　福六字第四三一三六號　　三十二年三月十九日

為准函以准廣西省黨部轉據永淳縣第二十九區分部議決請政府設法處置征兵妻室私生子女不得殘殺以維人道案囑研究見復等由函復查照轉知由

逕准

貴處本年一月二十二日渝(32)文字第八九四號公函，以准廣西省黨部轉據永淳縣第二十九區分部決議，請政府設法處置征兵妻室私生子女不得殘殺，以維人道一案，囑研究安置辦法見復等由，附送原議決案一份，准此。查救濟產婦嬰兒及查禁墮胎溺嬰，本部除已咨請各省積極辦理，並制定是項工作月報表，由各縣市填報外，復於上年十一月十一日通令各省市社會處局及設社會科之民政廳轉飭所屬，嚴禁墮胎遺棄，及虐殺童嬰，並迅即擴充或增設育嬰育幼機構，收容孤貧無依或被遺棄之童嬰在案。上項規定，自無分婚生子或私生子，均應一律保護收容。准函前由，相應復請

查照轉知為荷。此致

中國民黨中央執行委員會秘書處

社會部代電　　福四字第四〇七一四號　　三十二年一月二十二日

為代電催轉飭所屬辦理人才缺乏狀況調查迅即彙轉具報由

川、滇、浙、粵、贛、甘、湘、閩、陝、桂省社會處：本部為推進職業介紹業務，舉辦全國人才缺乏狀況調查，以為調劑人手之依據，經印製「三十年度人才缺乏狀況調查表」，於本年七月十三日以福四字第二八三一九號訓令，發交該處遵照，轉飭所屬切實調查，并限表到兩個月內辦理完畢，彙報到部，并檢發調查表一百份，令仰遵辦具報在案。茲逾限已久，未據彙轉，仰即遵照前令，切實辦理，迅予彙轉到部，以憑辦理。除分電外，特電遵照。社會部子養印。

社會部訓令　　福三字第四二一二五七號　　三十二年三月二日

令本部直屬各社會服務處

爲規定本部直屬各社會服務處改進要點令仰切實遵照辦理由

查本部直屬各社會服務處過去辦理業務仍多缺點，亟應改進。茲規定改進要點如次：

一、各處業務應適應社會需要，使生活、人事、文化、經濟四部門服務，分年推進，平衡發展；

二、各處經費之支出，應據前項原則，而爲適當之支配；

三、各處服務之對象，應以貧苦大衆爲主體；

四、各部工作應與黨部密取聯繫，使一切會社活動，悉能以此爲中心，取得核心作用；

五、各處生活之經營方式，在不以營利爲目的之原則下，所有定價，應照市價只低百分之三十至四十，以期自給自足，而達成以處養處，以業展業之目的；

六、各處應將收入盈除，作爲發展業務之費用，并規定此項發展爲各處工作競賽之標準。

以上六項，除分令外，合行令仰該處切實遵照辦理爲要。此令！

社會部訓令　福四字第四一三一八號　三十二年三月三日

令本部重慶、桂林、貴陽、衡陽、內江社會服務處

爲頒發職業介紹工作人員通訊指導辦法令仰轉飭遵辦由

本部爲明瞭各地職業介紹工作人員實際工作狀況及其困難情形，以利指導起見，特製訂職業介紹工作人員通訊指導辦法，連同附表隨令頒發，仰即轉飭所屬職業介紹組工作人員自本年一月份起，依照詳填具報。爲要。此令。

附發職業介紹工作人員通訊指導辦法（見法規欄）職業介紹工作人員月報表及職業介紹組工作月報表（略）

社會部訓令　福三字第四三五三九號　三十二年三月九日

令本部貴陽、衡陽、內江、遵義社會服務處

爲訂頒工作時間暫行分配表暨加班及加班費支給暫行辦法要點令仰遵照辦理由

查本部各社會服務處工作時間，多照一般行政機關例概括規定，核與社會服務之性質不合，茲就各部門業務性

質訂頒各處工作時間暫行分配表暨加班及加班費支給暫行辦法要點，仰即遵照另行妥訂各部門詳細工作時間表暨加班及加班費支給暫行辦法呈部核定。除分令外，合行令仰遵照。此令。

附抄發工作時間暫行分配表暨加班及加班費支給暫行辦法要點各一份

社會服務處工作時間暫行分配表

一、管理部份（包括總務組會計室及其他各部門直接對外人員等）：仍依照一般行政機關例規定

二、服務部份：

1 職業介紹組暨醫藥服務：同管理部份

2 其他服務部份（包括諮詢委託及書報閱覽等）各季節工作時間

月別	工作時間	附註
一月至五月底	上午六時三十分至下午八時	用膳時間輪替工作
六月至九月底	上午六時至下午九時	
十月至十二月底	上午七時至下午八時	

三、業務部份

業務單位	工作時間	附註
公寓	同服務部份第二項所規定各季節之時間	用膳時間輪替工作
餐廳	由各處斟酌實際情形自行擬訂以八小時為	

理髮室	原則同右	
沐浴室	同右	
縫級處	同右	
洗衣處	同右	
書報供應	依照一般書店例規定以八小時爲原則	

社會服務處加班及加班費支給暫行辦法要點

一、管理部份

1 每日主任或協理應有一人留宿處內

2 每日總值日由各組主管人員（包括會計主管人員）輪流担任其時間與工作時間暫行分配表服務部份第2項所規定各季節之時間同星期例假及國定紀念假日得酌支加班費

3 星期例假及國定紀念假日組值日由各組總幹事（桂處）幹事助幹等人員輪流担任其時間與工作時間暫行分配表服務部份第2項所規定各季節之時間同得酌支加班費

二、服務部份

1 職業介紹組及醫藥服務部份星期例假及國定紀念假日照常工作次日休息不支加班費

2 其他服務部份星期例假及國定紀念假日均照常工作由各處斟酌情形就各部門所有人員分班列表按時或按日輪休每人每日工作時間以八小時爲原則其必須超出者得酌支加班費

三、業務部份

1 各業務部份星期例假及國定紀念假日均照常工作得酌支加班費

2 公寓部份每人每日工作時間以八小時爲原則由各處就該部份所有人員輪列如必須超出者得酌支加班費夜

間由服務員（生）或工友輪班值夜得酌支加班費，

四、加班費支給標準

1 值日每日支加班費十元

2 白晝加班每小時支加班費一元

3 夜間加班每小時支加班費兩元

以上一、二、三項規定必要時得呈准增加

社會部訓令

福五字第四一七三九號　三十二年二月十九日

令四川省社會處

為准四川省政府咨為據長寧縣政府呈請褒揚該縣參議員羅席珍捐資興辦救濟事業請予褒獎一案令飭遵照由

案准四川省政府三十一年十一月十九日社二字第三五八二號咨為據長寧縣政府呈請褒獎該縣參議員羅席珍捐資一百萬元以上辦理救濟事業，請核轉褒獎等由，查該羅席珍興辦救濟事業，捐資一百萬元以上，博施濟衆，洵屬難能可貴，經核與捐資興辦社會福利事業褒獎條例第三條第八款之規定相符，應予嘉獎；除由本部依照該條例規定，轉請明令褒獎，並咨復外，合行檢發「義士可風」匾額一方令仰該處轉頒，並傳令嘉獎，以昭激勸！此令。

附頒發「義士可風」匾額一方

社會部訓令

福一字第四二五九二號　三十二年三月十日

令各省社會處及設社會科之民政廳
重慶市社會局

為准交通銀行總管理處函為推行勞工節約儲蓄運動展期三個月附送特別優待辦法囑飭屬協助推行等由合行抄發原件令仰遵照協助由

案准交通銀行總管理處本年二月九日函開：

「查敝行上年為推行勞工儲蓄運動舉辦勞工儲蓄實踐會團體儲金訂定優待勞工儲蓄辦法，通飭敝屬各行處一律剋期開辦，並規定自上年十二月起至本年二月底止三個月爲推行運動時期，曾將敝行舉辦勞工儲蓄之眞諦，函請貴部令飭所屬機關曉喻各工廠，幷飭由廠方主動，以集會方式，由主持人員，對於勞工，懇切勸導，激發儲蓄情緒，以引起其對儲蓄之興趣，協助敝行推行在案。辦理以來，頗著成效，茲以該項運動時期，瞬已屆滿，敝行爲謀普遍推展，俾各地各界勞工，均有機會參加此項儲蓄起見，擬自本年三月一日起至五月底止，展期三個月，以冀貫徹主旨，宏收實效。敝行爲特別優待此項勞工團體儲蓄起見，最近復增訂勞工節儲實踐會團體儲金特別優待辦法，其中規定凡敝行通匯地點儲戶匯寄贍家或子女教育費用，得按所定匯水五折減收，値此匯水高漲時期，折半減收匯費，於勞工匯款頗爲優遇，又規定此項團體儲金，每戶存滿五百元，即可轉存敝行特約實業存款，既可得較厚利息復可分派紅利，以引起勞工投資實業之興趣，用特檢奉該項增訂之勞工團體儲蓄特別優待辦法十份，祇希督照，並轉飭所屬各機關，在敝行展期推行該項運動期內，仍請惠予協助，俾益可順敝推展而宏實效爲荷。」

等由；附送原件，准此，查本案前准該處函請飭屬協助推行前來，經於三十一年十一月以福字第三四五五號令飭遵照在案。茲准前由，除函復外，合行抄發原辦法，令仰遵照繼續協助推行爲要。此令。

附抄發勞工節儲實踐會團體儲金特別優待一份（略）

社會部訓令

福五字第四〇四八五號　　三十二年三月十五日

令浙江省社會處

爲據臨海鄉救濟院電請解釋基金產業生息能否移作別用一案令仰轉飭知照由

案據該省臨海縣救濟院三十一年九月二十八日代電，爲基金產業生息能否移作別用？請解釋示遵等情；查各地方救濟院規則第九條，所指基金係包括動產，或不動產及其他孳生之息金而言，該院所請解釋基金產業生息一節，自應依照同條規定辦理。據電前情，合行令仰轉飭知照。此令。

社會部訓令

福三字第四二九三九號　　三十二年三月十八日

令各省社會處及設社會科之民政廳
　重慶市社會局

爲抄發中常會通過之各級社會服務處工作指示要點仰遵照由

案奉

行政院三十二年二月一日仁玖字第三〇五八號訓令開：

「准中央執行委員會祕書處本年一月十八日公函，抄送中央第二二一八次常會通過之各級社會服務處工作指示要點四項過院，合行抄發原件，令仰遵照並通行知照。此令。」

等因；附抄發要點一份，奉此，除分行外，合行抄發原要點，令仰遵照，並轉飭遵照。此令。

附抄發各級社會服務處工作指示要點一份（見法規欄）

社會部訓令

福六字第四三五一四號　三十二年三月二十六日

令各省社會處及設社會科之民政廳
　重慶市社會局

爲檢發保護童嬰運動辦法要點令仰遵辦具報由

查保護童嬰，爲本年度社會行政中心工作之一。經由本部制定保護童嬰運動辦法要點一種，除分行外，合行檢發該要點令仰切實遵辦具報，毋稍延忽爲要。此令。

附檢發保護童嬰運動辦法要點一份（見法規欄）

○○○○○○○○○○○○○

（人力動員類）

○○○○○○○○○○○○○

社會部電

□統三字第四〇一七四號　三十二年一月四日

爲電請轉飭按照查報工資要點遵將三十一年十一月三十日之工資查明具報由

（特急）各省政府：查限制工資一案，應先查報三十一年十一月三十日各地各業工資，曾電達在案。惟進行查報或應注意（一）產業工人，根據業別，將各工作部門，各職務，男女童工之正工、加工、升工工資、及獎金、分紅」各種津貼之給付標準數額，分別查明紀錄；（二十）職業工人，根據職業性質，將其每工作單位僱主所付工資，時費用之總額，分別查明紀錄一併報部備查。即請轉飭各縣市政府遵辦爲荷。社會部統三子支。

社會部電　統三字第四〇五〇二號　三十二年一月十五日

爲電復子灰社一電解釋加工升工意義由

四川省政府：子灰社一電敬悉。加工係於日常規定工作時間外，延長工作時間所得之工資；升工係假日照常工作所得之工資。特復。社會部子刪統二。

社會部電　勞字第四〇七〇八號　三十二年一月二十二日

爲仰實行限價政策由

各省民政廳社會處
重慶市社會局：奉行政院子佳勳僨代電內開：「查限價政策即待實施，則在必效。現經國家總動員會議第二十次常務會議詳加研討。凡有違及限價法令，買賣雙方均應依照三十一年十二月十九日動樂一零七號訓令所頒實施限價辦法第七項之規定按軍法懲處，並應獎勵各業自由檢舉，而宏實效；除分行外，仰即切實遵辦爲要。」等因，奉此，除分行外，仰即切實遵辦爲要。部長谷正綱（子）（巧）勞管三印

社會部電　勞字第四三六七八號　三十二年三月三十一日

爲規定限制工資報告要點仰按週電呈由

各省民政廳社會處
重慶市社會局：關於各省市限制工資情形，本部須按週提向國家總動員會議常務會議報告，茲爲力求週詳，以備委座垂詢起見，特規定該廳處局限制工資報告要點如次：（一）已經限制工資之地區業別有無增減或變更；（二十）已經

限定之工資有無波動或調整，（三）違反限制工資案有幾，處理情形如何，（四）對於限價案之建議。以上各點，仰切實遵照按週電呈，以憑彙報爲要。社會部勞管三印寅感

社會部公函　統字第四一八二六號　三十二年二月二十七日

爲函請轉飭各限價據點之縣市政府即日指定專人按照所頒辦法常川辦理工資物價調查由

查實施限價，以工資物價之調查統計爲必須具備之參考資料，本部爲奉行此項政令，並隨時檢討實施情況起見，除已直接派員分赴各重要城市辦理外，並以此限價地域較爲廣泛，調查統計究有未周，爰擬訂各市縣查報工資物價，暨各縣市政府工資物價查報人員獎懲等辦法以期共策進行，擬請

轉令限價據點之縣市政府，即日指定專人按照所頒辦法，切實辦理，按期報部。除分函外，相應檢同上項有關各項辦法隨函送達，即希

查照辦理見復爲荷此致

各省政府

附各省市縣查報工資辦法工資整理方法及電報辦法（略）全國各重要市縣生活必需物品零售價格調查辦法及追查辦法物價電報辦法各縣市政府工資物價查報人員獎懲辦法各一份（均見法規欄）

社會部訓令　勞字第四〇八七二號　三十二年一月二十日　令本部勞動局

爲奉院令轉發十中全會關於國家總動員工作之檢討與實施加強物價管制方案內矯正錯誤觀念緊縮預算各節應切實遵辦等因令仰遵照由

案奉

行政院卅一年十二月卅日順十一字第二七七七五號訓令開：

「案奉　國民政府本年十二月十七日渝文字一〇七七號訓令開：『據本府文官處簽呈稱：「准國防最高委員會祕書廳本年十二月十二日國紀字第三一四六〇號函，爲第五屆中央執行委員第十次全體會議，關於國家總

動員工作之檢討與實施加強物價管制方案一案，決議修正通過，茲由中央執行委員會祕書處函送到廳，經陳奉批『原案關於應矯正錯誤觀念一節及第三節關於緊縮預算一項應由　國民政府通飭各機關切實遵照辦理，其改善檢查業務一項併交軍事委員會規劃改進』。除原案已由中央執行委員會祕書處逕函行政院外，相應抄同原案函達即請查照轉陳辦理等由；理合簽請鑒核」等情；據此，查原案關於矯正錯誤觀念及緊縮預算各節，應由各機關切實遵辦，其改善檢查業務一項，併應由軍事委員會注意規劃改進。除飭復暨分令外，合行抄發原方案令仰遵照，并轉飭遵照此令』。等因；計抄發原方案一份，奉此，除分行外，合行抄發原方案令仰遵照，并飭屬遵照」。

等因；計抄發原方案一份，奉此，除分行外，合行抄發原方案令仰遵照。此令，

計抄發原方案一份

關於國家總動員工作之檢討與實施「加強管制物價方案」案，本屆第九次全體會議通過「加強國家總動員實施綱領」案之前文有曰：「現代戰爭，乃國家總力之決鬥，必須集結全國任何一人一物，悉加以嚴密組織與合理運用，使成一堅強之戰鬥體系，以保持戰力之雄厚，貫澈戰爭之勝利。」并指示應以最大努力，達到五項要求「一曰全國人民力量充分發揮，合理使用；二曰士兵之糧秣械彈，供應無缺；三曰土地之使用，竭盡其利；四曰一切物力之補充，繼續不匱；五曰全國人民之生活，能維持健康之水準。」政府根據此項決議，成立國家總動員會議，數月以來，對於各級動員機構之設置與各項動員工作計劃之策定，業已粗具規模，對於軍需現品之供應，亦已準備實施，良所欣慰。然而，所以達到以上各項要求，及上項綱領規定之實際業務，仍有待於各主管機關加緊努力。當前之經濟狀況，去戰時必需之要求尚甚懸遠，尤以反映於物價方面之現象，更為嚴重。

總裁有鑒於此，於憂勞叢集之中，手訂加強管制物價之具體方案，體大思精，本末兼賅，實不啻為整個經濟戰鬥體系之建立，其基本精神所在，第一全案目的雖以平定物價為主，而其措施方法，實以堅強整個經濟一切有關事業為經，因果相連，脈絡一貫，以視一般指陳物價問題之時論，實為得其全神。第二全案實施，既為整個經濟之大業，則實施之事功，即為整個政治機體共同之責任，就縱的體系言，自中央以至省縣各級各級負責主管之意志，必須一氣貫通，就橫的關係言，自中央各部以至省縣各級同級機關之辦法動作，必須步調一致，然後仍能以政府組織之力

澈底構成人民組織共赴一鵠之大效。今後全國果能踔厲奮發，恪切奉行，不惟對當前嚴重之物價不難復臻安定，即對於發揮全國戰時總力，奠立戰後經濟基礎，均必克致偉大之成就。正與本會全體同人之願望，悉同符契，所當至誠至敬，接受全案，尤應與全黨同志，共矢精誠，全力推行務於最短期間，促其實現者也。

惟是今日物價問題，既甚嚴重，而從政治經濟配合措施補救之業務又甚艱鉅，欲求迅挽狂瀾立收實效，則其本末先後之程序，與其力量集中之重點，自應先有切實謹嚴之探討。本會議深維過去審察得失，特更就今後所應注意與致力之要分別提舉於次：

（一）關於錯誤觀念之應矯正者

近年以來，對於管制物價法令規章多有頒行，對於統制經濟計劃辦法亦多詳備，然而未見大驗明效，實有兩種錯誤觀念，爲極重要之癥結：一爲個人利害觀念對於執行法令，及推進業務方面，不肯任勞任怨爲勇銳之措施，對於個人生活方面不肯降低水準，適應戰時之艱難；二爲機關利害觀念——一方對於所屬機構人員及不急事業輒求擴張，而不肯裁節，一方對於損及本機關權利，而足助成其他機關事業裨利整個國計者，亦憚於犧牲，不肯相濟相成。凡此兩病，今後必須澈底排除，則管制物價之工作，乃能滌盪障礙，而日起有功。

（二）關於管制物價機構職責之加強者

甲、中央管制物價機構必須使其對軍需民生之主要物品，確能負統籌供應分配之全責，尤須對於負責主官，賦予充分之權力，俾專其責成。

乙、各省管制物價，應責成各省政府負責，遵照中央法令，同時辦理應否設置機構，或就原有機調配任務關，得由各省政府因地制宜，中央所設省級有關管制物資業務，與檢查機構，應受省政府監督指揮。

丙、關於違犯管制法令之處辦事項，應確定省縣兩級之執法機關，並充實其組織。

（三）關於實施管制方針首須集中努力者

甲、實施限價應以糧鹽價格爲平定一切物價之標準。由政府本此原則，分別就當地當時擬定糧鹽與其他物價之比例標準。其超過糧鹽比例標準價格之物品，應令停止買賣，幷得由政府如數徵購，凡屬於奢侈品，則澈底禁止銷售。

乙、掌握物資，應再擴大徵實徵購之範圍，凡能徵課實物之稅收，應即儘量改徵實物，同時並應由各主管機關訂立生產計劃，提高全國人力及機械之生產效力，構成產業聯合之組織并積極向淪陷區搶購物資，廣行對敵封鎖，以開闢掌握物資之來源，并塞有用物之外流。

丙、節約消費，應積極籌劃。定量分配與憑證購物之實施，俾必需物品克爲適量供應，同時并應迅即制定國民生活標準，務符簡單儉樸之要則。以掃除一切無謂之消耗。此外對於現時軍糧公糧之虛浮與浪費，更應責成各方負責主官立卽重加核實。

丁、緊縮預算，自卅二年度起，必須嚴格厲行，凡機關有可歸併人員，有可裁遣者，應由黨政軍各主管機關，認眞統籌，率先實施，并分別督責所屬機關，切實遵行，至無關國防及非戰時必須之新辦事業應卽停止舉辦。

戊、改善檢查業務，對於交通及稽徵之檢查，應注意於扼要集中，以免阻礙正當商運，使貨物得暢其流，對於執行管制之檢查工作，應注意於制裁對象，與執行手續之明確，以引導商民服從管制爲主旨，使貨物得歸於市。並規定檢查人員違法舞弊之受理機關，公告人民俾有伸訴之處。同時並應注意於發動消費民衆之相互監督檢舉，健全學職產業職工及同業公會之組織，以擴大破滅囤積居奇，及肅清黑市之實力。

（四）關於黨員應特加努力者

甲、各級黨部暨全體黨員，對於實施管制物價，及一切有關經濟業務之推行協助，應負最大之職責，在本身應率先導行，對社會應負責領導，從示範中，努力宣傳，策動全力，以致轉移風氣，全國景從之實效。

乙、全體黨員，均應各就本位率先厲行戰時生活，從本人及其家屬切實刻苦節約，同時並應實行業餘服務，參加生產事業，黨政軍各級機關之高級負責同志，對於節約消費，尤須矢志力行，表裏一致，以爲自上而下之楷模。

丙、全體黨員，應本社會服務之精神，以協助推行管制物價之各項法令，凡遇有違反管制法令者，不問其爲官吏爲人民或與自身之親疏關係，均視其情節輕重予以勸戒，或逕予檢舉。凡身任公職之黨員，尤應恪遵法令，絕對不營商業。

以上四項條目，雖較簡單，而力行極為平實，凡我同志果能篤實踐履，勉忍痛苦，克服艱難，以促其一一實現，則總裁與本會議有關管制物價及發展經濟各項方案之一切事業，均深信必能推此及彼，全部完成。所望我全體同志，一德一心，矢勤矢勇，共奮劍及履及之精神以達必信必成之大業，國家民族實利賴之。

社會部訓令　勞字第四二二三一號　三十二年三月三日

令各省社會處及設社會科之民政廳
　重慶市社會局

為准國家總動員會議代電關於理髮旅店飲食房租等人民日常生活有關收取代價之營業如有違反限價法令可依照國家總動員懲罰暫行條例懲處一案令仰遵照由

案准國家總動員會議三十二年二月十一日動價（卅二）字第169號代電開：

「准陝西省政府亥梗府建四管電，以理髮業、浴業、旅店業對顧客所收之費，既非物價，又非工資，如違反評價，應引用國家總動員法及妨害國家總動員懲罰暫行條例何項條文，請核示一案，查理髮業、浴業、旅店業、飲食業、房租、劇院、電影院及其他與人民日常生活有關收取代價之營業，如有違反限價法令，可依照妨害國家總動員懲罰暫行條例第五條第三款之規定令酌量懲處；但其情節較輕者，得由當地政府酌情議處。准電前由，除電復並分電各有關機關暨各省市政府查照外，相應電請查照為荷。」

等由；准此，除分行外，合行令仰遵照辦理為要。此令。

（合作事業類）

社會部咨　合三字第四二三八二號　三十二年三月四日

為據貴州省合作事業管理處呈請核示各級合作社對於各級自治機關行文程式一案咨請查照由

案據貴州省合作事業管理處卅一年十一月七日合祕字第一〇三一號呈轉關嶺縣政府請示各級合作社對各級自治機關行文程式一案，請劃一規定通飭施行等情，到部，當經本部以查際各級合作社與鄉（鎮）以下自治機關並無隸屬關係，可一律用函等語，咨准內政部同意，並呈奉行政院三十二年二月十七日仁玖字第四二七〇號指令開：「呈悉准予如擬辦理此令。」等因；奉此，除指令並分咨外，相應咨請

查照並飭屬知照爲荷。此咨

各省市政府

社會部咨　　合字第四二五七四號　　三十二年三月九日

爲奉院令以中國工業合作協會工作及用款監督考核暫行辦法准予施行一案咨請查照由

案查前奉

行政院三十一年二月二十七日順十一字第〇一四六八號訓令，以中國工業合作協會應受本部之監督考核等因，遵經擬就中國工業合作協會工作及用款監督考核暫行辦法，呈奉

行政院三十二年二月十五日仁十一字第三九七五號指令開：「呈件均悉。經將所擬辦法酌加修正除報請國防最高委員會備案，并將現行監督考核暫行辦法廢止外，仰即遵照。修正辦法隨令抄發。此令，」等因；附修正辦法一份，奉此，除飭中國工業合作協會遵照外，相應檢同是項辦法，咨請

查照，并轉飭知照爲荷。此咨

各省市政府

附修正中國工業合作協會工作及用款監督考核暫行辦法（見法規欄）

社會部訓令　　合二字第四二九九三號　　三十二年三月十八日

令湖南省建設廳

爲據前湖南省合作事業委員會轉據道縣縣政府呈懇轉請核示縣各級合作社理事主席可否予以緩役一案令仰知照并轉飭遵照由

案據前湖南省合作事業委員會本年一月卅一日第一〇三九一號呈，以據道縣縣政府呈懇核示縣各級合作社理事主席可否予以緩役一案，轉請核示等情；到部，查縣各級合作社重要職員，可否緩役，當以其職務有無官公實性爲準。前經本部咨准司法院第二一九二號復函節開：「依合作社法第一條之規定，合作社係以謀社員經濟之利益與生活之改善爲目的，自屬私法人之一種，即依縣各級組織綱要第四十六條設立之合作社，亦不屬爲私法人，其職員不

得爲兵役法施行暫行條例所稱主任管公事務人員，許其緩役。』」等由，在卷，故縣各級合作社理事主席自不能許其緩役。據呈前情，合行令仰知照，並轉飭遵照爲要。此令。

社會部指令　合三字第四二〇七一號　三十二年二月二十六日

令貴州省合作事業管理處

三十二年一月二十九日合登(三十二)字第一四號呈一件　爲合作社聯合社登記證編列字號是否依照普專字號順序編列請鑒核由

呈悉。查兼營社之縣聯社，與專營社之聯合社，在縣單位中，究屬少數，無另行編列字號之必要。故本部前頒「合作社登記須知」未予另行規定，仰即仍用普字專字併各單位社賡續編列。此令。

社會部指令　合二字第四二一九五號　三十二年二月二十七日

令湖南省建設廳

三十二年一月十七日陽合字第二十四號代電一件　爲鄉鎮合作社理事監事可否由社員代表大會就社員代表中選任一案電請核示由

呈件均悉。茲分別核示如下：

一、鄉鎮合作社理監事人選，適用合作社法第七十一條之規定，自無不合。

二、鎮鄉合作社員代表略歷表，經核尚合，准予備查。

三、法人社員代表人數，應比照保社推選代表之標準辦理；

右各點仰即遵照。此令。件存。

附錄

（一）社會部核准備案之農漁團體一覽表 三十二年一月至三月

1. 核准組織之農會

省市別	團體名稱	核准日期	主要負責人	會員數 團體	會員數 個人	備註
安徽	郎溪縣水鳴橋鄉農會	卅二年一月廿六日	彭正清		〇六	
	郎溪縣東夏鄉農會	同右	夏錫春		三三〇	
	績溪縣葛藟鄉農會	同右	馮景隆		一五四	
	績溪縣龍井鄉農會	同右	胡鑾臣		八三	
	至德縣農會	同右	周季青	八	二二	
	至德縣栗埠鄉農會	同右	施世祥		二二三	
浙江	溫嶺縣農會	同右	蔡鑾明	三九	〇〇	
	溫嶺縣太平鄉農會	同右	婁長連		二九〇	
	溫嶺縣溫嶺鄉農會	同右	潘文梓		二〇四四	
湖南	寧鄉縣西塘鄉農會	卅二年一月廿一日	王瑞卿		一六八	
	孝豐縣赤塢第二鄉農會	三十二年一月四日	陳乃昶	二	七一	
	乾城縣大化鄉農會	卅二年一月廿四日	張華堂	二〇	三八六	
	城步縣農會	同右	陳美齋	一〇	〇〇	
	桂陽縣農會	卅二年二月二日	曹鶴如	一七	〇二	
	嘉禾縣廣發鄉農會	同右	李超然		二七〇	
甘肅	康樂縣樂善鄉農會	三十二年二月十日	辛兆明	一〇	二六〇	
	康樂縣望運鄉農會	同右	石秉彝		二四〇	
	康樂縣胭脂鄉農會	同右	張玉堂		八五四〇	
	康樂縣鳴鹿鄉農會	同右	馬萬成		三四〇二	

社會部核准立案之農漁團體一覽表

	[illegible]縣新川鄉農會	三十二年二月十日	馬[illegible]海	二〇[illegible]四
	[illegible]縣[illegible]碩鄉農會	同右	石[illegible]	一五七〇
	[illegible]鄉農會	同右	杜[illegible]	三七〇〇
	[illegible]鄉農會	同右	趙永[illegible]	二三〇
	[illegible]樂縣[illegible]武鄉農會	同右	劉[illegible]濟	八五二
四川	崇慶縣農會	卅二年二月[illegible]十日	韓翼亭	一二八三
	崇慶縣[illegible]鄉農會	同右	張[illegible]卿	三七六四
	崇慶縣安阜鄉農會	同右	張守猷	三三二四〇
	崇慶縣太平鄉農會	同右	[illegible]傚陶	四〇五
	崇慶縣[illegible]家鄉農會	同右	楊[illegible]棠	七四八
	崇慶縣安[illegible]鄉農會	同右	何德全	三四〇
	崇慶縣王家鄉農會	同右	張問明	三五〇
	崇慶縣東關鄉農會	[illegible]	[illegible]	[illegible]
	崇慶縣道明鄉農會	同右	趙新[illegible]	一八〇
	崇慶縣白馬鄉農會	同右	余鑄九	三四〇
	崇慶縣[illegible]興鄉農會	同右	羅圖南	三六〇
	崇慶縣隆興鄉農會	同右	陳[illegible]安	四六九
	[illegible]安樂鄉農會	三十二年二月廿日	王[illegible]倫	三四〇二
	[illegible]縣毛郎鄉農會	同右	劉[illegible]	八八四〇
	茂縣大平鄉農會	同右	馬[illegible]東	六五〇
	納谿縣[illegible]農會	同右	胡[illegible]	一〇二六〇
	劍閣縣白龍鄉農會	同右	陳紹[illegible]	二九六〇
	奉節縣五馬鄉農會	同右	冉紹安	一七〇一
	巴中縣[illegible]鄉農會	同右	潘[illegible]	一三〇〇
	鄰水縣農會	同右	姜[illegible]	二〇三八六
	射洪縣農會	同右	黃[illegible]	一二七
	新都縣彌牟鄉農會	同右	古定安	五二〇八
	新都縣華陽鄉農會	同右	溫直	八三九
	新都縣桂林鄉農會	同右	曾吉之	五三八
	新都縣外東鄉農會	同右	荀鴻恩	四二二
	新都縣外西鄉農會	同右	羅曉[illegible]	四六〇
	新都縣永興鄉農會	同右	陳亮卿	一六〇
	新都縣天緣鄉農會	同右	張育成	五三三
	新都縣農會	同右	古定安	七

	劍閣縣農會	三十二年二月廿日	孟玉森	[illegible]	[illegible]
	璧山縣城南鄉農會	同右	鄭兆南		二九七
	秀山縣鍾靈鄉農會	同右	吳樹人		二二五
江西	江西省農會	同右	周步光	五二	
福建	三元縣三民鎮鄉農會	卅二年十月廿八日	鄧德良		二二四
	寧德縣農會	同右	林印章	一〇	
	寧德縣南埕鄉農會	同右	陳大騰		七五
	閩侯縣雙峯鄉農會	同右	葉克明		二九九
	閩侯縣橋檥鄉農會	同右	范其詞		二二〇
	閩侯縣郭峡北鄉農會	同右	郭友梓		一六八
	閩侯縣嶽峯鄉農會	同右	莊公輔		二四六
	閩侯縣九鳳鄉農會	同右	洪寶照		二四四
	閩侯縣馬江鎮鄉農會	同右	陳能通		二一五
	永春縣農會	同右	鄭開崇	一五	
	永春縣東碧鄉農會	卅二年二月廿八日	陳光知		一五四
	泰寧縣崇高鄉農會	同右	楊來瑛		一二六
	寧化縣安營鄉農會	同右	張善甫		一二〇

	寧化縣寺背鄉農會	卅二年二月廿八日	曾澤貴		一六〇
	寧化縣曹石鄉農會	同右	夏雲奇		七〇
	寧化縣水業鄉農會	同右	范良佐		一四八
	寧化縣店下鄉農會	同右	張恩泰		一四〇
	寧化縣淮土鄉農會	同右	劉萬椒		五〇
	寧化縣湖紬鄉農會	同右	雷仁富		五二
	寧化縣烏村鄉農會	同右	溫道能		五四
	同安縣陽崗鄉農會	同右	楊溫泰		一四二
	同安縣農會	同右	李宗璽	一五	
	永定縣農會	同右	溫純	三一	
	南靖縣葛山鄉農會	同右	韓大鄘		七九
	永春縣桃溪鄉農會	同右	劉星齊		一九八
	福建省農會	三十二年二月一日	林競忠	四五	
	華安縣農會	三十二年三月一日	林清江	一六	
	華安縣坪治鄉農會	同右	郭舞庭		一九〇
	平潭縣中正鄉農會	同右	王誠		一八〇
	平潭縣新民鄉農會	同右	吳聿麟		六三

省市別	團體名稱	核准日期	主要負責人	會員數 團體	會員數 個人	備註
	平潭縣中山鄉農會	三十二年三月一日	俞煥魁		八〇	
	同安縣塘柑鄉農會	同右	徐雲楷		三四二	
	同安縣[illegible]村鄉農會	同右	李直欽		三五〇	
	同安縣仁鳳鄉農會	同右	洪允山		八八	
	南安縣翔雲鄉農會	同右	王爲仁		三一六	
	古田縣杉洋鄉農會	同右	余酒祥		一五五	
	古田縣鄭洋鄉農會	同右	阮紹祥		二五五	
	沙縣高桂鄉農會	同右	蔡伸南		二〇四	
	浦城縣大同鄉農會	同右	詹式璿		二三〇	
	浦城縣水北鄉農會	同右	卓賢素		二四二	
	浦城縣游村鄉農會	同右	徐昌州		二一九	
	浦城縣柳亭鄉農會	同右	吳家馴		二一七	
	浦城縣忠信鄉農會	同右	郭舉漢		一七六	
	浦城縣畢嶺鄉農會	同右	汪集慶		二一〇	
	浦城縣古樓鄉農會	同右	蔣光宸		二二九	
	浦城縣招賢鄉農會	同右	熊賤富		一八三	
	浦城縣南泉鄉農會	同右	劉日照		二〇〇	
	浦城縣觀前鄉農會	三十二年三月一日	張振明		一七六	
	浦城縣舊館鄉農會	同右	歐陽新		一六〇	
	浦城縣[illegible]鄉農會	同右	范瑞慶		一三〇	
	德化縣農會	同右	方如珪	一四		

2、核准改選之農會

省市別	團體名稱	核准日期	主要負責人	會員數 團體	會員數 個人	備註
貴州	岑鞏縣龍輔鄉農會	卅二年一月十五日	周玉清	三	二七八	
廣西	臨桂縣兩江鄉農會	卅二年一月卅一日	陳吉昌		二七九	
	臨桂縣良豐鄉農會	同右	鍾少臣		六七三	
	臨桂縣六合鄉農會	同右	何萬鍾		三六八	
	臨桂縣界牌鄉農會	同右	秦中祥		六二二	
福建	武平縣城南鎮鄉農會	三十二年二月八日	鍾燕南		六八二	
	武平縣十方鄉農會	同右	林道賓		三九五	
	寧化縣城東鎮鄉農會	同右	巫國濤		八六六	
	永春縣仙溪鄉農會	卅一年十二月廿八日	鄭南錫		九〇	
	永春縣桃溪鄉農會	同右	劉金鈕		一七七	

福建	永泰縣三愛鄉農會	卅二年二月廿八日	鮑英忠		二一五
	永泰縣赤埔鄉農會	同右	程順官		二二〇
	永泰縣葛嶺鄉農會	同右	王順官		二三六
	永泰縣葉詳鄉農會	同右	李景星		七二
	永泰縣鶴高鄉農會	同右	莊福珍		一〇五
	南安縣九都鄉農會	同右	陳朝塤		一〇六
	南安縣洪瀨鎮鄉農會	同右	黃天星		五二四
	南安縣深后鎮鄉農會	同右	吳耀增		一八七
	南安縣蘆山鄉農會	同右	劉戩谷		六三〇
	永泰縣上東鄉農會	同右	范家棟		六七
	永泰縣清膜鄉農會	同右	蔡于英		一二五
	泰寧縣爐峯鎮鄉農會	三十二年三月一日	歐陽文		一五七
	古田縣沂前鄉農會	同右	戴瑞東		八一六
	古田縣大中鄉農會	同右	林連材		五八二
	海澄縣城西鄉農會	同右	王樹龍		一六四
	海澄縣浮宮鄉農會	同右	鄭蓁才		三一一
	海澄縣山后鄉農會	同右	黃榮華		三一五

福建	海澄縣白南鄉農會	三十二年三月一日	陳坑泉		三〇五
	海登縣霞谷鄉農會	同右	郭喬木		三六二
	海澄縣恒泥鄉農會	同右	郭莊天福		一九三
	海澄縣靑浦鄉農會	同右	李叁萊		三七四
	海澄縣陟內鄉農會	同右	甘霖		三七三
	海澄縣農會	同右	蘇同仁	一一	
	莆田縣農會	同右	林愼修	二七	
	浦城縣溪南鄉農會	同右	陳仲		二〇〇
	德化縣三高鄉農會	同右	鄭梅彬		三一〇
	德化縣水口鄉農會	同右	黃其松		一四二
	德化縣潯中鄉農會	同右	蘇金銀		二七二
	德化縣英福鄉農會	同右	李文豪		三一五
	德化縣上湧鄉農會	同右	蔣貽拔		三一八
	德化縣瑞上鄉農會	同右	陳昌言		二九五
	德化縣尊陽鄉農會	同右	林仰高		一八五
	德化縣葛嶺鄉農會	同右	陳志光		二〇八
	德化縣雙春鄉農會	同右	蘇有長		二四六

省市別	團體名稱	核准日期	主要負責人	會員數 團體	會員數 個人	備註
	德化縣赤水鄉農會	三十二年三月一日	涂餘慶		一八五	
	德化縣濟山鄉農會	同右	涂石玉		二九八	
	德化縣西南鄉農會	同右	方聯芳		四一八	
	德化縣桂溪鄉農會	同右	林世明		二九四	
	德化縣屏山鄉農會	同右	郭維佑		八八七	

3. 核准改組之農會

省市別	團體名稱	核准日期	主要負責人	會員數 團體	會員數 個人	備註
廣西	永福縣農會	卅二年一月卅一日	謝祚齡	一一	八三〇	
	永福縣彭莊鄉農會	同右	曾慶鏘		二四一	
	永福縣廣護鄉農會	同右	梁偉		四八二	
	永福縣堡里鄉農會	同右	唐紹經		五七五	
	永福縣民板鄉農會	同右	李瑩欣		三〇五	
	永福縣羅錦鎮鄉農會	同右	唐明琨		九三	
	左縣中東鄉農會	同右	張永平		一二二	
	左縣南同鄉農會	同右	莫獻		三三九	
	左縣西安鄉農會	同右	黃朝瑤		一四七	
廣西	左縣馱盧鎮鄉農會	卅二年一月卅一日	何方廷		一八九	
	修仁縣廣平鄉農會	同右	韓升軒		一〇三五	
	修仁縣桐江鄉農會	同右	龍秉正		五二二	
	修仁縣一元鄉農會	同右	李國芳		五三	
	修仁縣四達鄉農會	同右	溫德寬		九八	
貴州	銅仁縣進化鄉農會	同右	楊政時		七〇	
福建	寧洋縣徐溪鄉農會	三十二年二月八日	范承鈺		二二八	
	浦城縣臨江鎮鄉農會	三十二年三月一日	丁得孫		三九八	
	浦城縣上相鄉農會	同右	王昌徽		一七六	
	浦城縣富嶺鎮鄉農會	同右	鄧慶龍		二六四	
	浦城縣新興鄉農會	同右	孫北屏		一三二	
	浦城縣瑞安鄉農會	同右	徐達坤		一三〇	
	浦城縣西鄉鎮鄉農會	同右	葉金元		一二二	
	浦城縣石陂鄉農會	同右	毛道生		一二〇	
	浦城縣下沙鄉農會	同右	葉英明		一八六	
	浦城縣村頭鄉農會	同右	劉健莊		二二六	
	浦城縣仙陽鎮鄉農會	同右	周賢坤		一九八	

甘肅	慶陽縣六塬鄉農會	三十二年二月十日	張桂		九五〇
	慶陽縣高莊鄉農會	同右	夏子銘		九九五
	慶陽縣什社鄉農會	同右	張繼忠		六九五
	慶陽縣溫泉鄉農會	同右	高棲鳳		八〇八
	慶陽縣六案鄉農會	同右	田滋閣		一六〇三
	慶陽縣董志鄉農會	同右	宋升菴		一六四五
	鎮原縣農會	同右	賈秉機	一六	
	鎮原縣十戶鄉農會	同右	李隆		二〇〇五
	鎮原縣中原鄉農會	同右	劉啓倉		一三五五
	鎮原縣永定鄉農會	同右	李世昌		一〇四〇
	鎮原縣臨涇鄉農會	同右	劉藤仁		一三三
	鎮原縣開邊鄉農會	同右	張翀漢		九〇〇
	鎮原縣新城鄉農會	同右	慕滙孝		五五二
	鎮原縣平泉鄉農會	同右	張晶祿		五五〇
	鎮原縣永樂鄉農會	同右	荀奮蔭		六二〇
	鎮原縣永綏鄉農會	同右	毛煥[illegible]		五八一
甘肅	鎮原縣蕭金鄉農會	同右	史占謨		一二三

甘肅	鎮原縣永和鄉農會	三十二年二月十日	劉述賢		三八四
	鎮原縣永安鄉農會	同右	秦占魁		九三二
	鎮原縣太平鄉農會	同右	陳紀緒		九六〇
	鎮原縣屯字鄉農會	同右	劉登潮		九八〇
	鎮原縣永康鄉農會	同右	李世才		一〇一〇
	鎮原縣馬渠鄉農會	同右	劉[illegible]		五〇一
	慶陽縣蒲川鄉農會	同右	耿耀庭		五六〇
	慶陽縣彭原鄉農會	同右	繆蓉		五一〇
	慶陽縣農會	同右	朱自明	九	
	慶陽縣西峯鄉農會	同右	羅萬棠		一二二
	正甯縣農會	卅二年三月十五日	段警三	六	
	正甯縣永和鄉農會	同右	輩崇文		九五七
	正甯縣紀綱鄉農會	同右	姚協華		九三四
	涇川縣農會	同右	白成章	一八	
	涇川縣安定鄉農會	同右	楊子文		八二
	涇川縣拯射鄉農會	同右	豐丕承		四四五
	涇川縣飛雲鄉農會	同右	雷兆海		四六八

省市別	團體名稱	核准日期	主要負責人	會員數 團體	會員數 個人	備註
甘肅	涇川縣原店鄉農會	卅二年三月十五日	史直齋		二一二	
	涇川縣清平鄉農會	同右	口立邦		一八五	
	涇川縣王村鎮鄉農會	同右	李鳴山		一三二	
	涇川縣窰店鎮鄉農會	同右	王雍川		四八八	
	涇川縣豐台鎮鄉農會	同右	許定坤		七五〇	
	涇川縣玉都鄉農會	同右	郭永世		八七〇	
	涇川縣阮陵鄉農會	同右	許少昌		一八八	
	涇川縣荔堡鄉農會	同右	李獻彩		七五四	
	涇川縣和平鄉農會	同右	王應中		三五八	
	涇川縣黨原鄉農會	同右	趙國俊		一二〇	
	涇川縣涇陽鄉農會	同右	鄭國治		四七四	
	涇川縣啓明鄉農會	同右	崔維岳		二六四	
	涇川縣高平鎮鄉農會	同右	王瑞林		二〇九	
	涇川縣集賢鄉農會	卅二年三月十五日	趙國佐		七二九	
	甯定縣農會	同右	馬步雲	三		
	甯定縣炡勒寺鄉農會	同右	馬維成		二九四	
	甯定縣三甲集鄉農會	同右	馬光先		二八五	
	甯定縣太子鄉農會	同右	馬世魁		二〇〇	

4. 核准整理之農會

省市別	團體名稱	核准日期	主要負責人	會員數 團體	會員數 個人	備註
福建	海澄縣城東鄉農會	三十二年三月一日	蔡癸川		八二〇	
	海澄縣南靄鄉農會	同右	蘇海詠		三九二	
	海澄縣城區鄉農會	同右	陳永道		七四一	

5. 核准組織之漁會

省市別	團體名稱	核准日期	主要負責人	會員數 團體	會員數 個人	備註
湖南	安鄉縣漁會	卅二年二月二十日	曾紀萬		三二一	

（二）社會部核准備案之工人團體一覽表

三十二年一至三月份

1. 核准組織之工會

省市別	團體名稱	核准日期	主要負責人	會員數 團體	會員數 個人	備註
湖南	嘉禾縣各業工人聯合會	卅二年一月十四日	李士發		七三	

	嘉禾縣油漆業職業工會	同右	趙水源		七一	原係向本部備案故列爲新組
	長沙市油漆業職業工會	同右	熊松喬		一五	
	澧縣人力運輸業職業工會	同右	龔曉意		八〇〇	
	安鄉縣捲烟業職業工會	三十二年二月二日	劉蘇吾		一三〇	
	湘潭縣民船船員工會	同右	潘海青		七五〇	
	安鄉縣紗織業職業工會	同右	楊森榮		六〇	
	安鄉縣酒館傭工業職業工會	同右	馬德生		一一八	
	安鄉縣茅業職業工會	同右	尹樹蓬		五一	
	安鄉縣肥料業職業工會	同右	蔡鎮舫		五一	
	安鄉縣篾作業職業工會	同右	吳定亞		五一	
	安鄉縣屠宰業職業工會	同右	王延金		五八	
	長沙市木工業職業工會	同右	謝璧揚		五六	
	長沙縣拼船業職業工會	同右	廖友田		一二七	
雲南	昆明市旅社業職業工會	卅二年一月四日	李炳星		一九八	

安徽	桐城縣泥水業職業工會	三十二年一月四日	王其得		六五	
	桐城縣成衣業職業工會	同右	左銀啓		一二三	
	績溪縣木業職業工會	同右	汪明祥		九八	
浙江	開化縣手車業職業工會	卅二年一月三十日	葉榮椿		五六	
	奉化縣造紙業職業工會	卅二年二月廿三日	董振常		一一八	
	淳安縣成衣業職業工會	同右	蕭廣東		四五一	
	玉環縣挑挽業職業工會	三十二年四月九日	吳瑞方		一三三	
四川	青神縣民船船員工會	卅二年二月二十日	趙瑞廷		六四	
	廣元縣彈棉業職業工會	同右	李運春		五九	
	廣元縣打包業職業工會	同右	張銀祥		五三	
	廣元縣油漆業職業工會	同右	白萬金		五一	
	廣元縣印刷業職業工會	同右	劉全生		五四	
	廣元縣成衣業職業工會	同右	劉萬清		一二七	
	廣元縣理髮業職業工會	同右	王金山		八三	
	鄰水縣總工會	同右	梁述之	一三		
	廣漢縣麵食業職業工會	同右	劉海青		五二	

省市別	團體名稱	核准日期	主要負責人	會員數 團體	會員數 個人	備註
四川	廣漢縣理髮業職業工會	卅二年十二月廿一日	游大春		一二〇	
	廣漢縣泥水業職業工會	同右	邱榮茂		三二〇	
	廣漢縣茗工業職業工會	同右	周開泰		一四四	
	廣漢縣人力車業職業工會	同右	譚金鑄		一四一	
	廣漢縣廚工業職業工會	同右	張清雲		九七	
	廣漢縣捲烟業職業工會	同右	曾足三		五四	
	廣漢縣木石業職業工會	同右	丁憲良		五三	
	廣漢縣建築業職業工會	同右	劉榮清		七二	
	大邑縣總工會	同右	王玉華	七		
	華陽縣絲線業職業工會	同右	楊興發		二四九	
	達縣榨油業職業工會	同右	曾炳三		七二	

2. 核准改選之工會

省市別	團體名稱	核准日期	主要負責人	會員數 團體	會員數 個人	備註
湖南	長沙市捲烟業職業工會	卅二年一月廿五日	馮庸初		一七〇〇	
	長沙市彈花業職業工會	同右	曹菊芳		一三七	
	長沙市糕作業職業工會	同右	浣運臣		一〇九	

湖南	晃縣民船船員工會	三十三年二月二日	田紀明		七四	
	平江縣印刷業職業工會	同右	曾樹生		五九	
	平江縣製履業職業工會	同右	張直然		五八	
	平江縣縫紉業職業工會	同右	伍濺波		七七	
	平江縣製烟業職業工會	同右	唐積豐		八二	
	平江縣理髮業職業工會	同右	程丹桂		五一	
	平江縣各業工人聯合會	同右	羅曉思		九六	
	芷江縣總工會	同右	許西成			
	安鄉縣米粉麵餃業職業工會	同右	宋伏生		六四	
	安鄉縣挑水業職業工會	同右	陳樹生		七四	
	安鄉縣漿土業職業工會	同右	尹仁貴		五六	
	安鄉縣篾業職業工會	同右	游喜南		五〇	
	安鄉縣理髮業職業工會	同右	何得勝		六三	
	安鄉縣廚工業職業工會	同右	劉玉堂		一四三	
	安鄉縣肥料業職業工會	同右	蔡頌旋		五八	
	安鄉縣酒館傭工業職業工會	同右	朱瑞華		八〇	

	安鄉縣靴鞋業職業工會	同右	卜保才		五〇	
	湖南省水口山鑛業產業工會	卅二年二月二十日	李福源		一三〇	
廣西	桂平縣車縫業職業工會	三十二年二月二日	覃日英		八四	
	桂平縣苦力業職業工會	同右	李子才		二四三	
	桂平縣屠宰業職業工會	同右	葉隸		一一四	
	桂平縣鋸木業職業工會	同右	陸偉中		一三〇	
浙江	溫嶺縣槓駁業職業工會	同右	沈明玉		五一	
四川	茂縣各業工人聯合會	卅二年二月二十日	吳松柏		一〇八	
	南充縣木作業職業工會	同右	龐德安		三〇〇	
	南充縣絲綢業產業工會	同右	羅彥儒		六一六	
	南充縣總工會	同右	秦起濤	一九		
	郫縣理髮業職業工會	同右	巫清龍		五六	
福建	長汀縣搬運業職業工會	卅二年一月三十日	賴炘周		五四	

3. 核准改組之工會

省市別	團體名稱	核准日期	主要負責人	會員數		備考
				團體	個人	
雲南	昆明市沐浴業職業工會	三十二年一月四日	楊永體		二二〇	
湖南	長沙縣麻石業職業工會	三十二年二月二日	譚克勤		一八四	
	常寧縣縫紉業職業工會	同右	黃餘忠		一五二	
貴州	龍里縣建築業職業工會		蔡云清		六八	
浙江	平陽縣礬礦業產業工會	卅二年二月十三日	盧興拱		五四〇	
	平陽縣礬石挑運業職業工會	同右	宋道開		四五〇	
	平陽縣礬礦業產業工會	同右	宋志益		六七〇	
甘肅	蘭州市總工會	卅二年三月十五日	王清山	一三		
	蘭州市木工業職業工會	同右	李伯泰		八一三	
	蘭州市銀工業職業工會	同右	秦子云		七四	
	蘭州市人力車業職業工會	同右	原朋烈		六二	
	蘭州市茶社業職業工會	同右	文全德		一五七	
	蘭州市屠宰業職業工會	同右	吳正榮		一三〇	
	蘭州市醬酒粽糕業職業工會	同右	簡興發		七六	
	蘭州市麻繩業職業工會	同右	焦志泰		六〇	
	蘭州市皮貨業職業工會	同右	任子珍		八〇	
	蘭州市刊刻業職業工會	同右	張星橋		一五〇	

團體名稱	核准日期	主要負責人	會員數	備註
蘭州市理髮業職業工會	同右	詹煥章	一二〇	
蘭州市運水業職業工會	同右	李寶雲	二〇〇	
蘭州市西服業職業工會	同右	馬定茂	四二	
蘭州市成衣業職業工會	同右	王阿士	一二〇	
蘭州市轎車業職業工會	同右	魏光仁	五八	
蘭州市銅工業職業工會	同右	傅得義	五六	
蘭州市裱糊業職業工會	同右	馮子厚	五〇	
蘭州市肥料業職業工會	同右	范得勝	一四	
蘭州市中西餐食業職業工會	同右	馬應天	七五〇	
蘭州市軍服業職業工會	同右	鉄鴻林	一七九	
蘭州市泥工業職業工會	同右	王菁山	四〇〇	
蘭州市麵粉業職業工會	同右	劉子仁	四〇〇	
蘭州市硝皮業職業工會	同右	李斌璽	七〇	
蘭州市鉄工業職業工會	同右	周明	二二七	

4. 核准整理之工會

省市別	團體名稱	核准日期	主要負責人	會員數 團體	會員數 個人	備考
四川	名山縣總工會	卅二年二月二十日	夏光鈞	一三		
	丹陵縣總工會	同右	曾達三	七		

（三）社會部核准備案之商人團體一覽表

三十二年一月至三月

1. 核准組織之商人團體

省市別	團體名稱	核准日期	主要負責人	會員數	備註
湖南	嘉禾縣國藥商業同業公會	三十二年一月	李若洲	一一〇	
	辰谿縣民船商業同業公會	同右	孫誠明	四〇	
	耒陽縣百貨商業同業公會	同右	劉仲雲	五五	
	耒陽縣絲綢呢絨布商業同業公會	同右	梁海濤	一八	
	耒陽縣五金商業同業公會	同右	劉鳴皋	四二	

耒陽縣灶市棉花紗油商業同業公會	同右	劉泉溪	二三
鳳凰縣百貨商業同業公會	同右	黃大生	二十
鳳凰縣菸草商業同業公會	同右	熊積泉	五三
鳳凰縣鞾革工業同業公會	同右	阮金龙	二七
長沙市麵粉工業同業公會	同右	盧永熙	一七
辰谿縣煤礦業同業公會	同右	劉　崐	五
長沙市布商業同業公會	同右	鄭增榮	一七五
長沙市綢呢絨商業同業公會	同右	鄭增榮	六二
湘潭縣糖商業同業公會	同右	劉佩卿	四六
藍山縣鹽蔬商業同業公會	同右	彭光漢	二二
長沙市寄賣商業同業公會	同右	李一董	一三
安仁縣民船商業同業公會	同右	胡爲恒	一五二
嘉禾縣染織工業同業公會	同右	李啓芳	一七
嘉禾縣屠宰商業同業公會	同右	李宗梅	二八
嘉禾縣酒商業同業公會	同右	李昌笙	三〇
鳳凰縣粮食商業同業公會	卅二年二月廿三日	陳鶴紡	二四
益陽縣蘭溪市五金電料商業同業公會	同右	劉得珍	一六

耒陽縣民船商業同業公會	同右	謝海清	六九
蘭溪市國藥商業同業公會	同右	陳昭坤	二八
蘭溪市百貨商業同業公會	同右	黎品緯	三一
蘭溪市南貨商業同業公會	同右	邱琴軒	一七
蘭溪市屠宰商業同業公會	同右	鄧鶴山	一四
蘭溪市商會	卅二年二月廿三日	張遜達	八
耒陽縣粮食商業同業公會	同右	梁閣仙	二四
耒陽縣醬豉商業同業公會	同右	伍楚屏	六九
耒陽縣南貨商業同業公會	同右	謝　岳	二三
耒陽縣煤礦商業同業公會	同右	陳　健	一五
耒陽縣屠宰商業同業公會	同右	謝有欽	四五
耒陽縣理髮商業同業公會	同右	陳玉芳	二九
耒陽縣木商業同業公會	同右	資悠甫	四二
耒陽縣鹽商業同業公會	同右	資永伯	五
鳳凰縣麵粉商業同業公會	同右	劉舉卿	八〇
鳳凰縣百貨商業同業公會	同右	黃日恍	二七
長沙市靖港鎮什貨商業同業公會	同右	甘振堃	三六

	鳳凰縣木作油漆工業同業公會	同右	陳長林	三四
	鳳凰縣屠宰商業同業公會	同右	王興武	二五
	辰谿縣鹽商業同業公會	同右	謝秉衡	二二
	辰谿縣糧食商業同業公會	同右	張守誠	八六
	嘉禾縣百貨商業同業公會	同右	李光禹	三五
	晃縣百貨商業同業公會	同右	李世榮	二四
	益陽縣泉交鎮商會	同右	段典濤	一六
四川	樂山縣屠宰商業同業公會	卅二年二月二十日	鄒欽榮	三八
	樂山縣承攬運送商業同業公會	同右	尹香翹	三八
	什邡縣鍋盌商業同業公會	同右	游樂三	一〇
甘肅	蘭州市浴室商業同業公會	三十二年一月	吳君實	一七
	蘭州市絲綢呢絨商業同業公會	同右	張琴舫	二七
	蘭州市紙張商業同業公會	同右	席登伍	一三
安徽	廣德縣商會	同右	溫季愚	一四
	合肥三河鎮棉布商業同業公會	同右	俞秉彝	八四
	岩陽縣蘭溪市染織工同業公會	同右	蕭武軒	一二
	合肥三河鎮木商業同業公會	同右	謝少堂	四六
	合肥三河鎮什貨商業同業公會	同右	周海清	五八
	合肥三河鎮糧食商業同業公會	同右	李幹甫	八四
	合肥三河鎮絲綢呢絨商業同業公會	同右	于佩華	九四
	合肥三河鎮染商業同業公會	同右	楊錦堂	三九
	合肥三河鎮國藥商業同業公會	同右	繆芸軒	五八
	合肥三河鎮百貨商業同業公會	同右	沉雲孫	五二
	合肥三河鎮醬商業同業公會	同右	蘇廷承	五八
	郎溪縣糧食商業同業公會	同右	程錫齡	二七
	郎溪縣民船商業同業公會	同右	呂長安	一八九
	郎溪縣屠宰商業同業公會	同右	陳若長	二一
	郎溪縣布商業同業公會	同右	王錫之	五七
陝西	郃陽縣糧食商業同業公會	三十二年二月一日	雷鳴瑞	五六
	郃陽縣食店商業同業公會	同右	烟嶽	七九
	醴泉縣南坊鎮商會	同右	王之賢	三二
	鳳凰縣紙商業同業公會	三十二年二月二日	王修荒	二十

	醴泉縣趙封鎮商會	同右	楊子洲	三六	
	醴泉縣阡東鎮商會	同右	張百鈞	三五	
	寶雞縣汽車商業同業公會	同右	馬仙洲	四七	
	長安縣染織工業同業公會	同右	趙成森	一二	
	長安縣韋曲鎮商會	同右	田煕斌	四六	
	長安縣王曲鎮商會	同右	楊潤芝	四四	
	長安縣鳴犢鎮商會	同右	杜毓章	五一	
	長安縣灞橋鎮商會	同右	益子敬	三一	
西康	康定市銀行商業同業公會	同右	李先春	一二	
浙江	寧海縣旅館商業同業公會	同右	趙惠青	一七	
	平陽縣霞關鎮南貨商業同業公會	同右	林宙	二五	
	平陽縣霞關鎮國藥商業同業公會	同右	甘漱玉	七	
	平陽縣霞關鎮百貨商業同業公會	同右	張日華		
貴州	安順縣錢商業同業公會	同右	呂際安	三五	
	郎岱縣五金電料工業同業公會	同右	伍錫輝	四三	
	郎岱縣屠宰商業同業公會	同右	唐亮臣	三六	
廣西	桂林市捲烟商業同業公會	同右	陳懷仁	三〇	
	鬱林汽車商業同業公會	同右	陳善南	三七	
	桂林市建築業同業公會	同右	陳硯齋	一四九	
	桂林市戲劇業同業公會	同右	白鶴東	二五	
	桂平縣穆栗鄉商會	同右	常耿	五二	
雲南	晉寧縣商會	同右	王燊堯	六九	
	蒙自縣糧食商業同業公會	同右	孔文波	三六	
	蒙自縣茶舖商業同業公會	同右	李華堂	二八	
	蒙自縣棉花商業同業公會	同右	譚治	一五	
	蒙自縣文具商業同業公會	同右	尹麗山	二二	
	蒙自縣鉄器商業同業公會	同右	龍麗生	三八	
	會澤縣食館商業同業公會	同右	張隆懋	五七	
	會澤縣什貨商業同業公會	同右	吳翱宗	二八	
	蒙自縣麵食商業同業公會	同右	龍正昌	一七	
	魯甸縣商會	卅二年三月十六日	高崧	一七	

2，核准改選之商人團體

省市別	團體名稱	核准日期	主要負責人	會員數	備註

省市別	團體名稱	核准日期	主要負責人	會員數	備註
廣西	桂林市經紀商業同業公會	三十二年二月二日	朱文然	三五	
	向都縣商會	同右	譚國寶	四〇	
雲南	建水縣商會	同右	黃文華	一六	
四川	什邡縣茶社商業同業公會	卅二年二月二十日	張伯雲	四五	
	什邡縣蔬菜商業同業公會	同右	王健周	九	
	什邡縣屠宰商業同業公會	同右	高永祿	三六	
	南部縣商會	同右	楊正言	二七	
	郫縣商會	同右	朱景南	三五	
	南充縣商會	同右	侯慶五	三〇	
	酉陽縣龔灘鎮糧食商業同業公會	同右	蕭屏周	一一四	
	什邡縣旅店商業同業公會	同右	廖秉恭	四〇	
	什邡縣菸草商業同業公會	同右	劉啓文	一七	
	什邡縣葉捲菸業同業公會	同右	劉民三	五七	
	什邡縣葉菸商業同業公會	同右	劉鈞天	二二六	
	什邡縣[illegible][illegible]雜貨商業同業公會	同右	黃銀洲	三〇	
	什邡縣皮頭商業同業公會	同右	王偉儒	一〇	
	什邡縣木器商業同業公會	同右	王開興	四九	
	什邡縣水食商業同業公會	同右	舒云才	五八	
	什邡縣國藥商業同業公會	同右	馬季剛	二五	
	什邡縣酒商業同業公會	同右	周本修	二〇	
	什邡縣錢商業同業公會	同右	周潤之	一〇	
	什邡縣木材商業同業公會	同右	于銳民	三三	
	巴中縣江口鎮商會	同右	彭佩鳴	二七	
	城口縣屠宰商業同業公會	同右	武順臣	三二	
	崇寧木漆商業同業公會	同右	盧啓文	三五	

3. 核准改組之商人團體

省市別	團體名稱	核准日期	主要負責人	會員數	備註
浙江	平陽縣國藥商業同業公會	卅二年二月廿三日	張和光	二六	
	平陽縣屠宰商業同業公會	三十二年二月二日	林玉月	六一	
	平陽縣旅店商業同業公會	同右	陳金欒	四三	
	平陽縣碾商業同業公會	卅二年二月廿三日	鄭迪甫	三三	
	平陽縣木商業同業公會	卅二年三月十六日	顏壽民	三九	
	平陽縣錢庫鎮花紗商業同業公會	同右	王取平	一四	

	平陽縣錢庫鎮百貨商業同業公會	同右	才汝康	七
	平陽縣錢庫鎮商會	同右	陳寬	一五三
	平陽縣盧溪區鹹魚商業同業公會	同右	林東初	九
	平陽縣盧溪區茶商業同業公會	同右	林旭初	二三
	平陽縣鼇溪區麥商業同業公會	同右	朱超南	八〇
	平陽縣錢庫鎮絲綢呢絨布商業同業公會	同右	林俠忠	五
	平陽縣鼇溪區商會	同右	林士越	九一
貴州	龍里縣建築商業同業公會	三十二年二月二日	蔡云清	九
	龍里縣馬店商業同業公會	同右	劉作呂	一五
	龍里縣屠宰商業同業公會	同右	王以綱	四〇
	龍里縣餐館商業同業公會	同右	龍玉清	二四
	龍里縣旅棧商業同業公會	同右	李純武	六〇
雲南	宣威縣鹽商業同業公會	卅二年三月十六日	尨炳勳	一九
	宣威縣酒商業同業公會	同右	趙子安	五六
	宣威縣屠宰商業同業公會	同右	李國文	二三
	宣威縣染靛商業同業公會	同右	寧希哲	一八

宣威縣火腿商業同業公會	同右	李德英	一九
宣威縣雜貨商業同業公會	同右	符盛清	一九
宣威縣紗布商業同業公會	同右	何奎階	
宣威縣旅店商業同業公會	同右	張維銘	
宣威縣食館商業同業公會	同右	黃永安	二一
宣威縣理髮商業同業公會	同右	符明和	一五
宣威縣成衣商業同業公會	同右	葉書林	二六
宣威縣新藥商業同業公會	同右	張開之	一〇
宣威縣商會	同右	劉劍平	一七
昆明市堆店商業同業公會	三十二年二月二日	劉崐山	二三
昆明市肥皂商業同業公會	同右	趙鹿川	一三
昆明市新衣商業同業公會	同右	趙云英	一三
昆明市新藥商業同業公會	同右	侯佩青	一八
平彝縣屠宰商業同業公會	卅二年二月廿三日	王忠益	二一
平彝縣旅店商業同業公會	同右	周仲昆	二五
平彝縣商會	同右	楊偉然	一六
昆明市五金電料商業同業公會	三十二年二月二日	黃西屏	三九

	昆明市鷄商業同業公會	同右	郝雲國	三七
	昆明市北貨商業同業公會	同右	張穆軒	二〇
	昆明市革品皮鞋商業同業公會	同右	張兆桂	三七
	昆明市鞋商業同業公會	同右	余殿平	二二〇
	昆明市油紙商業同業分會	同右	周啓能	一六二
	昆明市牛羊乳商業同業公會	同右	陳瑞川	四九
	昆明市糖商業同業公會	同右	許長海	一六
	昆明市鐘表眼鏡唱機商業同業公會	同右	寘德壽	七五
貴州	昆明市金泊商業同業公會	同右	尹作仁	二五
	昆明市火腿淹臘乳駱商業同業公會	同右	傅受之	六七
	昆明市汽車商業同業公會	同右	鄧和風	五九
	平彝縣酒商業同業公會	同同	秦紹倫	四二
	平彝縣雜貨商業同業公會	同右	文國柱	三〇
	平彝縣縫紉商業同業公會	同同	易鈺榮	二〇
	平彝縣理髮商業同業公會	同右	陳玉明	八
廣西	義寧縣商會	同右	彭徵文	一〇
	左縣駄盧鎮商業同業公會	同右	張守衡	二二五

	左縣駄盧鎮商會	同右	李少漁	一二五
	桂林市粮食商業同業公會	同右	過崐源	二一六
	桂林市商會	同右	李錦壽	三六
四川	樂山縣商會	卅二年二月二十日	劉裕周	四〇
	蒲江縣商會	同右	彭似佛	一一
	蒲江縣紙商業同業公會	同右	胡洪順	二八
	蒲江縣絲綢呢絨百貨商業同業公會	同右	陳俊三	二六
	蒲江縣民船商業同業公會	同右	唐天發	三八
	蒲江縣山貨商業同業公會	同右	安應祥	二五
	富順縣旅棧商業同業公會	同右	鳳秉成	三一〇
	奉節縣菸商業同業公會	同右	黃禮之	五九
	奉節縣顏料絲棉線商業同業公會	同右	王海韜	三一
	奉節縣桐油商業同業公會	同右	陳俊卿	四三
	蒲江縣藥茶商業同業公會	同右	謝有生	三三
	蒲江縣煙酒茶商業同業公會	同右	楊玉昆	三二
	蒲江縣國藥商業同業公會	同右	楊思源	二八
	奉節縣糖紙商業同業公會	同右	李俊春	七五

省市別	團體名稱	核准日期	主要負責人	會員數	備註
	名山縣商會	同右	鄧文閣	一〇	

4. 核准整理之商人團體

省市別	團體名稱	核准日期	主要負責人	會員數	備註
浙江	安吉縣梅溪鎮南貨商業同業公會	三十二年二月二日	高繪琴	一一	
廣西	榕江縣商會	同右	朱維先	二四	

（四）社會部核准備案之自由職業團體一覽表

三十二年一月至三月

1. 核准組織之自由職業團體

省市別	團體名稱	核准日期	主要負責人	會員數 團體	會員數 個人	備註
甘肅	慶陽縣中醫公會	卅二年一月廿一日	倪經緯		一五	
湖南	長沙縣梨梨鄉教育會	三十二年二月二日	王自求		五三	
	長沙縣仁德鄉教育會	同右	高澤生		九五	
	嘉禾縣清備鄉教育會	同右	李良恭		二五	
	嘉禾縣南平鄉教育會	同右	曾朝俊		二六	
	嘉禾縣廣發鄉教育會	三十二年三月三日	李天潤		二四	
雲南	大姚縣教育會	三十二年三月七日	謝策勳		二三	
	姚安縣教育會	同右	楊永書		五一	
	牟定縣教育會	同右	陳光熙		五〇〇	

2. 核准改選之自由職業團體

省市別	團體名稱	核准日期	主要負責人	會員數 團體	會員數 個人	備註
湖南	晃縣教育會	三十二年二月二日	胡楚藩		一〇三	
	醴陵縣中醫公會	三十二年三月三日	龍父吟		八四	
雲南	六順縣教育會	三十二年三月七日	袁　恕		五三	

3. 核准改組之自由職業團體

省市別	團體名稱	核准日期	主要負責人	會員數 團體	會員數 個人	備註
浙江	温嶺縣教育會	三十二年一月四日	鍾炳文	五		
湖南	常寧縣中醫公會	三十二年二月二日	張曉春		一〇五	

廣西	左縣教育會	三十二年二月二日	張永平	一〇二	
雲南	廣通縣教育會	三十二年三月七日	徐祥	一八八	
甘肅	寧定縣教育會	卅一年十二月二十日	馮勛青	四二	
	涇川縣第七區教育會	卅二年三月十五日	張世興	一〇七	
	涇川縣教育會	同右	李成棟	一九	
	慶陽縣教育會	同右	楊大傑	一二〇	

（五）社會部核准備案之社會團體一覽表

三十二年一月至三月

1. 核准組織之社會團體

省市別	團體名稱	核准日期	主要負責人	會員數	備註
湖南	中國留法比瑞同學會湖南分會	卅一年十一月廿五日	方學芬	八五	
福建	福建水吉縣婦女會	卅一年十二月廿三日	王秀英	五六	
	福建永安縣婦女會	同右	張瓊	一一六	
	福建平潭縣婦女會	同右	林德	五二	
	福建長汀縣旅寧同鄉會	同右	曾紀鎔	六二〇	
	中國佛教會福建閩清縣分會	同右	向亮	四二	
	福建福清縣福廬國術社	同右	施一峯	三五	
	福建省立建甌鄉村師範學校同學會	同右	徐比聲	四二	
	福建建甌縣國術研究會	同右	彭思琦	六六	
	福建永安縣海外華僑公會	同右	潘世通	二〇九	
	福建安溪縣海外華僑公會	同右	王瑞璧	一二一	
	福建連城縣海外華僑公會	卅二年一月廿一日	周蔚文	九五	
	中國佛教會福建建寧縣分會	同右	釋正善	一六九	
	福州旅靖同鄉會	同右	林子屏	一二八	
貴州	貴州省金竹郵票會	同右	許慶民	二七	
	中華全國體育協進會貴州分會	同右	何輔五	一一六	
甘肅	甘肅化平縣婦女會	卅二年一月廿一日	劉文波	一六	
	湘潭縣耒陽同鄉會	三十二年二月二日	陳沉潛	二三九	
	湘潭縣福建同鄉會	同右	陳章甫	一六五	
	湘潭縣四川同鄉會	同右	鄧伯雄	一一一	
	安鄉縣福建同鄉會	同右	鄧紡卿	一九一	

省市別	團體名稱	核准日期	主要負責人	會員數	備註
	安鄉縣耒陽同鄉會	同右	伍嘯雲	五九	
廣西	湖南旅富同鄉會	三十二年十一月十日	高明健	三四三	
	湖南旅義同鄉會	同右	龔善璋	三三七	
	桂平會計學術研究會	同右	吳壽傑	一一九	
	荔浦旅桂同鄉會	同右	湯旭光	八四	
	香港華僑歌詠團	同右	盧山影	一八	
雲南	會澤縣慈善會	三十二年一月三日	朱潤生	二四〇	
	六順縣婦女會	三十二年三月七日	俞寶黛	二〇〇	
	牟定縣慈善會	同右	劉漢先	七	
	牟定縣水利會	同右	段永清	四	
	牟定縣風俗改良會	同右	賈佐清	四	
	廣通縣婦女會	同右	胡蔭芳	三七	
	牟定縣婦女會	同右	楊韻書	一五六	
浙江	旅黃寧紹同鄉會	三十二年三月三日	陳達	一二三	

2. 核准改選之社會團體

省市別	團體名稱	核准日期	主要負責人	會員數	備註
福建	中國佛教會福建仙遊縣分會	卅一年十二月廿三日	僧恩心	七一	
	福州旅澄同鄉會	同右	林樑年	五五	
	廣東旅福建南靖縣同鄉會	同右	曾秉民	一六四	
	福建連城縣旅長汀縣同鄉會	同右	童少騫	九六	
	福建省福清縣海外華僑協會	同右	戴聖昌	一五〇	
	福建省仙遊縣海外華僑協會	同右	劉鏡年	二三一	
	福建省南安縣海外華僑公會	同右	吳毓麟	二六二	
	福建省德化縣海外華僑公會	同右	張德昌	三六四	
	福建省同安縣婦女會	同右	邵錦鳳	八一	
	福建省德化縣婦女會	同右	洪淑秋	五七	
	福建省南安縣婦女會	同右	陳月英	九五	
	福建省南靖縣婦女會	同右	葉孫德	五二	
	福建省莆田縣婦女會	同右	黃璧雲	二八三	
	廣東旅福建寧化縣同鄉會	卅二年一月廿一日	雲中鶴	二三八	
	福建省華安縣海外華僑公會	同右	楊永昌	五八	
	福州旅延同鄉會	同右	陳天雄	六〇五	
	福建省武平縣婦女會	同右	賴有才	一二八	

省市別	團體名稱	核准日期	負責人	會員數	備註
浙江	浙江省戰時劇人協會溫嶺分會	三十二年二月四日	葉復生	[illegible]	
安徽	霍山縣理教分會	三十二年一月廿日	徐書琴	六九	
湖南	寧山縣邵陽同鄉會	三十二年二月二日	劉科卿	三七八	
	晃縣寶慶五屬同鄉會	同右	楊耀華	六二二	
廣西	龍津縣婦女會	三十二年二月十日	許桂馨	一二六	
河南	自治協會	三十二年三月三日	[illegible]	一三三	

3. 核准改組之社團

省市別	團體名稱	核准日期	負責人	會員數	備註
貴州	貴州省龍里縣婦女會	卅二年一月卅一日	楊倩瑞	一四六	
福建	私立集美學校校友會	同右	陳村牧	二九四〇	
陝西	陝西省藝明修心社	同右	路禾文	五〇一六	
廣西	懷集縣婦女會	三十二年二月十日	謝少蘭	一四八四	
	左縣婦女會	同右	杜愛蓮	七七	
甘肅	鎮原縣婦女會	同右	祁隆疇	一三三	

省市別	團體名稱	核准日期	負責人	會員數	備註
	鎮遠縣理教支會	同右	吳乾三	一三三	
	世界紅卍字會湘潭分會	卅二年三月五日	馮[illegible]	一六〇九	
	[illegible]	同右	趙大澤	四〇八	
	[illegible]分會	同右	鍾國亨	三四五	
	涇川縣中華基督教會	同右	陳宗華	一七五	
	涇川縣婦女會	同右	周[illegible]範	一四八	
	蘭州市理教會一貫三德勸戒煙酒公所	同右	王治安	四五	
	蘭州市理教會明員堂勸戒煙酒公所	同右	鍾潤亭	一二〇	
	涇川縣理教會	同右	楊子文	一二九	
	正寧縣行政幹部同學會	同右	張登高	六七三	

4. 核准整理之社會團體

省市別	團體名稱	核准日期	負責人	會員數	備註
貴州	道真縣兵役協會	三十二年一月	王伯謙	二三	
福建	建甌縣婦女會	同右	金志鵬	八七	
	漳浦縣婦女會	同右	黃碧秀	一〇四	

社會部公報 第九期

中華民國三十二年四月出版

編輯兼發行者 社會部總務司

訂購辦法

期限	冊數	價目	郵費
三月	一	五元	三角
半年	二	十元	六角
全年	四	二十元	一元二角

附註：一、本報自第九期起照右表新定價目發售

二、本報掛號及寄往國外郵費照加

社會部設立

社會服務處

重慶　貴陽　桂林　衡陽　內江　遵義

宗旨

發揚服務精神　促進社會事業
改善社會生活　溝通社會文化

現有業務

生活服務
社會食堂　社會公寓　理髮室　淋浴室　旅居嚮導　代運行李

人事服務
升學輔導　職業介紹　法律顧問　衛生顧問　人事諮詢　零物存放　信件留轉　代售郵票　代售電報　讀寫書信　公用電話

文化服務
圖書館　社交會堂　學術講演會　座談會　民衆學校　書報供應　娛樂室　兒童樂園　體育場　診療所

經濟服務
小本貸款

處址：

重慶社會服務處　重慶兩路口　都郵街及海棠溪（分處）
貴陽社會服務處　貴陽大西門
桂林社會服務處　桂林依仁路
衡陽社會服務處　衡陽道前街
內江社會服務處　內江交通路
遵義社會服務處　遵義老城

社會部總務司　編

社會部公報

第十期

重慶：中華民國社會部總務司，民國三十二年（1943）鉛印本

中華郵政登記認為第一類新聞紙類

中華民國三十二年四月至六月 第十期

社會部公報

社會部總務司編印

國父遺像

革命尚未成功

同志仍須努力

國父遺囑

余致力國民革命，凡四十年，其目的在求中國之自由平等，積四十年之經驗，深知欲達到此目的，必須喚起民衆，及聯合世界上以平等待我之民族，共同奮鬥！現在革命尚未成功，凡我同志，務須依照余所著：建國方略，建國大綱，三民主義，及第一次全國代表大會宣言，繼續努力，以求貫澈！最近主張開國民會議，及廢除不平等條約，尤須於最短期間，促其實現！是所至囑。

社會部公報 第十期目錄

法規 附方案

一般行政

組織訓練

社會福利

合作事業

人力動員

命令

府令

部令

公牘

總務類

經費補助各省籌理關將檢討結果呈院一案經詳加檢討擬將本部在各省舉辦事業應予繼續設置理由呈請鑒核由

社會部代電一件……一二六

總三字第四八八二四號　電本部各附屬機關　准財政部函爲節約款撥上列各機關改爲創辦機構撥款電仰遵照由

社會部訓令十三件……一二六

總二字第四三七七二號　令本部各附屬機關　爲本部各附屬機關主管人員除非經簽准不得離職令仰遵照由

人字第四四〇二六號　令本部各附屬機關　爲奉院令嗣後各機關主管對於委員長各種訓詞小冊如新縣制行政三聯制新生活運動國民經濟建設運動綱要以及各種法令有關之講詞凡與業務有關者必須督同所屬職員研究討論並舉行抽查考詢列爲考績之一令仰遵照并飭屬遵照由

總四字第四四三二七號　令本部各附屬機關　奉院令以修正審計機關稽察各機關營繕工程及購置變賣財物辦法第八條第一款內第二條之「二字」係「三字」之誤應予并規定凡第一級機關以下及其所屬機關變賣公有財物時應一律呈經第一級機關單位之主管機關核准令仰知照等因令仰知照由

人字第四四四八號　令本部各附屬機關　爲奉令轉飭以後對於職員離職時必須給予資歷證明事後補發殊有未合實在令仰知照由

總一字第四四四四九號　令本部各附屬機關　奉院令黨國旗中黨徽之十二尖角其直徑中心之二角必須上下對正不得稍有偏斜以符規定轉仰遵照由

總二第四五九九三號　令本部各附屬機關　奉院令抄發中央黨政軍各機關業務檢討會議及工作進度考核辦法飭遵照辦理等因合行抄發原辦法令仰遵照由

總一字第四六五八四號　令本部各附屬機關　奉令轉知中央黨政軍各機關集會典禮開幕所奏音樂在未規定以前除可奏國樂或唱黨歌不得奏無明文規定之音樂並自六月一日起一體實行令仰遵照由

總一字第四七〇五四號　令本部各附屬機關　奉令轉知行政司法等正式機關之現內現職公務人員如被徵服兵役自入營之日起停薪留職退伍後仍准回復原職但入營後逃亡或陣亡即予撤職或免職令仰遵照由

會一字第四七〇八九號　令本部各附屬機關外派人員　准審計部咨復以外派人員無法取得旅途宿費單據所擬補救辦法應予備查仰知照由

總四字第四七七二號　令本部各附屬機關　奉令近以物價激增修正審計機關稽察各機關營繕工程及購置變賣財物第三條第一、二兩項所定限額似感過低得依原數額增加一倍令仰遵照等因令仰遵照由

組織訓練類

社組字第四四五八〇號　電西康省民政廳　爲據電請核示省會所在地之縣政府縣黨部對於省級人民團體應居於何種地位一案電仰知照由
組三字第四四五六二號　電財政部　准電以據內江縣商會電請核示中國茶葉公司內江門市部及分銷處是否應加入商業同業公會一案囑查
照核復等由復請查照轉知由
組二字第四四七一三號　電廣東省社會處　據呈請解釋疑義四點釋復知照由
組五字第四四三九〇號　電浙江省社會處　據電請釋示普通職業劇團申請登記立案應如何辦理一案電仰遵照由
組二字第四四九四五號　電中華海員工會特派員辦事處　准外交部電轉澳州海員分會請示會章會旗式樣一案電仰知照由
社組字第四五一六五號　電各省市社會行政機關　據湖南省民政廳代電請示人民團體職會員無故不出席會議應如何處理一案除分電飭知外仰
即知照飭遵由
組六字第四五一六八號　電各省市政府　准工作競賽推行委員會函爲檢送夏令衛生運動清潔競賽實行辦法三十份囑查轉令各省市遵照
辦理一案電達查照飭屬遵辦報轉由
組四字第四五七五〇號　電四川省社會處　據電四川各縣旅蓉同鄉會聯合辦事處申請履行登記可否准予變通請核示一案電仰遵照由
組三字第四五八一九號　電湖南省民政廳　據電以據衡陽縣政府呈請核示該市皮革業商店應否加入第二區製革工業同業公會爲會員及是否受
各種商業法之拘束一案令仰知照并轉飭遵照由
組三字第四五八五三號　電福建省社會處　據電請解釋無銀行公會組織之各縣中交農分支行應否加入當地商會一案令仰知照由
組一字第四五九七八號　電廣東省社會處　據電請示人民團體常務理事與理事名額之比率及理事長之設置未有明確規定應如何辦理等情核復
遵照由
組六字第四六一五八號　電各省市政府黨部　爲頒發「六六」工程師節紀念要點電請查照由
組四字第四六一六〇號　電各省社會行政機關　爲規定兵役協會對縣政府行文用呈對縣兵團用代電電仰轉飭遵照由
組三字第四六二一二號　電中國國民黨萬縣執行委員會　准代電爲縣商會已屆改選半數期間關於新舊委員會遞用之疑點請解釋一案電復查照由
組三字第四六五九〇號　電各省市社會行政機關　准國家總動員會議函轉秀廉限制同業公會及加強同業公會組織代電仰切實遵辦具報由
組六字第四七〇四七號　電各省市社會行政機關　據全國慰勞總會呈送修正全國鞋襪勞軍運動實施辦法及爲代電飭遵辦具報由
組四字第四七七八八號　電廣東省社會處　據電爲各種臨時救濟團體及各界征募慰勞會之組織於法無據請核示祇等情電復遵照由
組三字第四七八三八號　電福建省社會處　據電請釋示甲乙兩鄉鎮已組有同業公會乙鎮之公司行號不足法定人數可否飭其參加甲鎮團體組織

組一字一一六號　令廣州市社會局　抄發審核示外商銀行入會及北代表人選應如何決定一案令仰知照由

社會福利類

合作事業類

人力動員類

附錄

工程人力……

法規

一般行政

公務員敍級條例

三十二年四月十二日國民政府公佈

第一條　簡任薦任委任職公務員俸級之核敍依本條例行之但法律另有規定者依其規定

第二條　依本條例核敍之俸級不得超過本職最高級

第三條　初任簡任薦任職之人員自本職最低俸級起敍

初任薦任職人員如爲簡任待遇者得敍薦任最高級

初任委任職人員如爲薦任待遇者得敍委任最高級

但以具有薦任或委任最高級資歷者爲限

第四條　初任委任職之人員依其資格自左列各俸級起敍

一　具有薦任以上資格或高等考試及格先以高級委任職任用者三級至一級

二　專科以上學校畢業或普通考試及格者五級至四級

三　合於公務員任用法第四條第四款之規定者七級至六級

四　高級中學畢業者九級至八級

五　初級中學畢業或雇員升用者十六級至十級前項第四第五兩款人員以其有關之任用法定有各該項資格者爲限具有與第一項相當之法定資格人員分別比照第一項之規定起敍

第五條　曾任簡任薦任委任職務或軍職軍用文職滿一年者擬任地位相當之職務時得自本職最低俸級或前條規定起敍之俸級提一級起敍每滿一年得提一級

具有與前項相當資格之人員擬任簡薦委任職務時其起敍比照前項規定辦理

第六條　具有前條較高官等資歷而以較低官等之職務任用時得提敍至本職最高俸級

第七條　曾任簡任薦任委任職經銓敍機關敍定等級者非依考績法或其他法律之規定不得晉敍但具有左列情形之一者不在此限

一　在同官等範圍內升任較高職務者得晉一級或二級其原級低於升任職務最低級不止一級時以敍至升任職務最低級爲限但不得升超五級

二　在同官等範圍內升任主管職務者得依原俸級晉一級或二級

三　試用期滿准予實授者得依原俸晉一級

前項第二款人員之升任其他機關主管職務以依法調任者爲限

第八條　曾任簡任薦任委任職經銓敍機關敍定等級者，改任無官等職務後復任同官等職務時以原敍俸級爲準依其改任後年資每滿一年得提敍一級

前項人員改任無官等職務其起敍或晉敍之薪級曾報經銓敍機關備案者得依備案之薪給比敍俸級

第九條　俸級之晉敍每年以一次爲限

第十條　俸級經銓敍機關敍定後非依懲戒法考績法規定不得降敍但自願改任較低等級之職務者其原等級得予保留

第十一條　降級人員在本官等或本職範圍內無級可降時以應降之級爲準比照俸差減俸

第十二條　俸級人員依法應予晉敍時自降敍之級遞晉

第十三條　保留原資人員復任相當之職務時得依原俸級照敍

第十四條　俸級經銓敘機關敘定後如有異議得於核敘公文到達後兩個月內提出確實證明或理由聲請改敘但以一次爲限

第十五條　經銓敘機關准予改敘之俸級自就任之月起生效其俸額在不牽動會計年度範圍內并得照級補給

第十六條　依法給予升等待遇者簡任自第八級薦任委任自第十級俸起敘并各得按級遞晉但簡任以達第五級薦任以達第六級委任以達第七級爲限

第十七條　給予升等待遇人員改任本機關或依法調任其他機關同官等職務並敘至該官等最高俸級者得繼續給予

第十八條　給予升等待遇人員升等任用時得依已得之待遇比敘相當俸給

第十九條　給予年功加俸人員改任本機關或依法調任其他機關同官等職務並敘至各該職務最高級者得繼續給予

第二〇條　各機關聘任派任及其他無官等人員之待遇得比照各種官等官俸表之規定并準用本條例辦理

第二一條　本條例自公布日施行

修正優待出征抗敵軍人家屬條例第二十八條條文　三十二年四月廿七日國民政府公布

第二八條　出征抗敵軍人在應征召前出典之田地或房屋在出征抗敵期內約定或法定期限屆滿無力回贖者得展至服役期滿後第二年内回贖之其因作戰陣亡或因公積勞成疾或受重傷致成殘廢或因傷病請歸休回籍而死亡者得自陣亡或停役或歸休之日起滿第三年後於二年內回贖之

前項定有期限之典權并得由出典人以原典價提前回贖但典權人因典權設立支出必要費用致受損害者出典人應賠償之

前項之提前回贖仍應受民法第九百二十五條之限制

省縣公職候選人考試法　三十二年五月十七日國民政府公布

第一條　省縣公職候選人依本法規定之考試取得其資格

第二條　省縣公職候選考試分左列二種

一　甲種公職候選人考試

三 乙種公職候選人考試

第三條 甲種公職候選人考試及格者得爲省參議員或縣參議員候選人乙種公職候選人考試及格者得爲鄉鎮民代表鄉鎮長或保長候選人

第四條 省縣公職候選人之考試方法分左列二種

一 試驗

二 檢覈

前項檢覈除審查資格外得舉行測驗或口試

試驗科目及檢覈辦法由考試院定之

第五條 縣公民年滿二十五歲具有左列資格之一者得應甲種公職候選人之試驗

一 有普通考試應考資格者

二 曾任初級中學畢業或具有同等學力者

三 曾任鄉鎮長保長或鄉鎮公所幹事以上職員者

四 經自治訓練及格者

五 曾任國民學校教職員或在教育文化機關服務一年以上者

六 曾辦理地方公益事務一年以上者

七 曾任職業團體或其他人民團體職務一年以上者

第六條 縣公民年滿二十五歲具有左列資格之一者得應乙種公職候選人之試驗

一 曾在國民學校畢業或具有同等學力者

二 曾任甲長或保辦公處幹事一年以上者

三 曾受自治訓練者

四 曾任國民學校教職員或在教育文化機關服務者

五 曾辦理地方公益事務者

六 曾任職業團體或其他人民團體職務者

第七條 縣公民年滿二十五歲具有左列資格之一者得應甲種公職候選人之檢覈

一 曾任縣參議員者

二 曾任鄉鎮民代表或鄉鎮長二年以上者

三 有委任職之任用資格者

四 有普通考試應考資格並有社會服務經歷三年以上者

五 經自治訓練及格並有社會服務經歷三年以上者

六 曾辦理地方公益事務三年以上者

七 曾任職業團體或其他人民團體主要職務三年以上者

八 曾從事自由職業三年以上者

第八條 縣公民年滿二十五歲具有左列資格之一者得應乙種公職候選人之檢覈

一 具有國民學校畢業程度並出席保民大會三次以上者

二 曾任甲長或保辦公處幹事二年以上者

三 從事自由職業一年以上者

四 有第五條規定資格之一者

第九條 有左列情形之一者不得應省縣公職候選人考試

一 背叛中華民國通緝有案者

二 褫奪公權者

三 虧欠公款者

四 曾因贓私處罰有案者

五 禁治產者

六 吸用鴉片或其代用品者

七、受國籍法第九條或第十八條之限制尚未解除者

第一〇條　考試及格者由考試院發給及格證書並公告之

第一一條　凡各種考試及格或銓敘合格者考試院得依其資格分別認定其具有第二條所定公職候選人考試及格之資格

第一二條　市公職候選人考試準用本法之規定

第一三條　本法施行細則由考試院定之

第一四條　本法自公布日施行

邊疆從政人員獎勵條例

三十二年五月十八日國民政府公布

第一條　邊疆從政人員之獎勵依本條例行之

第二條　本條例所稱之邊疆從政人員係指本條例施行後由內地派往邊疆服務之人員其原在邊疆服務之人員得參酌本條例之規定辦理

第三條　本條例所稱之邊疆區域分為遠區與近區由國民政府以命令定之

第四條　定有官等之邊疆從政人員任用資格得適用關於邊遠省份公務員任用資格之規定必要時得由銓敘部呈請考試院轉呈國民政府准予以較高等級待遇或任用

第五條　邊疆從政人員以實際服務滿三年為一任任滿經主管機關核定成績優良者按其服務區域之遠近給予三個月至六個月之休假其因事務上之必要未予休假者得加給三個月至六個月薪俸任滿三次年滿五十歲者得以較高職務調回內地任用

第六條　邊疆從政人員赴任返任休假回籍或內調之旅費赴任時之治裝到任後之住宅及醫藥等費依區域之遠近分別從優給予其隨赴任所眷屬之往返旅費及未赴任所眷屬之安家費得酌予津貼其實施辦法由銓敘部會同有關機關定之

第七條　邊疆從政人員服務之年資計算標準近區以一年抵內地一年半遠區以一年抵內地兩年

第八條　邊疆從政人員之任職務及派往時期應由原派機關報銓敘部分別審查登記

第九條　邊疆從政人員得予以短期訓練其辦法由銓敘部會同有關機關定之

第一〇條　邊疆從政人員考核辦法由銓敍部會同有關機關定之
第一一條　軍事或教育機關派赴邊疆服務人員准用本條例之規定必要時得由主管機關會同銓敍部另定獎勵辦法
第一二條　本條例自公布日施行

修正妨害兵役治罪條例第十五條條文

三十二年五月二十七日國民政府公佈

第一五條　使人頂替兵役者處死刑無期徒刑或七年以上有期徒刑頂替或介紹頂替者亦同

戰時緊急處置公有物資獎懲條例

三十二年五月二十八日國民政府公佈

第一條　戰時中央地方各機關及所屬事業機關之公有物資因事變緊急處置應予獎懲之人員除法律別有規定外依本條例之規定
第二條　獎勵分左列四種
一　晉級或加薪
二　獎章或獎狀
三　獎金
四　記功
第三條　懲處分左列四種
一　免職或撤職
二　降級
三　減俸或罰薪
四　記過
第四條　事前佈置或臨時搶救保存全量或大量物資者予以第二條第一款並得兼用第二款或第三款之獎勵
第五條　臨時搶救或事後追查保存一部份物資者予以第二條第二款至第四款之獎勵

第六條　事前疏於防範臨時未能搶救致物資損失重大者予以第三條第一款之懲處如犯及刑事或其他戰時法令並各依其規定核送有審判權機關審理

第七條　事前或臨時疏忽或事後追查不力損失一部份物資者視情節輕重予以第三條第二款至第四款之懲處

第八條　本條例之獎懲按其情形分別由主管機關詳列事實擬具辦法層轉行政院或軍事委員會核定後執行或由主管機關執行層轉備案其依法任用及報銓敘部登記有案人員除晉級或免職時送由銓敘機關審查外餘由主管機關通知銓敘機關備查

第九條　工役救護物資得力者得參照第二條獎勵之

第一〇條　其他機關員工兵警及人民協同搶救或追查得力者得按所保存物資價值酌給獎金或其他獎勵

第一一條　本條例之施行細則由行政院會同考試院軍事委員會定之

第一二條　本條例自公布日施行

法規制定標準法

三十二年六月四日國民政府修正公佈

第一條　凡法律應經立法院三讀會之程序議決通過並由國民政府公佈之

第二條　左列事項應以法律定之

一　關於人民之權利義務者

二　關於國家各機關之組織者

三　關於法律之變更或廢止者

四　法律有明文規定應以法律定之者

第三條　法律得按其規定事項之性質定名為法或條例

第四條　各機關發佈之命令得依其性質稱規程規則細則或辦法

第五條　規程規則細則辦法不得違反變更或抵觸法律

第六條　應以法律規定之事項不得以命令定之

第七條 各機關發佈之規程規則細則辦法應將全文送立法院

第八條 本法自公佈日施行

三一 戰時雇員公役給卹辦法 三十二年六月五日國民政府頒發

第一條 抗戰期間各機關雇員公役因公傷亡或在職病故得依左列標準給卹

甲 雇員公役在辦公場所或因公出差遭遇意外事變以致受傷殘廢或心神喪失不能服務者按其最後薪資給予十個月薪資之一次卹償費其受傷未達殘廢或心神喪失程度者得酌給二個月至四個月薪資之一次醫藥費

乙 雇員公役在辦公場所或因公出差遭遇意外事變以致死亡者得按其最後薪資給予十四個月之一次撫卹費

丙 雇員公役在職病故得按其最後薪資給予四個月薪資之一次撫卹費

第二條 前項雇員公役之卹償費醫藥費及撫卹費除照前項規定給與外並應按現任員役之待遇比例增給之

第三條 雇員公役卹金得在各該機關原有經費內支給但原服務機關如撤銷或經費困難者由其上級機關支給均作正報銷

三二 公務員進修及考察選送條例 三十二年六月十日國民政府公佈

第一條 公務員進修及考察之選送依本條例行之

第二條 進修及考察分為國內國外兩種

第三條 現任簡任薦任或高級委任職公務員在同一機關繼續任職滿五年最後三次考績總分數均在八十分以上並合於左列各款規定者得選送進修或考察

一 對於工作有特殊表現

二 學識湛深

三 操行優良

四 體格健全

第四條 前項選送國外進修或考察人員以曾經高等考試及格或曾在公立或經教育部立案或認可之國內外專科以上學校畢

業並通曉該國文字者爲限

第四條　國內外進修或考察人員以國民政府五院各部會署各省政府及院轄市市政府爲限每年得各就其考績人員中合於第三條規定者選送之

前項各機關考績人員滿五十人者得選送一人每多五十人得加送一人但至多以三人爲限

第五條　各機關選送進修考察人員時應於考績核定通知到達後三個月內依規定標準擬定人選並預擬研究科目或考察事項及派赴地點或國別送請銓敍部查核存記由銓敍部彙報考試院

第六條　每年應派進修考察之總員額派赴地點或國別主要研究科目或考察事項由考試院會商行政院定之前項選派如爲考試院行政院及其所屬以外各機關之人員其派赴地點或國別主要研究科目或考察事項並應會同各該機關定之

第七條　經存記准予選送進修考察人員超過每年所定總員額時其應派人員得由考試院考試決定之

第八條　考察期間國內爲半年國外爲一年進修期間國內外均爲二年

國內外考察或進修人員遇有交通上之障礙或爲完成學科之研究前項期間得呈請主管機關核准酌予延長並轉報考試院但延長期間不得超過半年

第九條　經決定派送進修及考察人員於進修期間除由原機關給予原薪外其所需旅費或用費在國內者由原送機關酌給在國外者由原送機關會同銓敍部另編預算呈請核發

第一〇條　國內外進修人員於每滿一年應就研究所得提出報告呈原機關備核研究期滿之成績並應由本人請求進修處所給予證明呈由原機關轉送銓敍部備查

第一一條　國內外考察人員考察期滿後三個月內應將考察結果提出報告呈原機關核轉銓敍部備查

第一二條　進修或考察期滿應回原職或另調其他與其進修或考察有關之相當職務在二年內不得改任其他機關職務但經原送機關主管長官核准者不在此限

第一三條　進修成績優良者得另調較高職務但以其有法定資格者爲限

第一四條　遇有國際戰爭交通阻礙時國外進修及考察人員之選送暫行停止

第一五條　本條例施行細則由考試院定之

第一六條　本條例自公布之日施行

懲治貪污條例

三十二年六月三十日國民政府公佈

第一條　軍人公務員或受公務機關委託承辦之人於作戰期內犯本條例之罪者依本條例處斷其非軍人公務員而與爲共犯者亦同

辦理社會公益之事務以公務論其財物以公有財物論

第二條　有左列行爲之一者處死刑無期徒刑或十年以上有期徒刑

一　尅扣軍餉者

二　建築軍工或購辦軍用品索取回扣或有其他舞弊情事者

三　盜賣或侵佔軍用品者

四　藉勢或藉端勒索勒徵強佔或強募財物者

五　以軍用舟車航空器馬匹裝運違禁或漏稅物品者

六　意圖得利擾亂金融或違背法令收募稅捐公債或擅提截留公款者

七　對於違背職務之行爲要求期約或收受賄賂或其他不正利益者

第三條　有左列行爲之一者處死刑無期徒刑或七年以上有期徒刑

一　於前條第一款以外尅扣或抑留不發職務上應行發給之財物者

二　盜賣侵佔或竊取公有財物者

三　收募款項或徵用土地民伕財物從中舞弊者

四　對於職務上之行爲要求期約或收受賄賂或其他不正利益者

五　利用職務上之機會詐取財物者

六　對於主管或監督之事務直接或間接圖利者

七　對於非主管或監督之事務而利用職權機會或身份圖利者

第四條 對於軍人或公務員關於違背職務之行為行求期約或交付賄賂或其他不正利益者處一年以上七年以下有期徒刑但自首者減輕或免除其刑在偵查或審判中自白者得減輕其刑

第五條 第二條第三條之未遂犯罰之

第六條 預備或陰謀犯第二條或第三條之罪者處五年以下有期徒刑

第七條 犯本條例之罪者其所得之財物除屬於公有者應予追繳外依其情形分別予以沒收或發還被害人

前項財物之全部或一部無法追繳或不能沒收時追征其價額或以其財產抵償但其財產價額不及應追征之價額時應酌留其家屬必需之生活費

第八條 直屬長官明知屬員貪污有據予以庇護或不為舉發者以共犯論但得依其情節酌量減輕

第九條 辦理審計會計及其他人員因執行職務明知他人貪污有據不為告發者處三年以下有期徒刑或拘役

第一〇條 誣告他人犯本條例之罪者依刑法之規定從重處斷

第一一條 犯本條例之罪者依特種刑事案件之審判程序辦理

第一二條 本條例所定之罪如其他法律定有較重之處罰者依其規定

第一三條 刑法總則之規定與本條例不相抵觸者仍適用之

第一四條 本條例自公布日施行

修正社會部統計處組織規程第七條條文

三十二年四月二日行政院令轉頒

第七條 統計處依事務之需要設專員二人至四人由主計長聘任承長官之命辦理設計視察及研究等事務

中央駐在各省及省級公務員待遇調整辦法

國防最高委員會第一〇五次常務會議通過
三十二年四月八日行政院令頒發

一 中央及省級公務員均應照現行官俸表之規定敍俸其原敍薪俸未合規定者應分別調整

二 中央及省級營業機關人員薪俸另有規定而與現行官俸表不相違背者得從其規定

三 省級公務員生活補助費及食米或代金得比照中央核定各該地區標準訂定支給額在各該省預算所列之生活補助費及公糧數

額內統籌支給

特種事業人員必須另定待遇標準者應由主管機關聲述理由呈經行政院核准始得支給但不得超過前三條所定各項待遇三分

四之一

黨政機關工作計劃及概算配合編造通則

（三十一年四月二十三日行政院令頒發）

第一條　黨政各機關工作計劃及概算之配合編造依本通則之規定

第二條　各機關設計考核委員會應指定人員根據下年度黨務方針或施政方針上級機關及本機關首長之指示暨工作檢討之資料擬具本機關下年度工作計劃綱領（附表一）提出會議審查通過後由本機關首長決定之

第三條　各機關設計考核委員會於工作計劃綱領決定後應指定人員參照本機關本年度預算總數及各單位（或部門）計劃經費分配數擬具下年度概算總數及各單位（或部門）計畫經費分配概數編製分配表（附表二）提出會議審查通過後由本機關首長決定之

第四條　各機關設計考核委員會將決定之工作計畫綱領下年度各單位（或部門）計劃經費分配概數交本機關各主管單位擬具所主管下年度之工作計劃每一種工作計畫應列入工作計劃細目表以備審查（附表三）但工作計劃非數字所易表現者則列表時可只列計畫名稱不必填其他項目

第五條　各主管單位擬具之工作計劃經由設計考核委員會指定人員作初步審查并附具審查意見

第六條　初步審查時應注意左列事項

一　與中央或上級機關核定之黨務方針或施政方針及編造計劃與預算之指示是否符合

二　每一工作計畫是否與其應備條件（經費人員）相配合

三　各單位計畫之每個計畫中是否配合

四　各單位計畫所需經費是否與決定之分配數相配合

五　各個計畫所需經費是否與決定之計畫經費概數相配合

六　每一工作計畫之預期效果（即細目表中之目的數字）是否確實

七 中心工作之綜合審定（標明米號）

第七條 各機關設計考核委員會將初步審查意見開會審查完畢後應編訂本機關下年度計劃草案由本機關首長決定之

第八條 各機關設計考核委員會於計劃草案決定後應連同計劃經費概數送主管會計單位審編本機關下年度概算如計劃經費超過分配概數時應由本機關首長核定之

第九條 計劃草案或計劃經費如經機關首長核改時應交回設計考核委員會整理之

第一〇條 計劃草案或計劃經費上級機關核定如有變更時應交回設計考核委員會修正之

第一一條 本機關下年度工作計劃及概算確定後應由設計考核委員會分交各單位編造下年度分月進度表

第一二條 本通則程序之時限應由各機關依據現行法令及上級機關之指示訂定之

第一三條 各機關審核其直屬或附屬機關下年度工作計劃及計劃經費概數之程序及時限應由各該機關訂定之

第一四條 各機關組織及業務較繁者得依本通則訂定本機關計劃及概算配合編造細則

第一五條 不設立設計考核委員會之機關不適用本通則之規定

第一六條 本通則自國防最高委員會核定之日施行

附表一

機關　年度工作計劃綱領

年度工作計劃綱領				上年度參考資料					審查意見
計劃名稱	計劃限度	目的數字	假定經費數字	全計劃限度	上年達到限度	上年完成目的數字	全計劃經費	上年經費	
甲、機構辦理者									

二、								
三、								
小計								
乙、新辦事業								
一、								
(二)、……………					……………			
(三)、……………					……………			
小計(二)								
總計一								

附註：一、例如修築川康公路五百公里全年運輸量六萬噸則表內「計劃名稱」爲修築川康公路「計劃限度」爲五百公里，

「目的數字」爲運輸量六萬噸

二、假定　年度爲三十三年度則表內所稱上年爲三十二年度

三、新辦事業對上年度參考資料各欄毋庸填寫

附表二

機關　年度計劃經費分配表

		上年度參考資料	
甲、概算總數	元	甲、預算總數包括經臨及追加各費	元
乙、各單位計劃經費分配概算	元	乙、各單位計劃分配數	元
(一)單位（或部門）	元	(一)單位（或部門）	元
(二)單位（或部門）	元	(二)單位（或部門）	元
(三)…………	元	(三)…………	元
(四)…………	元	(四)…………	元

附註：一、單位卽指本機關中之第一級單位如部內之署或司

二、假定年度爲三十三年度則表內所稱上年度爲三十二年度

三、概算總數係包括本機關全部經費不限於各單位計劃經費

機關　年度工作計劃說明表

編號	計劃名稱	全計劃限度	完成限度	完成目的數字	本年計劃限度	本年目的數字	上年所備條件		本年應備條件		增(減)	審查意見
							經費	人員	經費	人員		
編號	計劃名稱	全計劃限度	完成限度	完成目的數字	本年計劃限度	本年目的數字	上年所備條件		本年應備條件		增(減)	審查意見
							經費	人員	經費	人員		
編號	計劃名稱	全計劃限度	完成限度	完成目的數字	本年計劃限度	本年目的數字	上年所備條件		本年應備條件		增(減)	審查意見
							經費	人員	經費	人員		

（附註）一、例如修築川康公路五百公里全年運輸量六萬噸則表內「計劃名稱」爲修築川康公路「計劃限度」爲五百公里「目的數字」公路運輸量六萬噸（無目的數字者可缺）

二、完成限度及完成目的數字以全年度計算填寫時可分本年已完成者及預料本年可完成者

三、假定　年度爲三十三年度則表內所稱本年爲三十三年度所稱上年爲三十二年度

戰時管理封鎖區由後方購銷民生日用品辦法

（三十三年五月八日行政院訓令頒發）

第一條 凡商民由後方購運民生日用品到封鎖區內銷售者依本辦法管理之

第二條 本辦法所稱封鎖區係指各戰區司令長官司令部依封鎖敵區交通辦法劃定之封鎖綫百里以內區域而言

第三條 前條指定之封鎖區除公告外並須分報軍事委員會及行政院備案遇有變更時亦同

第四條 本辦法所准運銷封鎖區之民生日用品以左列為限

甲 服用類

棉花棉紗棉織品（各種本色棉布各種標白染色或印花棉布及其製品）毛線粗呢絨皮革及其製品

乙 糧食及食油類

米麵麥麵粉雜糧油（蔴油荳油菜油花生油）

丙 燃料類

煤炭（煤塊煤末煤球焦煤）木炭木柴

丁 牲畜類

猪牛羊

戊 其他

各種染料針釘樟木油

第五條 凡購運戰時管理進口出口物品條例附表乙所列物品至封鎖區銷用者除前條所列物品准照本辦法辦理外應向財政部請領內銷特許證其另有法令規定者仍各從其規定

第六條 各地商會應將當地全年需要第四條所列民生日用品之數量減去當地足以自給者外其需要向後方購運者數量估計報請縣政府核定

商會接受商民請購民生日用品申請書時應於前項估計數量內核明轉請縣政府發給購銷證

第七條 凡商民由後方購運民生日用品到封鎖區銷售者不論其為產地商人運貨前往銷售抑為銷地商人前往產地運貨銷售

須先繕具聲請書載明商號名稱負責人姓名資本額數及擬購銷物品之品名數量採購地點運輸路線銷售地點暨預定運達日期並聲明決不私運出口及資敵字樣報請銷地商會加具保證轉請該管縣政府核發購銷證以憑購運但不得夾帶其他封鎖品或中途改卸變賣

第八條　縣政府核發前條之購銷證應以平抑物價接濟市場為原則必須詳察當地供需情形切實核定其准許購銷物品之品目數量及其運達期限

第九條　凡持有購銷證由後方運入封鎖區之民生日用品沿途海關或緝私處所應予照章驗證放行

第一〇條　凡經核准購銷之民生日用品運到銷售地點應即報請該管縣政府查驗登記並將購銷證收回註銷

上項運到之民生日用品由當地商會公議價格應市售賣不得囤積居奇高抬市價

第一一條　各縣政府辦理核發購銷證及登記購銷物品等工作情形應於本辦法實行後每屆月終分別呈報該管省政府及戰區司令長官司令部備查

第一二條　各縣政府商會辦理審核保證手續如有藉端需索詐欺情事准由商人告發依法嚴辦其有串通舞弊行為者各依所犯法律之規定論處

第一三條　凡無購銷證或內銷特許證而購運本辦法第四條第五條所規定之物品至封鎖區者海關關卡緝私處所應予扣留其犯及懲治漢奸條例及海關緝私條例查有實據者各從其規定懲處

第一四條　本辦法自呈奉核准之日施行

中央各機關派遣考察團體赴各地考察辦法

（三十一年六月一日行政院令行）

一　為統一行政院所屬各機關派遣考察團體赴各地考察事宜避免重複靡費起見訂定本辦法

二　凡行政院所屬各機關（以下簡稱各機關）組織團體赴各地考察均應分別呈經行政院核准行政院並得依據所請考察事項分別交由有關部會署議復以為核定之參考

三　各機關請行政院核准派遣團體考察時應附送考察計劃及經費概算書考察計劃應載明下列各項

（一）考察目的

(二)考察事項

(三)預期效果

(四)人選

(五)起訖時間

(六)目的地及經過地帶

四　各機關爲行政上或業務上之必要派遣少數本機關人員(如觀察員督導員等)分赴各地視察考核不受本辦法之限制

五　各學術團體派赴各地之考察團體申請中央特發經費者適用本辦法之規定

黨政軍各機關及學校社會團體對外交涉辦法

三十二年六月四日行政院令轉頒

一　黨政軍各機關(以下簡稱各機關)各學校及各社會團體對外交涉除另有規定或特別指定者外悉照本辦法辦理

二　各機關對外交涉事項應先經外交部介紹或接洽

三　各學校各社會團體對外商洽事項應先經外交部介紹或接洽

四　我國各機關學校或社會團體遇有外國政府機關學校社會團體或私人直接提商事務時不論事涉鉅細應請其逕向外交部接洽並不得先行表示意見

五　各機關進行交涉時應隨時與外交部切取聯繫

六　本辦法自核准之日起施行

各機關於主管範圍內發佈政令辦法

三十二年六月五日行政院令行

一　上級機關命令下級機關辦理或由下級機關呈奉上級機關核示之件仍應引用上級機關之名義

二　有關機關相互商討之件決定後行文時應由主管機關完全負責

三　按事件性質關於二機關以上主管者應用會稿方式行之

四　上級機關依據當級機關意見或根據下級機關呈請而發佈之政令不必引用下級機關之名稱惟法律上訂明須由下級機關核轉

者不在此限 [illegible]

五 各機關現有服務 [illegible] 人員 [illegible]

發給各地中央機關生活補助費及米代金辦法

（三十二年六月五日行政院令仰）

一 各機關請領生活補助費及米代金因請領清單之遞送暨核發手續先依本辦法之規定請求覈發

二 請發生活補助費及米代金應由第三級機關（例如省高等法院及田賦管理處採金局緝私署等）或第二級機關（例如各部會凡附屬各機關單位數目不多者應由第二級機關請發）於每半年度開始時將所屬機關名稱地址員額概數所需生活補助費及米代金概數開列清單彙總向財政部申請辦理

三 財政部接到上項申請單即發給應發生活補助費及米代金參照改劃撥中央各機關經費辦法規定手續分別開支付書飭庫撥由申請機關總領分發其有特殊情形不便總領分發者得逕商財政部酌量變通

四 財政部發給各機關生活補助費及米代金應於接到主計處及行政院審定通知單後按半年結算一次多退少補其有延遲造送請領清單以致前期未能核定到期無法結算者得停止發給次期生活補助費及米代金

五 財政部按半年將發給各機關生活補助費及米代金列表送主計處及報行政院

六 主計處行政院接到上項發給生活補助費及米代金表後隨即調查其已送到請領清單者應儘速核轉其逾規定期限未送請單者應即通知財政部停止發給

七 本辦法由行政院核定後施行

現行法規整理原則八點

（三十二年六月十日行政院令轉發）

（一）民國十八年五月十四日國民政府公布之「法規制定標準法」明定下列事項為法律案應經立法院三讀程序之通過（一）關於現行法律之變更或廢止者（二）現行法律有明文規定應以法律規定者（三）其他事項涉及國家各機關之組織或人民之權利義務關係經立法院認為有以法律規定之必要者又查十八年六月十七日第三屆中央執行委員第二次全體會議通過之「治權行使之規律案」其第一條載「一切法律案（包括條例案及組織法案在內）及有關人民負担之財政案等屬於立法範圍者非

經立法院議決不得成立如未經立法院議決而公布施行者立法院有提出質詢之責其公布施行之機關以越權論立法院不提出質詢者以廢職論此皆所以立法治之基礎而爲五權分治精神所寄且「治權行使之規律案」曾由國民政府於同年七月一日令行各機關遵照故有束縛政府各機關之效力然各機關仍有以事實之需要而將條例案組織法案及財政案等不經立法程序以命令逕行制定公布者或稱「暫行條例」或稱「組織大綱」「組織規程」或稱「辦法」「規則」等以免與上述條文有文字上之抵觸然論其實質則確爲越權之行爲毫無疑義此種法規應即送立法院加以審查補行立法程序並改正名稱

(二)「訓政時期約法」第八條載「人民非依法律不得逮捕拘禁審問處罰」「刑法」第一條載「行爲之處罰以行爲時之法律有明文規定者爲限」政府逮捕拘禁或處罰人民時必須有法規之根據此即所謂罪刑法定主義爲刑法上最大原則之一此處所謂法律自係指經立法院通過而 國民政府公布之條文（指某法或某條例）現在執行機關間有不經立法程序亦未受法律之授權逕行頒布罰則者此種法規亦應交由立法院審查補完立法程序

(三)組織法規或處罰法規者經法律授權或由執行機關自行訂定時則必須在其條文中載明「依據某法（或其條例）第幾條之規定訂定之」字樣且在組織法規中對於職員之官等及員額均應規定不宜籠統致漫無限制

(四)近年時有應經立法程序制訂之法規或因事機急要或因時間迫切遂不循常軌而以送請國防最高委員會備案即了事者實則備案手續不能替代立法程序凡此應急之法規須經立法程序者除依照 國防最高委員會組織大綱第八條所頒布之委員長命令外雖已備案暫准施行仍須補完立法程序

(五)政府新興業務日增每有因欲適應環境及臨時需要而另訂與現行法抵觸之法規者應由有權機關將現行法中抵觸之某某條文列舉明白依其性質或者明令廢止或者暫停適用或者加以修訂不宜新法既立舊法不改致使法規數量日增內容抵觸重複

(六)法規頒布以後時有因爲事實所限其中數條或整個法規不能實施然既不廢止又不修正者又有法規公布爲時太久不合現狀因而執行時另有規定與抵觸者更有法規公布以後發覺有未盡或須略事變更然並不修正原訂法規而另訂補充辦法者均應由有權機關分別修正及合併

(七)一切法規既非一成不變亦非爲時甚暫然查閱條文時有「如有未盡事宜某某機關得隨時修正之」規定既非必要又屬限制其上級機關之職權應刪去又有在法規名稱內加以「暫行」二字者查其意義約有三種(一)爲確係臨時性質其機關組織或其業務將來容有變更者然一切機關之業務及組織其本質原非永久不變亦可由有權機關於必要時更改或裁撤之「暫行」二字應不

加（二）為「條例案」及「組織法案」等依法必經立法程序故加以「暫行」二字意圖避免此項程序者此則為越權行為已前述（三）為所訂法規雖屬越權而因事實需要不得不暫時實施以待立法院之訂定法律者不知無權之行為不能以暫時性質而遂認其為合法不合法之行為雖行之僅一日施諸僅一事而亦為非法也法規名稱上增加「暫行」二字之意義大致不出此三者應將此二字一律刪去再有於法規條文修正之後在其名稱上冠以「修正」二字者實則法規修正為時有之事若加此二字則久而久之將無一法規之名稱而不冠「修正」二字且法規之修正有一次二次而三四次者勢不能在「修正」二字之上再加「第幾次」字樣也故法規名稱上「修正」二字應一律刪去而在每次修改某一條文時在其條文後以括弧註明某年月日修正字樣以資明顯

（八）法規用語間有未能劃一至其名稱則甚為龐雜現行法規之名稱有「法」「條例」「規程」「章程」「規則」「通則」「細則」「簡則」「準則」「大綱」「綱領」「綱要」「標準」「辦法」「須知」「程序」「注意事項」等等十餘種之多亦有名曰「辦法」而由　國民政府公布且有以辦法為母法而根據之以制訂組織條例者輕重倒置名稱龐雜宜加以規定使其整齊劃一凡經立法院通過後　國民政府公布者應照「治權行使之規律案」稱「法」及「條例」「條例」次於法政院其餘各機關所制訂者分別性質祇限稱「規程」「規則」「細則」「辦法」四者（1）凡各機關依據法或條例制定關於本機關或所屬機關之組織人員之職責或處理事務之程序者曰「規程」例如「組織規程」「處務規程」（2）凡各機關根據法規制定執行法令或處理業務之規定者曰規則例如「會議規則」「管理規則」（3）其餘特定範圍內為詳細之規定者為細則例如「施行細則」「辦事細則」（4）凡各機關執行法令時所指示或訂定之方法曰辦法例如「實施辦法」其餘名稱一律不得濫用至於「綱領」「綱要」「大綱」「原則」等其為中央執行委員會及　國防最高委員會制定之條文所專用之名稱用以行知政府機關遵照此種條文以頒布法令者

陪都公糧核發調整辦法

三十一年六月二十二日行政院令頒發

一、各機關員役請領公糧除應受現行法規按照年齡配發食米之限制外並須以本人及其住在任所之眷屬人數照每月每人食米二斗（小口減半）核實配發實物其應領公糧數量超過其人口所需實物數者超過部應發代金

二、所領之公糧如不敷其隨住任所之眷屬食用者得向陪都民食供應處開明住址及實有人數並檢同全家市民身份證就超額部份申請立約供應

三　各機關員役公糧實物部份應以本年四月份實配米量爲標準核實配發如請求增加配額應由原請領機關核轉確實證件證明員役隨任任所之眷屬人數實已增加方得配發並不得將以前各月所領之代金換領實物

四　各業務機關或職業團體員工所領代金數額超過中央核定公務員代金標準者應由陪都民食供應處查明酌予配售山米由中國糧食公司供應

社會部統計處與各司局辦理登記統計工作聯繫辦法

三十二年四月二十一日部長核准

第一條　社會部統計處辦理各司局所辦各項公務之統計爲使其結果益臻一致起見特訂定本聯繫辦法

第二條　各司科經辦各項公務之經過與結果紀錄應指定專人負責辦理登記工作其登記册籍式樣與登記方法由統計處與各司科會商擬定之

第三條　各司科辦理是項登記人員對於登記之技術應同時受統計處及其各單位主管人員之指導

第四條　各司科應於每月五日以前將上月份所辦各項公務之經過與結果登記完竣並將登記册籍移由統計處整理之

第五條　統計處於收到是項登記册籍後應於一星期內將登記結果整理完竣編成統計報告表呈送部次長核閱並抄送關係司科參考

第六條　各司科擬訂各種法令規章時如須加附調查登記或統計表格式樣者應將所需調查登記或統計之項目開送統計處由統計處擬訂表格式樣初稿經與主管部份會商決定後呈核

第七條　勞動局及合作事業管理局統計室與其各局之各處科室關於辦理登記統計工作之聯繫參照本辦法第二條第三條第四條及第六條之規定辦理並由其統計室於每月十五日以前將上月份之統計報告表呈由統計處核轉部次長核閱

第八條　本部一切統計數字胥以依照本辦法所得之統計結果爲準

第九條　本辦法經呈奉部長核准后施行遇有未盡事宜得隨時修訂之

社會部工礦檢查室組織規則 三十二年四月廿三日部令公佈

第一條 本部為推行工廠礦場檢查起見特於本部社會福利司設置工礦檢查室（以下簡稱本室）

第二條 本室之職掌如左

一 關於工廠礦場檢查之籌劃實施事項

二 關於工廠礦場安全之促進事項

三 關於工廠礦場衛生之指導事項

四 關於工廠礦場檢查人員之養成選用及考核獎懲事項

五 關於工廠礦場檢查之研究編譯事項

六 關於與工廠礦場檢查有關之機關或團體之合作聯繫事項

七 其他有關工廠礦場檢查事項

第三條 本室設主任一人承長官之命主持本室事務工廠礦場檢查員若干人視業務之實際需要情形酌設之

第四條 本室暫設專員一人担任設計抽查編譯研究及統計工作

第五條 本室暫設科員一人辦理文書工作

第六條 本室暫設辦事員一人担任收發及繕寫工作

第七條 本簡則於呈請 部長核准後施行

修正社會部分層負責辦事細則第十四條第十七條條文 三十二年五月六日部令公佈並呈行政院備案

第一四條 本部總務司對外行文以左列如限

一 關於文書收發之查詢查催事項

二 關於經費出納之通知催詢事項

三 關於庶務處理之通知事項

第一七條 本部勞動局合作事業管理局統計處人事室會計室之對外行文事項各依其組織法規之規定

社會部統計委員會組織規程

三十二年三月二十四日第六十四次部務會議通過同年五月十九日國府主計處核准施行

第一條 本會根據統計法施行細則第八條之規定設置之定名為社會部統計委員會(以下簡稱本會)

第二條 本會委員由本部統計處及各司局主管長官兼任之

第三條 本會得依統計材料之性質分設勞動合作組訓福利總務等五組每組以統計處所屬之統計室及統計處主管科人員與各司局主管科人員組織之

第四條 本會職務如左

一 審議關於本部主管範圍內各種調查統計之計劃及統一事項

二 審議關於各部分統計材料之徵集整理審核彙編事項

三 審議各組不能解決之事項

第五條 本會以統計長為主席委員負責召集本會會議及處理本會日常事務分組會議由統計處所屬之統計主任及統計處主管科長召集之

第六條 本會決議各案經呈准後由統計處會同關係部分執行之

第七條 本會會議每二月舉行一次分組會議每月舉行一次必要時得由召集人或各司局科主管人員二人以上之提議召集臨時會議

第八條 本會因事務之需要得就統計處調用人員

第九條 本規程呈由社會部主計處核定之

社會部社會行政計劃委員會研究室組織簡則

三十年三月十九日部令公佈三十二年六月五日部令修正公布

第一條 社會部社會行政計劃委員會依其組織規程第九條之規定特設研究室(以下簡稱本室)

第二條 研究室設主任一人負綜理室內一切事務及指揮監督各職員之責由部長就本部高級職員中指派兼任之

第三條　研究室分設民衆組訓社會福利合作勞動四組每組設組長一人商承主任辦理本組主管事務組長由部長指定之

第四條　民衆組訓組掌理民衆組織訓練勞資關係社會運動及其他有關民衆組訓之研究設計及編譯事項

第五條　社會福利組掌理社會保險勞工福利社會救濟職業介紹家庭福利兒童福利及其他有關社會福利之研究設計及編譯事項

第六條　合作組掌理合作行政合作輔導合作社務與業務及其他有關合作事業之研究設計及編譯事項

第七條　勞動組掌理人力動員勞力分配勞動服務工資管制及其他有關勞動問題之研究設計及編譯事項

第八條　有關社會政策及各項實施方案之研究設計編譯事項由關係各組會同辦理之

第九條　研究室各組設研究員助理研究員各若干人及室內處理一切事務人員均由主任就部派本室工作人員分別指定之

第一〇條　研究室得按需要酌調用本部職員

第一一條　研究室辦事細則另定之

第一二條　本簡則自公佈日施行

社會部社會行政及各項業務人員統一訓練綱要

（三十一年六月三十日社會部公布）

一　所有社會行政及各項業務人員以統一訓練爲原則在列各項必須一致

1 訓練方針

2 訓練計劃

3 黨政及精神訓練課程

4 軍事管理

5 分班編制

6 員生待遇

二　前項統一訓練之實施應集中爲之非有特殊故障不得於一定地點之外另行設置

三　各項專業訓練並在統一與集中指導之下分組辦理之

四　統一訓練之機關如中央訓練團社會工作人員訓練班
五　統一訓練之集議爲訓練會議由部長指定人員參加商討有關訓練方針訓練計劃及一切實施事宜
訓練會議事務由人事室辦理之
六　訓練機關及訓練會議均由部長主持之
七　受訓人員之甄選以考試調訓甄審三種方式爲之
八　統一訓練之經費以本部及各單位年度預算中所列訓練費撥充之必要時得專案呈請
九　本綱要呈奉　部長核定施行

組織訓練

中華民國紅十字會戰時組織條例

三十二年四月一日國民政府公布

第一條　戰時中華民國紅十字會之組織依本條例之規定
第二條　中華民國紅十字會辦理左列事務
一　輔佐陸海空軍衛生勤務
二　國內外災變之救護振濟及傷病之治療
第三條　中華民國紅十字會應設立醫院及救護總隊充實醫藥設備造就救護人才並預備各項救護材料
第四條　中華民國紅十字會設總會於國民政府所在地設分會於各地
第五條　總會以衛生署爲業務主管官署並依其事務之性質分受主管部會之監督分會隸於總會以所在地地方行政官署爲主管官署
第六條　中華民國紅十字會總會設會長一人副會長二人理事監事各十五人其中常務理事五人常務監事三人

第一三條 前項人員均由軍事委員會委員長令派之

第一七條 中華民國紅十字會總會經費除會務收入及政府補助金外得以募捐充之其他一切

第一八條 總會應於每年年度終了後將上年度收支細數延請會計師查核報請主管官署備案

第一九條 派赴戰區救護隊應受各該戰區司令長官之指揮

第一〇條 總會及所屬各單位之組織由總會呈請軍政部及衛生署備案

第一一條 戰時救護人員及救護材料之徵運准用軍屬及軍用品辦法

第一二條 戰時救護人員在戰地應用衛生材料房屋糧食舟車馬匹航空機得分別呈請主管機關轉行酌撥

第二〇三條 總會辦事細則由總會擬訂呈請軍政部及衛生署會同核定之

第一四條 本條例自公布日施行

修正統一捐款獻金收支處理辦法第三條甲項條文

三十二年五月十八日國民政府公佈

甲 國外捐獻款部份由僑團或僑胞開列捐獻團體名稱或捐獻人姓名及地址暨捐獻收額統匯重慶中國銀行總管理處信託部列收財政部各該捐獻總戶帳按旬或按月分別解交國庫收入總存款或各特種基金存款戶帳並由重慶中國銀行總管理處信託部於收款時依照委託經辦辦法立即分別名目出具收據寄交各捐獻人或捐獻團體

勞資爭議處理法

（三十二年五月三十一日國民政府修正公佈）

第一章 總則

第一條 本法於僱主與工人團體或工人十五人以上發生爭議時適用之國營事業之勞動條件由政府核定不適用本法

第二條 本法所稱主管官署除有特別規定者外在市為市政府在縣為縣政府在省為省政府在中央為社會部

第三條 主管官署於勞資爭議發生時經爭議當事人一方或雙方之聲請應召集調解委員會調解之如主管官署認為有付調解之必要雖無當事人之聲請時亦同

調解成立時視同爭議當事人間之契約如當事人之一方為工會時視同爭議當事人間之團體協約

第四條 非國營之公用或交通事業發生勞資爭議其事件經調解而無結果者應付仲裁委員會仲裁

第五條 前條以外之勞資爭議事件調解無結果者經爭議當事人一方之聲請應付仲裁委員會仲裁但主管官署因爭議情勢重大並延長至十日以上尚未解決而認爲有付仲裁之必要時雖無爭議當事人之聲請亦得將該項爭議事件交付仲裁委員會仲裁

第六條 勞資爭議事件未經調解程序者不得付仲裁但爭議當事人雙方聲請逕付仲裁時不在此限

第七條 爭議當事人對於仲裁委員會之裁決不得聲明不服

前項裁決視同爭議當事人間之契約如當事人之一方爲工會時視同爭議當事人間之團體協約

第二章 勞資爭議處理之機關

第一節 調解機關

第八條 勞資爭議之調解由調解委員會處理之

第九條 調解委員會置委員五人或七人以左列代表組織之

一 主管官署派代表一人或三人

二 爭議當事人雙方各派代表二人

前項第一款之代表不以主管官署之職員爲限

第一〇條 勞資爭議依第三條第一項之規定應付調解時其爭議當事人應於接到主管官署之通知後三日內各自選定或派定代表並將其代表之姓名住址具報

主管官署於認爲有必要時將前項期限酌量延長之逾期未將其代表之姓名住址具報者主管官署得依職權代爲指定之

第一一條 調解委員會委員人選決定後主管官署應從速召集開會並以主管官署所派代表爲主席

調解委員會已經召集開會而委員拒絕出席致調解無從進行者以調解不成立論

第一二條 調解委員會之主席得調用各該主管官署之職員辦理紀錄編案擬稿及其他一切庶務

第一三條 同一勞資爭議事件不在同一縣市時第九條第一項第一款之代表由省政府指派

同一勞資爭議事件不在同一省市時第九條第一項第一款之代表由社會部指派

第二節　仲裁機關

第一四條　勞資爭議之仲裁由仲裁委員會處理之

第一五條　仲裁委員會置委員五人以左列人員組織之

一　主管官署派代表二人

二　地方法院派代表一人

三　與爭議無直接利害關係之勞方及資方代表各一人

第一六條　省市政府於其所轄區域內每二年應命工人團體及僱主團體各推定堪爲仲裁委員者二十四人至四十八人開列名單送請核准後咨請社會部備案

遇有仲裁事件前條第三款之代表由主管官署就前項名單中分別指定與爭議無直接利害關係者充之

第一項仲裁委員之推定方法由社會部定之

第一七條　凡曾任調解委員會委員者不得爲同一事件之仲裁委員

第一八條　仲裁委員會由主管官署召集之以召集機關之代表一人爲主席

第一九條　仲裁委員會之主席得調用其所屬官署或其所在地地方法院之職員辦理紀錄編案擬稿及其他一切庶務

第二〇條　同一勞資爭議事件不在同一縣市時第十五條第一款之代表由省政府指派第三款之代表由省政府就仲裁委員名單中指派

同一勞資爭議事件不在同一省市時第十五條第一款之代表由社會部指派第三款之代表由社會部就相關各省之仲裁委員名單中指派

第三章　勞資爭議處理之程序

第一節　調解程序

第二一條　爭議當事人聲請調解時應向主管官署提出調解聲請書

第二二條　調解聲請書應記明左列各事項

一 爭議當事人姓名職業住址或商號廠號如為團體時其名稱及事務所所在地

二 爭議事件有關之勞資人數

三 爭議之要點

第二三條 因爭議當事人之聲請而由主管官署提付調解時該主管官署須將應付調解事項以書面通知雙方當事人

第二四條 調解委員會應於召集後二日內開始調查左列各事項

一 爭議事件之內容

二 爭議當事人提出之書狀及其他有關係之事件

三 爭議當事人雙方之現在狀況

四 其他應調查事項

前項調查期間非有特別情形不得逾七日

第二五條 調解委員會得因調查事項傳喚證人或命關係人到會說明或提出說明書

第二六條 調解委員會得向關係工廠商店調查或詢問

第二七條 調解委員會委員不得洩漏調查所得之秘密事項

第二八條 調解委員會調查完畢後應於二日內為調解之決定但有特別情形或爭議當事人雙方同意延期時不在此限

第二九條 調解委員會之調解經爭議當事人雙方代表之同意在調解筆錄簽名者調解為成立

調解委員會應將調解之結果報告主管官署

第二節 仲裁程序

第三〇條 爭議當事人聲請仲裁時應向主管官署提出仲裁申請書主管官署收受前項文卷後應於七日內在該主管官署所在地

或爭議事件所在地召集仲裁委員會

第三一條 爭議當事人因調解不成立聲請付仲裁時其聲請書應記明左列各事項

一 爭議當事人之姓名職業住址或商號廠號如為團體時其名稱及事務所所在地

二 調解不成立之事由

第三二條　三、請求之目的

爭議當事人雙方聲請送付仲裁時其申請書應記明第二十二條所列事項

第三三條　第二十三條至二十八條之規定於仲裁程序準用之

第三四條　仲裁委員會之仲裁以全體委員之合議行之取決於多數

仲裁委員會應將前項仲裁於二日內作成仲裁書送達雙方當事人並送主管官署備案

第三五條　爭議當事人不論仲裁程序至何程度均得成立和解但須將和解條件呈報仲裁委員會

第四章　爭議當事人行為之限制

第三六條　非國營之公用交通事業之僱主或工人不得因任何勞資爭議停業或罷工

前項以外事業之僱主或工人其爭議在調解期內或已付仲裁者不得停業或罷工如在非常時期不得因任何勞資爭議停業或罷工

僱主於調解或仲裁期內不得開除工人

調解或仲裁開始之期以主管官署通知爭議當事人之日起算

第三七條　工人或工人團體不得有左列行為

一　封閉商店或工廠

二　擅取或毀損商店工廠之貨物器具

三　強迫他人罷工

第五章　罰則

第三八條　爭議當事人對第三條第二項第七條第二項所定視同爭議當事人間契約之決定或裁決有不履行者處二百元以下之罰金或十日以下之拘役

前項情形得由爭議當事人另依民事法規逕向法院請求強制執行

第三九條　爭議當事人有違反第三十六條第三十七條之規定時主管官署及調解委員會或仲裁委員會得隨時制止不服制止者得處以二百元以下之罰金其行為涉及刑事者仍依刑法處斷

第四〇條　有左列行爲之一者處五百元以下之罰金

一　違反第三十五條規定無正當理由不到會或不提出說明書者

二　違反第三十七條規定者

前項第二款情形涉及刑事者仍依刑法處斷

第四一條　有左列行爲之一者處一百元以下之罰金但涉及虛僞之陳述時依刑法僞證之規定處斷

一　於第二十五條所定情形爲虛僞之說明者

二　於第二十六條所定情形無正當理由拒絕調查答覆或爲虛僞之陳述者

第四二條　遇有本章各條所定應處罰之行爲得由主管官署及調解委員會或仲裁委員會擬述事由移送該管法院審理除有特別情形者外該管法院應於接收案卷後二十日內宣告裁判

第六章　附則

第四三條　本法自公布日施行

三十二年六月十四日國民政府修正公佈

農會法

第一章　總則

第一條　農會以發展農民經濟增進農民知識改善農民生活而圖農業之發達並協助政府關於國防及生產等政令之實施爲宗旨

第二條　農會爲法人

第三條　農會之主管官署爲社會部及省市縣主管社會行政官署但其目的事業應依法受農林部或其他目的事業主管官署及省市縣目的事業主管官署之指揮監督

第四條　農會對於左列事項應指導農民並協助政府或自治機關分別進行

一　關於土地水利之改良事項

二　關於種籽肥料及農具之改良事項

三　關於森林之培植及保護事項

四　關於水旱病蟲災害之預防及救濟事項
五　關於糧食之儲積及調劑事項
六　關於農業貸款之推行事項
七　關於農業教育及農村教育之推進事項
八　關於治療所托兒所及養老濟貧事業之舉辦事項
九　關於公共圖書室閱報室之設置事項
十　關於公共娛樂之舉辦事項
十一　關於農業及農民之調查統計事項
十二　關於政府機關之諮詢及委託事項
十三　關於農村及農業之發展改良推廣事項
十四　合於第一條所定宗旨之其他事項

第五條　農會經當地目的事業主管官署之核准得辦理左列事項但應呈報當地主管官署備案
一　設置示範農田農產陳列所及農具陳列所
二　經營農場農倉墾荒造林合作事業及製造農具肥料
三　舉行農產覽會產比賽會及農業講習會

第六條　農會對於有關農業之發展改良事項得建議於地方及中央政府

第七條　農會分鄉農會市區農會縣農會市農會省農會鄉農會或市區農會得依會員分佈情形劃分小組下級農會應受上級農會之指導

第八條　有左列情形之一時社會部農林部得會同召集全國省市農會聯合會議
一　社會部或農林部認爲必要時
二　經五省市以上農會之提議時
前項聯合會議之代表人數由社會農林兩部會同定之

第九條　同一區域內同級農會以一個為限

第一〇條　各級農會之區域依其現有之行政區域但鄉農會或市區農會遇有特殊情事由經當地主管官署核准得不依現有之行政區域設立之

第一一條　農會區域依其現有之行政區域者應以該區域之名稱其不依現有之區域者得另冠名稱呈請當地主管官署核定之

鄉農會市區農會之設立應由該區域內具有會員資格者五十人以上之發起

縣市以上農會之設立應由直接下級農會過半數之成立設立之

第一二條　農會之組織應由發起人向當地主管官署申請許可經許可後該主管官署應即派員指導但必要時得由主管官署命令設立之

第一三條　農會經許可組織後應即推定籌備員組織籌備會呈報當地主管官署備案

第一四條　農會章程應載明左列事項

一　名稱
二　宗旨
三　區域
四　會址
五　任務或事業
六　組織
七　會員入會出會及除名
八　會員之權利與義務
九　職員名額權限任期及其選任解任
十　會議
十一　會費之數額

十二　經費及會計
十三　章程之修改

第一五條　農會於召開成立大會前應將籌備經過連同章程草案呈報主管官署並請派員監選

第一六條　農會組織完成時應於十日內造具會員名冊職員略歷冊連同章程各一份呈報當地主管官署立案該主管官署應將組織報告表逐級轉報社會部備案惟核准後並應由省級主管官署及社會部造具簡冊表分別轉送同級目的事業主管官署備查

前項組織總報告表及簡報表之式樣由社會部定之

第一七條　農會經核准立案後　由當地主管官署頒發立案證書及圖記

前項立案證書及圖記之式樣由社會部定之

第三章　會員

第一八條　凡中華民國人民住居該區域內年滿二十歲具有左列資格之一者除第三款至第五款所定者得任意加入外均應加入鄉農會或市區農會為會員

一　自耕農或半自耕農
二　佃農
三　一年以上之雇農
四　具有農業知識與經驗並現在從事於農業改良工作者
五　公私團體經營農業之負責人

第一九條　有左列情事之一者不得為農會會員

一　背叛中華民國經判決確定或在通緝中者
二　褫奪公權者
三　受破產之宣告尚未復權者
四　吸用鴉片或其代用品者

五　禁治產者

第二〇條　上級農會以其下級農會為會員

下級農會為上級農會之會員時各得派同數代表出席

前項代表之名額鄉農會或市區農會二人縣農會或市農會一人各由會員大會選舉之任期二年期滿即依法改選連選得連任

第四章　職員

第二一條　鄉農會或市區農會設理事三人至五人候補理事一人或二人監事一人候補監事一人由會員大會就會員中選舉之理事得互選一人為常務理事

第二二條　縣市農會設理事五人至九人候補理事一人至三人監事一人至三人候補監事一人由會員大會選舉之得由理事互選一人至三人為常務理事

前項常務理事為三人時得互選一人為理事長監事為三人時得互選一人為常務監事

第二三條　省農會或院轄市農會設理事九人至二十五人候補理事三人至七人監事三人至七人候補監事一人或二人由會員大會選舉之

前項理事互選三人至五人為常務理事常務理事得互推一人為理事長監事得互推一人為常務監事

第二四條　上級農會職員之候選人不限於下級農會出席之代表

第二五條　上下級農會職員不得互相兼任

第二六條　小組設正副組長各一人由鄉農會或市區農會指派或由會員推定之

第二七條　各級農會職員之候選人以其所屬鄉農會或市區農會會員為限

第二八條　現任公務員不得兼充農會職員

第二九條　農會選舉之職員為無給職但得依章程之所定支給公費

第三〇條　農會職員任期二年期滿應即依法改選連選得連任

第三一條　農會職員改選完成後應於十日內造具職員略歷連同會員增減名冊呈報當地主管官署備案該主管官署應將改選情

報告表送經縣轄轉報社會部備案並應由省縣主管官署及社會部送其備冊分別轉送關係目的事業主管官署備查其辦理

二 與改選時間

前項總報告表及前表之式樣由社會部定之

第三二條 農會選舉之職員因有不得已之事由得經會員大會議決准其辭職其因職務上違背法令營私舞弊或有其他重大之不正當行爲者得經會員大會議決令其退職或由主管官署將其解職

第三三條 縣農會爲指導農業技術及其他農業改進工作得與縣農業推廣機關聯合聘用農業指導人員

第五章 會議

第三四條 農會會員大會分定期會議及臨時會議兩種由常務理事或理事長召集之

前項定期會議每年一次

第三五條 農會會員大會之決議以會員過半數之出席出席會員過半數之同意行之

第三六條 左列各款事項之決議以會員過半數之出席出席會員三分之二以上之同意行之

一 修改章程

二 會員之除名

三 職員之退職

第三七條 農會理事會議縣市以下農會每一月一次省市農會每兩月一次由常務理事或理事長召集之必要時得開臨時會議

監事會議縣市農會每二月一次省市農會每三月一次由常務監事召集之必要時得開臨時會議

第三八條 小組會議每月舉行一次由組長召集之

第三九條 鄉農會或市區農會如召集會員大會確有困難時得召開會員代表大會其代表選舉辦法由社會部定之

第六章 經費

第四〇條 農會經費分左列二種

一 會費 由會員負擔之分入會金及常年金兩種其最高數額由省主管官署按照地方情形擬訂呈報社會部備案

二 事業費 農會經會員大會或代表大會議決得募集事業費並得將其所辦經濟業務之盈餘提出一部份或商儒其

曾經協助推行之農貸機關團體就所獲利益中撥給一部分充事業費必要時亦得由中央或地方政府補助之事業費之籌集辦法及其用途應經當地主管官署及目的事業主管官署之核准

第四一條　各級農會收支應於每年度終了時呈報當地主管官署核銷並通告各會員同時應將年度收支報告分呈主管官署及目的事業主管官署遞級轉呈社會農林兩部備查

第七章　處分

第四二條　農會違反法令妨害公益或怠忽任務時主管官署得分別施以左列之處分

一　警告

二　撤銷其決議

三　整理

四　解散

農會經解散後應即重行組織

下級主管官署為第一項第三款或第四款之處分時應經上級主管官署之核准

第一項第一款及第二款之處分目的事業主管官署亦得為之

第四三條　農會解散時其財產應由當地主管官署指派人員清算其清算人有代表農會執行清算上一切事務之權

第八章　附則

第四四條　本法自公布日施行

管制川江民船商業同業公會及船員工會組織協助推行限價工作計劃綱要

三十二年三月十二日
行政院核准施行補登

一　川江民船商業同業公會依左列標準分別組織之

1以行政區域為組織區域凡行駛縣市鄉鎮港口以內之民船屬之定名為某某縣（市）（鄉鎮）民船商業同業公會

2以航行河流為組織區域凡航線超出縣市範圍之民船屬之定名為某某江區民船商業同業公會

二　川江河流分為長江上游（重慶至宜昌）嘉陵江岷江沱江涪江渠江黔江綦江御林河永寧河等十一區每區各組織一同業公

會各區同業公會並合組織聯合會定名爲川江民船商業同業公會聯合會

三 各河流民船除應加入其所行駛之同業公會并得加入所屬縣市鄉鎮同業公會外不在加入其他河流及縣市鄉鎮同縣市鄉鎮同業公會民船商業同業公會亦得加入聯合會爲會員

四 川江民船商業同業公會及聯合會之組織由交通社會兩部共同設立籌備委員會負責籌組

五 籌備委員會所需經費由交通社會兩部分担

六 前項籌備工作自本綱要實施之日起三個月內完成於必要時得呈請延長之

七 依行政區域組織之民船商業同業公會由交通社會兩部咨請四川省政府及重慶市政府加以調整嚴密組織其尙未組織者限三個月內組織未經指定之縣市鄉鎮亦應同時調整並策動組織

八 川江有關之重要縣市鄉鎮民船商業同業公會之單位如下

1 長江上游重慶江津合江瀘縣納溪江安南溪宜賓
2 長江下游（重慶）長壽涪陵酆都忠縣萬縣雲陽奉節
3 嘉陵江（重慶）合川武勝南充蓬安南部閬中蒼溪昭化廣元
4 岷江（宜賓）犍爲樂山青神眉山彭山新津成都
5 沱江（瀘縣）富順內江資中資陽簡陽石橋井趙家渡
6 涪江（合川）潼南遂寧太河鎮射洪三台綿陽彰明中壩江油
7 渠江（合川）廣安渠縣三匯通江
8 綦江江口綦江蓋石洞羊堤洞
9 黔江（涪陵）江口彭水龔灘
10 御臨河
11 永寧河（納溪）

九 上計隸屬十一縣四十六市一鎮

十 各船戶加入同業公會一律依照非常時期職業團體會員強制入會限制退會辦法嚴格執行

十　川江各區民船商業同業公會及聯合之指導員及書記由籌備委員會派遣并應先期施行短期訓練

十一　川江民船商業同業公會之組織訓練及管理工資管制運價及其他業務等事項由交通社會兩部會商決定分別辦理之

十二　川江民船船工會之組織比照同業公會辦法辦理之

十三　川江民商業船同業公會聯合會籌備委員會及民船船員工會聯合會籌備委員會組織規程及工作進度另訂之並呈報交通社會兩部備案

十四　由國家總動員會議通過由行政院公布之

國民政府軍事委員會戰時監督紅十字會暫行辦法

（三十一年四月十六日行政院訓令轉頒）

第一條　中華民國紅十字會（以下簡稱紅十字會）除管理條例及戰時組織大綱業已分別公佈外關於其戰時事業之監督依本辦法行之

第二條　紅十字會依照該會修正章程第十條之規定舉辦戰時事業由軍事委員會核定并監督之

第三條　紅十字會應將左列各項報告軍事委員會

一　戰時機構組織
二　年度工作計劃
三　年度中心工作項目
四　工作進度月報表年度成績比較表
五　某種事業進度表
六　工作人員履歷表
七　直屬各醫療隊材料庫運輸隊單位位置表
八　概算預算經費收支報告表
九　財產目錄表
十　其他有關事項

第四條　紅十字會衛生器材依左列各款辦理之

一　紅十字會於本辦法公佈之月應將現存衛生器材分飭各保管庫或使用單位分別造具品量清册轉報軍事委員會

二　國內外捐贈紅十字會之衛生器材應逐批造具品量清册并註明存儲地點具報軍事委員會

三　紅十字會直屬各醫院診療所醫療隊等單位需用器材應依照實際需要按月報由總會或救護總隊部飭庫補給并按月造具月報表送總會核銷

四　紅十字會所屬各庫衛生器材應按月造具四柱清册呈報軍事委員會册內如有新收應註明來源支出應註明領用單位名稱

五　紅十字會衛生器材以供應直屬各院所隊爲原則除軍事機關之經呈奉軍事委員會核准者外其他機關或團體可先行斟酌情形核撥按月造具月報表請軍事委員會備案

六　補充各庫或直屬院所隊等衛生器材運輸時應領取軍事委員會贈獻器材內地轉運執照

七　紅十字會衛生器材之保管核銷應參照軍政部頒佈各有關法規辦理

第五條　紅十字會戰時辦理陸海空軍救護事業分別受軍政部海軍總司令航空委員會之指示

第六條　紅十字會救護總隊部關于所屬各陸海空軍救護單位之使用應分別受軍政部海軍總司令部航空委員會各軍醫主管署處之督導

第七條　紅十字會救護總隊部派駐各戰區兵站區服務之救護單位應分別受所在區內最高軍事機關之督導

第八條　軍事委員會得隨時派員查核紅十字會及其所屬各單位之工作及財產

第九條　本辦法自軍事委員會公佈之日施行

邊疆人民團體組訓方案

三十一年四月二十日行政院核准

說明

我國邊疆各省幅圓遼闊物產豐饒值此國家厲行總動員之際爲發動邊疆人力物力配合抗戰建國需要邊疆人民團體組訓工作尤應積極推進惟以邊疆各省民族雜居語言習俗文化宗教均與內地互殊社會組織尚甚單純不特一般人民團體組訓法規難於適用

鈞部中央於民國二十二年二十五年先後頒行之「青海省蒙藏民衆運動指導方案」及「推進邊遠省區民運工作原則」亦以時移勢異不盡適合最近　總裁巡視西北有鑒於邊疆人民組訓之重要及維護各宗教之不可忽視對各有關機關迭有指示本部職責所在爰本令旨斟酌邊疆各地實際情況訂定組訓方案如次

甲　主旨

本方案以適應邊疆人民之生活習慣宗教信仰加以組織訓練以提高其文化水準增進其大中華民族之意識形成有組織之社會並動員其人力物力參加抗戰建國之工作爲宗旨

乙　原則

（一）本方案之對象以地居邊域民族複雜環境特殊者爲準尤着重西北各省或特別區

（二）運用社會團體之組織提高邊疆人民之文化水準促進其社會進化

（三）依據邊疆人民之職業生活策動其分別組織職業團體促成有組織之社會

（四）指導各種宗教與各種團體使之密切聯繫逐漸改進邊疆人民之生活習慣

（五）運用各種團訓活動及各民族之宗教集會民間娛樂施行社會訓練

（六）舉辦邊疆各種文化教育衛生合作及其他福利事業藉利邊民組訓工作之推進

丙　實施辦法

（一）區域

1　蒙古西藏逐次普遍實施

2　新疆甘肅綏遠寧夏青海由各該省政府就合於本年方案（二）第一條所規定之地區實施至普通縣份仍應依照現行一般法規辦理

（二）方式

1　督促地方政府策動各族各教首長發起社會團體之組織

2　督促地方政府策動各族各教首長發起職業團體之組織

3　督促中央直轄各文化團體儘量在邊疆各省或區設立分支會

4 督促中央直轄各邊疆團體必需在邊疆各省或區設立分支會

5 向邊疆各地積極推行合作事業及各種社會福利

(三)經費

邊疆人民團體組訓經費由中央主管機關就社會組訓事業費列支

中央各直屬團體發展邊疆地方分支會所需經費得由主管機關酌予獎助

丁 實施步驟

(一)調查邊疆各族之種類人口生活習俗宗教信仰及其分佈區域

(二)邊疆社會工作人員屬於中央直屬任用者經中央統籌訓練後再由本部加以業務訓練屬於地方政府任用者由本部會同中央訓練委員會督促各該省區地方政府甄選優秀青年訓練之

(三)邊疆地方經濟文化宗教公益體育衛生等社會團體暫以省級組織為主逐漸自上而下發展各縣（在未設縣治之地方依其原有建制為旗或族或廟）

(四)邊疆地方之農林畜牧工商等職業團體暫以縣級（在未設縣治之地方依其原有建制為旗或族或廟）組織為主同一省區內成立十個以上時得設立省級聯合會

戊 本方案（丙）第一條所指之各省應由各該省社會行政機關依照本方案擬具各該省邊疆人民團體組訓計劃呈准社會部施行

全國各地鹽業工會籌備委員會組織規程

三十二年六月四日行政院令准備案

第一條 財政部社會部為積極推進全國各地鹽業工會之組織與訓練籌辦鹽工福利協助鹽業產運特設立全國各地鹽業工會籌備委員會（以下簡稱本委員會）

第二條 本委員會設委員五人以左列人員充任之

一 財政部指派三人（鹽務總局一人在內）

二 社會部指派二人

前項委員互推三人爲常務委員輪流處理日常會務

第三條 本委員會辦理左列事項

一 關於鹽業職工生產狀况之調查統計事項

二 關於指導鹽業職工之組織工會事項

三 關於調整並健全鹽業工會之組織事項

四 關於鹽業工會幹部及會員之訓練事項

五 關於鹽業職工福利之籌劃改進事項

六 關於策進國家動員業務之推行事項

七 關於協助推動鹽業產運事項

八 關於指導推行鹽區各種社會運動事項

九 關於鹽業工會或會員間以及勞資間糾紛之調處事項

十 其他有關於鹽業工會之籌備事項

第四條 本會設左列三組分掌各項事務

一 組訓組 掌理鹽業工會之組織及其幹部會員之訓練暨社會運動之推行事項

二 福利組 掌理鹽業工會福利事業之設計推進事項

三 總務組 掌理調查統計文書庶務及不屬於其他各組事項

第五條 本委員會設秘書一人助理秘書一人掌理編訂議程及綜核各組文稿等事項

第六條 本委員會設組長副組長各三人視導二人至八人指導員五人至十人組員六人至十二人並得酌用雇員

第七條 本委員會職員由常務委員提出會議任免之並呈報財政社會兩部備案

秘書組長副組長以由財政部社會部人員兼任爲原則

第八條 本委員會因事務上之需要得聘請專門委員

第九條 本委員會每兩週開會一次必要時得開臨時會會議紀錄應隨時呈送財政社會兩部備案

第一〇條　本委員會工作計劃呈請財政社會兩部會同核定後實施

第一一條　本委員會工作報告分呈財政社會兩部備案

第一二條　本委員會經費由鹽務總局担負由會編列預算呈請財政社會兩部會同核定

第一三條　本委員會設立期間由財政社會兩部視各地實際需要組設鹽業工會情形核定之

第一四條　本委員會辦事細則另訂之

第一五條　本規程自公布之日施行

修正各省縣(市)鄉(鎮)兵役協會組織通則第五條條文

三十二年五月五日社會軍政兩部代電頒行並呈奉行政院軍事委員會備案

第五條　協會理監事任期一年期滿由會員大會改選連選得連任之

直轄人民團體書記甄選訓練辦法

三十二年五月十四日部令公布

一　凡中央直轄人民團體書記之甄選無訓練除法令另有規定外悉照本辦法辦理

二　直轄人民團體書記之甄選須備具左列各項標準

1中國國民黨黨員或三民主義青年團團員對主義政策有明確認識者

2曾在高中以上學校畢業者

3從事民運工作富有經驗者

重要團體書記須甄選曾在專科學校畢業者充任之

三　直轄人民團體書記由政府指派者以曾經社會部訓練合格之人員爲限

已派書記未經訓練者應由社會部調訓之

四　直轄人民團體書記由團體任用者應報請社會部審查備案並須調集訓練其不合格者撤換之

五　直轄人民團體書記之訓練由中央訓練團社會工作人員訓練班訓練之訓練時期定爲一個月其課程另訂之

六　直轄人民團體書記經訓練合格後發給證明書

七 直轄人民團體書記由政府指派者其薪給得由社會部或命令所屬機關支給其薪給標準另訂之

八 本辦法自公布之日施行

社會福利

修正勞工衛生委員會規程

三十二年四月二日國民政府令准備案

第一條 社會部衛生署爲增進勞工健康提高生產效能起見合組勞工衛生委員會（以下簡稱本委員會）

第二條 本委員會委員暫定九人以左列各員充任之

（一）由社會部衛生署指派代表三人

（二）由社會部衛生署會同聘任熱心贊助勞工衛生事業或具有專門學識者三人

第三條 本委員會主席於每次開會時臨時推舉之

第四條 本委員會委員概爲名譽職但開會時得酌支交通費

第五條 本委員會每月開會一次必要時得開臨時會議遇有與其他機關團體有關事項得商請其指派代表參加

第六條 本委員會任務如左

（一）關於勞工衛生之研究及倡導事項

（二）關於勞工衛生方案計劃之擬訂事項

（三）關於勞工衛生之調查統計及編纂事項

（四）關於勞工健康保險之協助推進事項

（五）關於社會部衛生署交議事項

第七條　前條事項由本會議決分別呈請社會部衛生署核奪施行

第八條　本委員會設秘書二人辦事員四人由社會部衛生署派員兼任辦理會務

第九條　本委員會會議細則另定之

第一〇條　本規程由社會部衛生署會同訂定呈請行政院備案施行

非常時期民營工廠員工獎金辦法

三十二年四月十六日社會經濟兩部會同公布

第一條　非常時期民營工廠對於員工獎金之給予除法令別有規定外依本辦法行之

第二條　本辦法所稱員工獎金指每年度終由純利中提出依查辦法規定給予者而言

前項獎金應由各廠按其本身情形酌定由純利中提出之比率呈請經濟部核准

第三條　本辦法所稱員工如左列三類

（一）董事監察人

（二）經理廠長以下各職員及實習員練習生

（三）工人及學徒

第四條　左列員工不給予獎金

（一）本年進廠不滿三個月者

（二）本年度終時業已離廠者

（三）臨時僱用者

第五條　員工獎金之分配應由工廠就第三條規定之種別作固定百分比或每年度作百分比擬訂標準呈請經濟部核備

第六條　前條標準應參照左列事實擬訂

（一）董監職員工人三類之人數比例

（二）董監公費員工薪資之高低比例

第七條　每年度終依百分比分配時每人應得數額得按本年內勞績酌定其曾受懲戒而無獎勵可與抵銷者並得減給

第八條　員工獎金給予後如有餘額應專款存儲加入下年度獎金內分配之
第九條　員工獎金于年度終後三個月內給予之並應將前兩條辦理情形呈報經濟部備查
第一〇條　本辦法第二條之比率第五條之標準核准後經濟部應轉咨社會部備查
第一一條　本辦法施行前各工廠定有給予員工獎金辦法與本辦法不相抵觸並經經濟部核准者仍從其規定
第一二條　本辦法自公布之日施行

各省市縣地方救濟事業基金管理辦法

卅二年五月十四日部令公布

第一條　各省市縣地方救濟事業基金依本辦法管理之
第二條　本辦法所稱救濟事業基金爲各省市縣地方救濟院所及其他慈善事業之款產捐款及其孳息
第三條　救濟事業基金內現金票據證券之出納保管移轉及其財產契據之保管等事務均應由代理國庫之銀行或縣市公庫辦理無代理國庫之銀行或縣市公庫地方由郵政機關辦理之
第四條　救濟事業基金應依其性質各別立戶管理除充原指定用途外不得變更用途一機關經管二種以上救濟事業基金時亦應分別立戶存管不得相互流用
第五條　救濟事業基金之收入依第三條規定辦理者均應照收入數分別科目由該管機關及代理國庫之銀行或縣市公庫或郵政機關按旬或按月報告省市縣庫主管機關
第六條　救濟事業基金之支用應照各該基金預算或核定計劃數目由該基金戶內支出之除有特殊情形經呈准變通辦理者外並應依法以支票爲之
前條收入之報告程序於本條支用之款準用之
第七條　救濟事業基金預算尚未成立者其計劃核定或變更時應由各該經管機關報由主管社會行政機關轉送省市縣庫主管機關備查
第八條　本辦法自公布之日施行

陪都育幼院組織規程

第一條　本院收容抗戰傷亡官兵之遺孤子女施以適當之教養必要時對貧苦無依之抗戰軍人家屬子弟亦得酌量收容

第二條　本院設院長一人綜理院務應由社會部派充之

第三條　本院設左列各組

一　總務組

二　教導組

三　保育組

四　衛生組

第四條　總務組掌左列事項

一　關於公文之撰擬繕寫收發保管及印信典守事項

二　關於人事管理事項

三　關於公產公物之保管事項

四　關於經費出納事項

五　關於編輯調查及統計事項

六　關於庶務及其他不屬于各組事項

第五條　教導組掌左列事項

一　關於兒童級隊之編制事項

二　關於兒童訓導管理及課外活動事項

三　關於兒童教導實施事項

四　關於兒童成績之考核登記及展覽事項

五　其他有關教導事項

第六條　保育組掌左列事項
一　關於兒童入院出院註册登記事項
二　關於兒童日常生活輔導事項
三　關於兒童衣物整理事項
四　關於保育訓練及比賽事項
五　關於兒童通訊及接見家族事項
六　其他有關保育事項

第七條　衛生組掌左列事項
一　關於疾病預防及治療事項
二　關於兒童健康檢查及矯治兒童缺點事項
三　關於衛生設施及衣食住檢查事項
四　關於藥品器械之保管事項
五　其他有關衛生事項

第八條　本院各組設組長一人承院長之命掌理各該組事項

第九條　本院得視收容人數之多寡分設教師保育員保姆醫師護士長護士事務員事務生各若干人其名額呈請社會部核定之

第一〇條　本院各組組長由院長提請社會部核派其他人員由院長推選派充並呈報社會部備案

第一一條　本院設會計室置會計員一人會計助理員一人辦理歲計會計事項依主計人員任用條例任用

第一二條　本院辦事細則另定之

第一三條　本規程自呈准公佈日施行

社會部瀘縣育幼院組織規程　三十二年五月十二日部長核准

第一條　社會部為收容一等傷殘官兵或幼年子女特設瀘縣育幼院

第二條　本院設院長一人綜理院務由社會部派充之

第三條　本院設左列各組

一　總務組

二　教導組

三　保育組

四　衛生組

第四條　總務組掌左列事項

一　關於公文之撰擬繕寫收發保管及印信典守事項

二　關於人事管理事項

三　關於公產公物之保管事項

四　關於經費出納事項

五　關於編輯調查及統計事項

六　關於庶務及其他不屬於各組事項

第五條　教導組掌左列事項

一　關於兒童級隊之編制事項

二　關於兒童教導管理及課外活動事項

三　關於兒童教導實施事項

四　關於兒童成績　考核登記及展覽事項

五　其他有關教導事項

第六條　保育組掌左列事項

一　關於兒童入院出院註册登記事項

二　關於兒童日常生活輔導事項

三　關於兒童衣物整理事項
四　關於保育訓練及比賽事項
五　關於兒童通訊及接見家族事項
六　其他有關保育事項

第七條　衛生組掌左列事項
一　關於疾病預防及治療事項
二　關於兒童健康檢查及矯治兒童缺點事項
三　關於衛生設施及衣食住檢查事項
四　關於藥品器械之保管事項
五　其他有關衛生事項

第八條　本院各組設組長一人承院長之命掌理各該組事項

第九條　本院得視收容人數之多寡分設教師保育員保姆醫師護士長護士事務員事務生各若干人其名額呈請社會部核定之

第一〇條　本院各組組長由院長提請社會部核派其他人員由院長遴選派充并呈報社會部備案

第一一條　本院設會計室置會計員一人會計助理員一人辦理歲計會計事項依主計人員任用條例任用之

第一二條　本院辦事細則另定之

第一三條　本規程自呈准公佈日施行

社會部北碚兒童福利實驗區組織規程

三十二年六月十九日部令核准

第一條　社會部為倡導並改進兒童福利事業特設北碚兒童福利實驗區（以下簡稱本區）

第二條　本區以北碚管理局轄境為範圍辦理一般及特殊兒童之福利事業將一切實施加以實驗及研究并推廣其成效

第三條　本區設主任一人掌理全區事務由社會部派充之

第四條　本區設辦公處下設研究部及總務業務推廣三組分掌左列各事項

一　研究部　掌理各項兒童福利事業之研究試驗調査統計編輯翻譯事項
二　總務組　掌理文書人事庶務出納及不屬其他部組事項
三　業務組　掌理本區各項兒童福利事業之規劃實施事項
四　推廣組　掌理家庭訪問兒童展覽競賽宣傳運動以及其他有關兒童福利事業之推廣事項

第五條　本區辦公處設總幹事一人研究部設主任一人總務業務推廣三組各設組長一人秉承本區主任之命分掌事務並視事務之繁簡酌設研究員幹事及助理幹事若干人

第六條　本區設會計主任一人依國民政府組織法之規定辦理歲計會計事務

第七條　本區辦公處總幹事研究部主任及各組組長由本區主任提請社會部核派其他人員由本區主任遴選派充幷呈報社會部備案

第八條　本區兒童福利事業之設施暫定如左
一　托兒所　辦理托兒事業
二　兒童福利所　辦理兒童醫療衛生圖書閱覽娛樂勞作及其他有關一般兒童福利事業
三　兒童輔導院　辦理問題兒童之指導感化事業
四　兒童教養院　辦理殘疾低能兒童之教養事業
前項設施視其實際需要次第舉辦其組織依業務發展情形分別另定之

第九條　本區於必要時得組織設計委員

第十條　本區辦事細則另定之

第十一條　本規則如有未盡事宜由社會部修正之

第十二條　本規規自奉社會部核准之日施行

社會部北碚兒童福利實驗區托兒所組織章程

三十二年六月十九　部令核准

第一條　本所依社會部北碚兒童福利實驗區組織規程第八條之規定設立之

第二條　本所設所長一人暫由區主任兼任必要時得由區主任遴員提請社會部核派之

第三條 本所設左列各股

一 保育股

二 教導股

三 健康股

第四條 保育股掌左列事項

一 關於兒童入所出所註册登記事項

二 關於兒童日常生活輔導事項

三 關於兒童通訊及接見家族事項

四 其他有關保育事項

第五條 教導股掌左列事項

一 關於兒童編制事項

二 關於兒童教學實施事項

三 關於兒童課外活動事項

四 關於兒童成績之考核登記及展覽事項

五 其他有關教導事項

第六條 健康股掌左列事項

一 關於兒童健康檢查及矯治兒童缺點事項

二 關於兒童疾病預防及治療事項

三 關於兒童衞生設施及衣食用品房舍清潔檢查事項

四 關於藥品器材之保管事項

五 其他有關兒童健康事項

第七條 本所各股設股長一人承所長之命掌理各該股事務

第八條　本所視托兒人數之多寡分設教師保育員保姆醫師護士事務員實習生各若干人其名額呈請社會部核定之

第九條　本所各股股長由所長提請區主任轉請社會部核派其他人員由所長遴選派充并層報社會部備案

第一〇條　本所得協助各公務機關及工廠附辦托兒事業其辦法另訂之

第一一條　本所托兒辦法另訂之

第一二條　本所辦事細則另訂之

第一三條　本章程呈奉社會部核准施行

社會部北碚兒童福利實驗區設計委員會組織章程

三十二年六月十九日部令核准

第一條　本委員會根據本部北碚兒童福利實驗區組織規程第九條組織之

第二條　本委員會設委員二十九人內設常務委員五人秘書一人均由社會部部長就與兒童福利事業有關之各界人士及專家中聘請之

第三條　本委員會之任務如左

一、本區各項事業進行方針之審議

二、本區各項實施計劃之設計

三、本區各項事業興革之建議

第四條　本委員會暫定每半年開會一次每三月開常務委員會一次均由常務委員召集之遇有必要時得舉行臨時會

第五條　本委員會議決事項由實驗區轉呈社會部核定施行

第六條　本委員會各委員均為無給職但開會時之食宿交通所需由區供給

第七條　本委員會所需費用在實驗區經常費內開支

第八條　本委員會開會時實驗區重要職員均得列席以備諮詢

第九條　本委員會日常事務由實驗區調派職員辦理之

第一〇條　本章程自公佈之日施行

合作事業

收復地區合作社假登記及假登記合作社貸款辦法

三十二年三月二十日行政院指令備案（補登）

一　凡經指導成立或人民自動組織之合作社符合下列條件所在地合作主管機關得予以假登記

甲　確合於當時當地之需要者

乙　負責人員對合作事業確有認識者

丙　確無奸民假借名義圖謀不軌情事經所屬鄉鎮長及保甲長證明者

二　合作社經假登記後由合作主管機關發給合作社暫用登記證其有效期間為一年

三　凡經假登記之合作社應各於其名稱之下加一括弧內書（特）字以資識別

四　假登記期滿後經按照甄別合作社辦法考查成績優良得補齊手續申請登記其不合格者改組或解散之

五　假登記合作社得按照社員實際需要以社之信用向外借款其用途以用於生產者為限其數額以每社員二百元每社一萬元為限（例：五十人之社可借至一萬元五十一人之社亦只可借至一萬元）

六　經營供給運銷消費公用等業務之合作社得以物品或產品向社外抵押現款不在前條限制之列

七　假登記合作社一律依照合作社章程準則之規定處理其社務無庸另擬社章

八　假登記合作社申請登記只須備具請登記書一份所有章程創立會決議錄社員名冊等件均免造送但呈請登記書附記欄內應加註發起人姓名以便調查

九　假登記合作社不得加入合作社聯合社并不得自行組織聯合社

一〇　合作主管機關辦理合作社假登記印發之暫用登記證准用現行登記證（合表三）程式證上加蓋（特種）字樣并於文中（准予）下加蓋（假）字填發下加蓋（特種）字餘聯酌改照例彙報

一一　除本辦法別有規定外其他一切有關合作社之法令於假登記合作社均適用之

合作主管機關核發各機關消費合作社准購證辦法（三十二年三月二十三日行政院令通飭施（補登））

1，為便利各機關消費合作社必要時向外運貨並免流弊起見除軍事機關另有規定外特訂定本辦法

2，各機關消費合作社應向當地合作供銷處或聯合社進貨其無合作物品供銷處及聯合社組織時得依本辦法之規定向合作主管機關請領運貨准購證向附近外埠進貨

3，准購證之核發機關在中央為社會部省（市）為省（市）合作主管機關

4，准購證之核發以已取得登記之機關消費合作社為限

5．准購證每半年換發一次

6，機關消費合作社向附近外埠合作供銷處聯合社或一般廠商進貨時均一律應照發票上所載各項逐一於證上註明並由合作社採辦人員蓋章運輸機關查驗時即將發票上與證上所載各項對明無誤方准放行並得於發票上加蓋查訖之戳記

7·准購證核發機關應隨時派員檢查准購證所購入之物品是否以公平合理方式配銷於社員如查有套買營私情事除對採辦人員及串通舞弊人員嚴予懲處外并吊銷准購證情節重大者吊銷合作社登記證解散其合作社

8·准購證核發機關須於准購證上蓋騎縫印不能撕毀塗改

9，准購證核發機關應將購貨機關所有職員公役人數及每月每人應行分配數量附記於准購證以便查考

10准購證核發機關應將核准發給准購證之合作社彙送當地軍事委員會運輸稽查機關備查

11本辦法由行政院會同軍事委員會核定後施行

財政部戰時管理合作金融辦法（三十二年六月二十五日行政院令發）

第一條　財政部為推行戰時金融政策管理合作金融除依照修正非常時期管理銀行暫行辦法合作金庫規程及原經核准章程辦理外特規定本辦法

第二條　合作金庫成立時應將其組織章程已收股本數目營業計劃開業時期暨理監事經理人姓名略歷并檢同有關書表文件呈報財政部社會部查核

在本辦法施行前已成立之合作金庫應於本辦法公布命令到達之日起一個月內依照前項規定連同營業狀況報告書呈報財政部社會部查核

第三條 合作金庫之年度業務計劃書應於每年度開始前一個月呈報財政部社會部查核

第四條 合作金庫辦理存款借款放款匯兌及代理收付各項業務應以合作事業為範圍其兼辦儲蓄業務者並應遵照儲蓄銀行法之規定辦理

第五條 合作金庫每旬應造具存款借款放款匯款及儲蓄存款報告表呈送財政部社會部查核其表式由財政部另定之

第六條 合作金庫每決算期應將財產目錄資產負債表損益計算書業務報告書盈餘分配案暨股權與重要職員變動情形呈報財政部社會部查核

第七條 財政部社會部得隨時派員檢查合作金庫帳册簿籍庫存狀況及其他有關文件

第八條 本辦法自公布之日施行

修正社會部合作事業管理局工作輔導團組織規程

三十二年三月十八日部令准予備案同年四月二日呈奉行政院備案

第一條 社會部合作事業管理局（以下簡稱合作局）為適應合作事業之特殊需要增進合作工作之機動力量起見特設置合作工作輔導團（以下簡稱輔導團）依本規程之規定組織之

第二條 輔導團之工作項目如左

甲 收復地區合作事業非加強推進不能迅速復員者

乙 邊遠地區合作事業非補充力量不能求其普及者

丙 首要地區合作事業非加緊推展不能發揮效能者

丁 特產地區合作事業非設計輔導不能充分發展者

戊 其他基於臨時的或特殊的原因確有輔導必要者

第三條 輔導團總團部附設於合作局下設三團分赴指定地區担任輔導工作俟輔導任務結束時即調赴其他地區進行其他任務

第四條 輔導團總團部設總團長一人由合作局局長兼任之綜理團務並指揮監督所屬職員

第五條 輔導團總團部設秘書一人辦理機要及總團長交辦事項總務設計推進會計四組每組設組長一人組員辦事員若干人辦理各組事務秘書組長由總團長遴員呈准社會部後派充之組員辦事員由總團長派充呈報社會部備案

第六條 輔導團各團設團長副團長各一人團長秉承總團長綜理各該團團務副團長襄助團長處理團務均由總團長遴員呈准社會部後派充之

第七條 輔導團各團設團員十五人至二十五人由總團長遴員呈准社會部後派充之並得向有關機關商調兼充團員受團長之指揮監督分組辦理合作輔導事項

第八條 輔導團各團設幹事二人助理幹事四人由團長遴員請准總團長後派充之並得向有關機關商調兼充幹事助理幹事受團長之指揮監督辦理各項事務

第九條 輔導團總團部及各團得酌用雇員

第一〇條 輔導團總團部對外行文重要者以合作局名義行之普通事項由團行之

第一一條 輔導團辦事細則團員服務規則由總團部擬訂呈請合作局核定之

第一二條 本規程自呈准社會部備案後施行

合作指導員及特種業務人員訓練標準 三十二年五月二十五日本部訂行

一 合作指導員及特種業務人員之訓練除遵照中央訓練委員會全國各訓練機關訓練綱領統一各地訓練機關辦法及關於各級幹部工作人員訓練大綱各訓練機關一般訓練項目要點及時間分配及社會工作人員訓練暫行辦法社會工作人員訓練綱要辦理外其合部份之訓練依本標準之規定

二 受訓人員之資格如左

1 高中以上學校畢業或有同等學力志願從事工作者

2 職業學校畢業或有同等技術學力志願從事合作工作者

3 從事合作工作二年以上成績優良有相當學力未受正式合作訓練者

三　受訓時間至少兩個月但必要時延長之

四　訓練課程依訓練種類規定如左（以訓練兩個月為標準其訓練期間較長時授課時數比率酌增之）

（一）合作指導人員訓練課程

科目	授課時數	講授要點
經濟要論	二十小時	經濟問題經濟政策及經營經等
農業概論	二十小時	農業常識農業推廣及農業村副業等
工業概論	十四小時	工業常識主要工業用品製造法及主要特產之加工製造等
商業概論	十四小時	商業常識商業組織國際貿易商情調查運輸保險及商事等
社會問題與社會政策	十四小時	中國社會問題之特質與社會政策之趨向
合作概論	廿四小時	合作原理合作運動史及各國合作制度等
合作法規	十四小時	合作立法現行合作法規及法規解釋等
合作行政	十四小時	中國合作行政機構合作問題合作政策及合作行政實務等
合作金融	十四小時	合作金融政策及合作金融經營等
合作簿記	卅二小時	簿記原理改良舊式簿記複式合作簿記及合作會計問題
消費與公用合作經營	十二小時	簿記合作消費及公用合作以社務管理業務經營及財務處理
生產與供銷合作經營	十二小時	生產合作及供應合作之社務管理業務經營及財務處理
信用合作經營	十二小時	信用合作之社務管理業務經營及財務處理
保險合作經營	八小時	保險合作之社務管理業務經營及財務處理
運銷合作經營	十二小時	運銷合作之社務管理業務經營及財務處理
應用統計	十二小時	說明統計之功用調查登記整理製表繪圖各方法及統計資料之分析與運用
共計	二四八小時	

（二）特種業務人員訓練課程

甲、消費合作

科目	授課時數	講授要點
經濟要論	二十小時	見前
商業概論	二十小時	見前
商品學	十二小時	商品種類分佈區域品質選擇保存方法及銷售情形等
運銷學	十六小時	試市場功能市場組織交易方法農產價格運銷調查運銷金融及庫組織與業務等
合作概論	廿四小時	見前
合作行政及法規	十六小時	合作立法現行合作法規法規解釋合作政策及合作行政實務等
消費合作經營	廿四小時	消費合作社之社務管理業務經營財務處理及各國消費合作概況等
生產合作經營	十六小時	生產合作之社務管理業務經營及財務處理
公用合作經營	十二小時	供用合作之社務管理業務經營及財務處理
合作簿記	廿四小時	見前
消費合作簿記	廿四小時	消費合作社之簿記組織及會計問題
珠算	十二小時	講珠算各種口訣及方法並演習珠算習題
應用統計	十二小時	見前
業務實習	十六小時	進貨與銷貨實習及稅務實習
共計	二〇八小時	

乙、農業合作

科目	授課時數	講授要點
經濟要論	二十小時	見前

科目	授課時數	講授要點
農業概論	二十小時	見前
農業管理	十二小時	土地管理勞力管理及資本應用等
農業製造	十二小時	農產加工畜產製造水產製造及林產製造等
運銷學	十二小時	見前
合作概論	廿四小時	見前
合作行政及法規	十六小時	見前
農業合作經營	廿四小時	農業合作之社務管理業務經營財務處理及各國農業合作概況
運銷合作經營	十六小時	運銷合作之社務管理業務經營財務處理及倉庫時管理與經營
中國農業經濟問題	十六小時	我國農業經濟特性與現狀我國農業經濟問題及農業經濟政策等
合作簿記	廿四小時	見前
農業合作簿記	廿四小時	農業合作之簿記組織與會計問題
應用合作統計	十二小時	見前
農場實習	十六小時	農場設計農作園藝畜牧等實習
共計	二四八小時	

丙、工業合作

科目	授課時數	講授要點
經濟要論	二十小時	見前
工業通論	三十小時	見前
工場管理	三十小時	人事管理原料管理及產品檢查等
商業概論	十二小時	見前
運銷學	廿二小時	見前
合作概論	廿四小時	見前
合作行政及法規	二四小時	見前
工業合作經營	廿四小時	工業合作之社務管理業務經營財產處理及各國合作工業概況
中國工業問題	二十小時	中國各種工業之概況問題

科目	授課時數	講授要點
合作簿記	廿四小時	見前
工業合作簿記	廿四小時	工業合作社之簿記組織及會計問題
應用統計	十二小時	見前
業務實習	十六小時	工務管理及產品分等
共計	二四八小時	

丁、合作金融

科目	授課時數	講授要點
經濟要論	二十小時	見前
合作概論	二十小時	見前
合作行政及法規	二十小時	見前
貨幣學	十六小時	貨幣制度之演進貨幣原理及我國貨幣問題
銀行學	三十小時	銀行組織業務經營 銀行制度
合作金融	廿八小時	合作金融之特質機構之組織業務之經營及各國合作金融概況
信用合作經營	廿二小時	見前
保險合作經營	廿四小時	保險合作之社務管理業務經營及財務處理等
合作簿記	廿四小時	見前
合作金庫簿記	廿八小時	合作金庫之簿記組織與會計問題
珠算	二十小時	見前
業務實習	二十小時	貸款存款匯兌信託等業務實習
共計	二四八小時	

戊、合作會計

科目	授課時數	講授要旨
經濟要論	三十小時	見前
合作概論	二十小時	見前
合作行政及法規	二十小時	見前
簿記及會計	卅四小時	簿記原理會計原理會計制度
審計	廿四小時	審計原理查帳方法及審計制度
銀行會計	二十八小時	銀行會計原理銀行會計制度及銀行會計問題
消費合作簿記	三十小時	見前
工業合作簿記	二十六小時	見前
農業合作簿記	三十小時	見前
合作金庫簿記	三十小時	見前
珠算	十六小時	見前
合作會計問題	十六小時	合作會計制度及查帳方法等問題
共計	二四八小時	

五　訓練教材，除由社會部合作事業管理編印及選定者外，由各訓練機關教師編緝之，其內容除原理及史料部份外，必須適合當時當地之實際須要。

六　本訓練標準由社會部合作事業管理局會商中央訓練委員會訂定幷呈報社會部備案後施行。

衛生人員動員實施辦法

（國家總動員會議第三十次常務委員會議通過三十二年二月二十日行政院頒發（補登））

第一條　衛生人員動員實施事宜除法律特別有規定外依本辦法行之

第二條　本辦法所稱衛生人員包括如左

一　現行開業改業開業之醫師牙醫師藥劑師護士助產士

二　公私立醫藥牙護助產院校新畢業學生

三　不屬於一二兩款而曾從事或修習有關衛生醫事業務之人員

前項第一款所列現行開業之衛生人員其有兼職者仍應作開業論

第三條　動員衛生人員由軍政部衛生署會商徵用之

第二款之新畢業學生留充師資者得由學校請求緩徵一年人數不得超過百分之十五

第四條　衛生人員動員事宜由軍政部衛生署會商辦理并由社會部負綜合聯繫之責

第五條　衛生人員動員之實施由軍政部衛生署分　填發衛生人員動員證（式另定）送由省市政府或教育部轉交受動員之人員持往指定機關報到并隨時通知社會部以利管制

第六條　衛生人員有左列各類情事之一者得　動員

一、年在五十八歲以上者

二、有痼疾不堪任事者

第七條　現任衛生人員具有特殊技能者國防醫藥事業有必要時得調用之

第八條　被動員之衛生人員如逾期不向指定機關報到者除按妨害國家總動員懲罰暫行條例懲罰外並依左列各款之一處理之

一　撤銷執業證照

二

二　取銷畢業資格

三　開列姓名住址通知當地主管官署轉送軍師管區儘先調服兵役

第九條　各機關團體等不得錄用受第九條處理之衛生人員如有發覺應即通知徵用機關違者按妨害國家總動員懲罰暫行條例辦理

第一〇條　被動員之衛生人員其服務年限爲一年必要時得延長之

第一一條　被動員之衛生人員其任用與待遇同於現職之官職

第一二條　被動員之衛生人員自所在地至服務地機關旅費由徵用機關負担

第一三條　被動員之衛生人員服務期滿由所在服務機關塡具工作考績表（照各機關原定考績表格式）分別層轉軍政部衛生署審查後給予服務期滿證明書並通知原籍或寄籍之省市政府或教育部查照

服務期間因病或事依法合予退職者應分別呈報軍政部衛生署核准後始得離職

第一四條　被動員之衛生人員在服務期間怠工者視其情節之輕重予以適當懲處或延長其服務年限半年至一年其潛逃者除按照第九條處理外並依法懲辦之

第一五條　本辦法施行及停止日期呈准行政院以命令行之

衛生人員動員證存根　字第　號

姓名　年齡　籍貫

住址　畢業學校

右受動員人業發給車費　天車船費　元限於

月　日赴　報到聽候指派工作

中華民國　年　月　日

字第　　號

衛生人員動員證　　字第　　號

姓名　　年齡

籍貫　　住址

畢業學校

右受動員人限於　　月　　日赴

報到聽候指派工作

中華民國　　年　　月　　日

徵用機關主管

粘貼二寸半身像片

交受動員人持往報到機關簽呈軍政部或衛生署

衛生人員動員實施辦法補充規定

三十二年三月二十六日行政院頒發（補登）

一　本辦法第二條第二款所稱之公私立醫藥看護院校新畢業學生軍政部徵用百分之五十衛生署徵用百分之四十餘百分之一十留校緩征一年

二　本辦法第二條第二款所稱之公私立助產學校新畢業學生衛生署徵用百分之九十餘百分之十留校緩徵一年

三　被前兩條分配比例之畢業學生由學校以抽籤或指定方法決定之

四　留校及應征服務之畢業學生姓名經照前條方法決定後學校應造具名冊（附式一）於學生結業前兩個月分送軍政部、衛生署、教育部各一份其分送軍政部衛生署之名冊並須附送畢業學生最近二寸半身像片各一張以備貼用

五　被動員之衛生人員由所在地至報到地點旅費車船費全部計算火車二等票輪船房艙票膳每日發給膳宿及零用費國幣三十二元在一地駐留十五日以上者自第十六日起改給駐留日費每日發給二十六元旅費先由學校或個人墊付俟到達後填具旅費表填（附式二）並繳具征用機關抬頭收據一紙呈由所在服務機關轉送征用機關核發歸墊

（附式一）

校名　　科　　年　　月第　　屆畢業醫生名冊　校長　校址

學生姓名	性別	年齡	籍貫	現在所在地詳細地址	決定歸何機關服務或留校服務	備考

第六條 凡工人自行……情形之一者得呈報主管官署請求……

（附表二）

第五條 主管官署……工人登記……審查……

姓名		奉派服務地點 到達日期	
起程地點 起程日期			
月	日	記	摘要	金額
			車船費	膳宿零用費	總計	備考

第四條 ……工人登記……中央主管官署……

第三條 ……中央……

第二條 服務機關主管長官……簽名蓋章

第一條 ……

附註：本表由應召人員依照……途程及費用逐日詳細填列

（用時可……）

非常時期廠鑛工人受雇解雇限制辦法

三十二年四月八日行政院公佈施行

第一條 本辦法依國家總動員法第十一條之規定訂定之

第二條 凡雇用直接從事生產之工人在十人以上之廠鑛適用本辦法

第三條 本辦法所稱主管官署在中央依國家總動員法實施綱要第二章甲項第七款之規定為社會部經濟部財政部農林部軍政部交通部在省（市）為省（市）政府縣（市）為縣（市）政府

前項中央主管官署除社會部外餘各就其目的事業主管之

第四條 廠鑛應造工人登記調查表三份以二份呈報主管官署備核一份存廠鑛備查登記表應附工人二寸半身像片或左手食指指模並應為左列事項之記載

一 工人姓名年齡籍貫住址
二 教育及技能程度
三 經歷
四 體格狀況
五 家庭狀況
六 入廠年月
七 担任工作
八 工作報酬
九 奬懲情形
十 廠鑛評語

前項表册在中央各部直轄之廠鑛應分報主管部及社會部備核

第五條 主管官署接到廠鑛工人登記表册經審查合格後應即分別填發管制登記證

前項證管制登記證在中央由社會部發給工作期中由廠鑛保存其格式另定之

第六條 凡工人有左列情形之一者得呈報主管官署請求解雇

（一）因疾病或殘廢不能繼續工作經醫生證明者

（二）年逾五十體力衰弱不能繼續工作者

（三）有工廠法第三十三條各款情事者

第七條　凡廠鑛有列情形之一者得呈報主管官署請求解雇工人

（一）廠鑛全部或一部歇業者

（二）廠鑛因不可抗力停止在一個月以上者

（三）工人對於承受之工作不能勝任者

（四）工人違背廠鑛規則情節重大者

第八條　廠鑛爲前條解雇工人之請求時應將管制登記證隨同呈繳

第九條　凡經核准解雇之工人主管官署應爲左列之處置

（一）認爲不能繼續工作者吊銷其管制登記證

（二）許其轉入他廠鑛工作者於其管制登記上註明日期並加蓋許可異動章仍連同登記表一併發還本人收執

第一〇條　前條准許轉入他廠鑛工作之工人於轉入他廠鑛工作時應將管制登記及登記證表繳由該廠鑛呈報主管官署履行轉移登記

第一一條　凡未經核准解雇者工人不得擅自離職廠鑛不得擅自解雇

第一二條　工人死亡時廠鑛應將其管制登記證報請主管官署註銷

第一三條　廠鑛雇用新工人時應填具登記表報請主管官署核發管制登記證其工資從最低級起支但由戰地歸來及技術特長者不在此限

第一四條　前項雇用新工人之廠鑛如有第十一條之情形時主管官署不得發給管制登記證

第一五條　廠鑛非呈經主管部登記不得呈請添雇或招募工人

該廠每六個月應將左列事項呈報主管官署

（一）、工人登記表册有變更者及其變更部份

（二）解僱及增雇工人之姓名
（三）未經核准解僱及擅自離職之工人姓名
（四）死亡傷病之工人姓名及傷病者之狀況

第十六條 僱用廠礦及工人違背本辦法之規定者依妨害國家總動員懲罰暫行條例懲罰之

第十七條 省（市）政府依本辦法各條規定辦理之事項每六個月應彙報主管部及社會部備查其由縣（市）政府辦理者由省政府轉報之

第十八條 本辦法自公佈之日施行

呈報調查登記表冊暨製發管制登記證注意事項

一 各報奉令後應將該廠礦全部工人每人填造調查登記表（表附）及工人總名冊（格式附）各四份（中央各部會署及各省市直轄之廠礦僅填造三份）並粘附各該工人最近二寸半身照片或左手食指指模五張（登記表上各粘貼一張另附一張備發管制登記證之用）表冊除各廠礦自存一份備查外以三份呈報主管官署備核此項登記應自奉令之日起兩個月內辦理完畢

二 各廠礦呈報之主管官署應分別規定如左

1中央各部會署直轄之廠礦應分報主管部及社會部
2各省（市）營廠礦及私營廠礦應報由各省（市）政府轉報社會部
3各縣（市）所屬公私廠礦應報由各該縣（市）政府呈由省政府轉報之

三 廠礦工人調查登記表冊及工人動態報告表（表附）由廠礦依所附格式代行印製

四 各縣（市）政府收到各廠工人登記表冊後除存一份備查外應即核轉省政府

五 各廠礦工人調查登記表冊經審查合格後應分別填發管制登記證（格式附）

六 前項管制登記證除中央各部會署直轄之廠礦由社會部製發外餘均由各廠礦所在地省（市）政府製發並將登記證字號速同各廠礦工人調查登記表冊彙報社會部審查[illegible]人

七 各省（市）政府製發登記證字號應冠以各該省名簡稱及廠或礦字樣例如四川省爲川廠（或礦川字）第〇〇〇號

八 各廠礦對工人變更或解雇均應填具廠礦工人動態報告表連同管制登記證及調查登記表呈報所在地主管官署履行轉移登記
雇用新工人時應依照第十一條規定辦理呈報主管官署備查

廠礦工人調查登記表（　　　）

姓名
性別
年齡
籍貫　省（市）　縣
入團年月　年　月
團證字號　字第　號
入黨年月
黨證字號　字第　號
已否加入工會及工會員證字號
現在住址
永久住址
教育程度
經歷
有何技能或專長
健康強弱
家庭人數
同居人數
經濟狀態
合計動產不動產
每月家庭負擔額
粘貼照片或指模
現在工作概況
現任工作
入廠年月
每月薪金數額
曾受何種訓練
廠礦評語
技術是否熟練
工作是否熱心負責
有無領導能力
其他
審查結果
登隊項字號　字第　號
頒發日期　年　月
備考

說明
（一）各廠礦依照此表大小格式印製填報
（二）廠礦評語由廠礦負責人親自填寫
（三）審查結果以後各欄勿須填寫

年　月　日填

（某某）廠（礦）工人總名冊

姓名	性別	年齡	籍貫	工別	每月薪津	備考

（某某）廠（礦）工人動態報告表

年 月 日

動態	原因	管制登記證字號	姓名	担任工作		每月薪津		到廠日期		離廠日期		備考
				原來	現在	原來	現在	月	日	月	日	

第一頁

社會部勞動局

厰礦工人管制登記證

第二頁

姓名		性別		別號		出生 民國 年 月 日
入黨團年月	年 月	黨團證字號	字第 號			
籍貫	省(市) 縣					
教育程度						
經歷						

現任工作				
厰礦名稱	地址	担任工作	入廠年月	薪金數額

第三頁

日期	動態原因	新任工作概况				核准機關蓋章
		厰址名稱	地址	担任工作	薪金數額	

第四頁

黏貼照片或指模	登記證字號	填登日期

住址		
現在	省 縣 街(路) 號	第 區 鎮 保 甲
永久	省 縣 街(路) 號	第 區 鎮 保 甲

公役管理規則

三十二年四月二十一日行政院令頒發

第一章 總則

第一條 爲節人力充裕兵源幷求使用合理支配適當養成良好之服役精神與習慣特訂定本規則

第二條 關於公役管理除依本規則之規定外其他有關公役管理之法令得適用之

公役服務規則另訂之

第二章 雇用與解雇

第三條 公役範圍包括傳達侍應清潔挑運廚役及車輛伕等及其他勤務幷須按月在該機關支領工資者

第四條 凡適齡壯丁除取得緩役之證件者外不得雇用

第五條 公役工資最高爲四十五元並得視當地生活程度酌給補助費

第六條 公役被雇用時應由雇用機關詳細審查其來歷（如前在其他機關充任公役者應有解雇證明文件否則不予雇用）思想行動幷塡具公役登記表二份由本機關存查一份送社會部審查（附表式）保證書一份本機關存查（附表式）

第七條 公役非有左列情事之一者不得請求解雇

一 年齡在五十歲以上者精力衰頽不堪工作者

二 患病經醫師證明屬實必須退休者

三 有特殊情事經核准認爲應須解雇者

第三章 管理

第八條 公役管理由各機關總務機構指定人員按照本規則管理之

第九條 公役之進退遷調奬懲考勤等事項管理人員均應有詳細之紀錄幷於每月終造表呈送長官核閱

第一〇條 公役應早晚點名各一次幷施以簡單之軍事訓練利用時間精神講話新生活意義及一般軍隊內務細則常識指示服務要點

第一一條 公役得分班管理指定公役中之誠實勤能者爲班長負下列各項任務

一 傳達主管命令
二 幫助考察勤務
三 督促整齊清潔
四 領導遵守紀律

第一二條 為增進公役者能起見得由各機關設置補習班及舉行工作競賽（工作競賽成績優良者酌予獎勵）其辦法均由各機關自行規定

第一三條 各機關應辦理公役儲蓄事宜其辦法自行規定

第一四條 公役假期規定每年事假二週病假四週婚假一週喪假一週生育假五週其詳細辦法由各機關自行規定

第四章 考勤及獎懲

第一五條 公役定每年六月底及十二月底各考勤一次分別獎懲如有特殊情事得隨時獎懲之獎懲辦法如下

一 嘉勉
二 記功
三 獎金或加工資
四 提升職員

甲 有左列情事之一者予以嘉勉
1 態度溫和有禮者
2 作事負責毫無過失者
3 三個月內從未請假者

乙 有左列情事之一者予以記功
1 遵守規則從無違犯者
2 服務處所整潔有序者
3 勤慎奉職禮貌周到者

4 六個月內從未請假者

丙 有左列情事之一者予以獎金或加工資

1 品行端正工作勤勞確有成績者

2 經服務處所主官保奬者

3 曾經記功二次以上者

4 一年以內從未請假者

丁 有有左列情事之一者予以提升雇員

1 智能品行兼優經考試合格者

2 服務滿五年以上有特殊勞績者

第一六條 公役懲罰辦法如左

一 申誡

二 記過或罰工資

三 罰苦役或開革

甲 有左列情事之一者予以申誡

1 服裝不整儀容不潔者

2 語言狂妄對人無禮者

3 無故外出呼喚不應者

乙 有左列情事之一者予以記過或罰工資

1 懶惰情取巧怠忽職務者

2 對待長官傲慢不敬者

3 服務處所污亂不堪者

4 曾經申誡兩次以上者

丙、有左列情事之一者予以罰苦工或開革

1態度侮慢不聽長官指揮者

2言行乖張破壞紀律者

3經服務所主官通知懲戒者

4成績低劣不堪造就者

5曾記過二次以上者

第一七條　本規則自核准之日施行

公役服務規

三十二年四月二十一日行政院頒發

第一條　本規則依公役管理規則第二條乙項之規定訂定之

第二條　公役受雇應填具各項應填表格遵守規則忠實努力執行其工作

第三條　公役對於主管長官及管理人員之命令應絕對遵守不得違背

第四條　公役派在各單位服務時各該單位之長官為其兼管長官公役對兼管長官應受其指揮服從其命令

第五條　對於兩級長官同時所發命令以上級長官之命令為準主管長官與兼管長官同時所發命令以主管長官之命令為準但應立即將兼管長官命令報告主管長官

第六條　公役倘有呈訴事項須向管理人員或班長報告轉呈不得越級呈請

第七條　公役對於長官及職員言語須誠實態度須恭敬遇有使命應立即負責辦理不得推諉

第八條　公役間應親愛精誠和衷共濟不得爭吵鬥毆高聲談笑如有糾紛事件應報告班長轉陳管理人員處理

第九條　公役對於公有物品應加愛護妥為保管如有損壞或移動須立即報告主管人員領用物品尤應撙節使用不得浪費或挪作私用

第一〇條　公役應準時到值退值不得遲到早退如在辦公時間以外或假期派定輪值應照常工作不得外出

第一一條　辦公室公役應在辦公時間前半小時到值後半小時退值以便掃除清理此外校正時鐘翻撕日歷開關電燈均應按時執

行使一切工作處理完畢如得離開

第一二條 辦公室公役應於每日下午職員退值後將全部廢紙收集交由值日職員監視焚燬

第一三條 公役對於公文稿件及函電不得開折或翻閱遞送須迅速並應取得回章不得延擱或窺視漏洩內容

第一四條 傳達室須常川有人在室不得任意離開亦不得有致閒雜人等在室聚談致誤公務

第一五條 來賓拜訪職員應先請填寫會客單引入會客室再將會客單送遞不得直接領入辦公室態度應和藹誠懇不得傲慢失禮

第一六條 會客時公役遇有賓客入室應即奉茶不得怠慢並應隨時注意保持整潔

第一七條 接聽電話應謙和簡答不得粗率無禮並隨時傳達受話人如受話人外出須留單通知

第一八條 保管室公役對於一切公有物品應聽從保管人員指揮妥爲安置未經准許不准擅自發給或自行取用

第一九條 油印室公役對於油印應將臘紙底稿及印壞紙張除由主管職員監視焚燬如須保存必要者須妥爲放置不得散失致印件內容務須保守秘密不得洩漏

第二〇條 宿舍公役應隨時注意整齊清潔並須特別看管公私物品對於門戶燈火須注意並按時啓閉更不得引帶閒雜人等入內或任宿舍內住宿人員有異動時應立即報告管理人員

第二一條 廚役對於廚房應隨時洒掃清潔污水炭灰不得隨地傾倒關於爐灶器皿務須整潔妥加保管飯菜須覆蓋嚴密不得露置案頭以招蠅蚊用水宜潔飲水宜沸

第二二條 清潔伕應隨時將屋院溝渠走廊樓梯門窗廁所等處掃除清潔

第二三條 挑水伕除每日擔指定工作外應隨時遵命運送物品不得延誤

第二四條 服務處所如遇意外事變應立即自動設法營救並報告管理或值日人員

第二五條 公役公餘時間應從事識字或其他有益工作不得有冶遊賭博及其他不正當之行爲

第二六條 公役應注意身體清潔不得隨地吐痰便溺服裝須保持清潔襪鞋面手指應隨時修整宿舍應注意整潔

第二七條 公役符號證章應端正佩於服裝胸部左上方倘有遺失應即報告管理人員并依照手續呈請補發

第二八條 公役非有疾病重大事故不得請假并應依照規定手續辦理非經核准不得擅離職守

第二九條 公役解雇應將所領服裝證章符號及其他公物等繳還所有經手事務亦須交代清楚辦理完竣後方得離職

第三〇條　本規則如有未盡事宜各機關得依事實需要自訂詳細辦法

第三一條　本規則自核准之日起施行

公役保證書

具保人　今保　在

充當公役遵守一切規則嗣後如有違犯紀律及損壞公物或其他不法行爲保證人願負完全責任

特具保證書爲憑此上

具保人　（簽名蓋章）

職業

住址

中華民國　年　月　日

說明

一、本保證書須當地殷實店舖一家或機關委任職以上職員一人担保

二、本保證書時效自具保之日起解至雇三個月後止

三、本保證書每年對保一次由對保人蓋章並證明「對保無誤」字樣由管理負人員慎保存

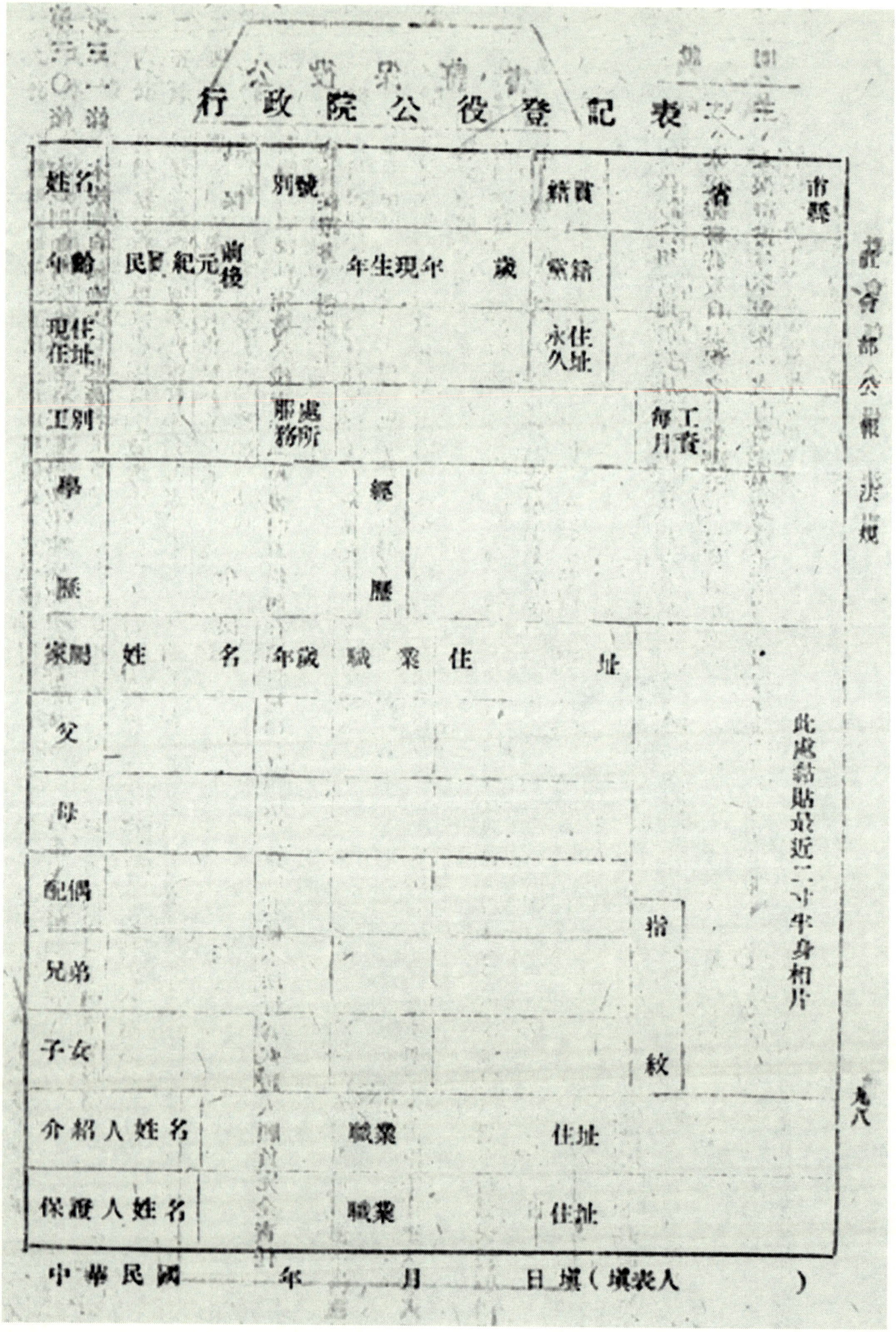

行政院公役登記表

姓名		別號		籍貫	省　市/縣
年齡	民國紀元前/後　年生現年　歲			黨籍	
現住址				永久住址	
工別		服務處所		每月工資	
學歷		經歷			
家屬	姓名	年歲	職業	住址	此處黏貼最近二寸半身相片
父					
母					
配偶					指紋
兄弟					
子女					
介紹人姓名		職業		住址	
保證人姓名		職業		住址	

中華民國　　年　　月　　日填（填表人　　　）

法令　會　部　公報　法規

九八

社會部勞動局流動調查登記站組織規程

（三十二年五月二十二日行政院備案）

第一條　社會部勞動局（以下簡稱本局）為明瞭全國人力狀況便於管制起見特設置流動調查登記站（以下簡稱調查登記站）輪流派赴各重要地區辦理業務

第二條　調查登記站設主任一人綜理全站事務調查登記員二人至四人承主任之命分掌調查登記事項其編制如附表

第三條　調查登記站之職掌如左

一　關於各地專門人才及技術員工之調查登記事項

二　關於各地從業失業員工及無業遊民之調查登記事項

三　關於各地從業員工薪俸工資之調查事項

四　關於各地人力供需狀況之調查事項

五　關於各地有關義務勞動之調查登記事項

六　關於本局臨時指定之其他調查登記事項

第四條　調查登記站應於每月終依式填具工作月報表呈報本局備核

第五條　本規程經呈奉　准後施行

社會部勞動局流動調查登記站編制表

職別	人數	備考
主任	一人	薦任待遇
調查登記員	二人至四人	自委任八級至委任四級
公役	三人	

渝江巴示範區工資限制推行方案

（三十二年六月廿七行政院指令准予備案）

甲 總則

一 示範區限制工資事宜，除法令別有規定外，依「戰時管制工資辦法」暨「限制工資實施辦法」辦理

二 工資限制標準以當地三十一年十一月三十日之各業工資為最高額

三 限制工資之對象包括產業工人職業工人先就鹽食油紡織燃料紙張印刷麵粉糖理髮縫紉車輪力運泥木石等業工人限定但仍得視當地限制物價及實際情形之需要酌予增減

四 示範區限制工資以全市縣各鄉各鎮一律實施為原則但亦得視實際情形之需要分鄉（鎮）分期辦理

五 示範區辦理限制工資事宜相互間應密切聯繫配合一致

乙 機構及職權

六 示範區限制工資之主管官署在重慶為社會局江巴兩縣為縣政府但鄉鎮公所應負實際執行之責

七 示範區於限制工資時應由主管官署召集各該地黨部團部憲警機關及有關機關法團同業公會工會與公正士紳等組織工資評議會辦理工資之報告登記調查審議糾察檢舉等事項

八 示範區於限制工資後應由社會部召集主管官署代表按月舉行工作會報商討工作聯繫及相互配合及策進諸事宜

丙 執行及步驟

九 主管官署於限制工資前應依「非常時期工會管制暫行辦法」暨「非常時期職業團體會員強制入會與限制退會辦法」限期成立各業公會工會已成立公會工會者並嚴密其組織

十 主管官署於限制工資時應召集有關單位組織工資評議會厘訂章則執行任務

十一 主管官署應督同工資評議會調查各業工人狀況並辦理工資普查

十二 主管官署得視當地實際情形擇定重要鄉鎮與業別先期實施工資限制逐漸推廣以達全面管制其分期實施計劃由主管官署擬定報社會部備查

十三 主管官署應責成實施限制工資各業公會工會據實查報各該業三十一年十一月三十日及查報時間應工資額分別提交

工資評議會審議後由主管官署核定公佈施行並報社會部備查

十四　主管官署核定公佈之各業工資為該市縣各該業工資之最高額至各鄉鎮實際工資較核定工資為低者仍照實際工資呈報主管官署核定施行

十五　工資限制後主管官署應會同有關機關團體舉行擴大宣傳

十六　主管官署辦理限制工資情形除報該管省政府外并按週逕報社會部備查

丁　監督與檢舉

十七　工資限制後主管官署應督同各該地同業公會及工會監察並檢舉

十八　主管官署應會同當地憲警及黨部團部擬具監察檢舉辦法負責執行並報社會部備查

十九　社會部應隨時派遣督導人員分赴示範區各鄉鎮實地督導

戊　獎懲

二十　凡違反限制工資規定其情節重大者依妨害「國家總動員懲罰暫行條例」懲處其情節較輕者由主管官署督同各該業同業公會工會公議處罰

廿一　辦理限制工資工作成績列為各該單位年終考績重要項目但辦理成績卓著或玩忽不力情節重大者得隨時獎懲之

廿二　限制工資獎懲辦法由主管官署擬定除報該管省政府外并逕報社會部備查

廿三　獎懲執行由各該上級機關主持但情節重大者得移國家總動員會議軍法執行總監審判之

己　競賽

廿四　示範區限制工資工作應定期舉行競賽其辦法另定之

庚　經費

廿五　為執行限制工資各項業務所需經費以由各市縣原有預算勻支為原則但必要時亦得專案呈請各該上級機關撥發

渝江巴示範區人力節制推行方案

（三十二年六月七日行政院指令准予備案）

甲　總則

甲、辦理示範區人力節制事宜依照「重慶市人力節制辦法」之規定辦理

二、節制人力工作在示範區之市縣及鄉鎮應一律實施並得參酌實際情形分期分類次第推行

三、示範區節制人力工作其已開始實施者繼續進行其未實施者於準備妥善後即行實施

乙、機構及職權

四、示範區節制人力之執行機關在重慶市為市政府在巴縣江北為各該縣政府鄉(鎮)負實際執行之責必要時商請地方黨團部及有關機關協助辦理

五、示範區節制人力工作推行以前由社會部召集市縣執行機關及有關機關會商討論實施時應行準備及聯繫事項

六、示範區節制人力工作之綜合設計督導事項由社會部主持每月召集市縣執行機關及有關機關舉行會報一次　檢討推行成果

七、節制人力工作市縣執行機關應自行擬定實施細則報社會部備查

八、節制人力工作實施時市縣執行機關應邀請當地黨團部及有關機關會商宣傳辦法

九、節制人力工作之清查登記辦法如左

十、(甲)由示範區市縣執行機關分飭所屬從速辦理清查人力節制辦法第二條各款規定應行限制取締各業工人數額及其分佈情形

(乙)示範區合於人力節制辦法第二條各款規定之各業工人應實施登記必要時由社會部勞動局協同辦理之

十一、清查登記辦理完竣後由市縣執行機關核定被限制取締之員工伕役類別及其數量並就左列事項分別予以統計

(甲)合於兵役法規定者之數量

(乙)諳習有相當職業技能者之數量

(丙)能自行改業或轉業者之數量

(丁)無相當職業技能者之數量

十二、各項工作辦理完竣後市縣執行機關應召集各該業同業公會商討改業或轉業之辦法並對各該業被取締之從業員工分別

曉諭勸導然後會同有關機關施行總淸查再行公告限期自行結業及轉業限期屆滿時卽予強制執行

二、實施限期取締分爲三期每期暫定爲三個月茲分別於左

(甲)限制營業之人力車輛行及其所租賃之車輛伕數額

(乙)限期各機關公司行號廠商及私人自備人力車輛及所雇用之車輛伕

(丙)取締各機關超過編制之伕役及各公司行號廠商逾伕額之役

(丁)取締無業游民

(戊)限制私人僱用伕役數額

(己)限制人民乘坐車輛

第二期

(甲)限制奢侈品製造業與販賣業之從業員工數額

(乙)限制事涉迷信之從業員工數額

(丙)限制擦背修脚工人數額

(丁)限制擦鞋工人

第三期

(甲)限制旅館業之從業員工數額

(乙)限制飲食業之從業員工數額

(丙)限制娛樂場所之從業員工數額

三、被取締之員工伕役取締後之安置辦法如左

(一)合於兵役法規定者送服兵役

(二)其不合於兵役法規定而具有其他技能而能轉業者依左列規定辦理

子　分發與動員業務有關之部門工作

丑　移殖墾業

寅　遣送還鄉從事耕作生產

卯　派赴嘉陵江煤礦工作

辰　自行改業或轉業

巳　籌設游民習藝所或勞動預備隊收容訓練

一四　被取締員工伕役安置轉業時市縣執行機關對自行改業或轉業者應監督輔導其轉入指定之業別不得任其自由流散其不適於改業或轉業者得予以收容訓練

一五　被取締員工伕役及游民之送服兵役及遣送就業轉業事宜由市縣執行機關會同有關機關辦理

一六　被取締員工伕役及游民之收容訓練事宜由市縣執行機關商承社會部辦理之

一七　示範區市縣節制人力情形應按週報告該管省政府并逕報社會部備查

丁　監督與檢舉

一八　市縣執行機關應會同地方黨部及憲警擬具監察檢舉辦法負責執行除報該管省政府外并逕報　社會部備查

一九　社會部應隨時派遣督導人員分赴示範區各鄉鎮實地督導

戊　獎懲

二〇　示範區各機關如有違反人力節制辦法規定由市縣執行機關報告該管上級機關予以處分

二一　推行節制人力工作成績列為各該單位年終考績重要項目但成績卓著或玩忽不力情節重大者得隨時獎懲之

二二　節制人力之獎懲辦法由市縣執行機關擬定呈該管省政府並逕報社會部備查

二三　獎懲之執行由各該上級機關主持辦理

己　競賽

二四　示範區節制人力工作應定期舉行競賽其辦法另定之

庚　經費

二五　人力節制後被取締限制之員工伕役之安置救濟所需經費以由縣市執行機關核列概算呈請專案發給

社會部勞動局委託各團體調查技術人員簡則

三十一年八月二十五日部令核准

一　本局為委託各團體調查所屬會員中之技術人員起見特製訂本簡則

二　凡經立案之人民團體得承受本局之委託辦理技術人員調查事宜

三　承受委託之團體應就各該會暨其分支會所屬會員中合於左列各項資格之一之人員依式造具名冊彙報本局

1 曾在國內外專科以上學校或高級職業學校之理工農醫及工商管理會計等科畢業或對上述各學科有專門著作或發明者

2 曾受前款各學科或其相關學科技術訓練合格者

3 曾任前款各科工作或修習前款技術二年以上具有相當經驗者

4 其他合於專門技術人員考試法所定之資格者

前項技術人員調查各冊格式由本局製定之

四　承受委託之團體由本局依據其調查會員人數分別酌予津貼

五　委託調查時間自本年九月一日起至十二月底為止計四個月

六　本簡則自呈奉　核准之日起施行

[illegible]

國民政府令

任免令

行政院院長蔣中正呈據社會部部長谷正綱呈請任命部[illegible]為社會部科長應照准此令　三十二年四月十六日

社會部秘書朱景暄另有任用朱景暄應免本職此令　三十二年五月[illegible]日

行政院院長蔣中正呈據社會部部長谷正綱呈爲署社會部秘書[illegible]放另有任用請免本職應照准此令　三十二年五月十四日

社會部總務司司長陳[illegible]呈請辭職陳[illegible]應免本職此令　三十二年五月[illegible]日

[illegible]署社會部勞動局局長[illegible]此令　三十二年五月三十一日

行政院院長蔣中正呈據社會部部長谷正綱呈請任命鋼邦綺為社會部勞動局秘書應照准此令　三十二年六月二十八日

行政院院長蔣中正呈據社會部部長谷正綱呈請派[illegible]兼理社會部勞動局科長職務應照准此令　三十二年六月二十九日

社會部部令

公佈令

茲將本部調查統計案分類委佈之此令　三十二年[illegible]月[illegible]日　社法字第[illegible]號

茲訂定非常時期民營工廠員工獎金辦法公佈之此令（與經濟部會同公佈）　三十二年四月[illegible]日　社法字第[illegible]號

茲制定社會部[illegible]考核委員會組織規程公佈之此令　三十二年四月[illegible]日　社法字第[illegible]號

茲制定社會部工礦檢查室組織簡則公佈之此令
社法字第四四八九九號　三十二年四月二十二日

茲指定魯山縣併爲河南省實施工商業及團體管制區域公佈之此令（與經濟部會同公佈）
社法字第四五五六三號　三十二年五月五日

茲將社會部工作成績考核委員會組織規程廢止此令
社法字第四五五九七號　三十二年五月六日

茲修正本部分層負責辦事細則公佈之此令
社法字第四五六一〇號　三十二年五月六日

茲制定各省市縣地方救濟事業基金管理辦法公佈之此令
社法字第四六〇〇三號　三十二年五月十四日

茲制定直轄人民團體書記甄選訓練辦法公佈之此令
社法字第四六〇〇五號　三十二年五月十四日

茲修正社會部社會行政計劃委員會研究室組織簡則公佈之此令
社法字第四七三五八號　三十二年六月五日

茲將合作社所用各種憑證免貼印花辦法廢止此令
社法字第四七五〇七號　三十二年六月十日

茲指定廣東省韶關爲實施工商業團體管制區域此令（與經濟部會同公佈）
社法字第四八四六八號　三十二年六月十八日

茲制定社會部社會行政及各項業務人員統一訓練綱要公佈之此令
社法字第四八六五六號　三十二年六月三十日

茲將本部職員三十一年度年終考績考成結果公佈之此令
人字第四八六六〇號　三十二年六月三十日

任免令

茲派王長庚代理本部科員此令

總二字第四三七五六號　三十二年四月一日

茲派陳倫常暨史潘憲萃爲本部統計處家計調查員此令

人字第四四一二九號　三十二年四月七日

茲派戴　冕爲本部統計處調查督導員此令

人字第四四一三六號　三十二年四月七日

茲派徐曉江爲本部督導員此令

人字第四四一三七號　三十二年四月七日

茲派本部視導鈕長耀卞宗孟鄒若谷參事朱景暄李俊龍秘書楊　放爲本部設計考核委員會委員此令

人字第四四一六〇號　三十二年四月七日

本部科長鄭　職另有任用着免本職除呈報外此令

人字第四四五三三號　三十二年四月十三日

茲派羅建寅代理本部科員此令

人字第四四五三五號　三十二年四月十三日

茲委任郭時暢爲本部科員此令

人字第四四七一〇號　三十二年四月十七日

茲派周　鑫代理本部科員此令

人字第四四七八〇號　三十二年四月二十日

本部調查員馮啓琪應予免職此令

人字第四四八五五號　三十二年四月二十一日

茲派羅孟昭代理本部科員此令

人字第四四九五九號　三十二年四月二十三日

茲派胡良幹爲本部衡陽社會服務處主任此令

人事字第四四九六七號　三十二年四月二十二日

茲派楊[illegible]為本部衡陽社會服務處組長此令

人事字第四四九六八號　三十二年四月二十三日

派劉[illegible]為[illegible]衡陽[illegible]會服務處[illegible]此令

人事字第四四九六九號　三十二年四月二十[illegible]日

本部督導員[illegible]辭職應予照准此令

人事字第四四九九八號　三十二年四月二十[illegible]日

本部[illegible]辭職應予照准此令

人事字第四四九九七號　三十二年四月二十[illegible]日

代理本部[illegible]另有任用應予免職此令

人事字第四五〇〇〇號　三十二年四月二十二日

本部重慶實驗救濟院育幼所主任[illegible]辭職應予照准此令

人事字第四五〇〇二號　三十二年四月二十三日

茲派盛古歟為本部重慶實驗救濟院育幼所主任此令

人事字第四五〇〇三號　三十二年四月二十三日

茲派方金鏞為本部重慶社會服務處人事諮詢處總幹事此令

人事字第四五〇三七號　三十二年四月二十四日

茲派金光華、程世[illegible]、張之[illegible]、史驊生、龔維、李士賢為本部重慶社會服務處服務組、市中心區分處、海棠區分處、康樂部、業務組、總務組總幹事此令

人事字第四五〇三九號　三十二年四月二十四日

本部專員王振九着毋庸兼任內江社會服務處主任此令
人字第四五〇八七號 三十二年四月二十六日

茲派本部專員江孝桂兼任內江社會服務處主任此令
人字第四五〇八八號 三十二年四月二十六日

本部統計處計算員高容久假不歸應予免職此令
人字第四五〇九〇號 三十二年四月二十六日

茲派張鈺鎔為本部統計處計算員此令
人字第四五二四八號 三十二年四月二十八日

茲派賀鴻儒為本部統計處調查員此令
人字第四五二四八號 三十二年四月二十八日

茲派徐玉瀛為本部統計處調查審導員此令
人字第四五二五〇號 三十二年四月二十八日

茲派何　礩為本部統計處家計調查員此令
人字第四五二五一號 三十二年四月二十八日

茲派周　禹為本部統計處家計調查員此令
人字第四五二五二號 三十二年四月二十八日

本部統計處調查審導員楊　剛另有任用應予免職此令
人字第四五二六三號 三十二年四月二十八日

茲派楊　剛為本部調查員此令
人字第四五二六四號 三十二年四月二十八日

本部督導員龍詩樵呈請辭職應予照准此令
人字第四五三〇五號 三十二年四月二十九日

茲派賀柏青代理本部科員此令

人字第四五三〇六號　三十二年四月二十九日

本部科員黃華昌呈請辭職應予照准此令

人字第四五三八四號　三十二年五月一日

茲派陳昭民代理本部勞動局科員此令

人字第四五四一六號　三十二年五月一日

茲派李慶麥代理本部勞動局科員此令

人字第四五四一八號　三十二年五月一日

本部統計處計算員蔡　琨呈請辭職應予照准此令

人字第四五八二四號　三十二年五月十一日

茲委任傅祖佑試署本部科員此令

人字第四五八二六號　三十二年五月十一日

茲委任殷國文試署本部科員此令

人字第四五八二八號　三十二年五月十一日

茲委任周淵文試署本部科員此令

人字第四五八三〇號　三十二年五月十一日

茲委任岑昭仁試署本部合作事業管理局科員此令

人字第四五八三二號　三十二年五月十一日

茲委任趙志共試署本部勞動科員此令

人字第四五八三四號　三十二年五月十一日

茲委任宋自新爲本部科員此令

人字第四五八三七號　三十二年五月十一日

茲委任樓宇成試署本部合作事業管理局科員此令

人字第四五九一二號　三十二年五月十三日

本部科員陳永齡應予免職此令 人字第四五九三三號 三十二年五月十三日

本部統統計處調查審導員謝國成應予免職此令 人字第四五九三四號 三十二年五月十三日

茲派王開元代理本部科長除呈薦外此令 人字第四五九五四號 三十二年五月十三日

本部專員徐竹者請辭科長兼職應予照准此令 人字第四五九五五號 三十二年五月十三日

本部統計處調查審導員洪　燁應予免職此令 人字第四六〇〇八號 三十二年五月十四日

本部科員周宏濤呈請辭職應予照准此令 人字第四六〇八一號 三十二年五月十五日

本部督導員胡健民另有任用應免本職此令 人字第四六一八八號 三十二年五月十八日

茲派胡健民代理本部科員此令 人字第四六一八九號 三十二年五月十八日

茲委任黃柄光爲本部科員此令 人字第四六三四五號 三十二年五月二十一日

茲委任郭　鐸爲本部科員此令 人字第四六四二一號 三十二年五月二十一日

茲派徐宏吾代理本部合作事業管理局科員此令 人字第四六四七四號 三十二年五月二十一日

茲派鄭則龍代理本部勞動局科員此令

人字第四六四九七號　三十二年五月二十一日

本部合作事業管理局科員陳光國另有任用應予免職此令

人字第四五六〇三號　三十二年五月一日

本部統計處計算員周東平呈請辭職應予照准此令

人字第四五六〇四號　三十二年五月六日

茲派劉鳳儀代理本部科員此令

人字第四五六〇五號　三十二年五月六日

茲派專員王振九兼任本部蘭州社會服務處主任此令

人字第四五七五八號　三十二年五月六日

茲委任李茂仁爲本部科員此令

人字第四五八〇〇號　三十二年五月十一日

茲委任程庸昌試署本部勞動局科員此令

人字第四五八〇三號　三十二年五月十一日

茲委任莫希平試署本部科員此令

人字第四五八〇五號　三十二年五月十一日

茲委任朱辛流試署本部科員此令

人字第四五八〇七號　三十二年五月十一日

茲委任羅淵澣試署本部科員此令

人字第四五八〇九號　三十二年五月十一日

茲委任總寶康試署本部科員此令

人字第四五八一二號　三十二年五月十一日

茲委任曾希平試署本部勞動局科員此令

人字第四六五五二號　三十二年五月二十四日

本部合作事業管理局辦事員王永修呈請辭職應予照准此令

人字第四六五五三號　三十二年五月二十四日

茲委任王希祥為本部科員此令

人字第四六五六〇號　三十二年五月二十四日

茲委任王世鑫　烈為本部合作事業管理局科員此令

人字第四六五六三號　三十二年五月二十四日

茲委任方中試署本部科員此令

人字第四六五六四號　三十二年五月二十四日

本部統計處調查督導員羅淑清呈請辭職應予照准此令

人字第四六八八一號　三十二年五月二十八日

茲派樓世軍代理本部科員此令

人字第四六九七五號　三十二年五月二十九日

茲派易春海李維隆賀兆森代理本部勞動局科員此令

人字第四六九九四號　三十二年五月三十一日

茲派王化南為本部重慶實驗救濟院醫療所主任此令

譚百山　安老所主任

羅裘孫　總幹事

人字第四七〇〇〇號　三十二年五月三十一日

本部重慶第二育幼院

總務　何文驄

教導組組長　陳昚逸

保育組組長　李洛珍

衛生　張活賓

應予免職此令

人字第四七〇三八號　三十二年五月三十一日

蔡澤甫　總務

茲派毛逸之代理本部重慶第二育幼院教導組組長此令

董君謀　保育

人字第四七〇三九號　三十二年五月三十一日

茲派劉業景代理本部科長除呈薦外此令

人字第四七一〇一號　三十二年六月一日

茲派程振遠爲本部統計處調查審員員此令

人字第四七一二五號　三十二年六月一日

本部統計處計算員程振遠另有任用應予免職此令

人字第四七一二六號　三十二年六月一日

茲派錢志復古活泉劉樹溪葉蘋爲本部調查審導員此令

人字第四七二五五號　三十二年六月三日

茲委任何三洲爲本部科員此令

人字第四七二九五號　三十二年六月四日

茲委任王鼎鉌爲本部勞動局科員此令

人字第四七二九八號　三十二年六月四日

本部科員李茂仁逾假不歸着即撤職此令

人字第四七三九三號　三十二年六月五日

本部科員黃柄光着即撤職此令

人字第四七四八〇號　三十二年六月九日

茲委任陶紊君爲本科部員此令

人字第四七四九三號　三十二年六月九日

茲派本部參事朱景暄／秘書黃夢飛／科長姜光昀兼任本部設計考核委員會設計組組長／組組長／考核組副組長此令

人字第四七五九八號　三十二年六月十一日

本部政務次長洪蘭友／常務次長黃伯度着毋庸兼任本部設計考核委員會設計組組長／考核組組長此令

人字第四七五九九號　三十二年六月十一日

茲派劉金嶺代理本部科員此令

人字第四七七九〇號　三十二年六月十五日

茲派劉清雲／金大成／曾昌禮／杭聯第代理本部重慶第一育幼院教導／總務／衛生／保育組組長此令

人字第四八〇三九號　三十二年六月十九日

茲派黃茂時代理本部科員此令

人字第四八〇四九號　三十二年六月十九日

茲委任蕭祖虞為本部合作事業管理局科員此令

人字第四八〇七三號　三十二年六月二十一日

茲委任黃燕節試署本部科員此令

人字第四八〇七五號　三十二年六月二十一日

茲委任余仁侃試署本部科員此令

人字第四八〇七七號　三十二年六月二十一日

茲委任鍾緯鏍為本部科員此令

人字第四八〇八二號　三十二年六月二十一日

茲派劉平欣宋文秀代理本部勞動局科員此令

茲委任方靜濤試署本部科員此令

人字第四八〇九二號　三十二年六月二十一日

本部統計處調查審導員古活泉呈請辭職應予照准此令

人字第四八一〇一號　三十二號六月二十一日

茲派本部司長陳言兼任本部員工保險籌備委員會主任委員

人字第四八四六一號　三十二年六月二十六日

茲派參事黃友郢司長陳京　謝徵孚合作事業管理局局長壽勉成勞動局局長賀衷寒視導鈕長燿統計長汪龍會計室主任盛艮忠人事室主任郭　驥計劃委員王徵葵兼任本部員工保險籌備委員會委員此令

人字第四八四〇七號　三十二年六月二十六日

本部科員朱辛流呈請辭職應予照准此令

人字第四八四九五號　三十二年六月二十六日

茲派謝昌森代理本部勞動局視導除呈荐外此令

人字第四八四九九號　三十二年六月二十六日

中華海員工會特派員辦事處設計委員王寄一呈請辭職應予照准此令

人字第四八五九九號　三十二年六月二十九日

茲派梁國英爲中華海員工會特派員辦事處設計委員此令

人字第四八六〇〇號　三十二年六月二十九日

茲派本部專員章宗福兼任本部設計考核委員會考核組組員此令

人字第四八六六五號　三十二年六月三十日

茲派本部專員陳道暉廖翰翔程偉英兼任本部設計考核委員會考核組組員此令

人字第四八六六六號　三十二年六月三十日

本部統計處調查員李掄三張東之應予免職此令

人字第四八六八九號　三十二年六月三十日

附載

社會部最近聘派人員姓名一覽（三十二年四月至六日）

聘任

社會行政計劃委員會委員

劉仰之（改兼任）許聞天（專任）

本部社會救濟研究委員會委員

黄伯度　章元善　于　斌　吳文藻　周一夔　李慶麐　趙聯芳　王志莘　程海峯　瞿菊農　宋　彤

楊崇瑞　熊　芷　李在耘　范定九　艾德敷　安獻今　陳陵雲　冷御秋　羅運炎　陳鐵生　柯象峯

本部農民政策研究委員會委員

李宗黄　李中襄　鄧飛黄　王先強　孫廉泉　楊開道　瞿菊農　鄒秉文　蕭　錚　喬峯明　章元善

梁仲華　鄭震宇　何公敢　劉光華　張國藩　章之汶　鄒樹元

本部兒童福利研究委員會委員

陳衡哲

派任

勞工衛生委員會委員

謝徵孚　陸京士　朱景暄　秘書　張永懋

本部社會福利司工礦檢查室主任

張天開

本部設計考核委員會秘書

徐竹若
本部訴願審理委員會祕書
丁錚域
本部員工保險籌備委員會祕書
周光琦
本部社會工作人員人事管理制度專題研究委員會祕書
郭騏
本部醫療室主任
胡毓猷

力量與中總足，會通而不懈經營，并本此意，所屬人員予以獎懲。
釐訂各項法規，故能配合需要預算二十餘萬元。至於各省社會處[illegible]
工作指導會，征聘國內專家學者[illegible]
計畫與推進，列為中心工作，并配給經費二百六十萬元。[illegible]
，關於健全工會組織，舉辦[illegible]

總務類

社會部呈 總二字第四二九三六號 三十二年四月五日

為遵令成立本部設計考核委員會附呈組織規程及委員名單請鑒核備案由

案奉

鈞院本年三月二日仁七字第五二四三號訓令略開：以奉國防最高委員會通電組織黨政各機關設計考核委員會，抄發組織通則，飭遵照辦理具報等因，奉此，遵即派員籌備，將本部原設之工作成績考核委員會組織通則改組為設計考核委員會，於三月三十日成立，舉行第一次會議，並函請中央設計局黨政工作考核委員會派員指鄙分。奉令前因，理合將本部設計考核委員會成立情形及組織規程委員名單，一併具文呈請鑒核備案。謹呈

行政院

附呈本部設計考核委員會組織規程一份（見法規欄）委員名單一紙（見命令欄）

社會部呈 總二字第四四二二一號 三十二年四月八日

為呈送第一次全國社會行政會議報告祈鑒核備案由

案查第一次全國社會行政會議，前經本部訂期於本年十月十一日起在渝舉行，并擬具會議規程提案及議事規則秘書處組織規程呈奉

鈞院順九字第二六一〇號指令照准在案。當於七月十五日設立第一次全國社會行政會議籌備委員會，先事籌備，經依照會議規程第二條及第三條之規定，分別聘派會員一百六十七人，指派列席人員八十二人，復斟酌戰時社會建設需要，分電各省市

社政機關指示。此次會議各項中心問題徵集提案計共二百五十五件，十月一日成立第一次全國社會行政會議秘書處，十月十一日起假軍事委員會禮堂舉行會議，十八日閉會，計先後開大會十次，議決二百一十案，關於社會政策，勞工政策，農民政策，民衆組訓社會福利，社會保險勞動服務，兒童福利，合作事業，以及戰時生活標準，收復地區社會重建等要案。各會員俱能依據各省市實際狀況及當前需要，悉心研討，擬訂方案，復承頒賜訓詞，副院長暨孫院長王祕書長何總長陳部長賀當務委員親臨致訓，指示周詳，社政工作確已因此次會議奠立良好之基礎，所有召集第一次社政會議經過各情形，理合編具報告書備文呈請

鑒核備案，謹呈

行政院

附呈第一次全國社會行政會議報告書一份（附提案原文一份計五册）略

社會部呈　社福字第四四七〇〇號　三十二年四月十七日

爲呈報國民參政會第三屆第一次大會對於社會工作報告決議提示各項辦理情形請鑒核由

案奉

鈞院本年一月十四日仁政字第一一二四號訓令，檢發國民參政會第三屆第一次大會對於社會工作報告決議案，飭採擇施行並將辦理情形具報等因；奉此自應遵辦茲將原決議案提示各項辦理情形分別抄陳如下

一、關於原決議案第一項者：查本部所訂各項政策綱要，歷年均分別編入各年度施政計劃，并經次第施行在案。本年度施政計劃，復將兒童福利推行綱要中關於倡導并推展兒童福利事業列爲中心工作，配給預算一千二百餘萬元。勞工政策中，關於健全工會組織，舉辦勞工福利厲行工礦檢查等項，配給預算三百七十餘萬元確定義務勞動制度中，關於推行勞動服務，列爲中心工作，配給預算二百六十萬元。人口政策中關於社會調查及研究設計，規定繼續辦理農工家計調查，征聘國內專家學者担任設計。並委託各大學代作專題研究共配給預算六十餘萬元社會保險制度，尚在擬訂各項法規，故僅配給籌備預算二十餘萬元。至各省社會處長人選，本部向極注意，爲期各該員精神貫注，工作力量集中起見，曾通飭不得兼差，并本此原則將所屬人員予以調整。

二、關於原議案第二項者：會健全人民團體組織。爲本部重要施政方針，在三十二年度社會施政計劃中，曾規定調整并發展人民團體之發展與充實業經通飭各省市依上年度舉辦人民團體總登記情形，確定本年度應發展之組織數字；其已經組織之團體，應依照職業團體會員強制入會辦法，督促各業從業人分別加以各該團體爲會員，仍將數字列報，以備考核，并爲配合國家總動員業務之推行及 總裁手訂加強物價管制方案之實施起見，於去年十一月間釐訂加強工商團體管制實施辦法，調派幹員十九人，分赴十四省及重慶市各管制地區督導實施。

三、關於原決議案第三項者：查本部對於農工兒童及抗屬福利向極重視，除本年度已將推進農工及兒童福利列爲中心工作，並頒訂戰時有關農工福利各項辦法章則，及設置托兒所計劃，暨有關章則通飭各省市切實推 外，年來本部舉辦工廠檢查，已收成效，各省市兒童福利設施質量亦均有改進，而棄嬰遺孤之收容教養與墮胎殺嬰之防止，尤顯著成績。本年度並決定增設育幼機構，及倡設實驗托兒所一面督促各大工廠普設職工托兒所，藉以減少人力浪費，增加生產效率。傷害保險法草案業已擬就，即可呈轉立法機關審議，一俟頒佈，即可施行。生活輔導方面，注重於職業介紹及小本貸款，各項工作，已由本部各直屬社會服務處積極推行，業務已逐漸開展，關於各社會服務處辦理生活服務，人事服務，並已飭加強工作，擴大服務範圍，救濟方面，則倡導改進並整理各地方慈善團體之救濟設施，，期能解決一般疾苦，實現終用長養四端而臻於禮運大同之治。至於社會服務處原以服務勞動大衆爲對象，除本部直屬及各省市黨部所辦理者少數設於重要城市外，大[illegible]設[illegible]於縣及鄉鎮，此後當依照決議原則，儘量扶助鄉鎮社會服務事業之正確認識，亦經詳爲指示。

四、關於原決議案第四項者：查各合作社之推廣與充實，爲本部推進合作事業一貫方針，歷年均訂入施政計劃，督促各省市積極辦理，上年并舉行合作事業工作競賽，藉以提高工作效率，又爲適應戰時需要，配合動員業務，協助物價管制，謀增加生產，集中分配，節約消費起見，除已擬訂加強物價管制方案實施辦法合作部份，送由國家總動員會議核定施行外先後頒訂農業生產合作，工業生產合作漁業合作，消費合作等推進辦法，陪都及遷建區普設消費合作社配銷物資辦法，陪都及遷建區各機關消費合作社推進辦法，合作社供銷糧食辦法，合作社承銷糧食辦法合作社承銷棉鹽辦法大綱，暨陪都及遷建區公務員眷屬生產合作推進辦法分別施行。此外并於全國合作社物品供銷處內設立公務員眷屬生產合作推廣部，藉以增加生產，作事業管理局內，設立消費合作督導會議，以謀業務改進。至吸收社會游資辦法，前曾訂有各種合作社普遍獎勵存款協助節約建國儲蓄辦法，最近復通飭各省市推進合作社增加自給資金 并草擬信用合作社推進辦法 以推廣節約儲蓄，即可呈核施行

五、關於原決議案第五項者：查社會福利事業，政府固應積極提倡尤在獎勵人民自動興辦，本部在三十年度曾訂頒社會福利事業暫行辦法，凡屬確合乎地方或戰時需要，而辦理成績優異者，給予一次或經常補助，施行以來頗著成效。三十一年度，更增列獎助金額以資鼓勵。又為提倡私人或團體捐助各種福利設施，特擬訂捐資興辦社會福利事業褒獎條例呈轉公布施行

奉令前因，理合呈復

鑒核！

謹呈

行政院

社會部呈

總一字第四四七〇五號 三十二年四月十七日

為核鈞院秘書處函為奉 院長電令以後中央各省舉辦事業而各省設有機構舉辦者可不再設機構以 其原定經費補助各省辦理囑將檢討結果呈院一案遵經詳加檢討謹將本部在各省舉辦事業應予繼續設置理由呈請鑒核由

案准

鈞院秘書處本處本年三月卅一日仁壹字第七四二三號函開：

「奉 院長敬午機筑電開：『以後中央在各省舉辦之事業，而各省已經設有機構主辦者，中央可不再設機構，以其原定經費補助各省辦理，俾其經費充裕，事權統一，以免重復之弊務由本院會同各部會署對其本身在各省業務與機構，限期檢討呈核切實遵照為要』！等因；相應函達查照，務希於文到兩星期內將檢討結果呈 院。」

等由；准此，經即遵照詳加檢討查本部設在各省之機構有示範社會服務處，育幼院及本部合作事業管理局所屬合作實驗區合作工作輔導團等，均屬切合事實需要，與地方政府所辦事業，並無重復之弊，自應保留繼續設置。謹分項詳陳理由如次：

一、示範社會服務處　查年來社會服務事業，發展迅速，根據本部最近統計全國各級社會服務處，已達七百二十餘所，惟此項事業在我國尚屬初構，各級黨部及政府所設社會服務處事業多未臻完善，為求樹立模楷，藉宏服務效能起見，本部因先後於桂林貴陽衡陽遵義內江等重要城市，各設立社會服務處一所，斟酌各地區實際需要，舉辦各項社會服務，並實驗各種新技術新方法，俾供各處採行。本年度並遵照六中全會決議：「社會服務處之組織應普遍設立」及二屆國民參政會「今後社會服務處之設立應逐漸推及邊遠各地」之建議，西北蘭州西安兩重要城市各籌設示範社會服務處一所，以與中央移民開發西北邊疆之政策配合進行，以上總計示範社會服務處七所，為數僅及全國各級社會服務處百分之一，實屬需要，此項業務為示範倡導性質，不屬一般行政範圍似不宜歸併地方政府辦理

二、育幼院　查去年五月間軍政部以所屬駐南溪江安瀘縣長壽等各教養院榮譽軍人，十五歲以下之子女千餘，失教失養，情形嚴重函囑本部設法收容教養，以利抗戰，而固國本。經即會同擬具設院救濟計劃呈奉鈞院核准在四川瀘縣南溪湖南芷江，及陝西城固各設育幼院一所，專收容第一等傷殘將士之子女，現南溪育幼院已改陪都，併其餘三院，均在積極籌備中，復查上項各該育幼院之增設與一般兒童保育設施之宗旨有別，與地方政府所辦保育事業，亦無重複之處，似應予以保留，繼續設置。

三、合作實驗區　本部合作事業管理局卅先後呈准於四川綿陽、陝西鳳翔、河南禹縣、甘肅臨洮、西康漢源、貴州貴定、雲南呈貢、湖南安化、湖北咸寧、廣東樂昌、廣西天保、福建建甌、浙江龍泉、安徽休寧、及江西南康等，設立合作實驗區，旨在實驗指導方法，樹立模楷，並為確立完善制度，以謀合作事業推廣與實施之順利，祇以我國幅員遼闊，各地環境殊異故必分省設立，以為示範推廣之依據，原設各合作社實驗區以人力財力集中，對於指導改善制度，促進合作組織，充實合作業務，調劑合作金融，舉辦合作教育等，實具示範之效，自應繼續設置。

四、合作工作輔導團　本部合作事業管理局所屬合作工作輔導團，本年度遵照鈞院核定，業經分置三團，第一團設於陪都，側重陪都遷建區消費合作之督導，與江巴兩縣合作與地方自治之配合，第二團側重東南收復地區合作事業之整理與改進，以安定人民生活，恢復生產事業並為戰後復原之準備，第三團側重西北邊遠地區，合作輔導及推進以開發邊地經濟，配合西北建設，各團工作事項，均與地方經常合作，業務切實劃分且有補地方政府力量不足之效，自應仍遵照

鈞院前令核定，繼續進行。

准函前因，理合將本部在各省舉辦事業應予繼續設置理由，備文呈請

鑒核！謹呈

行政院

社會部代電 總三字第四八八三四號 三十二年七月三日

為准財政部函為領款收據上所列戶名欄改為領款機關欄電仰遵照由

本部各附屬機關：『案准財政部卅二年六月十六日庫渝一第五六三號公函開案准中央銀行本年四月二十七日秘庫字第三三四號函開：『查領款收據，原爲直支款項之領款憑證，其應有各欄，自應與直字支付書上所列相配合，直字支付書上既列有請領機關欄面現行領款收據僅有『戶名』一欄，並無領款機關欄致使領款人或領款機關無法填寫，且直支款項係一次撥發並不立戶支用，所列『戶名』一欄，既與實不符，對於領款人或領款機關慎寫時反增疑惑，爲使領款收據與直字支付書各欄相及便於領款人或領款機關塡寫起見，關於收據上所列之『戶名』欄，擬請改爲『領款機關』欄較爲合理。相應函達，即請查核辦理，并見復爲荷』！等由；到部，查領款收據所具各欄，原應與直字支付書各欄相配合，中央銀行擬將領款收據上所列之『戶名』一欄，改爲『領款機關』欄一節尙屬可行』。除分別函令并函復外，相應函請查照辦理并轉飭所屬『一體遵照』等由；准此除分行外，合行電仰遵照社會部總三午江。

社會部訓令 總二字第四三七七號 三十二年四月一日

為本部各屬機關主管人員嗣後非經奉准不得離職令仰遵照由

查本部附屬機關主管人員近來每有藉口逃職，未經呈准即離職來渝情事，殊屬不合；嗣後非先行呈奉核准不得離職，除分令外，合行令仰遵照！此令。

社會部訓令 人字第四四〇二六號 三十二年四月五日

為奉院令嗣後各機關主管對于委員長各種訓詞小册如新縣制行政三聯制新生活運動國民經濟建設運動等綱要以

及各種法令有關　講詞凡與業務有關者必須督同所屬職員研究討論并舉行抽查考詢列為考績之一令仰遵照并飭屬遵照由

令本部各附屬機關

案奉

行政院第卅二年二月二十六日仁考字第四九三四號訓令開『奉　國防最高委員會三十二年二月十九日國綱字第三三四四號代電開：『現在黨政各機關主管與所屬職員對　中正各種訓詞小冊如新縣行政三聯制新生活運動國民經濟建設運動等綱要以及各種法令有關之講詞等多未閱讀且有不知此項訓詞小冊者嗣後各機關主官對於本　委員長之訓詞凡與各機關業務有關者必須督同所屬職員切實研究集合討論並舉行抽查考詢此項研究成績之優劣應列為考績之一除分電外希即查照辦理，并轉飭所屬一體遵照為要』等因；奉此，除分令外，合行令仰遵照此令。

社會部訓令

總四字第四四三一七號　三十二年四月九日

為奉院令以修正審計機關稽核各機關營繕工程及購置變賣財物辦法第八條第一款內第二條之『二字』係『三字』之誤應予更正并規定凡第二級機關以下及其所屬機關變賣公有財物時應一律呈經第二級機關單位之主管機關核准令仰知照由

令本部各附屬機關

案奉

行政院卅二年三月十五日仁嘉字第六二九四號訓令開：

查修正審計機關稽察各機關營繕工具及購置變賣財物辦法，前於三十一年十月二日以順嘉二字第一九五三六號訓令飭知在案。茲據廣東省政府呈，以原辦法第八條第一款『而其建築費雖達第三條之規定』句，是否為『而其建築費雖達第三條之規定』之筆誤。又原辦法第十七條對於第二級機關以下之各機關變賣公有財物時，　各應呈經何機關核准，原條文未予明白規定，請一并核示等語。查原辦法第八條第一款內第二條之『二』字，確係『三』字之筆誤，應予更正。又第二級機關以下之機關分級較多，其於變賣公有財物時，為昭慎重而杜流弊起見，茲規定凡第二級以下之各機關及其所屬機關，應一律呈經第二級機關單位之主管機關核准。除分行外合行令仰知照並轉飭所屬一體知照，此令』。

等因；奉此，除分行外，合行令仰知照並轉飭所屬一體知照，此令。

社會部訓令 人字第四四四四八號 三十二年四月十二日

為奉令轉飭以後對於職員離職時必須給予資歷證明事後補發務須實在令仰知照由

令本部各附屬機關

案奉

行政院三十二年四月二日仁人字第七七一七號訓令開：

「案奉 國民政府三十二年三月十七日渝文字第二二五號訓令開：『據考試院三十二年三月十二日八審字第五一號呈稱：「案據銓敘部級俸字第二七二一號呈稱：『查公務員任職卸職年資及曾支薪俸數額之證明，為確定任用及敍俸之重要根據，過去各機關，職員離職時，所有任職期間，歷年獎懲情形，職務起迄年月，支薪數額及離職原因，多未由原機關給予證明，事後補請發給，或以機關裁併，或以交通隔絕，或以檔案散失，常不免發生困難，亦有一部份機關所出證明，或與實際情形不符，或未加蓋機關印信及主管人員官章私章。本部為慎重銓衡，凡經歷已填此項職務，未附繳證件者，則儘可能向原機關行查，凡附繳證件情形可疑者，則分向有關機關行查，又此種行查案件，依限據實查復者固多。其經一再催請不予查復，或雖已查復，而一經參證尚難憑信者，亦殊不少。因此之故，每不免延緩銓敘案件之進行，茲為減少困難，並謀辦理銓敘迅速確實起見，理合備文呈請察核，轉呈 國民政府通行各級文武機關。以後對於職員離職時，必須給予資歷證明，事後補發，務須實在，遇有銓敘機關行查案件，尤須確實迅速辦理，其顯係偽造變造或虛偽證明之文件，更應務由主管人事人員，嚴加抉擇，以利進行，而期覈實』等情。據此，查所陳各節，尚屬切要，除指令外，理合備文呈請鑒核賜准施行。」等情，據此，應准通飭施行，除指令并分行外，合行令仰遵照，并轉飭遵照。』等因；奉此，除分行外，合行令仰知照并轉飭所屬一體知照。」

等因；奉此，除分令外，合行令仰知照，此令。

社會部訓令 總一字第四四四四九號 三十二年四月十二日

為奉 院令為國旗中黨徽之十二尖角其直徑中心之二角必須上下對正不得稍有偏斜以符規定轉仰遵照由

令本部各附屬機關

案奉

行政院本年四月二日仁一字第七六六五號訓令開：

「奉 國防最高委員會三十二年三月二十五日國綱字第三四三七四號代電開：『黨國旗中黨徽之十二尖角其直徑中心之二角必須上下對正，不得稍有偏斜，猶如鐘表上十二點鐘與六點鐘之正中相對，以符規定，除分電外，希即查照辦理，并轉飭所屬各部會及各省市政府爲要』等因；奉此，除分令外，合行令仰遵照，并轉飭所屬遵照。」

等因；奉此，除分行外，合行令仰遵照。

此令。

社會部訓令

人字第四五九九三號 卅二年五月十二日

令本部各附屬機關

爲奉 院令抄發中央黨政軍各機關業務檢討會議及工作進度考核辦法飭遵照辦理等因令行抄發原辦法令仰遵照由

奉

行政院本年三月卅一日仁七字第七四五七號訓令，抄發中央黨政軍各機關業務檢討會議，及工作進度考核辦法，飭切遵照辦理等因；奉此，自應遵辦，除分行外，合行抄發原頒辦法，令仰遵照并按期呈送工作人事經費各項報表，以憑考核爲要。

此令。

抄發中央黨政軍各機關業務檢討會議及工作進度考核辦法一份（見本部公報第九期法規欄）。

社會部訓令

總一字第六五八四號 三十二年五月廿四日

令本部各附屬機關

爲奉 令轉知中央黨政軍各機關集會典禮開始所奏音樂在未規定以前僅可奏國樂或唱黨歌不得奏無明文規定之音樂希自六月一日起遵照實行令仰遵照由

案奉

行政院三十二年五月十日仁一字第一〇四三九號訓令開：

「奉 國防最高委員會三十二年五月一日國綱字第三五三三六號代電開：『中央黨政軍各機關於各種集會時，其典禮開始所奏之音樂：在政府尚未規定以前，只可奏中樂或唱黨歌，不得奏無明文規定之音樂。除分電外，希即查照，並轉飭所屬中央各機關自六月一日起一體遵照實行爲要。」等因；奉此，除分行外，合行令仰遵照，并飭屬遵照。」

等因；奉此，除分令外，合行令仰遵照。

此令。

社會部訓令 總一字第四七〇五四號 三十二年六月一日

令本部各附屬機關

爲奉令轉知凡行政司法等正式機關之額內現職公務人員如被徵服兵役自入營之日起停薪留職退伍後仍准回復原職但入營後逃亡陣亡即予撤職或免職令仰遵照由

案奉

行政院三十二年四月廿日仁二字第九〇〇八號訓令內開：

「據軍政部三十二年四月八日渝信役務字第三六七二號呈稱：『查新兵役法頒佈後，對於免緩役範圍，大加緊縮，對凡荐任級以下公務人員均應征服兵役，茲據各方請求解釋，行政機關公務員被抽籤征服兵役是否停薪停職服役期滿是否仍復原職」等情；查修正兵役法第二十五條「預備役及國民兵於集訓及演習期內得保留原有職位及薪金之比照此條意旨，對於征服常備兵役之公務人員，擬規定「凡正式機關（包括行政司法等機關）之額內現職人員，如被徵服兵役，即於入營之日起停薪留職，退伍後仍准回復原職，但入營後逃亡或陣亡即予撤職或免職。」如蒙核准，即乞分別函令遵照，是否有當，理合呈請鈞院鑒核示遵』等情；據此，應准如所擬辦理，除分行外，合行令仰遵照，並轉飭所屬一體遵照。

此令。」

等因；奉此，除分令外，合行令仰遵照。

此令。

社會部訓令 會一字第四七〇八九號 三十二年六月一日

爲准審計部咨復以派人員無法取得旅途宿費單據所擬補救辦法應予備查仰知照由

令本部各外派人員附屬機關

為案查本部前以各外派人員旅途寄宿困難，有時事實上確實無法取得宿費單據，為體恤外勤人員并兼顧法令事實起見，會擬定補救辦法，對於旅費報銷，如事實上確實無法取得宿費單據時，得詳敘理由，由主管機關長官核准後，即准列報，并經咨請審計部核復在案。茲准審計部卅二年四月二十四日計字第[illegible]一五號咨復，以所擬補救辦法，核尚可行應予備查等由；除分令并公佈外，合行令仰知照。此令。

社會部訓令

總四字第四七七一一號　三十二年六月十二日

令本部各附屬機關

事由：為奉 令近以物價激增修正審計機關稽察各機關營繕工程及購置變賣財物第三條第一二兩項所定限額似嫌過低着依原數額增加一倍令仰遵照等因令仰遵照由

案奉

行政院本年五月廿八日仁嘉字第一一八六九號訓令開：

「案奉 國民政府三十二年五月廿三日渝文字第三六八號訓令內開：「據監察院三十二年五月十八日成字第17986號呈稱「據審計部本年五月五日呈稱「案准軍政部三十二年三月二十七日（三二）計監字第1791號咨開「案奉 國民政府三十一年九月二十三日渝文字第八八八號訓令修正審計機關稽察各機關營繕工程及購置變賣財物辦法。查該辦法第三條第二項規定，購置或變賣財物價款在一萬五千元以上者，其開標、比價、決標、訂約、驗收、應通知審計機關派員監視等語；惟近以物價高漲，所定限額一萬五千元似感過低，各單位購置財物動輒萬元以上，如照規定辦理，似嫌繁瑣。茲為稽察便捷切合實際情形起見，擬請按照第四條得依物價指數之變動，呈請增減之規定，將第三條第二項修改為「購置或變賣財物其價格在三萬元以上者，應通知審計機關派員監視。」以符實際，而利工作。如何之處相應函請查照卓辦並希見復為荷」等由；到部，查近來物價激增，修正審計機關監察各機關營繕工程及購置變賣財物辦法第三條規定數額，似有增加之必要，依照該辦法第四條之規定，擬將第三條第一二兩項數額按照原額增加一倍，以期適應環境。除函復外，理合備文呈請鑒核備案，並轉呈 國民政府通飭施行」等情；奉此，查修正審計機關監察各機關營繕工程及購置變賣財物辦法，前經呈准 明令施行在案，現在物價激增，前項辦法第三條第一二兩項原定數額已覺過低，該部所請按照原數額增加一倍，似屬可行，理合具情轉呈鑒核備案，通飭施行」等情；據此，應准備案，除指令并分行外，合行令仰遵照，並轉飭所屬一體遵照。此令。』等因；除分行外，合行令仰遵照，並轉飭所屬一體遵照」。

等因；奉此，除分行外，合行令仰遵照。

此令。

社會部訓令　總一字第四七七四〇號　三十二年六月十四日

為工作競賽推行委員會改隸黨政工作考核委員會令仰知照并飭屬知照由

令本部各附屬機關

案准工作競賽推行委員會卅二年六月一日競秘字第二三二八號公函內開：

「案准　黨政工作考核委員會忠秘字第三一七九號公函開：『准國防最高委員會秘書廳國紀字第三四三二〇號公函，略以奉　國防最高委員會第一百零九次常務會議決議，工作競賽推行委員會改隸黨政工作考核委員會等因；囑查照辦理，等因；相應抄同原函，函達查照。』正遵辦間，復函　國家總動員會議勤文（卅二）字第七八八號令同前由，各等因；奉此，自應遵照，除奉抄發國防最高委員會秘書廳原函遵免贅敘，並即日遵令改隸暨分別呈函外，相應函達查照轉行知照為荷」

等由；准此，除分令外，合行令仰知照。此令。

社會部訓令　總一字第四七八三九號　卅二年六月十六日

為奉令轉發修正國民政府組織法第十三條第二項條文令仰知照由

令本部各附屬機關

案奉

行政院卅二年六月廿日仁一字第一三四四一號訓令內開：

「奉

國民政府本年五月卅日渝文字第三八五號訓令開：『查中華民國國民政府組織法第十三條現經修正，於原文後增加一，頒令公佈，飭即通飭施行。除分行外，合行抄發該項條文，令仰知照，並轉飭所屬一體知照」。等因：奉此，除分行外，合行抄發該項條文，令仰知照，並轉飭所屬一體知照。此令。」

等因；附抄中華民國國民政府組織法第十三條第二項條文一份，奉此，除分令外，合抄發原件，令仰知照。

此令。

附抄發中華民國國民政府組織法第十三條第二項條文一份

中華民國國民政府組織法第十三條第二項　三十二年五月二十九日公布

國民政府主席因故不能視事時由行政院院長代理之

社會部訓令　總四字第四八五二三號　三十二年六月二十八日

令本部各附屬機關

爲奉令抄發中央機關實領食米或代金收支對照表格式一份令仰知照等因轉令知照由

案奉

行政院三十二年六月十四日仁公字第一三三四三號訓令開：

「准國民政府主計處本年五月十九日公函，爲依照中央機關實領食米或代金報銷清册送審辦法第五項之規定，制定收支對照表格式，囑查照轉飭等由；除分行外。合亟抄發原表格式一份，令仰遵照，並轉飭遵照。此令」。

等因：奉此，除分令外，合行抄附原表格式一份，令仰遵照。

（ 機關實領 ） 食米及代金

收支對照表

民國　　年度

收入	摘要	支出
	收　　入	
	收　部發本（　　）年月食米	
	收　部發本（　　）年月代金	
	支　　出	
	支本（　　）職員　年月至　月食米	
	支本（　　）公役　年月至　月食米	
	支本（　　）職員　年月至　月代金	
	支本（　　）公役　年月至　月代金	
	餘　　絀	
	月至　月食米　結餘或（超支）	
	月至　月代金　結餘或（超支）	
	食（　合　　計　）	

代（合　計）金

、退支款總額入收入欄

說明　結餘數應與收入支出欄

組織訓練類

財政部社會部　呈　組二字第四五四八〇號　三十一、五月十九日

為擬呈全國各地鹽業工會籌備委員會組織規則草案請鑒核備案施行由

竊查本兩部前為積極推進四川省各地鹽業工會之組織，籌辦鹽工福利事業，經會商決定，設立四川省鹽業工會籌備委員會，並擬具該會組織規則呈奉　鈞院三十年十月三日勇五字第一五四二九號令准施行在案。綜計該會自三十年十一月十九日成立以來，指導成立工會組織者，有三台、射洪、綿陽、蓬溪、簡陽、南閬、西充、河邊、樂至、鹽亭、資中、彭水、忠縣、閬縣、奉節等十五場，原有組織尚欠健全，經予調整完成者，有犍為、樂山、丹研、雲陽、大寧、等場，各該工會書記均經遴選訓練分別派委，並于自貢、犍為及川東川北等地，舉辦鹽工幹部訓練，調集各工會理監事支部幹事小組組長受訓者達八百餘人，每月編行鹽工導報及訓練通訊二種，並就實地調查資料，編印四川鹽工概況，現籌劃推進者，為自貢市、五通橋、三台、河邊、南閬、雲陽、大寧等地設立鹽工福利社等工作，領導有方，確具成績，惟該會籌備期間原本年已經屆滿，現在全國鹽區分佈，鹽工人數衆多，如以川省成規，推及全國，收効必宏，際茲抗戰時期，食鹽關係軍需民食生產轉搬，刻不容緩，尤其接近戰地各區，敵偽陰謀煽惑破壞，已非一日，如不及時鹽工組織，穩固社會基層，隱憂殆患，不勝防範，以視現時全川各場勞資關係，日臻協調，政令推行，益見順利，奸偽殆已無法肆其活動情形，不可同日而語，為此往復會商，認為該會猶有予以延長及擴展工作範圍之必要，理合擬具全國各地鹽業工會籌備委員會組織規則草案，隨文賚呈

呈核備案施行。

謹呈

行政院

附呈全國各地鹽業工會籌備委員會組織規則草案一份（略）

社會部咨　組四字第四一〇六號　三十二年一月十九日

爲准咨以未裁撤區署而設置鄉鎮之縣其教育會應如何組織一案復請查照由

准

貴省政府三十一年十一月二十三日社一字第一〇七〇號咨，略以省屬各縣已實行新縣制設置鄉鎮，惟一縣中尚有一部份區署仍未撤裁，教育會究應如何組織？囑查核見復，等由；准此，查教育會法第六條規定「教育會之區域依現有之行政區域，各縣之行政區域，自以已否實施新縣制爲準，即未實施者組織區教育會，已實施者縱尚有區署保留，亦以該「區」已不能視同行政區域，而應一律改組爲鄉鎮教育會。現貴省各縣既已實行新縣制設置鄉鎮，縣以下自應依照鄉鎮一級組織鄉鎮教育會。准咨前由，相應復請

查照飭遵，爲荷。此咨

廣西省政府

社會部咨　組四字第四四九四二號　三十二年四月二十二日

爲准咨以青海省道教會呈請指示組織系統一案復請查照由

准

貴省政府戊民社字第四七七號咨，以據青海省道教會呈請指示組織系統一案，囑查核見復，等由：准此，查宗教團體組織向准用文化團體組織大綱暨施行細則辦理。該省道教會章程，既經呈准得在各縣酌設分會，核與文化團體組織大綱施行細則第六條規定，並無不合，所請組織大通縣分會自可照准，相應復請

查照爲荷！

[illegible]此咨　[illegible]位，其行文程序，自不宜適用平行體裁，仍以「凡人民團體今後對同級或上級黨部行文應用呈」
湖南省政府　行辦法：內無明文規定，等情，轉請核復等由，准此查各級黨部與人民團體之法定關係，並無因社會行政權之移轉而
社會部咨（組四字第[illegible]號）[illegible]照各案。茲准貴府函請核示人民團體與各級黨部往來行
各省市社會行政機關：查各級黨部與人民團體，來往行文程序一律改用代電，呈請本部呈奉中央核定，並以組字第三三九
[illegible]縣政府請示律師公會是否應受當地縣政府監督指揮一案復請查照飭知由

案准

貴省政府本年五月十六日東府民敍四字第一四九七五號咨，以據邵陽縣政府代電，為律師公會是否應受當地縣政府監督指揮？請核示祇遵等情，請查照核復等由；附抄　行政院二十九年十二月六日陽字第二四九二一號指令及湖南省政府原呈各一件。准此，查律師公會為自由職業團體之一種，其應受當地縣政府之監督指揮，非常時期人民團體組織法第二條已有規定，至司法院統一解釋法令會議議決律師公會依律師法未頒前之解例，已不適用，准咨前由，相應復請　查照飭知，為荷。

此咨

[illegible]字第四八七六六號　三十二年六月十六日

湖南省政府[illegible]：已文案電悉。自可照辦。社會部[illegible]一[illegible]印。

[illegible]組四字第四六七七九號　三十二年四月二十八日

社會部咨

[illegible]組一字第四八一五六號　三十二年六月二十一日

為准咨轉銅梁縣政府呈請核示中醫師公會與國醫館是否對立其職權應如何劃分一案復請查照飭知由

案准

貴省政府本年四月廿九日社一字第[illegible]號咨，以據銅梁縣政府呈轉國醫支館館長唐秉周呈請核示：中醫師公會與國醫館是否對立其職權應如何劃分一案，囑查核見復，等由；准此，中醫師公會係以研究中醫醫藥，增進公共福利，維護同業利益，樹立共同風紀，協助政府推行政令，並謀中醫醫藥事業之發展為宗旨，其組織份子均為現在執行本業之中醫師，屬於人民團體中之自由團體。而中央國醫館及其支館分館則非人民團體，乃政府為研究改良國醫國藥而設立之學術機構，其性質與中醫師公會迥異，即前者為政府所設立，後者為中醫從業人員所組織，雖兩者均以研究改良國醫國藥為其任務之一但其設立既有公私之別業務亦不盡相同自可併立於同一區域之內，准咨前由相應復請

查照飭知爲荷。

此咨

四川省政府

社會部電　社組字第四三八〇七號　三十二年三月三十日

爲據電請示人民團體書記可否比照公務員列支薪俸生活補助費等一案核示遵照由

安徽省民政廳：社寅徽電悉。人民團體書記，不得視爲公務員，惟由政府派遣並支薪給者，可斟酌當地經濟生活情形酌核辦理，仰即遵照，社會部組寅（卅）印。

社會部電　組一字第四八一五五號　三十二年六月二十一日

爲據電請解釋現任鄉鎮保長之農會會員可否被選爲農會理監事一案電復知照由

浙江省社會處：巳文家電悉。自可被選。社會部組一巳馬印。

社會部電　組四字第四八七六六號　三十二年六月十六日

爲電復部轄社會團體各地分支會之組織與調整應依地方團體組織程序辦理由

福建省社會處：永乙電悉。部轄社會團體各地分支會社之組織與調整，應視同地方團體，其組織程序，自應依法辦理，社會部（　）印巳組四。

社會部代電　社組字第四三七七五號　三十二年四月一日

爲規定人民團體對於各級黨部代用語氣電仰遵照并轉飭遵照由

各省市社會行政機關：查各級黨部與人民團體，來往行文程式一律改用代電，早經本部呈奉中央核定，並以社組字第三三九四一號令仰該（處）轉飭遵照在案。玆准廣西省政府子鹽代電，以據該省都安縣政府諫電，請示人民團體與各級黨部代電行文是否用平行程式；尙無明文規定，等情，轉囑核復等由准此查各級黨部與人民團體之法定關係，雖因社會行政權之移轉而有所變更，但仍居於領導地位，其行文程式，自不宜概用平行語氣，除以「凡人民團體今後對於同級或上級黨部行文應用上行程式」，對下級黨部（如省級團體對縣級黨部）行文則適用平行程式」。等語，除電復並分行外，特電仰遵照並轉飭遵照，社會部祖卯東。印

社會部代電　組三字第四四〇六三號　三十二年四月六日

爲據電請示舉辦小規模營業登記可否徵收登記費一案核飭轉知由

甘肅省社會處：社三寅冬代電悉。查辦理小規模營業登記，非常時期工商業及團體管制辦法已明白規定，不得徵收任何費用，該蘭市州舉辦小規模營業登記之商會及同業公會，其經費應由該商會或同業公會自行設法籌措，仰即轉飭知照，爲要。社會部組三寅魚印

衛生署 社會部代電　組七字第四四二一〇號　三十二年四月三日

爲本年夏令衛生運動請査照三十年所訂頒之夏令衛生運動實施辦法辦理由

各省市政府公鑒：本年夏令衛生運動，仍依照三十年本署、部訂頒之「夏令衛生運動實施辦法」辦理；尤應注意改善公私廁所及飲水消毒二項，工作，即請査照並飭屬遵照辦理具報爲荷；附發夏令衛生運動實施辦法乙份（略）衛生署社會部齊印。

社會部代電　組二字四四三三六號　三十二年四月九日

爲准電轉關於勤務公役可否加入公會一案復請査照由

浙贛鐵路局丑迴代電悉。依照工會法第三條但書之規定，所僱雜役不能加入工會爲會員，特復。社會部佳。

社會部代電　社組字第四四四三二號　三十二年四月十二日

爲據該省前社會處呈請核示人民團體呈文應否粘貼印花一案特電核復知照由

湖南省民政廳：案據該省前社會處三十二年一月二十九日社二字第三八七八號呈略稱：「據辰谿縣政府子虞代電，請示人民團體向主管官署辦理備案登記等手續之呈文或申請書應否粘貼印花一案，轉請核示」等情；奉此，查人民團體在未核准組織

[illegible]自應與一般人民無殊；惟業經主管機關准予組織成立籌備會時，及已准立案頒發圖記者，其[illegible]應[illegible]下級機關[illegible]不得[illegible]，特仰知照飭遵。社會部卯文。

社會部代電 社組字第四四五五二號 三十二年四月十四日

湖南省政府勛鑒：民四創寅元電敬悉。查非常時期黨政機關督導人民團體辦法，係黨部與政府間適用之法，非常時期人民團體組織法，為政府與人民間[illegible]用之法，前項辦法在未修改前，黨部與政府間一切連繫，自仍適用。惟政府與人民間接觸事項，則應悉依後法辦理，特電復請查照；社會部組寅鹽。

社會部代電 社組字第四四五八〇號 三十二年四月十日

西康省民政廳：民社字第零四二[illegible]號[illegible]代電悉。省會所在地之縣政府縣黨部對於省級人民團體所居地位，應屬平行，特電仰知照。社會部組（略）

社會部代電 組三字第四四五六一號 三十二年四月十四日

財政部公賣[illegible]：[illegible]渝貿出代電敬悉。查茶葉雖為統制貨品，但尚未成立國家專營之法令，更非有關國防之公營事業，該公司祇能[illegible]，有該公司各地分院，應依法加入各該地同業公會，前據內江縣商會呈請解釋[illegible]業經[illegible]，相應復請查照，[illegible]轉飭該公司知照為荷。社會部組三卯鹽印。

社會部代電 [illegible]字第四四[illegible]號 三十二年四月[illegible]日

廣東省社會處戴振魂據呈請解釋疑義四點，茲別釋復如次：（一）職業團體發起組織法定人數問題，依照非常時期人民團體組織法第十[illegible]條[illegible]除外[illegible]團體[illegible]及[illegible]同業公會之發起人數，自得分[illegible]依照商會及各該同業公會法之規定辦理。（[illegible]）

鄉鎮人民團體隸屬問題，依照非常時期人民團體組織第三條之規定，當以縣市政府為其隸屬之主管官署，至本部前轉院令核示「以鄉鎮區域組織之人民團體管轄權不得同時隸屬於縣政府」一點，早經本部依法簽准行政院，並以社組字第三〇四〇五號訓令重行核示在案，應查案辦理。（三）人民團體負責人名稱問題，查非常時期人民團體組織法第十九條規定「現行法令關於人民團體組織之規定與本法不抵觸者仍適用之」，是凡與本法抵觸者當然不能適用，除商會及同業公會之職員名稱數額，應于下屆改選時更正外，所有農會、工會負責人及書記之名稱自應依照非常時期人民團體組織法之規定辦理。（四）省勞資仲裁委員會可否設立之問題，查勞資仲裁委員會係依照勞資爭議處理法之規定，係臨時召集，並非常設機關；至省府能否召集勞資仲裁委員會一節，查同一勞資爭議之仲裁，涉及主管行政官署二個以上而又在同一省區時，關於召集仲裁委員會之主管行政官署依勞資爭議處理法第十三條第一項規定由中央主管官署指定，由該省政府指派代表，則類似情形，於召集仲裁委員會時，自可按照該條之法意由省政府指定一有關係之縣（市）政府召集之，必要時并得由該省政府指派代表。社會部組卯徵。

社會部快郵代電 [illegible]

[illegible]釋示普通職業劇團申請登記立案如何辦理一案電仰遵照由

浙江省社會處：寅皓電悉，查各種劇團如不以營利為目的者，應屬公益團體，可遵照非常時期人民團體組織法辦理；其有營利性質之普通職業劇團，即應參加商業登記。仰即遵照。社會部蒸。

社會部代電 組字第四四九四五號 三十二年四月二十三日

為據外交部電轉澳洲海員分會請示會章旗式樣一案電仰知照由

中華海員工會特派員辦事處：案准外交部三十二年三月三十日歐三二字第一七五一號代電內開：「頃據駐澳大利亞公使館代電稱：『據中華海員公會澳洲分會函稱：該會會員增至五百餘人，應請鈞會規定會章式樣與所鐫名稱及旗格式，敬乞核轉電示，以憑轉復』。等語；相應電請查照，核辦見復，以便轉知為荷」。等由；准此，茲參照本部訂定人民團體圖記式樣及旗幟式樣，分別規定如次：（一）國外海員分會圖記，概用木質，長方形，長七公分五厘，寬四公分五厘，邊緣寬四公厘，字用篆體陽文，文曰：「中華海員工會某某分會」。（二）國外海員分會旗幟，其大小尺寸，比照七號旗，橫長五七六市分，直長三八市分，布質藍底白字，字體正楷，自右至左橫排兩行。以上兩項除代電分請中央社會部海外部，外交部飭知駐外黨部及使領館外舍行電仰知照社會部印。

社會部代電　社組字第四五一六五號　（三十二年四月二十七日）

為據湖南省民政廳代電請示人民團體職會員無故不出席會議應如何處理一案除分電飭知外仰即知照飭遵由。

各省市行機關：案據湖南省民政廳本年三月二日未民欽四學第一九六九二號代電，請示人民團體會員無故不出席會員大會，理監事無故不出席理監事會議，應如何處理？等情；到部；當經以「關於職會員不出席之處罰法無明文規定、但依照人民團體組織法職會員出席會議，係職會員應履行之義務，其無故不出席者，應由各該團體自行擬定懲處辦法，訂入章程，共同遵守」。等語代電飭遵在案。除分行外，特電仰知照，並轉飭所屬遵照。社會部卯感。

社會部代電　組六字第四五一六八號　三十二年四月二十七日

為准工作競賽推行委員會函爲檢送夏令衛生運動清潔競賽暫行辦法三十份囑重申前令轉飭各省市遵照辦理一案電達查照飭屬遵辦報轉由

各省市政府公鑒：准工作競賽委員會三十二年四月十五日競社字第一九二一號公函開：「查本會於去年成立以來，曾奉　委座手令六月間會同貴部與衛生署訂定「夏令衛生清潔暫行辦法頒發浙、贛、湘、鄂、陝、粵、桂、川、閩、康、黔、甘、寧、青各省政府轉飭所屬遵照辦理在案。祗以發動稍晚，且公文輾轉郵遞遲緩，恐多不及舉行，以致遲遲，至今猶無成績據報，若此情形，殊難呈復。今年夏令季節，瞬即屆臨，玆特檢送該項辦法三十份，即請貴部重申前令，再行轉發各該省市政府轉飭各市區認眞辦理具報。並轉將競賽成績逕送本會爲荷。等由，附夏令衛生運動清潔競賽辦法三十份，准此；查本年度夏令衛生運動，經以組七字第四四二一〇號電達仍照三十年度訂頒之實施辦法辦理；尤應注意改善公私厠所及飲水消毒二項工作。至夏令衛生運動清潔競賽暫行辦法，亦經本部於三十一年會同工作競賽委員會衛生署頒行各在案，玆准前由，自應照辦，除分行外，相應檢附上項暫行辦法一份，電達查照並飭屬遵辦報轉備核爲荷。社會部卯感印。附夏令衛生運動清潔競賽暫行辦法一份。（略）

社會部代電　組四字第四七七五〇號　三十二年五月八日

為據電四川各縣旅蓉同鄉會聯合辦事處申請履行登記可否准予變通請核示一案電仰遵照由

四川省社會處：廣電悉。查同鄉會向不准有系統及聯合組織，凡屬同一區域之人民，旅居同一地方，得組織一同鄉會。尤不得有聯合辦事處之設置，該省各縣旅蓉同鄉會聯合辦事處，應予解散，仰即遵辦具報。社會部辰齊印。

社會部代電

組三字第四五八二九號　三十二年五月十一日

為據電以據衡陽縣政府呈請核示市及革業飾店應否加入第二區製革工業同業公會為會員及是否受各種商業法之拘束一案令仰知照並轉飭遵照由

湖南省民政廳：未民欽四字第二一七二七號代電悉。查製革工業不論其為製革，或以革製件。依照重要工業之解釋製革工業一條末段之條文，應詳加製革工業同業公會為會員，衡陽各皮革商店及其製造部分之加入二區製革工業同業公會為會員，尚無不合之處。再查工業同業公會依照商會法第九條第一款前半段之規定；應加入公會事務所所在地商會為會員，其指定之重要工業，並未有例外之規定。又查工業同業公會法第四十六條對地方主管官署之監督權，亦有明文規定。據電前情，合行電仰知照，並轉飭遵照為要。社會部組三辰真印。

社會部代電

組三字第四五八三號　三十二年五月十四日

為據電請解釋無銀行公會組織之各縣中等分支行應否加入當地商會一案令仰知照由

福建省社會處：陽卯廣處社一永三四四一〇號代電悉。查銀行（中央銀行除外）規同公司商號，須組織並加入銀行商業公會。業經釋示有案，如不足法定組織公會之衆數，應依照商會法第九條第二款之規定加入當地商會為非公會會員，仰即知照。社會部組三辰真印。

社會部代電

組一字第四五九七八號　三十二年五月十三日

為據電請示人民團體常務理事名額之比率及理事長之設置未有明確規定應如何辦理等情核復遵照由

廣東省社會處：本年四月七日韶社二組字第一〇六四號代電悉。常務理事之名額，應視理事名額之多寡，在五人內酌設，至理事長則於必要時方設，特電仰遵照。社會部組辰（元）。

中央宣傳部
三民主義青年團中央團部
軍事委員會政治部
經濟部
交通部
教育部

社會部代電 組六字第四六一五八號 三十二年五月十八日

擬訂「六六」工程師節紀念要點電請查照由

各省市政府各省市黨部三民主義青年團各支團部各駐軍政治部：中央規定六月六日為工程師節，希轉飭知照，茲訂定紀念要點如下：（一）各地政府會同黨部團部及駐軍政治部等有關機關發動工程團體學校及社教機關舉行紀念會。（二）舉行工程學術講演會，闡述工程事業，對於國防民生重要並鼓勵青年立志做工程師。（三）舉行工程展覽會。（四）各工廠礦場得斟酌情形，於數日開放一天，招待當地機關團體及大學生參觀。（五）獎勵在工業上有新發明或成績優良之工程師。（六）各報紙刊物應出專刊，廣為宣傳。（七）以大會名義電 林主席 蔣委員長及前方將士致敬，暨通電全國工程界人士致慰，並以實行 國父實業計劃為今後努力之總目標，以上各點，希會商有關機關團體辦理，並飭屬遵辦具復為荷：中央宣傳部、三民主義青年團中央團部，軍事委員會政治部、經濟部、交通部、教育部、社會部、組六辰巧印。

軍政部代電 組四字第四六一六〇號 三十二年五月

為規定兵役協會對縣政府行文用呈對縣兵團用代電仰轉飭遵照由

各省軍管區司令部各省社會處各省民政廳：（設社科之省）據廣西省軍管區本年三月三日總副字第九六號代電，以兵役協會對與縣政府暨縣國民兵團行文，是否平行？未奉明文規定，請核示，等情。查縣政府為縣及鄉鎮兵役協會主管官署，兵役協會對縣政府行文，自應用呈，對國民兵團可用代電（上行式）。除分電外，特電知照並轉飭遵照。軍政部社會部巧功組五字印。

社會部代電 組三字第四六二一二號 三十二年五月十八日

中國國民黨萬縣執行委員會：社利字一號馬代電悉。（一）修正商會法，兩年改選半數及抽籤方法規定仍適用，（二）三十一年二月十日以前成立之工商業團體，其職員之名稱與數額，使下屆改選時，依照非常時期人民團體組織法第九條之規定改正。（三）凡擬以新法變更職員名稱之團體，應先將章程修改通過會員大會，其應改選之一部份，應依新章就舊有職員全體抽籤定之。特電復查照。社會部辰巧印。

社會部代電：組三字第四六五九〇號 三十二年五月

爲准國家總動員會議函轉 委座統制同業公會及加強同業公會組織代電仰切實遵辦具報由

各省市社會行政機關：案准國家總動員會議動八（卅二）字第一三〇號公函開：「案查本會議前奉 委員長令飭研擬統制同業公會并加強同業公會之組織」一案經于三十二年一月十九日將辦理情形呈復并函請督促所屬依照法令認眞執行在案。頃復奉 委員長二月廿八日侍秘字第一六二五四年代電開「二月十六日總動呈（卅二）二一七八號簽呈及附件均悉。關於統制同業公會及加強同業公會之組織，既在管制物價方案實施辦法及其有關法令中，予以規定，應即請由行政院嚴令各省政府轉飭各地方機關，務依法積極實施無許延玩，即希迅行遵辦爲要。」等因；除請行政院嚴令各省（市）政府轉飭各地方機關依法積極統制同業公會并加強同業公會之組織，以利管制物價外，相應錄案函達，仍請指轉辦理爲荷」。等因；准此，查加強工商團體管制實施辦法，自上年十二月頒行，本年一月二十九日曾分電各省市廳局指示管制工作要點，飭妥擬計劃進度根據二月十七日又分電催報實施情況各在案。除甘肅四川浙江湖南等省已先後具復外，其他省市迄未據報，准函前由，合行令仰切實遵辦具報，爲要。社會部部長谷正綱組巳辰有印。

社會部代電 組六字第四七〇四七號 三十二年六月二日

爲據全國慰勞總會呈送修正全國鞋襪勞軍運動實施辦法及[illegible]代電仰遵辦具報由

各省市社會行政機關：查關於全國慰勞總會舉辦鞋襪勞軍運動一案，本部經以組卅字第四四八八七年代電飭遵辦具報在案。茲據該會三十二年五月二十二日慰（卅二）發秘字第五五七〇四號呈稱：「案查本會舉辦之全國鞋襪勞軍運動實施辦法，業經呈奉 鈞部三十二年三月廿三日組卅字第四三四四號指令准予核轉施行在案，茲以物價高漲，原定鞋襪代金之數額不敷購製，并爲配合七七抗建六週年紀念擴大徵募起見，擬推行日期，亦須改經五四卅五日陪都各界鞋襪勞軍運動第一次全體委員會議議決，該項辦法修正如次：第一項條文應爲：（一）日期：前後方均自六月一日起至六月底止。
第五項第二條條文應爲：（二）各保甲將募得之鞋襪送交鄉鎮公所，由鄉鎮公所彙送縣政府保管，縣政府即將募得之數字電告各省慰勞會，並請指定接收部隊或接收機關。
第五項第三條條文應爲：（三）各省鞋襪之分配辦法，由省慰勞會轉電軍政部各地軍需局或其辦事處（後方各地逕電軍需署）依部隊駐地情況及官兵每人分配鞋襪各一雙爲原則，適宜分配之。
第七項乙、「辦法」第一條條文應爲：（一）規定六月爲鞋襪勞軍宣傳月。
第八項第一條條文應爲：（一）規定六月爲鞋襪勞軍競賽月。
以上修正條文，除於實施院法更正分電各省市辦理外，理合檢呈修正全體鞋襪勞軍運動實施辦法式份，呈請鑒核備案。及慰（卅二）發祕字第二五七九號馬代電稱：「查本會奉　令舉辦全國鞋襪勞軍運動，業已分電各省市按照實施辦法發動在案。惟以此次鞋襪勞軍運動，爲我後方同胞對於前線六百萬浴血抗戰將士之最大貢獻，務使每一將士得到一鞋一襪之目的，爲配合「七七」抗建六週年紀念，并擴大徵募起見（一）自六月一日起六月卅日止勸募與競賽，七月七日呈獻。二）定六月八日舉行擴大宣傳大會。（城區舉行大會，鄉區發動大中小學學生，青年團團員，童子軍，婦女界及當地士紳名流組「勸募鞋襪勞軍隊」協助鄉鎮保甲長作深入民間之勸募工作以上兩點，全國各地一致舉行，謹特電請鈞部迅賜通電全國各省市社會處及各地社會服務機構一致辦理，并祈積極推行，以期熱烈緊張鼓舞軍心民氣爲禱」各等情；附呈修正全國鞋襪勞（軍運動實施辦法二份到部，經核尙屬可行，除轉呈行政院並指令外，合行電仰遵照辦理具報爲要。社會部巳東印。

社會部代電

組四字第號四七七八號　三十二年六月十日

爲據電爲各種臨時救濟團體及各界征募慰勞會之組織於法無據請核示祇遵等情電復遵照由

廣東省社會處：（卅二）韶社二組字第一二三號代電悉。查凡爲特定目的而結合之臨時組織無永久性者，如各種臨時救濟團體及各界征募慰勞會之組織，概應視爲社會運動機構，依照非常時期統一社會運動辦法規定辦理，並受社會行政機關之指導監督。特電遵照。社會部組四印。

社會部代電

組三字第四七八三八號　三十二年六月十六日

爲據電請釋示甲乙兩鄉鎮已組有同業公會乙鎮之公司行號不足法定人數可否飭其參加甲鎮團體組織案電仰遵照由　（三二）三十

福建省社會處：三十二年四月二十九日陽卯豔處社乙永四〇七二八號代電悉。查商會法第五條後半段「但繁盛之鎮區亦得單獨或聯合設立商會」等，來電所稱，甲乙兩鎮如有必要，自可聯合設立商會稱爲「某某縣甲乙兩鎮商會」，同業公會亦同。至如乙鎮無聯合組會資格，則其公司行號，仍應加入縣市同業公會或商會，特電遵照。社會部組巳印。

社會部公函 組三字第四七三七三號 三十二年六月五日

爲函復商業登記各項疑義請查照由

案准

貴部三十二年五月二十一日渝（卅二）勤監法字第〇五四四號公函，關於商業登記各項疑義，囑查核見復，等由；正核辦間，復准本年五月二十八日渝（卅二）勤監法字第六〇七號公函，並派王督察來部查詢，茲逐項答覆如次：

一、商業登記依商業登記法向所在地主管官署爲之，商會同業公會並不辦理此事，營業執照由主管官署發給。

二、公司行號依法登記後，應加入同業公會爲會員，如當地同業不足組織公會之法定家數時，應即直接加入商會爲非公會會員。

三、商會同業公會爲計算會員，而登記公司行號工廠之資本時，商會法第二十條商業同業公會法第三十二條工業同業公會法施行細則第十二條輸出業同業工會法第三十六條均已規定。

四、公司行號工廠在商會或同業公會所報之資本，爲減輕會費担負，不無以多報少情事，自應以其向主管官署辦理商業登記之數額爲準。

五、社會行政機關指導商會同業公會時所依據之法規，爲（1）非常時期人民團體組織法。（2）商會法及其施行細則。（3）商業同業公會法及其施行細則。（4）工業同業公會法及其施行細則。（5）輸出業同業公會法及其施行細則。

准函前由，除法規已面送王督察不再檢附外，相應函請

查照爲荷。

此致

軍事委員會特派國家總動員會議軍法執行監部

社會部訓令

組七字第四四〇二九號　三十二年四月五日

令各省社會行政及合作主管機關本部各附屬機關

准工作競賽推行委員會函送工作競賽獎勵辦法令仰遵照施行由

案准工作競賽推行委員會三十二年三月十七日競秘字第一七八九號公函開：「查本會工作競賽獎勵辦法，前經簽報委座函送各在案。茲准軍事委員會委員長侍從室第二處信字第四三六七一號函，以該項辦法業經呈奉委座批「可」，錄批函請查照，等由；除分函外，相應檢同是項獎勵辦法一份，隨函奉達，即希登照，轉飭施行爲荷」等由；附工作競賽獎勵辦法一份，准此，自應照辦，除分令外，合行檢同原辦法，令仰遵照施行爲要。此令。

附工作競賽獎勵辦法一份。

工作競賽推行委員會工作競賽獎勵辦法

第一條　本會爲提高競賽興趣激勵工作精神養成工作風氣增進工作效能特訂定本辦法

第二條　凡個人或團體按照本會訂定爲認可之各種工作競賽辦法參加競賽經本會評定成績優勝者得依本辦法給予獎勵

第三條　獎勵之種類規定如下

（一）獎狀　（二）佩章　（三）獎旗　（四）獎金　（五）獎品

第四條　前條之獎勵應由各直接辦理競賽之機關或團體分別開送競賽成績報由最高主管機關核轉本會審查頒給之

第五條　本會對於工作成績特別優異者得呈准總裁加給獎勵

第六條　對於各項競賽優勝者之其他獎勵得由本會函知各有關機關團體酌量辦理之

第七條　本辦法如有未盡事宜得提請本會委員會議修正之

第八條　本辦法經本會委員會議通過施行

社會部[illegible]應否加入公會？查[illegible]

為據湖南省社會處轉呈沅江縣政府請示文化服務分社應否加入圖書教育用品商業同業公會一案令仰轉飭遵照由

社會部指令 組二字第四五[illegible]八六號 三十二年五月十一日

令湖南省民政廳

案據前湖南省社會處三十二年一月二十八日未社二字第三八六七號呈，轉據沅江縣政府呈，以該縣文化服務分社，應否加入圖書教育用品商業同業公會，祈核示等情，據此。查各地文化服務社總分社，均須加入當地圖書教育用品商業同業公會為會員，本案自應照例辦理，據呈前情，合行令仰轉飭遵照為要此令。

社會部訓令

為據江津縣政府代電，為請解釋並非繁盛各鄉鎮組織同業公會或職業工會等疑義一案令仰轉飭知照由

令四川省社會處

案據江津縣政府卅二年三月仁社字第二八九號代電，為請解釋並非繁盛各鄉鎮，與現行法令規定相符者，是否亦得組織公會，如不能分別單獨組織同業公會或職業工會時，可否於鄉鎮設立分會？所有以前設立者，又可否合併於縣城各該團體？請予核示祇遵。等情，據此，茲核示如下：（一）商業同業公會法第二條之同一區域，應以縣市行政區域或呈准設立公會之繁盛區鎮區為限，非繁盛區鎮，自不適用。四川省實施限價地區，亦應依此為準。（二）具有組織商會條件之區鎮，即可視為繁盛區鎮之[illegible]有無設立組織之必要，由縣政府酌定之。（三）該縣各業同業公會，如有必要可設立區鎮分事務所，至於商會設立分事務所，商會法第八條已有明文規定，以上均不得稱為分會。（四）已有商會組織之區鎮，如無與縣商會合併之必要，由縣政府決定之。（五）工會之區域，依工會法施行法第六條規定，應以縣或市之行政區域為其區域。該縣各職業工會，如無工會法施行法第六條？但書之情形，自應以縣之行政區域為區域，以前所許可組織之鄉鎮職工會，應予合併，惟得依工會之分會支部小組組織規則之規定，於各鄉鎮設立分會。據電前情，合亟令仰轉飭知照，此令。

社會部訓令 組二字第四四五九二號 三十二年四月十五日

社會部訓令

三十二年四月十六日

爲准經濟部函送福建江西河南省實施限價物品及縣市一覽表并請轉飭加强各業公會組織以利限價一案，令仰遵照辦理具報由

令 福建省社會處江西省社會處
廣東省社會處湖南河南兩省民政廳

查加強物價管制方案，前奉
蔣兼院長飭辦到部。當經本部分別咨請各省市政府查照，并令飭各省市社會行政主管機關切實辦理，旋復頒佈加強工商團體管制實施辦法分飭施行各在案。「關於管制地區及業類並有「其他經省市政府臨時呈經　行政院或咨社會部經濟部核定管制地區之規定」茲准經濟部函送福建江西河南廣東湖南限價物品縣市一覽表，并請轉飭加強各業公會組織等由前來，自應照辦。合行令仰遵照前令各令加強各業公會組織，以利限價進行，仍仰將辦理情形隨時具報，爲要：此令。

附該省實施限價縣市一覽表一份（略）

社會部訓令

組三字第四五〇六一號　三十二年四月二十四日

爲據江津縣政府代電，請解釋竹器藤器業會員加入公會疑義一案，令仰轉飭遵由

令四川省社會處

案據江津縣政府三十二年四月三日仁社字第三三七號代電爲請解釋竹器業公會會員兼營藤器業者，應否加入藤器業公會？各藤器業公會會員兼營竹器業者，可否加入竹器業公會？等情：據此，查竹藤器均非重要商業，既以其所營主要業務，分組竹器藤器商業公會，依商業同業公會法第五十七條之規定，同法第十二條第一項，不在適用之列，而非常時期人民團體組織法第六條之得同時加入，具有彈性，則該竹器藤器業所附帶兼營之業務，彼此均免予加入，以免瑣碎，如竹藤器兩業，兩兼營之業務，確有不可分時，准由地方主管官署，酌情令飭合併組織，據電前情，合亟令仰知照，並轉飭遵照：此令。

社會部訓令

組三字第四五七八五號　三十二年五月十一日

爲據重慶市皂燭工業同業公會呈請釋示外縣工廠在渝設有辦事處或營業處所應否加入工會一案令仰知照由

令重慶市社會局

案據重慶市皂燭工業同業公會本年四月二十日呈，「請解釋外縣工廠在渝設有辦事或營業處所應否加入公會？」等情：據此

，查外縣工廠在渝設立辦事處或營業處，所售賣其出品，自應加入各該業商業同業公會，但無須加入工業同業公會爲會員，據呈前情，仰即轉飭知照，此令。

社會部訓令

組三字第四六七二二號　三十二年五月二十六日

爲製訂××省××縣市商會及有關限價主要必需品同業公會一覽表及實施管制工作月報表各一種令仰督飭切實查填按時具報由

令各省社會處及設社會科之民政廳
　重慶市社會局

查非常時期工商業及團體管制辦法，暨加強工商團體管制實施辦法，自頒行以來，各地工商團體實施管制情形，雖經據報來部，但多係簡略概況，甚少實際數字，亟應將管制以來之情形作一總調查，以資考核，而利推進。特製訂某某省某某縣市商會暨有關限價主要必需品業同業公會一覽表，及某某省某某縣市商會暨有關限價主要必需品業同業公會實施管制工作月報表各一種，除咨行各省市政府並分行外，合行檢發表式，令仰切實督促辦理，按時具報，爲要。此令。

附某某省某某縣市商會及有關限價主要必需品業同業公會一覽表
　某某省某某縣市商會及有關限價主要必需品業同業公會實施管制工作月報表各一份（略）

社會部訓令

組五字第四七〇四二號　三十二年五月三十一日

爲令飭將本年度預計訓練人民團體職員會員人數電報備核由

令各省市社會處及設社會科之民政廳
　重慶市社會局

查本年度各省市人民團體職員會訓練，前經本部規定要項於本年三月十八日以組六字第四二九一九號令飭限期遵擬訓練實施計劃並報部備核在案。現年度開始已久，除該計劃仍應依限妥擬具報外，仰將該省、市本年預計訓練人民、團體、職員、會員人數先行電報，以憑查核爲要。此令。

社會部訓令

組三字第四七八二七號　三十二年六月十六日

爲據重慶市皂燭工業同業公會代電請解釋該會會員營業處所可否依商業同業公會法第五十七條之規定組織商業同業公會乞核示案令仰遵

社會部指令

據重慶市皂燭工業同業公會代電，請解釋該會會員營業處所，可否依照商會同業公會法第五十七條之規定，組織皂燭

商業同業公會，[illegible]，前經本部以組三字第四二七二號訓令該局飭知在案。該會業務以製造為主，附帶

營業。依「[illegible]各業加入商業或工業同業公會標準」第四項之規定應加入工業同業公會，當然不再加入或另組商業同業公

會，[illegible]並轉飭遵照為要。此令。

令重慶市社會局

社會部指令 組一字第四四二五六號 三十二年四月[illegible]日

為據呈請關於農林推廣技術人員加入農會爲會員擬予變通一案令仰遵照由

社會部指令

令甘肅省社會處

呈悉。查農林推廣技術人員，依照農會法第十三條第三款之規定，自可加入農會爲會員，惟該項人員如係現在政府任命之官吏

，[illegible]第十四條之限制，仰即遵照為要。此令。

社會部指令 組四字第四五〇八〇號 三十二年四月二十六日

令貴州省社會處

三十二年三月二十日呈一件爲各地公私機關法團各種劇社票社[illegible]請核示由

呈悉。查各地公私機關法團所組織各種劇社，票社，係屬內部研究藝術之組合，不屬人民團體範圍，毋庸加以管制；惟如有對外活動或公開募捐等情事，應依照統一社會運動及募捐辦法辦理。仰即遵照。

社會部指令 組一字第四六六八號 三十二年五月二十六日

爲據電以各地方姓氏可否組織團體請核示等情令仰知照由

、[illegible]自願加入各該業商業同業公會，毋庸再加入工業同業公會爲會員，

[illegible]

令廣東省社會處

案准內政部三十三年四月十四日[illegible]一件：為電請示各地方姓氏可否組織及依照人民團體組織規則辦理准予成立等情轉請核示由

呈悉。查宗族關係之結合，得依其習慣或根據民法之規定，不得視為人民團體，毋庸由社會行政機關予以備案。此令。

社會部指令

[illegible]三十三年五月二十八日

[illegible]

業務費支出之不足，現[illegible]市[illegible]

查工[illegible]

呈悉。查工業同業公會[illegible]加入事[illegible]商會[illegible]修正商會法第九條已有明文，工礦業同業公會係適用工業同業公會法之規定，其加入商會之限制[illegible]業同業公會[illegible]如各該會員設有出品售賣場所，則應加入當地商業同業公會或商會，合亟令仰知照。此令。[illegible]

社會部指令

[illegible]第四八[illegible]號 三十三年六月二十[illegible]日

[illegible]

社會部指令

[illegible]二字第二四〇二[illegible]號 三十三年[illegible]月[illegible]日

令重慶市社會局

為據呈請核示外商銀行入會及其代表人選應如何決定一案令仰知照由

本年五月三十一日社元二字字第零七九二號呈一件為據本市銀行公會呈為外商銀行入會及其代表人選應如何決定一案轉請核示由

呈悉：（一）外商銀行在外商入會整個問題未決定前，不得入會。（二）外商銀行營業特別法例，仰候財政部核示。

此令。

[illegible]

○[illegible]○以[illegible]

社會福利類

○[illegible]

社會部[illegible]

[illegible]廣東省政府[illegible]請獎[illegible]商民[illegible]捐資[illegible]萬元[illegible]老弱婦孺[illegible]請核[illegible]由

案准廣東省政府三十二年三月末列日湯秘四八字第一〇五四七號咨，爲據第一區行政督察專員公署呈，商民黎榮捐資十萬元，教濟難童棄嬰老弱婦孺，洵屬難能可貴，請核奬激勵等由附事實履歷表一份准此經核與捐資興辦社會福利事業褒奬條例第三條第八款之規定相符，應予褒奬，除咨復外，理合繕具該黎榮捐資事實履歷表備文呈請
鑒核轉呈
國民政府核給匾額，以昭激勵，實爲公便；

謹呈

行政院

附抄呈黎榮捐資事實履歷表一份（略）

社會部咨　福二字第二四〇一二號　三十二年四月四日

爲擬倡導全國各地工廠於三十年度盈餘項下提撥勞工福利金辦理勞工福利事業咨請查酌辦理見復由

查推進勞工福利事業，爲改善勞工生活，促進勞資協調，提高勞動效率推廣生產建設之主要方策。際玆非常時期，物價高漲，勞工福利和設施益感需要，自應督導廠方，積極籌辦，期收宏效。近准
貴部工礦調整處本年三月二日函，請派員會商渝市裕華豫豐申新沙市等四紗廠員工年終分紅標準問題，經派員出席，據報稱，會議中決定各該廠商應三十年度營業盈餘項下，提撥勞工福利金，以充實各該廠勞工福利事業，各該廠商幷已遵辦等語，查工廠辦理勞工福利事業，固應有其經常支出，幷以之計入生產成本，而年終獲得盈餘時，仍宜按成提撥，以補勞工福利事業經費支出之不足，現渝市四紗廠，既各已由盈餘項下提撥勞工福利金，似可樹立風範推廣及於全國，使各地工廠普遍仿行，爰擬倡導全國各地工廠於三十年度盈餘項下，一律提出千分之五至千分之十，作爲勞工福利金，增辦勞工福利事業，或將已有之勞工福利設施，加以充實改善，小廠不能單獨舉辦者，得聯合附近工廠共同舉辦。如荷贊同，卽請貴部通飭全國各地工廠一體遵辦，幷將應提撥勞工福利金額於本年五月底以前具報，列表開示，以便由本部令飭各省市社會處局從事督導，以制推行；相應函請
查酌辦理幷希見復爲荷。此咨

經濟部

社會部咨　福一字第四四一五〇號　三十二年四月七日

爲准中國農民銀行總管理處函送福利儲蓄存款章程咨請查照幷轉飭所屬協助推行由

案准中國農民銀行總管理處本年一月二十八日儲一字第九三號函開：

「查本行儲蓄部，前爲增進農工福利提倡節約儲蓄，曾經參照儲蓄保險法規，擬訂農工福利儲存款章程，函准貴部卅一年六月十五日組字第二七二四六號函復已分咨各省市政府飭屬協助推行在案。該項儲蓄經在自流井鹽工區域先行試辦，半年以來，參加人數月有晉增，於安定農工生計促進生產效率，卓著成效。現值貴部職工福利金條例實施之際，爲配合進行起見，復將前訂章程，予以修正改稱「福利儲蓄存款」規定農工學各界及公務機關從業人員，概可參加。同時福利金額增加幾近一倍，事關社會福利要政，當荷贊許，玆隨函檢奉修正章程一百份及宣傳品拾張，即請詧收惠賜提文，仍請分咨各市政府飭屬協助推行爲荷；」

等由；准此，查本部前准該行函送農工福利存款章程，經於三十年六月十五日以組一字第二七：八五號轉咨各省市政府查照辦理在案。玆准前由，除分咨外，相應檢附原送章程一份，咨請

查照幷轉飭所屬協助推行，爲荷；

此咨

各省市政府

社會部咨　福一字第四六五四一號　三十二年五月二十四日

爲准咨以奉　院令抄發統一員工團體壽險辦法審查意見第四項應由四部一處會同縝密研究擬訂草案呈院核辦一案囑開示意見等由檢同草案暨說明咨復查照由

案准

貴部本年四月十七日渝禮字第一七一一號咨以奉　行政院抄發統一員工團體壽險辦法審查意見第四項統一員工團體壽險辦法應由內政財政交通社會四部及四聯總處會同縝密研究擬定草案呈院核辦一案囑開示意見以便會同辦經等由准此查此案本部草奉　行政院令飭到部當經根據本部職掌範圍審愼考慮擬具陪都公務員工保險統一實施辦法大綱草案一種准咨前由相應檢同原

前案暨說明各一份咨復
查酌爲荷
此咨
內政部
附陪都公務員工保險統一實施辦法大綱草案說明各一份（略）

社會部咨　福二字第四八五六六號　三十二年六月二十九日

爲准咨囑解釋職工福利金條例及工人福利社設立暫行辦法疑義等由復請查照並轉飭知照由

案准

貴府三十二年四月三十日府建社三福字第四一三三號咨，以據申新第四紡織公司寶雞分廠呈、請解釋職工福利金條例及工人福利社設立暫行辦法，疑義數項，轉囑查照核復等由；准此，玆將提各項疑義，逐一解答如左：

（一）工廠礦場舉辦之福利社，可稱職工福利社，其利益職工均得享受，其經臨費即由職工福利金充之。

（二）工廠礦場之職工福利社，應由職工福利委員會主持，所有業經舉辦之福利設施，統將併於福利接辦，原已提撥之設備費用，不在職工福利金內抵算。

（三）職工福利金大體係由工廠礦場或其他企業組織負担，但職員工人爲其自身之福利，亦應分担一部分，故有該條例第二條第三款之規定以補職工福利事業經費之不足。

准咨前由，相應復請
查照轉飭知照爲荷。
此咨
陝西省政府

社會部代電　福五字第四四九一七號　三十二年四月二十二日

爲電催結束各令救濟工作仰即遵照由

各省社會處（民政廳）查卅一年度冬令救濟工作，早屆結束之期，前理制定工作報告表及未辦冬令救濟縣市調查表式各一種，於本年三月八日以福五字第四二五〇八號令飭在案。玆為迅謀結束，特再檢發原報告表一份，仰於文到後，迅即遵辦具報，以憑核辦。社會部福五卯養印。

附各省市冬令救濟工作報告表式一份（略）

社會部公函　福六字第四〇九號　三十二年四月六日

為准函以准行政院祕書處通知關於國民參政會第三屆第一次大會建議請政府從速普設托兒所一案核囑復意見等由函復查照由

准

貴部本年三月二日（卅二）工字第四四五⑪九號公函以關於國民參政會第三屆第一次大會建議請政府從速普設工廠托兒所一案囑核復意見等由准此查本案前准行政院祕書處通知遍部當經派員與

貴部工業司洽商在案茲將本部意見提供如次：

一、由社會部通令各省市社會處局及設社會科之民政廳在工商業發達區域普設工廠托兒所以利職工婦女參加工業生產

二、工廠托兒所之管理設備以及保育標準由社會部訂頒前實業部公布之工廠設置哺乳室及托兒所辦法大綱亦擬酌加修改以期切合需要。

三、工廠托兒所經費得酌由職工福利金項內動用。

四、不以營利為目的之公營工廠所設之托兒所其經費得請政府酌予補助。

五、各級社會行政機關對工廠托兒所應隨時派員督導，

准函前由相應復請　查照核辦並主稿賜會為荷此致

經濟部

社會部公函　福五字第四五三二六號　三十二年四月二十日

為准函以重慶市乞丐臨時收容所業經改組為遊民教養院並奉　委員長代電以重慶市內丐乞增多應設法搜捕並妥籌辦法使之生產俾其生活體以有給等由囑按照前例補助提前撥給並隨時指導等由函復查照遵由

案准

貴市政府本年三月卅三日市令一字第一五四一年四月十四日市祕一字第晉四一一○號四月十六日市祕壹字第四四一三年公函以重慶市丐乞收容所，業經改組爲遊民教養院，並奉委員長本年四月卯元侍祕二字第一六九四八號代電，以重慶市內丐乞增多，應設法收捕，并妥籌辦法，使之生產，俾其生活能以自給，等因，囑援照前例補助提前發給，並隨時指導，等由；准此，自應援照前例，自本年一月份起根據該院百名以外實際超收丐乞人數，依照每名每月四三、一五元之標準，按月核實發給伙食補助費，請飭該院將一二三各月份實際開支伙食日數統計表，及應領補助金暨領據分別塡造轉送過部，以憑核發，至三十一年度六至十二月份乞丐伙食補助費，業於本年三月二十六日福五字第四三五一一號函復轉飭遵照在案。關於該院工作，除由部派員督導外，並請

飭將改進情形，報轉過部備核。准函前由，相應函復

查照飭知，爲荷。此致

重慶市政府

社會部公函

福六字第四六七七二號　三十二年五月二十八日

爲准函關於普設工廠托兒所本部提供意見五點一案以前實業部所訂之「工廠設置哺乳室及托兒所大綱」尙屬詳明適用無庸修改餘均意囑查核等由自應贊同復請查照來稿賜會由

案准

貴部本年四月二十四日（卅二）職字第四七九三七號公函，關於國民參政會第三屆第一次大會建議普設工廠托兒所，本部提供意見五點一案，以第二點前實業部所訂之「工廠設置哺乳室及托兒所辦法大綱」規定尙屬詳明，對目前需要亦適合，似可無庸修改，餘均同意囑查核辦等由；准此，自應贊同，相應復請

查照主稿賜會，爲荷！

此致

經濟部

社會部訓令　總一字第四四零九一號　三十二年四月六日

爲奉令轉發職工福利金條例令仰知照由

令本部各附屬機關

案奉

行政院卅二年二月十二日仁九字第三七九六號訓令內開：「奉

國民政府卅二年一月廿六日渝文字第七三號訓令開：『查職工福利金條例經現制定明令公布應即通飭施行，除分令外，合行抄發原條例令仰知照，並轉飭所屬一體知照。此令。』等因，奉此，除分行外，合行抄發原條例仰知照並轉飭所屬一體知照，此令。」

等因；附抄發職工福利金條例一份，奉此，除分行外，合行抄發原條例令仰知照。

此令

附抄發職工福利金條例一份（見本部公報第九期法規欄）

社會部訓令　福三字第四四二六號　三十二年四月九日

爲規定各省市縣社會服務處所用印信式樣令仰遵照由

令各省市社會處及設社會科之民政廳重慶市社會局

查各級政府所設社會服務處所用印信函應規定以昭劃一茲規定各省市政府所設直屬省級社會服務處應依照印信條例第二條第二三兩項之規定刊發關防縣以下各級社會服務處應依照同條第四項之規定刊發鈐記除分行外合函抄發原條例令仰遵照。

此令。

附抄發印信條例一份。

印信條例　十八年四月七日國民政府公佈

第一條　全國各級機關印信除另有規定者外概依本條例頒發之

第二條 印信分印關防鈐記小章四種其區別如左

一永久性及屬於行政範圍之機關發印

二臨時性及不屬於行政範圍之機關發關防

三特殊機關應發印或關防臨時核定之

印關防荐任職以上或與荐任同等之機關用之

四委任職之機關發鈐記

五特任職及簡任職或荐任職之機關[illegible]

敘理由呈請核發

第三條 印信關防鈐記小章之質料區別如左

一銀質 國民政府及陸海空軍總司令暨五院之印用之

二牙質 國民政府主席陸海空軍總司令五院院長及特任職長官之小章用之

三銅質 特任荐任職及與荐任職同等機關之印關防用之

四木質 委任職鈐記暨荐任職以上含臨時性之機關用之

第四條 荐任職以上機關與荐任職同等之機關印信由國民政府頒發委任職機關鈐記由各該主管機關刊發（例如各部會委任機關由該部刊發各省委任機關由省政府刊發）

第五條 軍事機關印信暨照軍政部印信條例辦理

第六條 特簡荐委印信尺度除軍事及外交機關已另有條例規定外餘如附圖所規定（附圖式另附）

第七條 各機關請鑄印信及繳銷舊印辦法如左

一各機關請鑄印信應呈由各該主管長官轉呈國民政府核定飭印鑄局鑄發

二各機關領取印信應備文向原請機關領取

三啟用新印應拓具印模將啟用日期呈由各該主管長官轉呈國民政府備查

四繳銷舊印須截角呈繳各該主管長官轉繳國民政府核交印鑄局銷燬

第八條 本條例自公布日施行

附印信圖式：

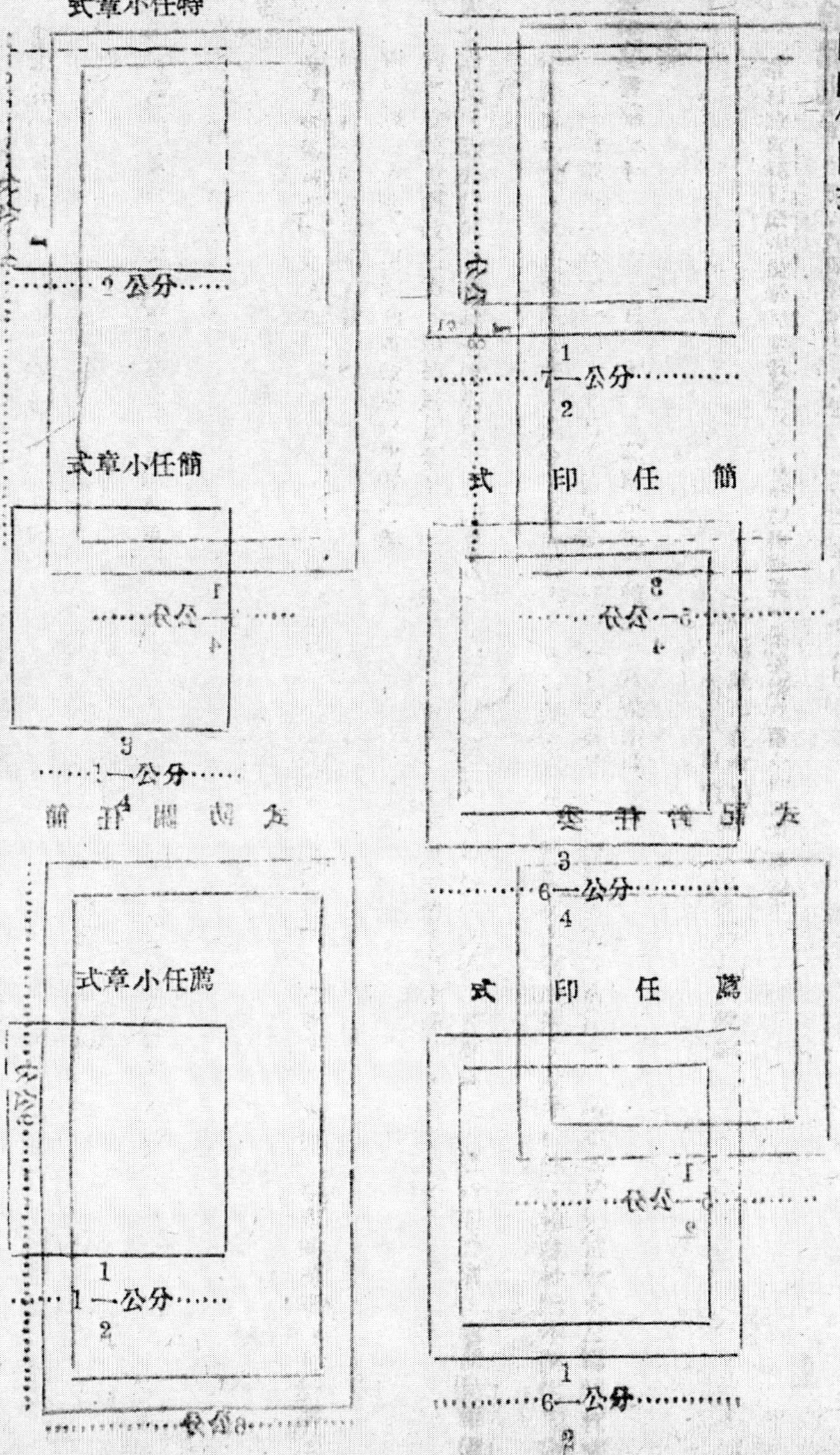

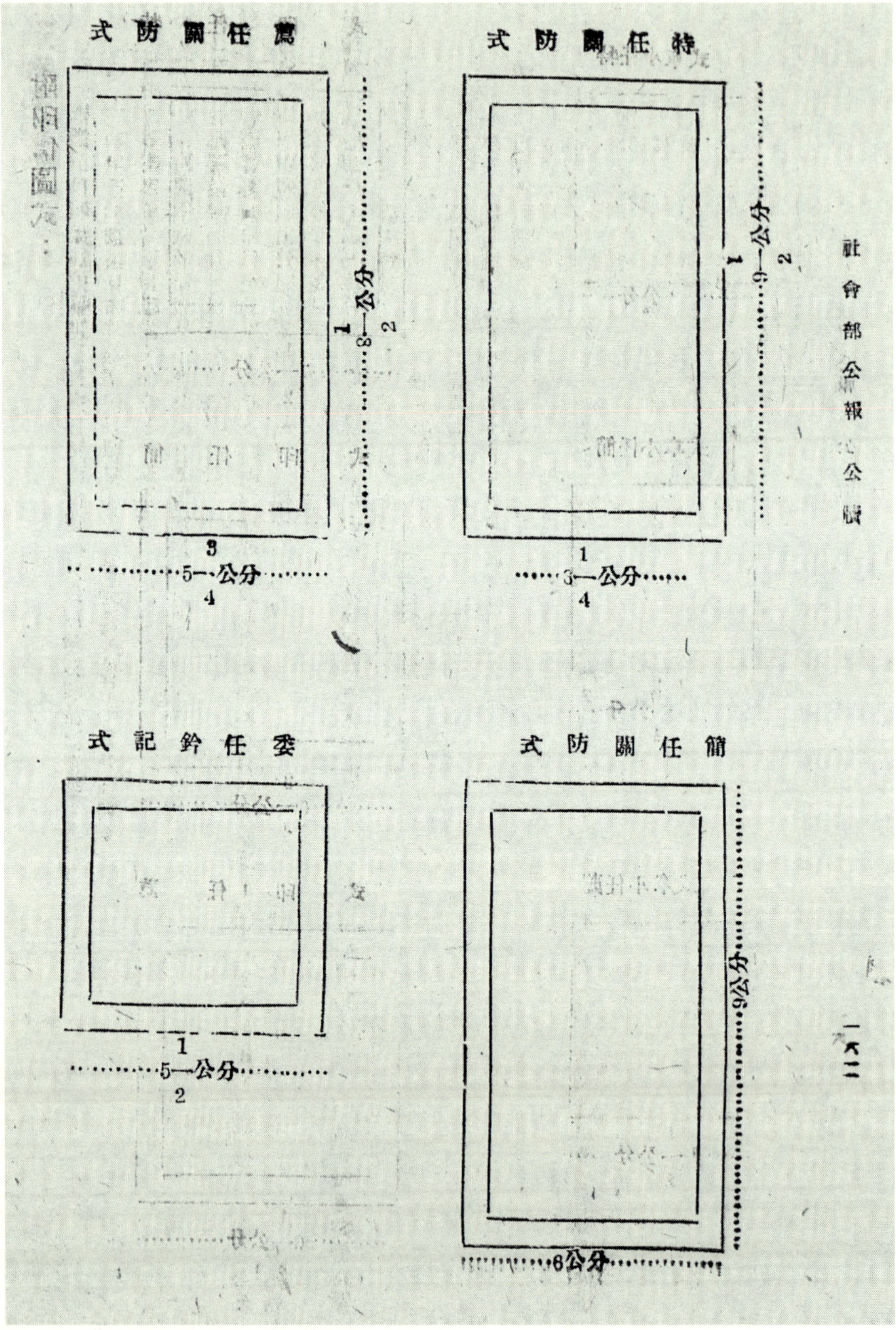

薦任關防式
8 1/2 公分
5 3/4 公分
特任關防式
9 1/2 公分
3 1/4 公分
委任鈐記式
5 1/2 公分
簡任關防式
9公分
6公分
社會部公報 公牘
一六二

社會部訓令　福六字第四四七三八號　三十二年四月十九日

准行政院秘書處函關於兒童教養及臨時救濟職權疑義一案摘錄原電令仰遵照具報由

令重慶市社會局
各省社會處及設社會科之民政廳

案准

行政院秘書處三十一年十一月三十一日順玖字第二四六二八號函開：

「貴部卅一年十一月十三日電五字第三三三一七號簽呈，議復河南省政府代電，請示關於兒童教養及臨時救濟職權疑義一案。已由臨院參拟行原令及貴部與振濟委員會之意見，電復河南省政府，除分行外，相應抄同本院代電函達查照！」

等因：准此，除分行外，合亟摘復摘錄，令仰遵照，凡原設之公私立兒童教養機構，非專爲收容難童而設者，應即呈報備案，其有因兼收難童而改名者，應即恢復舊名以憑考核，依法奬懲，仍將遵辦情形具報備核，爲要！此令。

附摘錄行政院核復河南省政府原代電乙件

摘錄行政院復河南省政府電

凡因收容難童而設立兒童教養院，應由各該振濟會主管，至各地原設之公私立兒童教養機構，並非純爲難童而設者，不在此限。

社會部訓令　福三字第四四九一三號　三十二年四月二十二日

爲據呈江省社會處電請解釋縣黨部社會服務處及其事業機關與縣政府相互行文時應採何種方式等情令仰轉飭知照由

令各省社會處及設社會科之民政廳
重慶市社會局

案據浙江省社會處福寅元電稱：

「准浙江省黨部函據松陽縣黨部呈，以縣級社會服務處冠以主辦黨部名稱後，對縣政府行文，是否仍用呈抑或改用函電？其所主辦之事業機關，如黨員招待所戰時初中等，其行文方式均無規定，未便擅復，特請鑒核電示」等情據此，經核復縣黨部社會服務處及其事業機關，對縣政府行文時，應呈由主管黨部函轉；反之，縣政府應函由主管黨部令轉，至縣黨部社會服務處所辦事業，直接向目的事業機關（在縣爲縣政府）立案或有所請示，應仍用呈。除電復并分行外，合行令仰知照，並轉飭知照爲要！此令。

社會部訓令　福四字第四五五五五號　三十二年五月五日

爲頒發各職業介紹機關按月造送工作報告辦法仰遵照辦理由

令各省社會處及設社會科之民政廳
　重慶市社會局

本部爲明瞭各地各職業介紹機關工作情形，特製訂各職業介紹機關按月造送工作報告辦法一種，隨令頒發，仰轉飭所屬切實辦理，并按照該辦法第八項規定，按月將報告書彙轉到部，以憑核辦！此令。

附發各職業介紹機關按月造送工作報告辦法全份（載本部公報第九期）

社會部訓令　福三字第四五五八九號　三十二年五月六日

爲本部各直屬社會服務處服務生並非職業工人應免參加當地工會令仰知照由

令本部各直屬社會服務處

查本部各直屬社會服務處所有服務生，并非職業工人，應免參加當地工會，除分令外，合亟令仰知照，此令。

社會部訓令　福三字第四六六〇四號　三十二年五月二十五日

爲令飭嗣後各縣市黨部社會服務處工作報告表准由縣市政府抄呈該處廳彙核存轉本部備查仰遵照並轉飭遵照由

令各省社會處及設社會科之民政廳

案准中國國民黨湖南省執行委員會卅二年三月九日未圓字第四三七號公函，以奉中央執行委員會令頒各級社會服務處工作指示要點，規定社會服務處工作報表，僅分繕二份，以一份呈上級黨部，另一份送當地社會行政機構備查，自應遵辦，除分令外，相檢同上項要點一份，函請查照嗣後各縣市黨部社會服務處工作情形，應請逕飭各該管社會行政，機關，彙報，以資聯繫，等因；准此，查各縣市黨部社會服務處工作報告表，逕由各該管社會行政機關彙報一節，核與社會服務設施綱要為十七條之規定相符，嗣後各縣市政府收到各縣市黨部社會服務處工作報告表後，應即抄呈三份，由該廳處按月彙核存轉本部備查，除函復并分令外，合行令仰遵照并轉飭遵照為要！此令。

社會部訓令

福五字第四六七〇九號　三十二年五月二十六日

為各省市社會行政及衛生行政機關應仿照部署辦法按月舉行會報令仰遵照由

令各省社會處及設社會科之民政廳
重慶市社會局
各直屬社會服務處

查社會行政機關，舉辦社會福利設施中，有關醫藥救濟事業，應與衛生行政機關，取得密切連繫，業經本部與衛生署會商決定，由部署分別通令各省市社會行政及衛生行政機關仿照部署每月會報辦法，舉行會報在案。除函請衛生署通飭遵照外，合亟令仰遵照，此令。

社會部訓令

福一字第四七三五七號　三十二年六月初五日

為奉　令准振濟委員會附屬小本貸款機關業令裁撤各地已辦農貸工貸無繼續辦理必要各處案券交由當地社會行政機關保管基金繳還國庫未還貸款由當地社會行政機關負責追還等因令仰遵辦具報由

令各重慶市社會局及設社會科之民政廳

案奉

政院本年五月二十七日仁嘉字第一一八二二號訓令內開：

「查振濟委員會附屬小本貸款機關，業經本院令飭於上年十二月底裁撤，并限本年二月底結束，其各該處所原有基金及貸款帳冊，復咨請准由鄰近審計或黨部機關就近監盤移交各該當地社會處科接收辦理各在案。茲查各地方多已辦有農貸，工貸，此項小本貸款無繼續辦理之必要，應即取消，各處案券，交由各當地社會行政機關保管，基金繳還國庫，其未還貸款，應由各當地社會行政機關負責追還，陸續解繳國庫，以查清結，并應將截至四月底止各處欠還之數報院備查，所有振濟委員會辦理貸款人員，已由本院核發結束遣散各費，此項人員應即遣散，除令飭振濟委員省邊照辦理具報外，合行令仰轉飭遵照具報。」

等因；奉此，除分令外，合行令仰遵照辦理具報爲要！此令。

社會部指令　福二字第四七〇二二號　三十二年五月卅一日

爲據呈以奉頒職工福利金條例所稱主管官署究係誰屬請核示等情指令知照由

令陝西省社會處

三十二年五月一日社三福字第一八四一號呈爲奉頒職工福利金條例所稱主管官署究係誰屬請核示由

呈悉，查該項條例所稱主管官署，係指社會行政機關，仰即知照。此令

社會部指令　福二字第四七〇二八號　三十二年五月三十一日

爲據呈爲奉頒職工福利金條例下脚二字疑義懇准解釋等情令仰知照由

令福建省社會處

三十二年五月七日陽辰虞社丙永字第四五三七四號呈爲奉頒職工福利金條例下脚二字疑義懇准解釋由

呈悉。查該項條例所稱下脚，係指工廠礦場之渣滓廢料，本廠已無用途，尚可資爲他用，仍能變價之物。仰即知照。此令。

社會部指令　福二字四七三三九號　三十二年六月四日

爲據呈請解釋職工福利金條例疑義三點俾資遵循等情指令知照由

令重慶市社會局

三字第三十二社六年四月十五日〇〇七一號呈一件爲呈請解釋職工福利金條例疑義三點俾資遵循由

呈悉。茲分別解釋如左：

（一）原條例第一條所稱之工廠，適用工廠法第一條之規定，該條並對於鑛場或其他企業組織亦適用之。至福利金之提撥，係依照本條例規定之百分比，故不問資本數額之多少。

（二）原條例第二條定，同內所有各款之規時適用，惟第一款之適用，以原條例公佈施行以後創立者爲限，不溯既往

第四款第五款於年終有盈餘時，或下腳變價時適用之。

（三）職工福利金之保管動用，依原條例第五條第一項之規几，應由各工廠鑛場或其他企業組織設置職工福利委員，負責辦理，並可依照本部頒行之工人福利社設立暫行辦法，分別設立工人福利社，主管官署應依照條例第六條之規定，予以指導監督。仰即知照，此令。

社會部指令

福三字第四八〇〇八號　三十二年六月十八日

令西康省政府民政廳

三十二年四月二十七日民社字第〇七六六號呈一件為呈請解釋社會服務處業務與職業團體有關者應否加入各同業工會營售物品是否照一般商號納稅乞核示由

呈悉。茲分別核示如下：

一、社會服務處所營事業，可不加入同業工會，但其使用工人，均應自動分別辦理入會手續，加入各本業職業工會。

二、社會服務處業務如完全為當地政府所辦，確具非以營利為目的者，得免繳營業稅，惟其事業如係招商合辦，或集資舉辦，即具有官商合辦性質，仍應依營業稅法第六條後段之規定繳納營業稅。

三、社會服務處業務，依所得稅暫行條例第二條第一款「不以營利為目的法人所得免繳所得」之規定，可免繳所得稅。

四、依印花稅法第四條之規定，社會服務處所用之契約及主要所用之契約依及主要賬簿憑證，仍法繳納印花稅。

五、其他各種捐稅，應遵照當地法令辦理。

以上各點，併仰知照，此令。

合作事業類

社會部呈

合一字第四七三零二號　三十二年六月四日

為全國社會行政會議決議各省市合作經費請由中央主管部統籌核定以利事業均衡發展案呈請　核示由

查第一次全國社會行政會議通過，浙江省合作事業管理處提議：「各省市合作經費，請由中央主管統籌核定以利事業均衡發展一案」。建議辦法兩項（一）由中央主管部呈請　行政院在各省市總預算中確定合作經費為獨立會計科目。（二）各省市合作經費應將經常費與事業費劃分，其在各省市總預算應佔之百分比，由中央主管部統籌核定之。其理由以目前各省市合作經費多併入經濟建設經費之中，尚無獨立會計科目，每由地方政府，依其重視合作事業之程度，而酌予核定數額，既甚懸殊，分配方法亦多歧異，致使各省市合作事業形成畸形發展之現象，推行合作既係國家有整個性與計劃性之政策，則各省市合作經費自應由中央主管部參酌實際需要統籌核定，以利事業之均衡發展，案據呈送到部，經核本案關係全國合作事業之發展，至為重要。惟事涉預算制度及編審原則之改進，是否可行？理合錄案備文呈請

鑒核示遵。

謹呈

行政院

社會部咨

合四字第四四三五八號　三十二年四月十日

為准國家總動員會議函以本部強管物價方案合作事業部份業經第三十三次常務委員會議修正通過一案附修正辦法咨請查照辦理由

咨西康省政府

查本部前經遵照

鈞院長蔣手訂加強管制物價方案，關於合作事業之規定，擬訂加強管制物價方案實施辦法合作事業部份草案，送請國家總動員會議核定施行，茲准國家總動員會議本年三月二十五日動議（卅二）字號第五三〇號公函開：

「案准貴部本年二月二十四日合視字第四一八號公函，於送貴部加強管制物價方法實施辦法合作事業部份草案，請予提會核定，見復等由；茲經於本月廿四日本會議第三十三次常務委員會議商討決議修正通過，等語紀錄在卷。相應檢同原案函請查照辦理為荷」!!

等因：附修正辦法一份，准此，相應抄附修正辦法咨請

查照辦理，為荷。

此咨[illegible]字第〇〇六號函復內開：「准貴局三十一年十二月十四日合三字第三五四一號函送合作指導員及合作組織

各省市政府[illegible]管理會指導人員訓練[illegible]草案一函，准 中央訓練委員會本年[illegible]月二[illegible]

附抄本部加強管制物價方案實施辦法合作事業[illegible]一份[illegible]

案查本局前以合作指導人員各級合作業務人員之訓練，為培育合作幹部推行合作事業之基本工作，[illegible]

社會部咨

合四辦第四五零零五號 三十二年四月廿七日 合三字第八一〇二號呈轉：

[illegible]

為奉 行政院令以合作主管機關核發各機關，費合作社准購證辦法業已通飭施行等因、請查照轉飭知照由

[illegible] 三十二年五月十六日

行政院本年三月二十三日仁 字第六九八三號訓令開：

「合作主管機關核發各機關消費合作社准購證辦法，業經本院及軍事委員會會同制定，應即通飭施行，除呈報並分行外，合行抄發原件，令仰知照，並轉飭所屬一體知照！此令。」

等因；附合作主管機關核發各機關消費合作社准購證辦法，及准購證格式各一份。奉此，查本案係於去年三四月間，先後准廣西浙江兩省政府函電，以軍事委員會運輸統制局佈告，奉軍事委員會辦一通字一八一〇七號訓令，據報前方軍隊借合作社名義，武裝掩護走私，訂定辦法三項飭屬遵照，嗣復奉辦一通字一八二八九號寢代電，重申前令，自電到之日起，各合作社一律不准運輸貨物，所有應進貨物只准向當地合作供銷處及聯合社批購。請予設法補救到部，幾經函商軍委會辦公廳，始准「禁止運輸貨物僅限於機關消費合作社，但須倣照軍委會政治部對軍隊消費合作社管理之規定，訂定准購證辦法」，因有「合作主管機關核發各機關消費合作社准購證辦法」之訂定，奉令前因，除分咨外，相應將上述經過情形，並檢同准購證辦法及格式，咨請查照轉飭知照為荷。

此咨

各省市政府

附抄合作主管機關核發各機關消費合作社准購證辦法一份（[illegible]）

附抄合作社主管機關核發各機關消費合作社准購證辦法一份（見法規欄）及准購證格式一份

各機關消費合作社

准購證

第　　頁

本證發由　　消費合作社收執

本證有效期間自　年　月　日起至　年　月　日止

社會部合作事業管理局印發

年月日	採購處所	品名	數量	單價	總價	採辦人員蓋章	附記

社會部咨

人字第四六一二九號　三十二年五月十五日

爲據本部合作事業管理局呈送合作指導員及特種業務人員訓練標準草案請分咨各省市政府查照辦理等情咨請查照由

案據本部合作事業管理局三十二年二月二十三日合三字第八二〇二號呈稱：

「案查本局前以合作指導人員各種合作業務人員之訓練，爲培植合作幹部推行合作事業之基本工作，惟過去各地方合作機關，或關係團體舉辦訓練，因乏一定之標準，致受訓人員之資格及訓練課程科目教材內容，均多紛歧，未能適應事實上需要，爰經擬具『合作指導員及合作組織經理會計人員訓練標準草案』函准　中央訓練委員會本年一月二十日訓二字第〇〇一六號函復內開：『准貴局三十一年十二月十四日合三字第三五四一號函送「合作指導員及合作組織會計經理會計人員訓練標準草案」囑查核見復，等由，准此；查此項人員除合作指導員依照規定應由各省地方行政幹部訓練團訓練，本會製頒之「地方行政幹部訓練團訓練要項及時數分配綱要」中，並已列有合作組課程項目及時數外，其他合作組織經理會計各項人員之訓練，並可參照社會部製發之社會工作人員訓練暫行辦法及社會工作人員訓練綱要之規定辦理。惟查各省訓練團訓練時間均以兩個月為準，原標準草案所定之訓練期間既加延長，其課程時數之分配，並以三月時間為準，各省辦理此項訓練人員時，其訓練期間，恐未與各組力求一致，因此原標準內關於訓練期間及課程時數，似不宜作硬性之規定。又除合作指導員外，其餘各項合作業務人員，如擬在中訓團以設訓班練時，其一般訓練課程標準，本會另訂有「各訓練機關一般訓練項目要點及時數分配表」，並可參照辦理。至原標題名稱似可改為「合作指導員及特種業務人員訓練標準草案」。准函前由，相應檢同「地方行政幹部訓練團訓練要項及時數分配綱要」、「社會工作人員訓練暫行辦法」、「社會工作人員訓練綱要」及「各訓練機關一般訓練項目要點及時數分配表」各一份，咨請查照酌辦為荷」。等由，附「地方行政幹部訓練團訓練要項及時數分配綱要」、「社會工作人員訓練暫行辦法」、「社會工作人員訓練綱要」及「各訓練機關一般訓練項目要點及時數分配表」各一份，准此，茲經參照中央訓練委員會核復意見將原擬標準草案初稿中之訓練期間及課程時數之分配表，分別酌加修正，以期配合一致，並將原擬標題名稱改為「合作指導員及特種業務人員訓練標準草案」。除關於各種課程訓練教材已另擬具編輯計劃進行辦理合檢同「合作指導員及特種業務人員訓練標準草案」一份備文呈請鈞部鑒核備案並分咨各省市政府查照辦理是否有當仰祈鑒核示遵」

等情，並附合作指導員及特種業務人員訓練標準草案一份，據此，相應檢同原附件咨請查照辦理見復，為荷！此咨

各省市政府

附合作指導員及特種業務人員訓練標準一份（見法規欄）。

社會部咨

三十二年五月廿日

〔查本國[illegible]〕

[illegible]

貴省政府來年二月二十七日省指字第一二七四號咨復，關於對黨部合作社平價物資之分配，已推行憑證分配制度統盤辦理。關於消費合作貸款，各銀行不予貸放，囑轉商四聯總處增辦，等由；准此，經函准中中交農四行聯合辦事總處本年四月二十九日農字第三四三三二號函內開：

「查本處現為協助發展生產事業起見，正在督促各行集中力量辦理各種生產貸款，所有各種消費貸款，以限於資力，且與本處投資放款方針不符，歉難照辦，相應復請查照轉復」。為荷。

等由；准此，相應咨復

查照。此照

湖北省政府

社會部咨

合二字第四七三一三號 三十二年六月四日

行政院本年五月十日仁伍字第一〇四二八號訓令開：

「前據國家總動員會議呈送合作社納稅辦法一案，經分令各應部及財政部辦理在案。茲據財政部呈復略稱：關於合作社應另課以特種稅捐一節，已會同社會部會擬辦法，呈請行政院核示；至於本案第二項合作社社員交易憑證應即繳納印花稅一節，自應遵照實行。惟經濟部前訂定合作社所用各種憑證貼免印花辦法，似應飭由經濟部予以廢止。又本案第三項教育文化慈善機關合作社所用之賬簿單據，亦須征收印花稅一節，該項應予以實行，惟修正印花稅法前經立法院通過，擬俟本條例予更改，擬於修正印花稅法施行細則時，加以訂定，以便征收。等情。除令准照辦並行知經濟部外，合行令仰知照，並轉飭遵照，此令」。

等因；奉此，查關於合作社所用各種憑證貼免印花辦法，前經經濟部擬定兩項，呈奉之行政院核准，並於二十七年九月二十七日以川農字第一五四〇〇八號分咨各省政府查照辦理各在案。茲奉前因，除將原定辦法廢止並分行外，相應咨請

查照並轉飭知照，為荷。此咨

各省市政府入會手續，以免延不前。等情。准此，查凡依法登記之合作社，均應依照合作社法施行細則第十條之規定，

社會部咨

爲准、咨據左縣縣政府代電以卅一年度合作事業工作人員考績表各被考成人員內無相片粘貼可否以指摹代替囑查核見復一案咨復查照由

准

貴省政府三十二年五月二十日建合字第八一九二號咨，爲據左縣縣政府代電，以三十一年度合作事業工作人員考績表，各被考人員因無相片粘貼，可否以指摹代替，囑查核見復。等由；准此，查合作事業工作人員考成表，如考成人員照相困難，得准免貼照片。准照前由，相應復請查照，并轉飭知照。爲荷。

此咨

廣西省政府

社會部咨　合四字第八零號　三十二年六月二十六日

爲准、以奉行政院訓令據國家總動員會議決議案對於合作社應征特捐稅一案囑核擬意見等由咨復查照核辦由

案准

貴部本年渝貨參字第一五八五四號咨，以奉

行政院訓令據國家總動員會議決議案對於合作社應征特種捐稅，令飭核擬意見等由；過部，自應照辦。茲經詳加研究擬訂原則六項如次：

一、稅名：擬定名爲合作社稅。

理由：原案規定合作社仍免所得稅及營業稅，另課以特種捐稅，故不宜用「所得稅」「營業稅」等名稱，定名爲「合作社稅」。

二、標準：擬規定按合作社交易額徵收。

理由：性質單純手續簡便，能適應于各種合作社。

三、稅率：擬規定按千分之三至千分之五徵收。

理由——不免稅，所以示合作社有納稅義務不重稅，以免妨礙合作事業之發展，兩者兼顧，庶與原案及政府歷年提倡合作之旨，均不相違。

四、合作社成立未滿三年或五年者免稅。

理由——成立未久之合作社，不宜加重其負担，以免阻礙其發展。

五、專對合作社課稅不再對個人課稅。

理由——因社數及社員數過多，各社員智識簡單，收益極微，徵收得不償失。

六、暫課比例稅，不課累進稅。

理由——（一）以求其簡單易行。（二）以合作社為平民所組織原無大資本與大盈餘可言。（三）以恐妨礙合作社股本之增加。

准咨前由，相應咨請

查照核辦，並希見復為荷！

此咨

財政部

社會部咨　合二字第四八五四七號　三十二年六月二十八日

為合作社毋庸加入同業公會但社員仍應加入職業公會咨請查照飭屬知照由

案准廣西省政府本年五月建合字第八一六四號代電內開：

「據本府建設廳合作事業管理處案呈准中國工業合作協會湘桂區辦事處本年四月七日桂成二字第一二〇四公函開：案據本區桂林事務所桂總字第二四五號呈稱：據桂林市城區第一捲煙社本年三月二十九日社字一六三呈稱：頃准桂林市捲菸業職業工會本年三月二十五日工字第六號通知內開：「逕啟者：本會為遵守政府頒發非常時期職業團體會員強制入會與限制退會辦法第二條規定。相應函請貴社查明轉知未入會之從業會員，均應於文到一星期內，分別到會辦理入會手續，以免致干不前」，等情；到社，查凡依法登記之合作社，均應依照合作社法施行細則第十條之規定，合作社業務不受任何行規之限制，至職工會強制屬社社員入會一節，似與合作社法有違，且該會人會會員，悉遵該會之調動時，而甲地調至乙地生活工作，以月計而流動，如合作社社員加入該會爲會員，調動之行爲，當無例外，以如此之流動社員保證責任貸款，及合作社基礎，將何所依據，因此屬社對於職工會強制入會一節，未敢擅自承允，除分電外，專電鈞所指示，及轉咨職業工會，以免糾紛，而全合作，等情，到所，查合法組導之合作社，應依照合作社法施行細則第十條之規定，合作社不管任何行規之限制辦理，而該社社員可否加入捲烟業職工會爲會員之處，理合呈請察核，等情；據此，查各合作社應按合作法令參加聯合組織，不必受其他行規之限制，早有明文規定，本區組導之生產合作社，自亦不在各工會之管轄範圍，據呈各節，相應函請查照，并希轉飭桂林市政府遵照轉理，爲荷，案，查事屬社會團體組織之疑義，究應如何辦理，除函復侯電轉貴部查復過府，再行辦理外，相應電請查照見復，爲荷

等由；准此，查合作社無庸加入同業公會，但職業工會係以工人爲對象，社員仍應分別加入，准電前由，除分令外，相應咨

達，即希

查照轉飭所屬知照爲荷！此咨

各省市政府

社會部公函　合二字第四八五四五號　三十二年六月二十八日

爲准函囑解釋合作金庫帳簿應否送直接稅局登記一案函復查照由

接准

貴處本年六月九日貸三字第三〇二〇號函，以合作金庫帳簿應否送直接稅局登記，囑解釋見復，等由；查合作組織依法應繳納所得稅，惟免征亦有範圍，各直接稅務機關爲審核征免起見，自可通知各合作組織辦理帳册登記。准函前由，相應函復

即希

查照并轉知爲荷。此致

中國農民銀行總管理處

社會部訓令

合二字第四三八三七號　三十二年四月初三日

為頒發收復地區合作社假登記合作社貸款辦法仰遵照并轉飭遵照由

令各省市合作主管機關

查前實業部呈准行政院頒發非常時期合作社假登記及假登記合作社貸款辦法，規定組社及貸款手續，以期簡便捷實現中國農民銀行辦理浙贛等收復地區合作貸款，即擬以假登記合作社為對象，惟上項辦法，原有條文，因情勢變移，已難盡適用，且此項假登配合作社應以收復地區為限，在其他地區並無必要；本部為適應事實需要，爰將該項辦法修訂為「收復地區合作社假登記及假登記合作社貸款辦法」。原辦法即予以廢止，經賫同此項修訂辦法，呈奉行政院本年三月二十日仁三字第六七七七號指令開：「呈件均悉，准予備案」。等因；除分別函令外，合行檢發收復地區合作社假登記及假登記合作社貸款辦法一份，令仰遵照，并轉飭遵照為要！

此令。

計發收復地區合作社假登記及假登記合作社貸款辦法一份（見法規欄）

社會部訓令

合二字第四六七三六號　三十二年五月二十七日

為訂定本年國際合作節紀念辦法并檢發宣傳大綱令仰遵照由

令各省市合作主管機關

查本年七月五日為第二十一屆國際合作節，茲經規定紀念辦法如下：（一）召集當地民眾及合作社社職員集會紀念并指示今後工作方針。（二）利用各種集會擴大宣傳合作之真義及其重要。（三）發行合作專刊或利用文字或圖畫闡述合作運動之理論與實際。（四）舉行座談會邀請當地士紳贊助合作人士及各有關機關團體首長參加研討合作社社務業務及財務之改進辦法（五）舉行合作成績展覽會以激勵合作興趣藉收觀摩之效。（六）鼓勵工作競賽，以提高工作效能。以上各項事務須洽商省市黨部針對各地實際情形，斟酌辦理。除通商各省市黨部協助辦理并分令各省市合作主管機關遵辦外，合行檢發第二十一屆國際合作節宣傳大綱，令仰遵辦理，并轉令所屬遵照為要！

此令。

附發第二十一屆國際合作節宣傳大綱一份（見附錄欄）

社會部訓令　合二字第四八三三四號　三十二年六月二十四日

前據呈請轉商核減捲菸統稅專稅稅率一案經咨准財政部咨復到部令仰知照并轉飭知照由

令四川省社會處

案查前據該處呈轉中江縣菸業公會及捲菸生產合作社聯合社呈，以捲菸為手工業，製造成本過高，懇轉請核減統稅專稅稅率一案。業經轉咨財政部查核辦理，并指令知照各在案。茲准財政部本年六月三日渝專乙字第一五九六五號咨內開：「查菸類專賣利益之征收率，原係按級征收，嗣為顧及菸類之品質與征收率符合起見，業經本部規定照收購價格征收百分之百，按級征收辦法業已廢止，該中江縣菸業公會及捲菸聯合社原呈所稱；貨價稅額懸殊一節，自可免除。准咨前由，相應復請查照轉知為荷」。等由；准此，合行令仰知照并轉飭知照！此令。

社會部指令　合四字第四九二〇二號　三十二年四月二十六日

為據呈請核示灌縣唐家鄉合作農場是否屬於人民團體一案指令知照由

令四川省社會處

三十二年三月二十六日社一字第一七三號呈一件為請核示灌縣唐家鄉組織合作農場是否屬於人民團體一案由

呈悉。查農業生產合作推進辦法第三條及縣各級合作社章程準則規定，凡合作農場為縣各級合作社生產部或專營之農業生產合作社經營業務之一方式。本部前准河南省政府及農林部咨請解釋合作農場，應否辦理登記手續時，經將上項解釋咨復並通飭各省市政府在案。依照上項解釋合作農場自非人民普通團體，仰即知照」此令。

附發農業生產合作推進辦法及縣各級合作社章程準則各一份（略）

社會部指令　合二字第四五一〇二號　三十二年四月二十六日

令貴州省合作事業管理處

本年四月十日合秘（甲字第[illegible]）字第[illegible]號呈一件為關於合作社法第四十三條規定職員酬勞金之提撥標準可否變通辦理祈核示由

呈悉。查合作社法關於職員酬勞金百分率之規定，係屬額定性質，不得自為伸縮。仰即知照此令。

社會部指令

合字第四六三一六號　三十二年五月二十日

令雲南省合作事業管理處

本年四月二十三日合二字第九五三號呈一件為呈請解釋省合作社第十六次合作座談會議紀錄第一案關於保社認購鄉鎮社股與保社認購合作股金標準如何規定由

呈悉。查合作社認購股數及保證責任倍數，除保證責任依照不得少於五倍外，應視各社大小及業務狀況自行決定。惟省合作主管機關，為求配合適當不妨視本省情形，酌定標準，作為推進時之原則，不宜採強制方法。仰即知照。此令。

社會部指令

合二字第四八〇一五號　三十二年六月十九日

令浙江省建設廳

為據呈為淳安縣府請示合作社究應否免納過份利得稅一案復請核示等情指令知照由

本年五月八日建癸合字第九三九號呈一件為奉指令據轉呈淳安縣政府請示合作社究竟應否免納過份利得稅一案令轉飭[illegible]等因復請鑒核由

呈悉。本案財政部既已有解釋，則合作社自應依照規定繳納過份利得稅，仰即知照此令。

力動員

社會部呈

勞字第四四一一〇號　三十二年四月六日

為奉令調查重慶市各機關工役雇用情形一案呈請准予頒布中央各機關人員統計表及各機關規定工役實數以資準據由

案奉

鈞院三十二年二月十八日仁公字六四六號訓令，以奉　委員長電節開：「一據糧食部擬具改善發給公糧辦法意見第二項切實核定各機關員役一節，關於公役人員人數，該部曾訂有限制辦法，現各機關僱用公役情形如何，該項辦法是否推行有效，應先就重慶各機關情形調查呈核」等因，并附節抄原代電一件，奉此，查本部辦理機關公役限制事宜，係遵

鈞院三十一年一月九日順文字〇〇四〇八號訓令，所頒機關公役限制及登記辦法執行審核，其範圍僅限於中央各行政機關及其附屬機關，黨務軍事機關尚未在內，所有審核結果，均經先後彙報

鈞院，并函知核發平價米機關及審計機關查照辦理各在案。至重慶市，江北，巴縣兩示範區機關林立，公役繁多，爲明瞭實在人數及加強限制起見，經配合重慶市人力節制辦法，於重慶市人力節制實施要點內明文規定，由重慶市政府自本年五月一日起開始限制。惟本部審核各機關公役人數，原依原辦法第二條之規定，以各機關三十年度預算所列人數及同年七月份報領平價米人數爲準，新成立機關則以每職員四人僱用一人爲原則，現時逾二載機關人事增減不一，該項根據，難免不失時效。茲擬懇

准予頒發本年度中央直屬機關及附屬機關人員統計表一份，并核示各機關固定公役實數，以資準據，而免錯誤。是否有當？理合備文呈請

鑒核示遵。

謹呈

行政院

社會部呈 勞字第四七〇八三號 三十二年五月三十一日

爲遵令規劃實施渝江巴示範區限制工資人力節制義務勞動等三項工作擬定推行方案仰乞鑒核示遵由

案奉

委員長機祕甲字第七四二三號手令，以指定重慶市，江北，巴縣爲示範區，飭將組織工會，限制工資，人力節制，義務勞動各項工作規劃實施等因；遵即派員分赴各示範區實施考察，并依據實際情形，擬定推行重慶市及江巴兩縣農工商團體示範工作綱要及實施辦法限制工資推行方案及人力節制推行方案各一份，擬請

鑒核，准予分飭施行。至於義務勞動一項，擬俟國民義務勞動法頒布後，再行擬具推行方案呈核實施，所有推行渝巴江農工商團體示範工作應補助地方政府及團體經費三八八〇〇〇元，并擬在[illegible]興事業費保留數項下開支，是否有當？理合檢同上項

辦法方案，備文呈核示遵。

謹呈

行政院

附呈渝江巴示範區限制工資推行方案草案各一份（略）

社會部電　勞字第四五〇四五號　三十一年六月一日

戰時管制工資辦法第八條規定查報之工資係指當地實際工資而言電復知照由

浙江省社會處：辰寒慕電悉。查戰時管制工資辦法第八條規定查報之工資，係指當地實際工資而言。特覆。社會部（巳）（東）勞管三印。

社會部代電　勞字第四四一八九號　三十二年四月二十日

為准國家總動員會議電轉委座限制物價補充辦法一案電仰遵照辦理由

各省市社會行政機關案准國家總動員會議寅宥動秘代電，以奉委座寅經侍審第一六六一三代電內開：「國家總動員會議轉財政部，經濟部，交通部，農林部，社會部，糧食部各部長，各省政府主席，各市政府市長同鑒：查限價工作，本極繁重，在物品方面，貴能先扼其要，而漸制其餘。在地區方面，貴能其盡其力，而互求其通，此在管制物價方法及亥灰電令實施限價辦法中本均已指示詳明。惟各省市自實施限價以來，或以所限物品種類過多，管理不易周密，黑市從而發生，或以所限地區集中都市，生產來源之其周圍之地，均未加管制，形成外高內低之象，使都市轉因限價而貨源益趨竭蹶，此皆執行未盡其宜，遂致限價愈難收其效。對於限價執行簡取繁，務求貫澈起見，特再訂定限價，議價物品種類補充辦法如次：（一）限價物品之種類及地區，均應遵照兼院長卅一年十二月十七日限價通電，各主管部加強管制物價方案實施辦法辦理。（二）各項物品分爲左列兩類：（甲）限價物品以遵照限價通電規定之八種民生重要必需品爲主，倘各主管部與省市政府認爲必要時，得特別指定其他物品，同時限價，但此項指定物品，不宜過多，並以責成各該地同業公會負責推行，或能徹底管制爲原則。（乙）議價凡不關於前條各項之日用品及經各主管與各省政府認為必要時指定之物品，所有核定價格，均責成各該地同業公會負責執行；（三）限價地點：……之限價物品，應遵照亥徿限價通電切實執行限價，其未限價地區之物品，應督導各該業同業公會分別議價，並加強全面之管制，使與限價地點配合；（四）議價物品之價格，由各當地政府就民意機關，人民團體及各同業公會組織物價評議會議定與平價格，呈經當地主管機關核定實施，共同遵守，遇有生產成本發生重大變動時，得由各該同業公會申請重行增減，物資在當地已有專管機關者，前項議價，應由各該專管機關核定之；（五）各省市政府應依照本補充辦法之規定辦理，並將辦理情形報告各主管部及國民總動員會議備查，以上五項，均係本部亥徿電規定之原則，為切實加強之措施，務希各主管部與各省市政府認真執行，力圖實效，以副厚望為要，等因；奉此，除分電外，相應電請查照為荷。」等由；除分行外，合行電飭遵照。社會部勞管三（卯）（智）印。

社會部代電　勞字四六六三一號　三十二年五月二十五日

為明瞭各省游民習藝所組織及收容情形起見特附表電仰查明其報由

各省社會處（民政廳）：茲為明瞭該省游民習藝所辦理情形起見，特檢附調查表五份，電仰查明填報為要。社會部勞管三（有）印

附調查表五份

社會部代電　勞字第四七〇四號　三十二年六月一日

為准國家總動員會議電擬於訂定各省市重要物品價格聯繫調查辦法六項請查照辦理具案電仰遵辦具報由

各省市社會行政機關：准國家總動員會議三十二年五月廿六日勧秘（二）字第一二一號代電開：「案奉　委座寅有侍祕第一六六一四號代電內開：「國家總動員會議轉財政部、經濟部、交通部、農林部、社會部、糧食部各部長、各省政府主席、各市政府市長同鑒：查自實施限價以來，全國各地雖多已遵照中央規定，分別辦理，但各省市之間聯繫尚欠密切，舉措不免參差，致發生各種流弊，隨見其尤著者，例如各地所有貨物，因在平時情形從生產地或集散地到消費地之價格，彼此本有一自然差度，乃能相互流通，惟默查目前各省市之限價情況，各地方主管當局均欲保持其本地貨物，不復希望吸收外來貨物，故審定限價甚多比原有市價為高，甚或生產地與集散地更比消費地為高，而各顧一時之便利，而忘貨暢其流之本旨，若聽任此種畸形狀態存在，則凡各地所需之外來物品，均將無法流通，莫獲供應，匱乏之象既呈，限價之防必決，亟應就國內各重要地點

迅速統籌並將彼此重要物品供應價格切實聯繫並積極調整，即各省內有關縣鎮亦應循此原則同樣進行，並應妥為酌訂之項目，收價格釐定之效，等語。茲將本此要旨訂定各省市重要物品價格聯繫調整辦法六項如次：（一）各省市縣間具有供求關係之重要物品，其價格應於聯繫調整，凡中央專賣物資，由各主管部主持洽辦，其餘由各有關省市政府商辦；（二）各省市縣間具有產銷關係產銷之重要物品，應由各主管部或有關各省市縣政府各就其產運銷之成本利潤，互相商討，以期合理調整；如有意見不一，不能商決時，得由行政院核定施行；（三）調整產區限價時，應按其生產成本酌加利潤，調整銷區限價時，應參酌產區限價增加運繳與合理利潤，如係搶運物品，則就搶運或進口成本加入較高利潤，以示鼓勵；（四）關於工業生產利潤及轉運諸際物資省內物資與市外，零售商之利潤，由各主管部各省市政府斟酌物品種類規定成數，互相調整，以歸劃一，其各項利潤最高標準，得由行政院分別核定之；（五）凡重要物品具有供求關係之地方，應責成及協助各同業公會辦理共同購運銷售事宜，不得有禁止出口情事，或類似禁止出口之取締；（六）凡具有直接產銷關係之各地方須隨時各以生產總量，銷費數量取得切實聯繫，遇有供求相差時，當預為督促增產與節約消費，以求達最高與最低之水準，其非必需品之農工生產，得由主管機關予以限制或停止之。以上六項，均須斟酌時情，妥籌補救，除各項最高利潤標準仰即迅擬送核外，務仰各主管部與各省市政府通力合作，切實遵行，並隨時續將價格動態遵辦，並將實施情形具報」等因。奉此，除分電外，即請查照辦理，並將實施情形見復，關于各項最高利潤標準之規定，併祈迅予擬訂送會，以便討論呈核為荷」。等由；准此，除電復外仰即遵照辦具報為要。社會部勞管三（〇）印。

社會部代電（卅六）勞字第四八三三九號（三十六年六月十四日）

各省市社會行政機關：據福建省社會處代電：「為長途力運業運輸或以重量里程計費者，係屬運價範圍，應由何機關核限價，乞示遵」等情。當經函准國家總動員會議本年五月三十日動運字第一二八號函開：「查工資與運價不同，從事運輸業工人之工資應歸主管工資機關核定，如為運價性質，則應歸主管運輸機關核定。」等由。到部。除電復外，相應解釋職權，合行通電知照。社會部勞管三（己）（敬）印。

社會部公函 勞字四七九三五號

以[illegible]評議機構一案復請查照由」而當

案奉前准

貴省政府本年三月廿日社工字〇九七三號咨，以據自貢市政府請示鹽工工資應否提經評議會決定，及鄰近各縣可否組織[illegible]聯繫性之評價機構一案，轉請核復等由；當以組織聯繫性之評議機構與物價工資均有關聯，經函准國家總動員會議核定，准予照辦，幷呈　院令行

貴省政府轉飭該市政府擬具組織辦法呈核在案。查關於鹽工工資應否提交評議會決定一節，經查鹽為全國性專賣事業，鹽工之工資，復與鹽價息息相關，為求限政得以順利推行，擬受權鹽務總局依照本部限制工資實施辦法之規定分別議定，報由財政部再函轉本部頒布施行，幷分行各有關省市知照。惟工資經核定後，非經過上項程序，不得自由增加，茲經函准國家總動員會議本年五月二十八日勵八字一六二號公函略開：「經轉呈核准有案，函復查照」等由；到部，除分函財政部外，相應復請

查照飭知，幷轉所屬產鹽區域一體遵辦為荷。此致

四川省政府

社會部公函。　勞字第四八四三二號　三十二年六月二十五日

為准國防最高委員會函為加強婦女動員問題一案婦女服役在國民義務勞動法草案中已有明文規定現正送請國防最高委員會審核中擬轉函參考以達動員目的由

案准

大會三十二年六月十一日勵八字第一六六號公函，以准本部函復加強婦女動員問題一案原稿可多頗採，已轉呈參考，希查照酌辦，等由；查關於婦女服務一項，國民義務勞動法草案，已有明文規定，業經行政院通過，送請國防最高委員會審核中，茲准前由，擬請

貴會檢同原稿，轉請國防最高委員會於審核時賜予參考，採納原文意見，俾男女得為國家服務，以增強抗戰建國之力量，而達動員婦女之目的。相應函達，即希查照轉陳為荷。

此致

國家總動員會議沈秘書長

社會部訓令[illegible]

[illegible]

令各省社會處及設社會科之民政廳
重慶市社會局

[illegible]

本部為明瞭全國各業，所需技術員工及一般勞力之狀況起見，經飭據勞動局製印人力需要預計表，分送有關國家總動員業務之各機關團體（廠場）依式填報，以為統籌補充合理分配之依據。除分令外，合行檢發分需要預計表，並附調查各機關業務廠場人力需要辦法，[illegible]仰轉發各地方有關動員業務各機關團體廠場，依照格式填報，於本（卅二）年六月底以前彙呈來部，以便整理。再本部調查為人力動員之工作，在我國尚屬創始，務須詳切填報，如對於表式有何疑義；可逕向本部勞動局商詢，并仰轉飭遵照，所有轉發機關團體廠場名單，應先行呈報，以便飭局隨時洽詢為要！

此令。

計發人力需要預計表附調查各機關團體廠場人力需要辦法各一份（略）

社會部訓令 勞字第四五三二二號 卅二年四月二十日

[illegible]

案奉

行政院[illegible]代電內開：「[illegible]由：當以[illegible]

[illegible]審查限價實施以來，已閱[illegible]月，綜觀各地情形，大[illegible]尚稱穩定，雖間有若干物品，偶呈動盪之象，然僅限於少數地點，且以人為之因素居多，初非物資之果有缺乏，倘管理得當，上下合作，自不難致于平準，在此期間，確以繼求穩定安鎮人心為急務，凡民生日用必需品之限價，各主管機關，務盡最大努力，勿輕予變更，倘萬不獲已而當

有調整之必要者，亦應盡可能展緩至以六個月爲期，仍報請國家總動員會議核辦，其他議價物品，亦須遵照迭次電令妥愼處理，總期合理安定，免多紛擾，仰各共喻斯旨，切實辦理爲要。」

等因；奉此，查關於工資之限制與物價之穩定，息息相關，自應一律恪遵辦理。除分令外，合行令仰遵照，并飭屬遵照。

此令。

社會部訓令

勞字第四七四七四號　三十二年六月九日

爲奉院令頒非常時期廠礦工人受雇解雇限制辦法並廢止經濟部原頒非常時期工業技工管理規則令仰遵照辦理具報由

令各省社會處及設社會科之民政廳
重慶市社會局

案奉

行政院卅二年四月八日仁玖字第八零七一號訓令開：

「查非常時期廠礦工人受雇解雇限制辦法，業經本院公布，應即通飭實行，經濟部原頒非常時期工業技工管理規則，應予廢止，除分行外，合行製發該項辦法，令仰知照，并轉飭所屬一體知照。」

等因；計抄發非常時期廠礦工人受雇解雇限制辦法一份，正遵辦間，復奉　行政院卅二年四月二十一日仁玖字第九零五七號訓令開：

「本院令頒之非常時期廠礦工人受雇解雇限制辦法，并將經濟部原頒非常時期工業技工管理規則廢止一案。經呈奉　國民政府三十二年四月十三日渝文字第五五八號指令：『准予備案』，除令知經濟部外，仰卽知照。」

各等因；奉此。除分別函令外，合行文附原辦法暨「呈報調查登記表册，及製發管制工人登記證注意事項」連同廠礦工人調查登記表册，工人動態報告表，管制登記證格式各一份，令仰遵照辦理具報爲要！

此令。

附抄發非常時期廠礦工人受雇解雇限制辦法　呈報調查登記表册及製發管制登記證注意事項」及廠礦工人調查登記表册工人動態報告表管制登記證格式各一份。（受雇解雇限制辦法載法規欄登記及報告表式略）

[illegible]工人團體[illegible]各一份。（[illegible]）

[illegible]工人[illegible]

此令。

[illegible]

[illegible]工人[illegible]

[illegible]令[illegible]

[illegible]卅二年四月二十一日[illegible]

[illegible]

[illegible]

[illegible]

[illegible]

[illegible]

附錄

（一）第二十一屆國際合作節宣傳大綱

一、國際合作之意義

本年七月三日為第二十一屆國際合作節。追溯此節日之由來，係始于一九二一年國際合作聯盟會第十次大會之決定，大會舉行於瑞士之巴塞爾，原提案人為代表蘇維特，翌年（一九二二）聯盟會之中央執行兩委員會在德之萊茵愛森市舉行聯席會議，通過每年七月第一個星期六為國際合作節，于次年七月開始舉行，並通告全世界合作者。一九二三年聯盟會乃舉行首次合作節紀念儀會，發布宣言，一九二四年聯盟會在比之甘特舉行第十一次大會追認一九二二年中央執行兩委員會關於合作節之決議案，自茲以後按期舉行，節日來臨，薄海同歡，我國則民國十九年江蘇農鑛廳根據全國合作會議關于遞呈中央訂定辦法通令各級黨部各級政府協同舉合作運動傳週之決議，特呈請江蘇省政府轉呈行政院核轉中央，中央黨部宣傳部乃決定是年七月第一個星期六起為合作運動宣傳週，實為響應國際合作節之前奏。每年中央又通令全國各級黨部及各府於每年合作節，舉行合作宣傳，後又規定合作節起一星期內為合作運動宣傳週，沿行至今。

國際合作之規定，旨在統一全世界對合作運動之基本認識，加強合作集團之國際組織，建立國際間之合理關係，故合作節，非僅對合作事業之推進，有所裨助，抑為建立世界和平秩序之先聲，雖然，各國國情互異，其經濟設施，自亦不能盡同，因此我國之合作運動，必以適合國情，為第一要義，並應以實行三民主義為最高準則，此不得為立國精神之所繫，抑以修齊治平之思想符節相合，而吾紀念此國際性之第二十一屆合作節，亦即不可不認識政府當前推行合作之方針，藉以集中意志，齊一步伐，使既定政策，早日施現。夫而後，己立立人，己達達人，對於國際合作運動之推進及國際和平秩序之重建中，可以有實質的貢獻矣。

二、我國當前合作行政之主要設施

我國當前合作行政之主要設施約有四端

一曰厲行計劃建設，訂定實施進度　合作運動係以改造整個經濟社會，增進人類福利為目的，故其推進，應有一定之程序與計劃，以求理想之逐步實現，現值茲我國講求計劃政治，厲行行政三聯制之際，合作事業之行政，自亦應確立整個計劃，循序漸進，本部爰飭據合作事業管理局擬具各省市合作事業三年計劃自本年一月開始實施，該項計劃對合作組織之推進，合作事業之發展，合作金融之改善，均綱舉目張詳加規定，各省市合作主管機關果能按照預定進度，分期實施，其收效之宏如操左券，本部復鑒於戰後建設，經緯萬端，而經濟建設，尤屬重要諸如兵士之復員，流亡之撫輯，土地之整理，產業之規復，均為戰後迫切之要務，其有需於合作組織之獻替者實大，現戰後經濟制度，自必以三民主義為依歸，而合作事業之本質實無往而不與三民主義經濟制度之目標相符合，則戰後經濟建設之有賴于合作組織更不待言，爰又分別擬定戰後合作事業五年計劃草案及戰後合作事業復員計劃草案以資準備。

二曰協助物資管理發揮經濟機能　戰時經濟環境轉變，物資供求，本易失調，並以少數商人昧於大義，囤積居奇，競求厚利，而物價暴漲之風，遂愈難遏阻，薪資階級因感受嚴重之威脅，國防建設，亦難免不利之影響　總裁鑒於經濟秩序為抗戰建國成敗之所繫，而合作組織又為加強管制物價之治本工作，特于國民參政會第三屆第一次大會中提出加強管制物價方案報告書，對合作組織曾昭示應由省縣政府加緊督責，使其充實健全，俾能共同協助管理物價，增進生產，節約消費應逐漸使各級合作社成為集中物資及配給物資之基層機構。本部為遵行　總裁諭示，已擬定物價管制方案合作事業部份實施辦法，提經國家總動員會議通過以期運用組織，協助物價管制有一定軌道可循。

三曰推行競賽制度提高工作效率　工作競賽制度為增進工作效率最有效之方法，中央早經積極倡導本部為增強合作工作效率，亦于三十一年六月間頒布合作事業工作競賽辦法大綱，通飭各省市政府轉飭所屬按照實施，並由各省市擬訂實施細則報送本部核定，以期切合當地需要，此項競賽，計分組社加股，訓練，節儲，增產，平價六種，對於社務業務均經兼籌並顧，競賽期間，暫以六期為限，每期六個月，第一期競賽並定于本年一月開始實施，俾與三年計劃互相銜接，果能認真推行，合作工作之效率必可提高無疑。

四曰改善合作金融建立完整體制　近年來合作業務之種類已日益完備，其所需要之資金，固已不復能囿於農貸之範疇，且合作行政與合作金融必須密切配合，方能相得益彰，本部有鑒於茲，遂有確立合作金融體制之建議，而中央對此項體制之建立，復極加重視，去年秋間本部遂遵照中央決議及行政院明令，會同財政部四聯總處組織中央合作金庫籌備委員會籌議中央合作金庫體系之規制及設立事宜，茲中央合作金庫條例草案已由該會草立竣事，提請四聯總處理事會通過正轉呈院核轉立法院審議離。實現之期，殆已不遠，他日此項體制正式建立，合作金融，自可積極改進。

三、本屆合作節宣傳要點

一、合作事業應根據整個計劃積極推進，而後成效可期恢宏故紀念國際合作節，應使人民了解合作事業三年計劃之內容與進度，并責成合作工作人員認眞進行，力求全部之實現。

二、合作事業應針對戰時經濟問題，爲有效之處置，紀念國際合作節應配合戰時物價管制，嚴密合　作作社社職員對於處理物資之各種智識與技能，使能確實但負業中物資，配給物資，增加生產及節約�

三、工作競賽爲增加工作效率之有效方法，故紀念國際合作節，應努力倡導合作事業之工作競賽，鼓，爭取各項勝利使合作事業之績效，得以加速表現。

四、合作金庫爲調劑合作金融之專業機構，故紀念國際合作節，應促成合作金庫體系之完整與健全，以合作力量鞏固合作金融之基礎，並以金融力量，促進合作事業之發展。

五、合作組織以確能平等互助自力更生爲其成功之條件，故紀念國際合作節應勵行節約儲蓄，勞動服務，並增加各社股金及公積金，以創立合作資本之鞏固基礎，

六、合作組織之健全，以其社職員之深切認識與運用能力爲基礎。故紀念國際合作節，應加緊舉辦合作訓練充實課程內容，改進教學技術并應擴大一般宣傳以增進合作教育之成效。

七、合作工作人員爲發展合作事業之動力，故紀念國際合作節，應激勵合作工作人員之堅苦精神，使各能爲三民主義之合作運動而奮鬥，並切實于合作事業之中，力得民族民權與民生之建設。

八、戰後我國經濟建設，應切實推行三民主義的經濟制度，合作事業之地位，必將益見其重要，故紀念國際合作節，應計劃戰後經濟復員及經濟建設中之合作事業，并預作各種必要之準備。

九、合作運動爲整個性之社會運動，非集中各方力量，必難期收效之迅速，故紀念國際合作節，應加強合作事業社會團體之組織與運用以爭取合作運動之社會助力，造成合作事業之有利環境。

十、合作運動應從國際合作事業改造國際經濟關係，故紀念國際合作節應認識國際合作運動之眞義及國際經濟合作之重要，

提高我國合作水準，增加國際合作智識，擴大國際合作宣傳，以奠定戰後國際合作事業發展之基礎。

十、合作運動[illegible]

組織[illegible]

九、合作運動[illegible]

與[illegible]

八、[illegible]

[illegible]門，並[illegible]

七、[illegible]

改進[illegible]

六、合作組織之[illegible]，以[illegible]

之資金，以[illegible]

五、合作組織[illegible]

編[illegible]

四、合作金庫[illegible]

使合作事業之[illegible]加強發展。

三、[illegible]

聯合[illegible]

二、合作事業[illegible]

與，幷[illegible]現。

合作事業[illegible]

一、本國合作[illegible]

[illegible]

合作[illegible]

（二）社會部核准備案之農人團體一覽表

三十二年四月至六月

1.核准組織之農會

省市別	團體名稱	核准日期	主要負責人	會員數 團體	會員數 個人	備註
江西	贛縣永安鄉農會	三十二年六月卅日	朱啓海		1354	
	贛縣沙石鄉農會	三十二年六月卅日	李呂修		1268	
	贛縣富堯鄉農會	三十二年六月卅日	曾傳福		231	
	贛縣新墟鄉農會	三十二年六月卅日	范玉振		650	
	萬安縣武寮鄉農會	三十二年六月卅日	林鳳翔		68	
	萬安縣良口鄉農會	三十二年六月卅日	劉厚官		70	
	萬安縣附廓鄉農會	三十二年六月卅日	張宗陶		68	
	萬安縣彈前鄉農會	三十二年六月卅日	賴定邦		78	
	萬安縣黃塘鄉農會	三十二年六月卅日	蕭味南		70	
	萬安縣嘉樂鄉農會	三十二年六月卅日	張時育		76	
	萬安縣澗溪鄉農會	三十二年六月卅日	蕭振模		212	
	萬安縣潤田鄉農會	三十二年六月卅日	林振偉		58	
	萬安縣長橋鄉農會	三十二年六月卅日	嚴鏞		57	
	萬安縣柏岩鄉農會	三十二年六月卅日	黃遐光		66	
	萬安縣羅塘鄉農會	三十二年六月卅日	饒世廣		58	
	萬安縣丁臘鄉農會	三十二年六月卅日	羅高輝		61	
	萬安縣潞田鄉農會	三十二年六月卅日	袁期源		61	
	萬安縣韶口鄉農會	三十二年六月卅日	郭云烈		61	
	萬安縣高鄉農會	三十二年六月卅日	郭久烈		60	
	萬安縣白土鄉農會	三十二年六月卅日	彭克救		55	
	虔南縣農會	三十二年六月卅日	鍾寶賢	14		
甘肅	隆德縣屯民鄉農會	三十二年六月卅日	馮永福		107	
	臨澤縣威狄鄉農會	三十二年六月卅日	師示孔		367	
	臨澤縣板橋鄉農會	三十二年六月卅日	霍存文		245	
	臨澤縣鴨暖鄉農會	三十二年六月卅日	趙一正		279	
	靜甯縣人和鄉農會	三十二年六月卅日	蘇殿甲		1920	
	靜甯縣仁當鄉農會	三十二年六月卅日	李明甲		1643	
	靜甯縣殿平鄉農城	三十二年六月卅日	王如用		975	
	靜甯縣城關鄉農會	三十二年六月卅日	馬驥		165	

省市別	團體名稱	核准日期	負責人	會員數 團體	個人	備註
	敦煌縣南平鄉農會	三十二年六月卅日	朱錦福		330	
	敦煌縣新安鄉農會	三十二年六月卅日	王緒劉		(29)	
	臨澤縣隆鎮鄉農會	三十二年六月卅日	吳炳榮		105	

2.核准整理之農會

省市別	團體名稱	核准日期	主要負責人	會員數 團體	個人	備註
河南	河南省葉縣鄉農會	卅二年六月廿四日	邢鈞選	13		
甘肅	臨澤縣農會	卅二年六月廿八日	竇占一	3		
	臨澤縣蓼泉鎮農會	卅二年六月廿八日	馬維濟		185	

(三)社會部核准備案之工人團體一覽表

三十二年四至六月份

1.核准組織之工會

省市別	團體名稱	核准日期	主要負責人	會員數 團體	個人	備考
	長沙市鞋履業職業工會	卅二年四月廿一日	胡滕棠		八三	
	長沙市牙刷業職業工會	同右	彭瑞華		一六八	
	長沙市首飾業職業工會	同右	李德潤		三六五	
	長沙市切烟業職業工會	同右	周芳久		二一九	
	長沙市磚瓦業職業工會	卅二年六月廿四日	胡普德		五六	
雲南	鎮南縣理髮業職業工會	同右	狄榮光		五五	
	宣威縣總工會	同右	王潤如	七		
	宣威縣油業職業工會	同右	[illegible]彥臣		六〇	
	宣威縣瓦業職業工會	卅二年六月廿四日	鮑復興		五五	
	宣威縣鐵業職業工會	同右	浦正順		七一	
	宣威縣[illegible]業職業工會	同右	王雲武		五〇	
	宣威縣石業職業工會	同右	呂鳳中		五〇	
	宣威縣漆業職業工會	同右	張其偉		六〇	
	建水縣牛車業職業工會	同右	蔣[illegible]傑		七〇	
	鎮南縣皮業職業工會	同右	任紹禹		五〇	
浙江	奉化縣五金業職業工會	同右	盧金華		五一	
江西	永新縣各業職業工會	卅二年六月十四日	劉友松		一九〇	

省市別	團體名稱	核准日期	主要負責人	會員數 團體	會員數 個人	備註
	萍[illegible]縣皮鞋業職業工會	同右	李佑祥		一〇三	
	萍鄉縣[illegible]作業職業工會	同右	龍雪交		五八	
	豐[illegible]縣店業職業工會	同右	李組成		六四	
	豐城縣總工會	同右	徐椋	七		
	[illegible]城縣染業職業工會	同右	賴中華		五二	
	樂平縣石匠業職業工會	同右	蔣名三		五四	
	樂平縣理髮業職業工會	同右	范長根		五五	
	樂平縣[illegible]匠業職業工會	同右	沈濟周		五五	
	樂平縣裁縫業職業工會	同右	石宣義		五四	
	樂平縣木匠業職業工會	同右	張[illegible]生		九四	
	樂平縣花爆業職業工會	同右	程古科		一五三	
	樂平縣總工會	同右	韓長林	一二		
	萬載縣泥水業職業工會	同右	龍修義		一四一	
	萬載縣木匠業職業工會	同右	辛德臣		一七一	
	萬載縣民船船員工會	同右	謝耀亮		二三六	
	萬載縣釀酒業職業工會	同呼	辛錦保		九八	
	[illegible]縣印染業職業工會	卅二年六月三十日	徐斗三		一五四	
陝西	寶雞縣[illegible]業職業工會	卅二年六月十四日	王德志		一〇四	
河南	許[illegible]縣織染業職業工會	卅二年六月二十八日	敬水泉		一五三	

2. 核准改選之工會

省市別	團體名稱	核准日期	主要負責人	會員數 團體	會員數 個人	備註
湖南	長沙市派報業職業工會	卅二年四月廿一日	譚紹銓		五〇	
	郴縣木器業職業工會	卅二年四月廿一日	曹開來		八五	
	長沙市裝璜紙業職業工會	三十二年六月七日	張菊生		八八	
	長沙市簿摺業職業工會	三十二年六月七日	黃潤海		九八	
	長沙市[illegible]木業職業工會	三十二年六月七日	馮運生		七八	
	長沙[illegible]杉木運[illegible]業職業工會	三十二年六月七日	劉文欽		六二	
	長沙市刻制業職業工會	三十二年六月七日	粟幹咸		九六	
	長沙市[illegible]器業職業工會	卅二年六月廿四日	吳兆南		八四	

	長沙市蚊帳製業職業工會	同右	易符陽		三六〇	
	長沙市鞋帽業職業工會	同右	甘葆生		一三六	
福建	邵武縣泥水業職業工會	同右	倪泉濤		五三	
貴州	桐梓縣理髮業職業工會	同右	鄭海雲		五四	
	桐梓縣成衣業職業工會	同右	鄒炳軒		五六	
	桐梓縣廚役業職業工會	同右	張春廷		五八	
	桐梓縣花炮業職業工會	同右	潘良才		五一	
	平壩縣藥業職業工會	同右	蔣玉林		五八	
雲南	曲靖縣成衣業職業工會	同右	楊祖慶		五二	
	曲靖縣掛麵業職業工會	同右	何炳華		五六	
江西	會昌縣總工會	同右	吳家暄		八	

3. 核准改組之工會

省市別	團體名稱	核准日期	主要負責人	會員數		備註
				團體	個人	
湖南	郴縣總工會	卅二年四月廿一日	王丕承	九		
	湘潭縣絲織品業織業工會	三十二年六月二十四日	劉桂榮		八四	
	澧縣縫紉業職業工會	卅二年六月廿八日	劉榮廷		一九五	
	澧縣理髮業職業工會	同右	張業祥		一八六	
	澧縣泥瓦業職業工會	同右	魯明松		一五五	
	澧縣籮業職業工會	同右	胡定章		一〇四	
	澧縣油漆業職業工會	同右	榮武軒		六〇	
甘肅	鎮原縣各業工人聯合會	卅二年五月二〇日	文魁		一八二	
	慶陽縣木器業職業工會	同右	馬麟鳳		五二	
	慶陽縣成衣業職業工會	同右	韋萬鎰		六六	
	慶陽縣染業職業工會	同右	徐本善		五一	
	慶陽縣氈毯業職業工會	同右	鄧邦昌		八九	
	慶陽縣麵粉業職業工會	同右	張字蘭		七六	
	慶陽縣染織業職業工會	同右	白萬銀		五一	
	慶陽縣理髮業職業工會	同右	韋永祿		五〇	
	慶陽縣總工會	同右	劉作霖	一〇		
	禮縣各業工人聯合會	卅二年六月廿八日	張俊德		一六九	

	正當縣各業工人聯合會	同右	蒙爾賢	六八	
	渭源縣各業聯合會	同右	仰思元	二五三	
雲南	流縣[illegible]業工會	同右	龔集瑞	二三七	
	建水縣挽業職業工會	卅二年六月廿四日	盧子敬	七三	
	曲靖縣製革業職業工會	同右	李廷芳	五九	
	曲靖縣五金業職業工會	同右	李者順	六二	

4. 核准整理之工會

省市別	團體名稱	核准日期	主要負責人	會員數 團體 個人	備註
陝西	西京市浴業職業工會	卅二年六月廿四日	王岐山	四二〇	

社會部核准備案之商人團體一覽表

三十二年四月至六月准核組織之商人團體

省市別	團體名稱	核准日期	主要負責人	會員數	備註
湖南	臨澧縣新安市國教育用品商業同業公會	卅二年四月廿一日	王文興	八	
	臨澧縣新安市絲綢布商業同業公會	同右	王火明	八	

	曲增縣陶瓷業工會	同右	王普僧	六三	
	曲溝縣木工業職業工會	同右	支吉昌	六四	
河南	新野縣屠宰業職業工會	卅二年六月廿八日	李茂盛	一八五	
	新野縣理髮業職業工會	同右	馮玉明	四二三	
	新野縣染業職業工會	同右	李子山	五八	
	新野縣搬運業職業工會	同右	喻全樂	六八一	

甘肅	臨澤縣各業工人聯合會	卅二年六月廿八日	魯永邦	七二	
	臨澤縣木工業職業工會	同右	張樹才	一五五	

	臨澧縣新安市國藥商業同業公會	同右	呂孝廉	一四	
	臨澧縣新安市百貨商業同業公會	同右	王家紹	六	
	臨澧縣新安市南貨商業同業公會	同右	劉咏濤	一四	
	臨澧縣新安市豆腐產業同業公會	同右	張家云	九	

	臨穎縣新安市屠宰商業同業公會	同右	全福朝	八
	臨穎縣新安市漂染商業同業公會	同右	李新斌	七
	臨穎縣新安市木商業同業公會	同右	潘理桃	一五
	臨穎縣新安市方仝原木商業同業公會	同右	陳登樹	九
	臨穎縣新安市磨[illegible]商業同業公會	同右	曹記章	六
	臨穎縣新安市飲食商業同業公會	同右	謀作斌	一二
	南陽縣銀行商業同業公會	卅一年六月廿八日	李公模	五
	湘[illegible]縣銀行商業同業公會	同右	劉榮發	九
	長沙市眼鏡工業同業公會	同右	章子翹	一八
	醴陵縣棉紗漂染工業同業公會	同右	劉煥庭	一三
陝西	郃陽縣糧食商業同業公會	卅二年六月十四日	雷鳴瑞	五六
	郃陽縣飯店商業同業公會	同右	屈嶽	七九
	醴泉縣東坊鎮商會	同右	王之賢	三三
	醴泉縣趙村鎮商會	同右	楊子洲	三六
	醴泉縣阡東鎮商會	同右	張百鈞	一三五
	寶雞縣汽車商業同業公會	同右	申仙洲	一四七
	長安縣韋曲鎮商會	同右	田應賦	四六

	長安縣王曲鎮商會	同右	楊灃芝	四四
	長安縣鳴犢鎮商會	同右	杜緝璋	五一
	長安縣灞橋鎮商會	同右	徐子敬	三一
四川	璧山縣屠宰商業同業公會	卅一年四月廿日	鄒斯榮	二八
	璧山縣[illegible]運送業同業公會	同右	尹香翹	三八
	什邡縣銀器商業同業公會	同右		
廣東	興寧縣沙商業同業公會	卅一年六月廿四日	陳佐若	二四
	平遠縣差干鎮糧商業同業公會	同右	馮浩德	一二八
	平遠縣差干鎮屠商業同業公會	同右	謝裕彩	一四
	平遠縣差干鎮國藥業同業公會	同右	梁紹遠	四
	平遠縣差干鎮什貨商業同業公會	同右	馮作方	六
	平遠縣差干鎮[illegible]商業同業公會	同右	宋傑四	八
	平遠縣差干鎮商會	同右	謝蔚成	三一
	河源縣臨口鎮商會	卅二年六月卅日	梁馥堂	一三
	惠陽縣銀首飾業同業公會	同右	羅煥南	一二五
甘肅	靜寧縣麵粉商業同業公會	卅二年四月廿一日	馬進林	六四
	靜寧縣糧食商業同業公會	同右	鄒贊廷	一四

	甯晉縣旅店商業同業公會	同右	周玉田	七六	
	正甯縣羅月鎮雜貨商業同業公會	同右	劉子傑	六一	
	正甯縣平子鎮雜貨商業同業公會	同右	劉運亮	一五	
	正甯縣山河鎮雜貨商業同業公會	同右	張振遠	四三	
	正甯縣山河鎮藥材商業同業公會	同右	羅耀亭	一五	
	正甯縣永和鎮雜貨商業同業公會	同右	劉希焯	一八	
	蘭州市錢行商業同業公會	卅一年六月卅日	崔叔仙	二〇	
	蘭州市[illegible]肥皂商業同業公會	同右	王佐卿	一一	
	蘭州市紡織工業同業公會	同右	孫步芝	七	
	甯縣[illegible]鎮國藥商業同業公會	同右	雷生炎	一五	
	甯縣良平鎮百貨商業同業公會	同右	王文瑞	九	
	甯縣和城鎮百貨商業同業公會	同右	李子條	一一	
	甯縣和城鎮飯館商業同業公會	同右	張壽山	一七	
	甯縣和城鎮國藥商業同業公會	同右	楊伯濤	九	
	甯縣和盛鎮旅店商業同業公會	同右	李子芬	二四	
	甯縣焦村鎮染坊工業同業公會	同右	張興武	七	
	甯縣焦村鎮國藥商業同業公會	同右	王淑世	九	

	甯縣新[illegible]鎮國藥商業同業公會	同右	郭西峯	八	
	甯縣大呂鎮飯店商業同業公會	同右	李俊猷	六	
	甯縣大呂鎮國藥商業同業公會	同右	趙世秀	七	
	甯縣新[illegible]鎮百貨商業同業公會	同右	李俊儒	一五	
	甯縣平良鎮商會	同右	楊靖信	一五	
	甯縣和[illegible]鎮商會	同右	楊伯濤	一四	
	甯縣焦村鎮商會	同右	張鳳鳴	二九	
	甯縣新莊鎮商會	同右	郭西峯	二二	
	甯縣太昌鎮商會	同右		二一	
雲南	元謀縣旅店商業同業公會	卅一年六月廿四日	朱偉光	四五	
	元謀縣屠宰商業同業公會	同右	唐先春	二一	
	元謀縣糧食商業同業公會	同右	夏雲奇	一六	
	元謀縣油商業同業公會	同右	徐良才	二三	
	元謀縣菸酒商業同業公會	同右	李慶華	三五	
	元謀縣鹽商業同業公會	同右	顧秉川	四五	
	元謀縣雜貨商業同業公會	同右	劉鶴亭	三二	
	元謀縣乾菜商業同業公會	同右	楊仲襄	三二	

	宜良縣布商業同業公會	同右	楊文府	三二	
	建水縣綢商業同業公會	同右	孫正貴	二〇	
	鎮南縣食[illegible]商業同業公會	同右	張文明	三〇	
	鎮南縣屠宰商業同業公會	同右	殷興禮	一八	
	鎮南縣[illegible]商業同業公會	同右	張治平	二〇	
	宜[illegible]縣屠宰商業同業公會	同右	朱正富	一五	
	昭通縣布匹商業同業公會	同右	朱海	一七	
	新[illegible]縣雜貨商業同業公會	同右	王國貴	四九	
	會[illegible]縣商會	卅二年六月廿一日	高崧	一七	
江西	萍鄉縣蘆溪鎮牙商業同業公會	卅二年六月十四日	劉宏勛	一二	

丁、核准改選之商人團體

省市別	團體名稱	核准日期	主要負責人	會員數	備註
湖南	臨山縣商會	卅二年四月廿一日	曾廣經	四〇	
	長沙市百貨商業同業公會	卅二年六月廿四日	林竹安	六九	
貴州	桐梓商業同業公會	同右	陳永康	三二	
	桐梓縣屠宰商業同業公會	同右	趙仲衡	三九	
	桐梓縣[illegible]商同業公會	同右	何鼎初	一七	
	桐梓縣百貨商業同業公會	同右	甘永忠	三一	
	桐梓縣糧食商業同業公會	同右	胡炳卿	三二	
	桐梓縣商會	同右	王青雲	一三六	
	桐梓縣糖商業同業公會	同右	王盛昌	二〇	
	桐梓縣[illegible]商業同業公會	同左	侯啓昆	三	
	桐梓縣油商業同業公會	同右	傅炳林	五七	
	桐梓縣紙商業同業公會	同右	何光明	二〇	
	桐梓縣山貨商業同業公會	同右		三一	
	桐梓縣布商業同業公會	同右	鄭澄元	四四	
	桐梓縣染織商業同業公會	同右	鄭文光	五二	
	平壩縣商會	同左	王世奇	一五	
四川	什邡縣茶社商業同業公會	卅二年四月廿日	張伯雲	四五	
	什邡縣乾菸商業同業公會	同右	王健周	九	
	什邡縣屠宰商業同業公會	同右	高永祿	三六	

	南部縣商會	同右	楊正言	一七	
	西陽縣興灘鎮糧食商業同業公會	同右	戴屏周	一一四	
	什邡縣旅店商業同業公會	同右	廖秉恭	四〇	
	什邡縣菸草商業同業公會	同右	劉啓文	一七	
	什邡縣紙捲菸商業同業公會	同右	劉民三	二七	
	什邡縣葉菸商業同業公會	同右	劉鈞文	三六	
	什邡縣蘇廣雜貨商業同業公會	同右	黃銀洲	三〇	
	什邡縣疋頭商業同業公會	同右	王爵儒	一〇	
	什邡縣木器商業同業公會	同右	王開興	四九	
	什邡縣水食商業同業公會	同右	舒云才	三八	
	什邡縣國藥商業同業公會	同右	馬季剛	二五	
	什邡縣酒商業同業公會	同右	周本脩	二〇	
	什邡縣綫商業同業公會	同右	周潤之	一〇	
	什邡縣木材業同業公會	同右	于鋭民	三二	
	巴中縣江口鎮商會	同右	彭佩鳴	七	
	城口縣屠宰商業同業公會	同右	武韶臣	三二	
	崇甯縣木漆商業同業公會	同右	廖啓文	三三	
	南充縣商會	同右	侯慶五	四三	
江西	銅鼓縣國藥商業同業公會	卅二年六月卅日	傅克定	一三	
	福安縣理髮商業同業公會	同右	王瀋之	一〇	
	黎川縣紙商業同業公會	同右	余阜夫	二六	
廣東	雲浮縣飯食商業同業公會	卅二年四月廿一日	黃曠志	五七	

3. 核准改組之商人團體

省市	團體名稱	核准日期	主要負責人	會員數	備註
四川	名山縣商會	卅二年四月廿日	鄧文閣	四〇	
	樂山縣商會	同右	劉格周	四〇	
	浦江縣商會	同右	彭似佛	一一	
	浦江縣紙商業同業公會	同右	胡洪順	二八	
	浦江縣絲綢花絨百貨商業同業公會	同右	陳俊三	二六	
	浦江縣民船商業同業公會	同右	唐大發	三八	
	浦江縣屠宰商業同業公會	同右	唐紹全	二五	
	浦江縣山貨商業同業公會	同右	安應軒	二五	
	富順縣長棧商業同業公會	同右	嚴秉成	三一〇	
	奉節縣菸商業同業公會	同右	黃禮之	五九	
	奉節縣顏料商業同業公會	同右	王海楓	三一	

奉節縣桐油商業同業公會	同右	陳俊澥	四三
浦江縣鹽茶商業同業公會	同右	謝有生	三三
浦江縣煙酒茶商業同業公會	同右	楊玉昆	三二
浦江縣國藥商業同業公會	同右	楊思源	二八
奉節縣糖紙商業同業公會	同右	李俊春	七五
湖南			
嘉禾縣京店商業同業公會	卅二年四月廿一日	王佐華	一五
郴縣土果雜貨商業同業公會	同右	黃曄	五七
郴縣國藥商業同業公會	同右	南僻阜	三〇
耒陽縣商會	同右	段人純	七一七
長沙市商會	同右	崔伯鴻	二四
湘潭縣綢呢絨商業同業公會	同右	公阜山	三二
湘潭縣輪船商業同業公會	同右	周月屏	七
湘潭縣油鹽紗商業同業公會	同右	蕭渭臣	四四
湘潭縣百貨商業同業公會	同右	謝耀煌	六九
湘潭縣國藥商業同業公會	同右	張海琨	一六三
湘潭縣醬館酒醬商業同業公會	同右	李允祥	七八
湘潭縣絲線商業同業公會	同右	李春生	二九
湘潭縣香商業同業公會	同右	吳振湘	三五

湘潭縣鞋木屐商業同業公會	同右	姜楚源	七一
湘潭縣株洲鎮煙商業同業公會	卅二年六月廿四日	易容初	一五
湘潭縣株洲鎮飯食商業同業公會	同右	王治平	八一
湘潭縣株洲鎮茶館商業同業公會	同右	彭石麒	七一
湘潭縣株洲鎮商會	同右	龔炳吾	一七
湘潭縣株洲鎮綢緞商業同業公會	同右	袁慶林	一六
湘潭縣株洲鎮絲綢呢絨布商業同業公會	同右	樂舜臣	一九
湘潭縣株洲鎮豆腐商業同業公會	同右	湯福德	一七
湘潭縣株洲鎮南貨酒醬齋館商業同業公會	同右	劉叔泉	一六
湘潭縣株洲鎮屠宰商業同業公會	同右	蔣泰生	四六
廣東			
河源縣藍口鎮布商業同業公會	卅二年四月廿一日	陳國章	四〇
河源縣藍口鎮餅食商業同業公會	同右	梁馥宏	九
河源縣藍口鎮國藥商業同業公會	同右	李春舫	一二
河源縣藍口鎮菸絲商業同業公會	同右	李逢源	八
河源縣藍口鎮柴木商業同業公會	同右	丘清波	一二
河源縣藍口鎮鹹甜雜商業同業公會	同右	杜汝森	二一

	河源縣藍口酒居寧商業同業公會	同右	黃紹泰	二〇	
	河源縣灣口旅店商業同業公會	同右	潘炳華	三十七	
	五華縣安流鎮染商業同業公會	卅二年六月廿四日	鍾質明	二四	
	五華縣安流鎮什貨商業同業公會	同右	孔漢衡	六二	
	五華縣華城鎮新藥商業同業公會	同右	鍾其子	三七	
	五華縣華城鎮屠宰商業同業公會	同右	葉應禎	一〇	
	五華縣華城鎮絲綢綾布商業同業公會	同右	李□衡	一八	
	五華縣華城鎮京菓海味商業同業公會	同右	賴金章	一七	
	五華縣華城鎮鹽絲商業同業公會	同右	劉居新	四八	
	五華縣華城鎮木商業同業公會	同右	張拔中	二〇	
	興寧縣龍田區商會	同右	羅鴻謨	一九六	
	興寧縣龍田區絲綫布商業同業公會	同右	羅賓仁	二一	
	興寧縣龍田區屠商業同業公會	同右	陳順安	一八	
	興寧縣龍田區京菓海味商業同業公會	同右	羅銘邦	二〇	
	羅定縣文具商業同業公會	卅二年六月卅日	朱漢泉	一八	
	興寧縣鞋商業同業公會	同右	蕭天璧	一七	

	羅定縣鐵器商業同業公會	同右	吳錦超	一六	
	羅定縣□油商業同業公會	同右	黃觀廷	一八	
	羅定縣飲食商業同業公會	同右	梁鼎芳	一九	
	饒平縣黃岡市百貨商業同業公會	同右	佘湯泉	二〇	
	饒平縣黃岡京果商業同業公會	同右	佘天茂	二二	
	饒平縣黃岡咸魚商業同業公會	同右	鍾光廷	一七	
	饒平縣黃岡布商業同業公會	同右	鄭□孫	六九	
	饒平縣黃岡糖油商業同業公會	同右	佘儀儒	四八	
	饒平縣商會	同右	林文彪	五三	
	饒平縣□□鎮屠宰商業同業公會	同右	黃騰升	一三	
	饒平縣□□鎮國藥商業同業公會	同右	吳澄清	三二	
	饒平縣在城鎮木商業同業公會	同右	黃應時	三〇	
	羅平縣絲綢呢絨商業同業公會	同右	黃景湘	三四	
	羅平縣紙商業同業公會	同右	陳公陶	一三	
雲南	富民縣商業	卅二年六月廿四日	祖源	三四	
	建水縣□店商業同業公會	同右	陳家麟	一一	
	建水縣□商業同業公會	同右	白家貴	一七	
	建水縣理髮商業同業公會	同右	張還恆	九	

建水縣綢緞呢絨商業同業公會	同右	馬汝龍	三六
建水縣糧食商業同業公會	同右	鄧維元	一六
建水縣醬菜商業同業公會	同右	馬元龍	一六
建水縣紡織商業同業公會	同右	汪文松	五
建水縣百貨商業同業公會	同右	雷雲光	一〇〇
建水縣食館商業同業公會	同右	楊雲程	一六
建水縣錫商業同業公會	同右	徐有福	一三
建水縣陶器商業同業公會	同右	何本立	一二〇
建水縣屠宰商業同業公會	同右	郭士清	四四
建水縣成衣商業同業公會	同右	丁樹清	一一
建水縣木商業同業公會	同右	張瑞彩	三八
建水縣商會	同右	黃文華	一六
宣威縣鹽商業同業公會	卅二年六月廿一日	尤炳勳	一九
宣威縣屠宰商業同業公會	同右	李錫文	二三
宣威縣染靛商業同業公會	同右	富希哲	一八
宣威縣火腿商業同業公會	同右	李德英	一九
宣威縣雜貨商業同業公會	同右	符盛清	三七
宣威縣食館商業同業公會	同右	賈永安	二一

	宣威縣理髮商業同業公會	同右	符明和	一九
	宣威縣成衣商業同業公會	同右	葉樹林	二六
	宣威縣商會	同右	劉劍平	一九
貴州	平壩縣鹽商業同業公會	卅二年六月廿四日	李顯宗	二一
江西	豐城縣民船商業同業公會	卅二年六月卅日	周志誠	二〇
	修水縣[illegible]機商業同業公會	同右	魏筱軒	五〇
	修水縣屠宰商業同業公會	同右	嚴儒遍	三〇
	修水縣糧食商業同業公會	同右	徐名岐	三五
	修水縣雜貨商業同業公會	同右	雷家福	一三
	修水縣麵商業同業公會	同右	黃在堃	一四
	修水縣民船商業同業公會	同右	詹明	六四
	修水縣藥商業同業公會	同右	陳恆林	一六
	修水縣圖書教育用品商業同業公會	同右	鄭作仁	一八
	修水縣布商業同業公會	同右	徐子瑗	六六
	修水縣煙商業同業公會	同右	辜文煥	二一
	修水縣酒商業同業公會	同右	李硯輝	一四
	銅鼓縣南貨商業同業公會	同右	劉耀衢	五一

	銅鼓縣菸酒商業同業公會	同右	曾步瀛	一三	
	銅鼓縣屠宰商業同業公會	同右	曾北海	三一	
	銅鼓縣客棧商業同業公會	同右	師建平	一〇	
	銅鼓縣商會	同右	進守三	七	
	豐城縣商會	同右	黃文華	三二	
	大庾縣商會	同右	嚴筱蘭	二六	
	修水縣商會	同右	徐海寰	一二	
甘肅	漳縣商會	卅二年六月廿八日	馬文蔚	三〇	
	定西縣商會	同右	楊于天	四	
	渭源縣官堡鎮商會	同右	白玉璽	七五	
	渭源縣百貨商業同業公會	同右	康寶	二〇	
	渭源縣旅店商業同業公會	同右	雍建州	二六	
	渭源縣糧食商業同業公會	同右	李繩武	二八	
	渭源縣商會	同右	康寶銘	八	
	正寧縣商會	同右	張振襄	五	
	隆德縣旅館飯館商業同業公會	同右	屑效文	三八	
	隆德縣國藥商業同業公會	同右	王豐	二一	
	隆德縣雜貨商業同業公會	同右	楊憲章	三五	

	隆德縣商會	同右	楊憲章	一〇三	
	靈台縣雜貨商業同業公會	同右	王玉璽	二九	
	靈台縣藥商業同業公會	同右	何光輝	一三	
	靈台縣飯館商業同業公會	同右	王虎臣	一一	
	靈台縣商會	同右	柳文鐸	一四	
	隴西縣商會	同右	衞吉如	一〇	
浙江	平陽縣鰲江區魚鹹商業同業公會	卅二年六月廿四日	林東初	七	
	平陽縣靈溪區茶商業同業公會	同右	林旭初	一二	
	平陽縣靈溪區菸商業同業公會	同右	朱超高	八	
	平陽縣錢庫鎮絲綢呢絨布商業同業公會	同右	林俠忠	五	
	平陽縣錢庫鎮棉花紗商業同業公會	同右	王取平	一四	
	平陽縣錢庫鎮百貨商業同業公會	同右	才汝瑛	七	
	平陽縣錢庫鎮商會	同右	陳寬	一五六	
	平陽縣靈溪區商會	同右	林士鉞	七四	
	平陽縣商業公會	同右	顏壽民	三九	
陝西	西京市人力車商業同業公會	卅二年六月廿八日	王祥麟	二〇四	
	西京市百貨商業同業公會	同右	鄭福田	一六七	

省市別	團體名稱	核准日期	主要負責人	會員數	備註
河南	新野縣新店鎮綿花商業同業公會	同右	宋子謙	四七	
	新野縣新店鎮雜貨商業同業公會	同右	高傑三	二九	
	新野縣新店鎮糧食商業同業公會	同右	宋三乞	四〇	
	新野縣新店鎮鹽商業同業公會	同右	宋鳳鳴	二九	
	新野縣新店鎮百貨商業同業公會	同右	高懷堂	一三	
	新野縣新店鎮煙葉商業同業公會	同右	黃克勤	一三	
	新野縣新店鎮布商業同業公會	同右	宋相賢	一一	
	新野縣新店鎮商會	同右	宋鳳鳴	七	
	新野縣菸商業同業公會	同右	萬清殿	一八	
	新野縣雜貨商業同業公會	同右	雷兮徒	四四	
	新野縣鹽商業同業公會	同右	韓錫舘	一四	
	新野縣油商業同業公會	同右	孫子謙	二五	
	新野縣[illegible]商業同業公會	同右	王麟學	二四	
	新野縣布商業同業公會	同右	韓炳剛	一八	
	新野縣藥商業同業公會	同右	何益海	八	
	新野縣紙商業同業公會	同右	張佩之	二三	
	新野縣棉花商業同業公會	同右	楊溉亭	二六	
	新野縣糧食商業同業公會	同右	李春亭	二六	
	新野縣百貨商業同業公會	同右	陳慶齋	四五	
	新野縣商會	同右	葛炳麟	二六	
	長葛縣商會	同右	陳秀峯	一〇五	

4. 核准整理之商人團體

省市別	團體名稱	核准日期	主要負責人	會員數	備註
甘肅	臨洮縣雜貨商業同業公會	卅二年六月廿八日	郭生榆	二八	
	臨洮縣鐵[illegible]商業公會	同右	石增瑞	四三	
	臨洮縣皮貨商業同業公會	同右	師[illegible]	二一	
	臨洮縣百貨商業同業公會	同右	安定邦	五四	
	臨洮縣土貨商業同業公會	同右	劉毓德	四八	
	臨洮縣商會	同右	李毓玉	五	
	岷縣油商業同業公會	同右	汪生福	一七	
	岷縣[illegible]商業同業公會	同右	張利貞	二九	
	岷縣紙商業同業公會	同右	王子傑	一〇	

	成縣絲綢呢絨布商業同業公會	同右	李太奎	二六	
	成縣百貨商業同業公會	同右	王成勳	六一	
	成縣商會	同右	張樹仁	五	
河南	滎縣雜貨商業同業公會	卅二年六月廿四日	張淮一	一二	
	滎縣商會	同右	李延卿	二八	

	蒙縣煤販商業同業公會	同右	劉靜安	七	
	蒙縣百貨商業同業公會	卅二年六月五日	王德甫	二一	
	蒙縣糧食商業同業公會	卅二年六月廿四日	白寶昇	三六	
	蒙縣國藥商業同業公會	同右	張文甫	八	
雲南	元謀縣商會	同右	胡蔭昌	一一	

（五）社會部核准備案之自由職業團體一覽表

三十二年四月至六月

1. 核准組織之自由職業團體

省市別	團體名稱	核准日期	主要負責人	會員數	備註
四川	南川縣中醫師公會	卅二年三月二十日	楊少翊	二六	
	開縣中醫師公會	同右	劉庚吾	八一	
	什邡縣中醫師會	同右	陳正中	一一〇	
	劍閣縣中醫師公會	同右	黃子之	六七	
	浦江縣第一區教育會	同右	熊仕品	七二	
	浦江縣第二區教育會	同右	詹漢文	七五	
	浦江縣第三區教育會	同右	李伯華	四二	
湖南	桂東縣鼎新縣教育會	卅二年四月廿一日	黃存家	三七	
雲南	雲南省會計師公會	卅二年五月十二日	沙英	四四	
江西	新建縣中醫師公會	卅二年六月十四日	金秉鑫	二八	
	信豐縣教育會	三十二年三月三十日	溫盛德	七八九	
	南岡縣教育會	三十二年三月十四日	楊奮武	四二	
	峽江縣教育會	同右	陳靖亮	五一	
	新建縣松湖鄉教育會	同右	胡適	三二	
	新建縣鎮坊鄉教育會	三十二年六月十五日	姜維藩	三七	
	餘縣桂源鄉教育會	三十二年六月十日	楊漢傑	三一	
	贛縣水東鄉教育會	同右	尹賢慕	二〇	

省市別	團體名稱	核准日期	會員數	備註
	隴縣西外鄉教育會	同右	李盛錚	二一
	隴縣東郊鎮教育會	同右	張志英	二〇
	隴縣[illegible]西鎮教育會	同右	易鳳	五三
	隴縣城南鎮教育會	同右	卜潤湖	二七
	隴縣城東鎮教育會	同右	李樹年	五七
陝西	醴泉縣建陵鄉教育會	三二年六月十四日	王化淳	二五
	醴泉縣昭陵鎮教育會	同右	趙溥如	三二
	醴泉縣阡東鎮教育會	同右	雷永文	七三
	醴泉縣大路鄉教育會	同右	李南亭	四五
	醴泉縣城關鎮教育會	同右	徐昌之	二七
	醴泉縣新時鄉教育會	同右	强光耀	三二
甘肅	敦煌縣中醫師公會	三二年六月卅日	郝棣	一三
	甯縣教育會	同右	魏鴻猷	九九
河南	舞陽縣中醫師公會	同右	劉星朗	二六
雲南	晉甯縣教育會	三十二年廿一日	高成忠	五七

（六）社會部核准備案之社會團體一覽表

卅二年四月至六月

1. 核准組織之社會團體

省市別	團體名稱	核准日期	會員數	備註
湖南省	南縣劉陽同鄉會	卅二年四月廿三日	一六八	
	南縣湖北同鄉會	卅二年四月廿三日	一二五〇	
	柳縣江浙同鄉會	三十二年四月廿四日	一九一	
四川省	富順縣婦女會	三十二年六月廿一日	一五	
雲南省	宣威縣婦女會	三十二年六月十四日	五一	
河南省	中國醫藥學會河南分會	三十二年六月廿一日	三一一	
湖北省	當陽縣橫店婦女會	同右	二六	
甘肅省	中華基督教會全國總會武威縣支會	三十二年六月卅日	五五	
	蘭州景豪學會	三十二年六月十四日	一三九	
	佛教居士林[illegible]州市分會	同右	八二	
	甯縣婦女會	三十二年六月卅日	五六	
江西省	峽江縣婦女會	三十二年六月卅日	八五	

	岡縣婦女會	同右	二六
	樂平縣婦女會	同右	七五
	虔南縣同鄉會	同右	一七三
	省立中學贛縣校友會	三十二年六月卅日	一四五
	奉新旅贛縣同鄉會	同右	一七七
貴州省	中華學術研究社貴州支社	三十二年六月十四日	五〇
	羅甸縣婦女會	三十二年六月廿四日	二一

陝西省	東北四省抗敵協會陝西分會	同右	六〇〇
	山西五台旅西安同鄉會	三十二年六月卅日	八九
	戰時行政人員訓練所會計組同學會	三十二年六月廿三日	二一
	手工紡織事業促進會	三十二年六月卅日	五三八七
浙江省	八婺旅省同鄉會	三十二年六月廿四日	一〇四

（七）社會部直轄工礦輸出業同業公會全國各省商會聯合會暨院轄市商會核准組織一覽表

截至三十二年六月止

甲 重要工業同業公會

一、製鹽工業同業公會

區別	組織區域	成立日期	改組改選整理日期	會員數	負責人	會址	立案日期	收文字號	立案證書字號	圖記字號	備考
第一區	鹺場	廿九年四月一日		30	何從周	四川犍為縣金川鎮川主廟	卅二年九月九日				
第三區炭化引鹽	自貢市西場貢井小溪艾業灘	卅年九月廿四日		27	胡少權	自貢市西場小溪	卅一年九月十五日	社33473			
第四區瓦斯引鹽	自貢市東場	卅年六月十九日		576	李秉熙	自貢市興隆街	同右	社33473			

區別	組織區域	成立日期	改選日期	組織期限	會員數	負責人	會址	立案日月	收文字號	立案證書字號	圖記字號	備考
第五區炭化引鹽	自貢市東場	卅年九月廿三日			31	陳[illegible]德	自貢[illegible]八店街	同右	同右			
第六區[illegible]鹽	自貢市[illegible]	卅年六月廿七日			263	謝寅承	自貢市新街	同右	同右			
第七區[illegible]巴引鹽	自貢市東場	卅年六月廿九日			33	曾子郁	自貢市[illegible]源	同右	同右			
第八區[illegible]巴引鹽	自貢市西場	卅年四月十二日			82	黃學周	[illegible]	卅三年十月廿日	社33178			
第九區瓦斯引鹽	自貢市第一、二、三區鹽政區	卅一年三月廿四日			[illegible]	劉[illegible]	自貢市小溪萬年煙	卅一年十一月十日	社3[illegible]			
第十區	陽[illegible]鹽	[illegible]			48	周壽如	四川簡陽石橋鎮大生街	卅一年四月十五日	社41668		組三工字17	
第十一區[illegible]鹽	[illegible]政區	[illegible]			202	羅[illegible]佛	自貢市小溪神井[illegible]	卅一年三月四日	社43020		組三工字3[illegible]	
第十二區	犍爲鹽場一、二、三區	卅一年四月十日			76	劉愼三	四川犍爲五通橋花鹽街	卅一年五月十二日	社41[illegible]			
第十三區	樂山鹽場	卅一年四月[illegible]日			99	臧少卿	樂山縣牛華溪[illegible]	卅一年十一月[illegible]日	社42173		組三二字8	
第十四區	犍爲	卅一年六月八日			86	王伯臣	四川犍爲[illegible]先家渡寺	卅一年五月十八日	社42134		組三二字18	
第十五區黃井採滷	自貢市西場	卅一年六月十四日			68	奈厚欽	自貢市小溪萬年[illegible]	卅一年三月廿五日	社43028		組三二字29	
第十六區黑井採滷	自貢市西場	卅一年七月十日			43	宋席凡	自貢市西場小溪[illegible]	卅一年三月卅一日	社43[illegible]33		組三二字19	
第十七區黃井採滷	自貢市東場	卅一年八月廿四日			13[illegible]	王續良	自貢市牛氏巷	卅一年三月十六日	社43[illegible]		組三二字30	

二 棉紡織工業同業公會

區別	組織區域	成立日期	改選日期	組織期限	會員數	負責人	會址	立案日月	收文字號	立案證書字號	圖記字號	備考

五、非鐵工業同業工會

區別	組織區域	成立日期	改組改選日期	會員數	負責人	會址	立案日期	收文字號	立案證書字號	圖記字號	備考
第二區	陝甘青寧新疆五省	卅年四月一日		6	石學志	西安新民巷三號	卅二年六月	社42093			
第三區	晉甯縣占碉區潮陽縣城店區	廿九年九月廿二日	卅年十二月二日	19	陳天由	廣東普甯縣新寮鄉成昌布廠	卅年十月十八日	社33713			改選
第五區	昆明市玉溪縣			222	周潤蒼	昆明市南門外順城街三五六號	卅二年十月五日				
第六區	璧山縣第一區行政區		卅一年一月八日改選	16	張蘆田	璧山縣節孝祠	卅二年九月六日	社45401			
第八區	蘭州市	卅一年八月二十日		11	潘炳興	蘭州市炭市街二二五號	卅二年一月卅日	社40693		組三工字27	
第十區	重慶江北巴縣合川	卅一年十一月廿四日		17	潘仰山	重慶市厘金巷二號	卅二年一月四日	社33297		組三工字13	

三、品冶製工業同業工會

區別	組織區域	成立日期	改組改選日期	會員數	負責人	會址	立案日期	收文字號	立案證書字號	圖記字號	備考
第一區	綦江東溪鎮			68	夏經芳	四川綦江東溪鎮承平路一五號	卅二年九月九日				
第四區	渠縣	廿八年十一月一日	廿九年十一月廿八日	78	李尊之	渠縣三匯鎮	卅二年九月九日				
第六區	威遠縣長運鎮新義鎮奇香鎮三鄉份	廿四年十月十九日	卅一年十月卅一日	33	劉岐于	四川威遠縣雲連場	卅年三月十四日	社42821			改選

區別	組織成立日期	改組日期	會員數	負責人	會址	立案日期	立案文號	登記字號	備考
第九區 四川合川	[illegible]月十九日	卅一年十月廿二日	3	佘蘊[illegible]	[illegible]三號	卅一年[illegible]月三日	社[illegible]	組三二字3	
第十一區 [illegible]市	卅一年[illegible]月廿日	卅[illegible]年八月[illegible]日	7	王懷庵	[illegible]街三二號	[illegible]月廿日	社4099[illegible]	組三工字21	
第一區 [illegible]			63	[illegible]	[illegible]	[illegible]			

四、火柴[illegible]業同業工會

區別	組織成立日期	改組日期	會員數	負責人	會址	立案日期	立案文號	登記字號	備考
第一區 陝西省	卅二年二月四日		5	馮尚文	西安崇忠路一二九號	卅二年四月二十日	社[illegible]		
第十二區 浙江省	卅二年三月一日		5	翁秉科	浙江麗水[illegible]	卅二年九月[illegible]日			
第三區 [illegible]	卅[illegible]年[illegible]月[illegible]日		13	徐賓谷	[illegible]十號	[illegible]九日	社40669	組三工字13	
第四區 [illegible]川	卅二年[illegible]月二日		5	向鼎三	[illegible]	卅三年二月廿六日	社4233[illegible]	組三工字27	
第五區 [illegible]自貢	卅一年四月廿五日	卅一年八月廿八日改選	8	金麗秋	[illegible]	卅三年[illegible]月四日	社44670	組三工字2	
第八區 [illegible]	卅一年九月三日		7	王遜[illegible]	[illegible]	卅一年[illegible]月十一日	社47037		
第[illegible]區 [illegible]	卅一年[illegible]月[illegible]日	卅一年十二月廿二日	4	鹿有德	[illegible]	[illegible]月十日	社40997	組三工字26	

五、印刷工業同業工會

區別	組織成立日期	改組日期	會員數	負責人	會址	立案日期	立案文號	登記字號	備考
第二區 [illegible]省	卅[illegible]年[illegible]月一日		6	石[illegible]	[illegible]三號	卅二年六月[illegible]日	社45081		

類別	組織成立、改組、改選日期	會員數	負責人	會址	成立日期字號	備考
第一區 西京市	廿九年三月	3	白國金			
第二區 渝、江巴	廿九年正月	46	李新軒			
第二區		221	沈賜聲			
第三區 贛縣		18	朱治之		工字15	
第五區 蘭州市		30	郭偉唐			

六、機器工業同業公會

類別	組織成立、改組、改選日期	會員數	負責人	會址	成立日期字號	備考
第一區 巴縣		303	蕭萬成		社 3748	改選
第二區 長沙市縣	廿九年九月	60	鄭菊生	長沙市西湖路	社 389	改選
第三區 自貢市		15	苗乘權			

第四區	西安寶雞南鄭渭南城固	卅一年十二月廿日		53	夏述虞	西安崇孝路炭市北口公子一號	卅二年三月	社4386		組三工字37	
第五區	蘭州隴中皋蘭	卅一年八月廿日		14	劉蔭勳	蘭州市炭市社二三號	卅二年一月卅日	社40968		組三工字23	

七、造紙工業同業公會

區別	組織區域	成立日期	改組改整日期	會員數	負責人	會址	立案日期	收文字號	立案證書字號	圖記字號	備考
第三區	渝江巴璧山銅梁	卅一年十一月十六日		5	湯劍鳴	重慶市化龍橋對岸中央造紙廠	卅一年十二月七日	社3133		組三工字9	
第四區	蘭州市	卅二年八月廿日		4	丁聯珙	蘭州市炭市街二三號	卅二年一月卅日	社40968		組三工字24	

八、製革工業同業公會

區別	組織區域	成立日期	改組改整日期	會員數	負責人	會址	立案日期	收文字號	立案證書字號	圖記字號	備考
第一區	重慶市	卅年三月廿四日	卅二年三月四日	315	白萬全	重慶市林森路一一九號	卅二年三月卅一日	社4433			改選
第二區	衡陽市	卅年九月一日		16	陳遠德	衡陽市	卅一年十二月十七日	社37135		組三工字10	

區別	組織區域	成立日期	改組改選整理日期	會員數	負責人	會址	立案日期	收文字號	立案證書字號	圖記字號	備考
第三區	蘭州市及榆中皋蘭兩縣	卅一年八月二十日		9	胡逸耕	蘭州市	卅二年一月卅日	社37135		組三工字20	

九、針織工業同業公會

區別	組織區域	成立日期	改組改選整理日期	會員數	負責人	會址	立案日期	收文字號	立案證書字號	圖記字號	備考
第一區	重慶市	卅一年六月二日		143	黃陞之	重慶市中華路一二八號	卅一年七月十一日	社28557		組三工字1	
第三區	合川	卅二年一月十六日		51	陳雲滄	合川孝義街十號	卅二年六月	社47865		組三工字38	

十、麵粉工業同業工會

區別	組織區域	成立日期	改組改選整理日期	會員數	負責人	會址	立案日期	收文字號	立案證書字號	圖記字號	備考
第一區	陝西省	廿九年十月十五日	卅二年六月	6	章劍慧	西安通濟北坊七號	卅二年六月	社4[illegible]9[illegible]			改選
第二區	重慶市巴縣江北縣	卅一年八月廿日		5	袁國樑	重慶市第一模範市場	卅一年九月十一日	社3[illegible]483		組三工字[illegible]	
第三區	蘭州市榆中皋蘭	卅一年八月廿日		2	沙子維	蘭州市炭市街二二五號	卅二年一月卅日	社40[illegible]8		組三工字22	

十一、製糖工業同業公會

區別	組織區域	成立日期	改組、改選整理日期	會員數	負責人	會址	立案日期	收文字號	立案證書字號	圖記字號	備考
第一區	內江	廿八年四月廿九日	卅年七月十六日	46	李漢文	四川內江中山路二十三號	卅二年五月廿日	社45955			改選
第二區	資中	廿八年十一月		270	周仲尤	四川資中縣城王爺廟	卅三年五月廿一日	社[illegible]			

十二、礪米工業同業公會

區別	組織區域	成立日期	改組改選整理日期	會員數	負責人	會址	立案日期	收文字號	立案證書字號	圖記字號	備考
第一區	渝江巴	卅一年八月十二日		112	王植槐	重慶市小亭子二號	卅一年九月四日	社3104		組三工字4	

十三、製藥工業同業公會

區別	組織區域	成立日期	改組改選整理日期	會員數	負責人	會址	立案日期	收文字號	立案證書字號	圖記字號	備考

區別	組織區域	成立日期	改組選理日期	會員數	負責人	會址	立案收文日期字號	立案證書字號	圖記	備考
第一區	蘭州	[illegible]		9	曹栖年	蘭州市濱市街二二五號	卅二年一月卅日 社10938		組三工字25	
第二區	渝江巴合川北碚	卅一年十月廿三日		23	陳豐鎬	重慶市大同路卅四號	卅一年十一月廿四日 社31871		組三工字7	

十四、繅絲織工業同業工會

區別	組織區域	成立日期	改組選理日期	會員數	負責人	會址	立案收文日期字號	立案證書字號	圖記	備考

十、織[illegible]業同業公會

區別	組織區域	成立日期	改組選理日期	會員數	負責人	會址	立案收文日期字號	立案證書字號	圖記	備考
第一區	樂山 眉山 彭山 丹稜 青神 夾江 峨眉 犍為 洪雅 峨邊 屏山 馬邊 沐川 雷波 仁壽 榮縣 宜賓 高縣 珙縣 筠連 井研	卅二年二月十九日		19	劉元昉	四川樂山城外濱武街四十號	卅二年五月十日 社45679		組三工字17	
第二區	重慶 江北 巴縣 合川 南充 西充 成都 瀘縣	卅一年五月廿八日		33	劉樹鏗	重慶陝西路二五號	卅一年七月廿四日 社37498		組三工字12	

十五、酒精工業同業公會

區別	組織區域	成立日期	改組選理日期	會員數	負責人	會址	立案收文日期字號	立案證書字號	圖記	備考
[illegible]	[illegible]	[illegible]	[illegible]	[illegible]	[illegible]	[illegible]	[illegible]			

區別	組織區域	成立日期	改組改選整理日期	會員數	負責人	會址	立案日期	收文字號	立案證書字號	圖記字號	備考
第一區	四川境內長江沱江嘉陵江流域各縣	廿九年四月二日	卅一年十一月十六日	13	楊公庶	重慶市民族路三三六號	卅年一月卅一日	社31799 37498			
第二區	成都[illegible]陽仁壽[illegible]彭縣新津眉山彭山	卅二年[illegible]月廿[illegible]日		14	彭[illegible]秀	成都[illegible]新街一四號	卅二年六月	社47622			

十六、電工器材工業同業公會

區別	組織區域	成立日期	改組改選整理日期	會員數	負責人	會址	立案日期	收文字號	立案證書字號	圖記字號	備考
第一區	江巴	卅一年十二月十九日		19	楊立坦	重慶市林森路二三五號	卅一年十二月廿八日	社33788		組三工字11	

十七、植物油製煉工業同業公會

區別	組織區域	成立日期	改組改選整理日期	會員數	負責人	會址	立案日期	收文字號	立案證書字號	圖記字號	備考
第一區	四川省重慶市	卅一年九月一日		27	王[illegible]謙	重慶市小樑子[illegible]南曲園	卅一年九月廿四日	社33274		組三工字6	

乙、重要礦業同業公會

煤礦業同業公會

區別 業別	組織區域	成立日期	改組改選整理日期	會員數	負責人	會址	立案日期	收文字號	立案證書字號	圖記字號	備考
嘉陵江區煤礦業	嘉陵江流域各縣市		卅年五月廿八日	165	[illegible]紹侶	重慶打銅街十九號	卅二年二月十五日	社3493			改選

丙 重要輸出業同業公會

海關別	業別	成立日期	改組改選整理日期	會員數	負責人	會址	立案日期	收文字號	立案證書字號	圖記字號	備考
重慶	藥材		卅一年一月九日	257	周懋植	重慶市林森路二八八號	卅二年二月十五日	社3493			改選
[illegible]	生絲		卅一年一月廿八日	12	溫步鶴	重慶林森路五九號	卅二年二月十五日	社3493			改選
[illegible]	牛羊皮猪鬃腸衣		卅一年三月十九日	81	古今佛	重慶東華觀巷廿一號	卅二年二月十五日	社3493			
萬縣	牛羊皮猪鬃			36	譚湘洲	四川萬縣香祥街十二號	卅二年九月九日				
	牛羊皮				忻葭若	浙江鄞縣[illegible]力如巷六號					
	生絲				趙安甫	浙江鄞縣公園路					

丁，全國各省商會聯合會暨院轄市商會

省市別	成立日期	會員數	負責人	略歷	會址	備案日期	收文字號	備考
廣西省	卅年五月五日	98	龍鳳皋		桂林依仁路	卅年十二月十三日	社一13859	
青海省	卅年十月十日	10	趙文翰	西寧商會主席	西寧縣職業巷	卅年一月十日	社15165	
寧夏省	卅年八月廿日	10	燕森榮	寧夏商會主席	寧夏中山市場	卅一年一月廿七日	社13355	
江西省	卅年十月卅日	105	周子賓	南昌市商會執委	太和縣	卅一年六月三日	社23557	
福建省	卅年十二月廿三日	87	胡兆祥	閩侯縣商會監委	連城縣	卅一年二月十二日	社21765	
安徽省	卅年十二月廿日	55	潘儀五	阜陽縣商會主席	立煌縣	卅一年二月廿六日	社22212 43336	
浙江省	廿九年四月廿六日	13	金潤泉	杭州市商會主席	永康縣	廿九年十二月廿三日	福沓9413	
河南省	卅一年一月卅日	78	孔紹周	許昌商會主席	魯山縣	卅一年二月廿三日	社42004	
貴州省	卅一年十一月四日	44	陳職民	貴陽商會主席	貴陽	卅一年一月十六日	社40024	
陝西省	卅一年十二月廿日	57	韓光琦	興平縣商會主席	西安	卅二年	社47431	
甘肅省	卅一年十月一日	56	賀笑塵	蘭州市商會主席	蘭州	卅二年四月廿日	社45673	
湖南省	卅二年五月二日	153	黃佩石			卅二年十月[illegible]日		
重慶市	民前三成立 卅一年十一月廿五日第二次改組	公會會員一〇四 非公會會員一六	周懋植	重慶藥材輸出業同業公會理事長	重慶市	卅二年二月十九日	社一37489	總登記

社會部公報 第十期

中華民國三十二年七月出版

編輯兼發行者 社會部總務司

訂購辦法

期限	冊數	價目	郵費
三月	一	五元	三角
半年	二	一〇元	六角
全年	四	二〇元	一元二角

附註：本報掛號及寄往國外郵費照加

社會部設立

社會服務處

重慶 貴陽 桂林 衡陽 蘭州 內江 遵義

現有業務

宗旨

發揚服務精神 促進社會事業

改善社會生活 溝通社會文化

生活服務

社會食堂 社會公寓 理髮室 淋浴室

旅居嚮導 代運行李

人事服務

升學輔導 職業介紹 法律顧問 衛生顧問 人事諮詢 零物存放 信件留轉

代售郵票 代收電報 讀寫書信 公用電話

文化服務

圖書館 社交會堂 學術講演會 座談會 民眾學校 書報供應 娛樂室 兒童樂園 體育場 診療所

經濟服務

小本貸款

處址：

重慶社會服務處 重慶兩路口 都郵街 海棠溪（分處）

貴陽社會服務處 貴陽大西門

桂林社會服務處 桂林依仁路

衡陽社會服務處 衡陽道前街

蘭州社會服務處 蘭州勵志路西花園

內江社會服務處 內江交通路

遵義社會服務處 遵義老城

社會部總務司　編

社會部公報

第十一期

重慶：中華民國社會部總務司，民國三十二年（1943）鉛印本

中華民國三十二年七月至九月　第十一期

社會部公報

社會部總務司編印

國父遺像

革命尚未成功

同志仍須努力

國父遺囑

余致力國民革命，凡四十年，其目的在求中國之自由平等，積四十年之經驗，深知欲達到此目的，必須喚起民衆，及聯合世界上以平等待我之民族，共同奮鬥！現在革命尚未成功，凡我同志，務須依照余所著：建國方略，建國大綱，三民主義，及第一次全國代表大會宣言，繼續努力，以求貫澈！最近主張開國民會議，及廢除不平等條約，尤須於最短期間，促其實現！是所至囑。

社會部公報第十一期目錄

法規 附方案

一般行政

組織訓練

社會福利

合作事業

人力動員

命令

府令

部令

公牘

總務類

社會部訓令十三件………………………………………一二四

社會福利類

合作事業類

人力動員類

附錄

社會部公報第十一期

法　規

一般行政

中華民國國民政府組織法第八條第十條第十一條第十二條第十三條第十四條及第十五條修正條文　三十二年九月十五日國民政府修正公佈

第八條　國民政府以左列五院分別行使行政立法司法考試監察五種治權
一　行政院
二　立法院
三　司法院
四　考試院
五　監察院
前項各院得依據法律發布命令

第十條　國民政府設主席一人委員二十四人至三十六人由中國國民黨中央執行委員會選任之

第十一條　國民政府主席為中華民國元首對外代表中華民國

第十二條　國民政府主席為陸海空軍大元帥

第十三條　國民政府主席任期三年連選得連任但於憲法實施後依法當選之總統就任時即行解職
國民政府委員任期同
國民政府主席因故不能視事時由行政院院長代理之

第十四條 國民政府公布法律發布命令由國民政府主席依法署名行之
前項公布之法律發布之命令由關係院院長副署之

第十五條 國民政府五院院長副院長由國民政府主席於國民政府委員中提請中國國民黨中央執行委員會選任之
國民政府主席對中國國民黨中央執行委員會負責五院院長對國民政府主席負責

國民政府頒發印信條例

三十二年七月六日國民政府修正公佈

第一條 國民政府頒發印信依本條例行之但另有規定者依其規定

第二條 印信之種類如左

一 印 有永久性之機關其長官爲薦任職以上者用之

二 關防 屬於臨時性或特殊性之機關其長官爲薦任職以上者用之

三、鈐記 長官爲委任職之機關用之

四 官章 薦任職以上之長官用之

第三條 印信之質料及形式如左

一 質料 國民政府及五院之印用銀質國民政府委員會及主席五院院長官章用牙質或銀質長官爲特任簡任薦任職各級機關之印關防官章均用銅質長官爲委任職機關之鈐記用木質

二 形式 印關防鈐記官章均爲直柄式惟牙質官章爲立體式方形

第四條 印信之尺度以命令定之

第五條 印關防由國民政府頒發鈐記各該主管機關依照定式刊發
經國民政府頒發印或關防者得頒發官章其未經頒發印或關防而必需應用官章者由各該主管機關依照定式刊發

第六條 本條例自公布日施行

社會部人事室組織規程(補登)

三十二年二月四日國民政府核准

第一條 本規程依人事管理機構設置通則制定之

第二條 本室依人事管理機構設置通則制定之規定定名爲社會部人事室

第三條 本室主任一人薦任受銓敍部部長之指揮監督並承社會部部長之命依法綜理本室事務

第四條　本室分設四股每股設主任科員一人承長官之命分掌各股事務

第五條　本室設科員十二人助理員二十人均委任承長官之命分掌各股事務

第六條　本室得酌設雇員

第七條　第一股掌左列各事項

一　關於有關人事規章之擬訂事項

二　關於考勤之紀錄及獎懲之核擬事項

三　關於考績考成之籌辦事項

四　關於人事管理之建議及改進事項

五　關於不屬於其他各股事項

六　關於長官及主管機關交辦事項

第八條　第二股掌左列各事項

一　關於任免遷調之簽擬事項

二　關於級俸之核議事項

三　關於銓敍案件之查催事項

四　關於長官及主管機關交辦事項

第九條　第三股掌左列各事項

一　關於各種人事登記事項

二　關於各種人事調查事項

三　關於各種人事統計事項

四　關於長官及主管機關交辦事項

第十條　第四股掌左列各事項

一　關於訓練及進修之籌辦事項

二　關於退休及撫卹之簽擬事項

三　關於福利事業之規劃事項

四　關於需用人員依法舉行考試之建議事項

五　關於長官及主管機關交辦事項

第十一條　本室主任由銓敘部依法任用科員助理員由主任遴請銓敘部分別依法任用

第十二條　本室主任得出席本部有關其職掌之各種會議

第十三條　本室辦事細則由本室擬訂呈請銓敘部核定之

第十四條　本規程自呈奉　國民政府核准之日施行

社會部人事室辦事細則（補登）

三十二年五月十一日銓敘部核准

第一條　本細則依社會部人事室組織規程訂定之

第二條　本室職員執行職務依本細則之規定

第三條　本室事務由室主任分配所屬職員辦理之

第四條　本室遇有特殊事項須嚴守祕密者室主任得臨時指派職員辦理之

第五條　本室人事事項由主任秉承本部主管長官指示依法呈報銓敘部辦理

第六條　本室重要事項應由主任按其性質分別向本部主管長官或銓敘部請示辦理

第七條　本室收入文件由收發人員摘由編號註明收到年月日時附件件數登入收文簿送室主任核閱後分交主管股簽註意見再行分別核轉辦理

第八條　本室辦理文件應查案者得填具調卷單向管卷人員調取閱畢送還仍將原調卷單收回

第九條　本室文件經承辦職員辦竣後由各股主任科員核轉室主任核閱判行但有重要性者由各股主任科員擬稿逕呈　室主任核閱判行前項文件屬於部稿者依部定手續辦理

第十條　本室辦理文件如與本部各部份有關聯性質者應會核辦理之

第十一條　本室發出文件由收發人員摘由編號註明年月日時附件數登入發文簿分別送發後將稿件連同來文歸檔編存　如屬於本部之文件依部定發文歸檔手續辦理

第十二條　本室分設四股辦事

第十三條　第一股職掌如左

一　關於人事規章之擬訂事項

二　關於考勤之記錄及獎懲之核擬事項

三　關於考績考成之籌辦事項
四　關於人事管理之建項事議及改進
五　關於不屬於其他各股事項
六　關於長官及主管機關交辦事項

第十四條　第二股職掌如左
一　關於任免遷調之簽擬事項
二　關於敍俸之核議事項
三　關於銓敍案件之查催事項
四　關於長官及主管機關交辦事項

第十五條　第三股職掌如左
一　關於各種人事登記事項
二　關於各種人事調查事項
三　關於各種人事統計事項
四　關於長官及主管機關交辦事項

第十六條　第四股職掌如左
一　關於訓練及進修之籌辦事項
二　關於退休及撫卹之簽擬事項
三　關於福利之規劃事項
四　關於需用人員依法舉行考試之建議事項
五　關於長官及主管機關交辦事項

第十七條　本室行文除依人事管理機構辦事規則第四條之規定外對銓敍部用呈對中央及地方各級人事機構用函

第十八條　本室對外行文以左列事項為限
一　呈報銓敍部事項
二　對銓敍部各司處商承事項
三　對本部所屬機關主辦人事機構指示查報事項

四　對各機關主辦人事機構相互咨詢事項

第十九條　本室辦公時間依本部之規定必要時得延長之

第二十條　本室職員請假辦法及其他有關服務之各事項悉依部定規則辦理

第二十一條　本室每三個月應繕具工作報告連同本部人員任免清單及本部設計考核委員會之人事考核部份報告呈送銓敘部查核

第二十二條　本室爲謀各股間工作之聯繫與提高行政之效率起見定每週舉行會議一次其規則另定之

第二十三條　本細則如有未盡事宜得隨時修改呈報銓敘部備案

第二十四條　本細則自呈奉銓敘部核准之日施行

社會部合作事業管理局人事室組織規程

三十二年七月七日國民政府核准

第一條　本規程依人事管理機構設置通則制定之

第二條　本室依人事管理機構設置通則第二條之規定定名爲社會部合作事業管理局人事室

第三條　本室設主任一人薦任受銓敘部部長之指揮監督並承社會部合作事業管理局局長之命依法綜理本室事務

第四條　本室分設四股每股設主任科員一人承長官之命分掌各股事務

第五條　本室設科員四人至六人助理員二人至四人均委任承長官之命分理各股事務

第六條　本室得酌設雇員辦理繕寫及指定事務

第七條　第一股掌左列各事項

1 關於任免遷調之簽擬事項

2 關於級俸之擬議事項

3 關於銓敘案件之查催事項

4 關於不屬其他各股事項

第八條　第二股掌左列各事項

1 關於考勤之紀錄事項

2 關於獎懲之核擬事項

3 關於考績考成之彙辦事項

4關於所屬機關人事管理工作之分配事項

第九條　第三股掌左列各事項

1關於訓練進修事項

2關於需用人員依法舉行考試之建議事項

3關於各種人事登記及表報事項

4關於人事調查及統計事項

第十條　第四股掌左列各事項

1關於福利事業之規畫事項

2關於退休撫卹之審議事項

3關於人事規章之擬訂事項

4關於人事管理之建議及改進事項

第十一條　本室主任由銓敍部依法任用科員助理員由主任擬請銓敍部分別依法任用

第十二條　本室主任得出席本局有關其職掌之各種會議

第十三條　本室辦事細則由本室擬訂呈請銓敍部核定之

第十四條　本規程自呈奉　國民政府核准之日施行

充實國民月會辦法

三十二年九月七日國民政府令頒

一　各機關團體舉行國民月會除原有規定外依照本辦法辦理之

二　國民月會開會儀式於報告時事後加入下列三項

(1)法令講解　就一個月來現行重要法令予以簡明講解

(2)工作講評　就各機關團體內個人或集體之工作情形予以講評

(3)生活檢討　就各機關團體內個人或集體實踐戰時生活或奉行新生活運動情形予以檢討

三　每次國民月會應舉行競賽其辦法如次

(1)各機關團體每月應就遵節服從勤儉清潔等項之中選定節目訂立標準舉行有關業務競賽

(2)競賽之評判考核獎懲由各機關團體負責人指定人員督導辦理其評判結果於下次舉行月會時報告並呈報上級機關備查

四　本辦法自公布之日施行

雇員支薪考成規則（三十二年九月二十日國民政府令公布）

第一條　中央及地方各機關雇員支薪及考成除法令別有規定外依本規則行之

第二條　初用雇員之月薪依附表之規定以五十元為限但在非常時期得增至八十元

第三條　雇員服務僱滿半年得考成一次於六月底及十二月底行之考成表式由銓敍部定之

第四條　雇員考成按其工作情形評定各項成績分為五等八十分以上者為一等七十分以上者為二等六十分以上者為三等五十分以上者為四等不滿五十分者為五等

各項分數之分配及評分標準準用公務員考績法規之規定辦理但各機關如有實際需要得另定評分標準報銓敍機關備案

第五條　考成獎懲依左列之規定

甲　一等加給十元以下之月薪

乙　二等加給五元以下之月薪

丙　三等仍支原薪

丁　四等減薪

戊　五等解雇

前項列一等人員不得超過該機關參加考成雇員人數二分之一

第六條　雇員薪額已達八十元者年終考成列一等或二等者給與年功加薪一等每月十元二等每月五元因年功加薪所增之薪額不得超過一百六十元

前項給與年功加薪之雇員改任他機關雇用時其已得之年功加薪除經原機關同意調用者外不得繼續給與

第七條　由雇員升任委任職人員除依法敍級外其年功加薪以在本機關升任或經原機關同意調用者為限得繼續給與

前項超過所敍級俸之年功加薪應俟進至級與俸相當時再予以級俸並進

第八條　雇員考成結果應造具清冊彙送銓敍機關備案

前項清冊格式由銓敍部定之

第九條　本規則未規定事項準用公務員考績法規之規定

第十條　本規則自公布日施行

雇員薪給表

薪級	俸額
一	80
二	75
三	70
四	65
五	60
六	55
七	50

各機關請領印信及繳銷舊印辦法

三十二年九月三十日國民政府通飭施行

一　各機關請領印信應由各該上級主管機關擬具印文層轉　國民政府核定飭交文官處印鑄局鑄發不得越級呈請

二　各機關領取印信應向原呈請機關領取

三　各機關領到印或預防於啓用時應將四角所附小柱鋸去拓具印模並將啓用日期呈由各該上級主管機關層轉　國民政府備查

四　印信尺度依附圖之規定

五　各機關繳銷舊印應截去一角其他部份不得毀損並應封固呈由各該上級主管機關層轉　國民政府飭交文官處印鑄局銷燬

六　各機關印信如已模糊必須更換時應將原用印信拓具印模呈由各該上級主管機關層轉　國民政府核定之

附印信尺度圖式

特任職印式

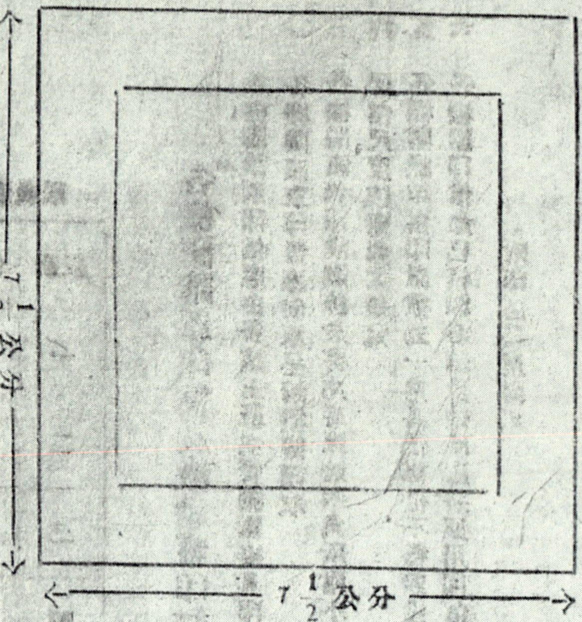

特任職關防式

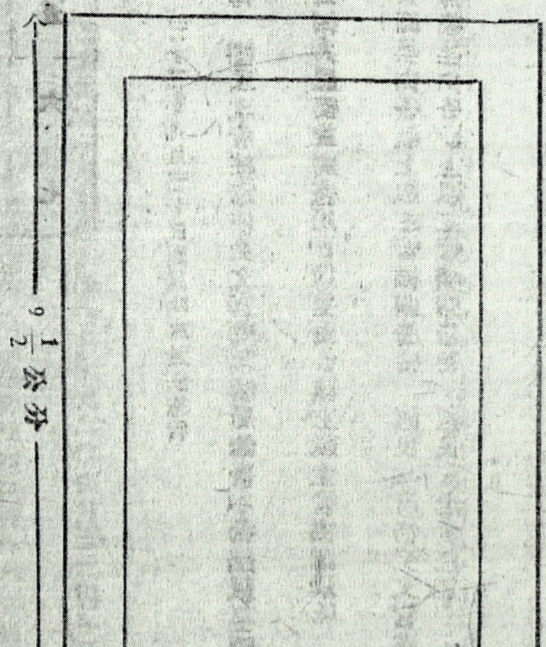

簡任職印式

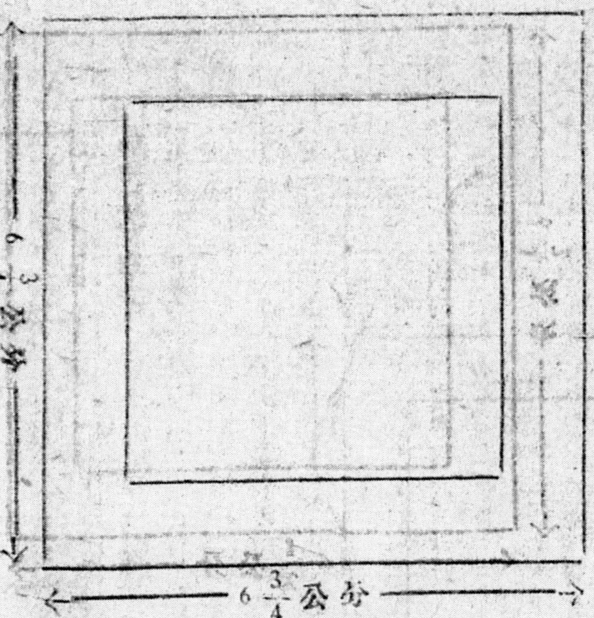

簡任職關防式

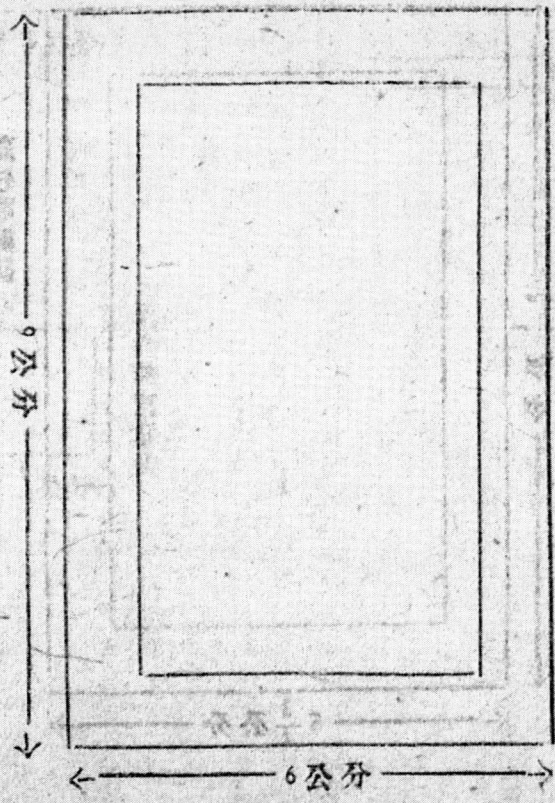

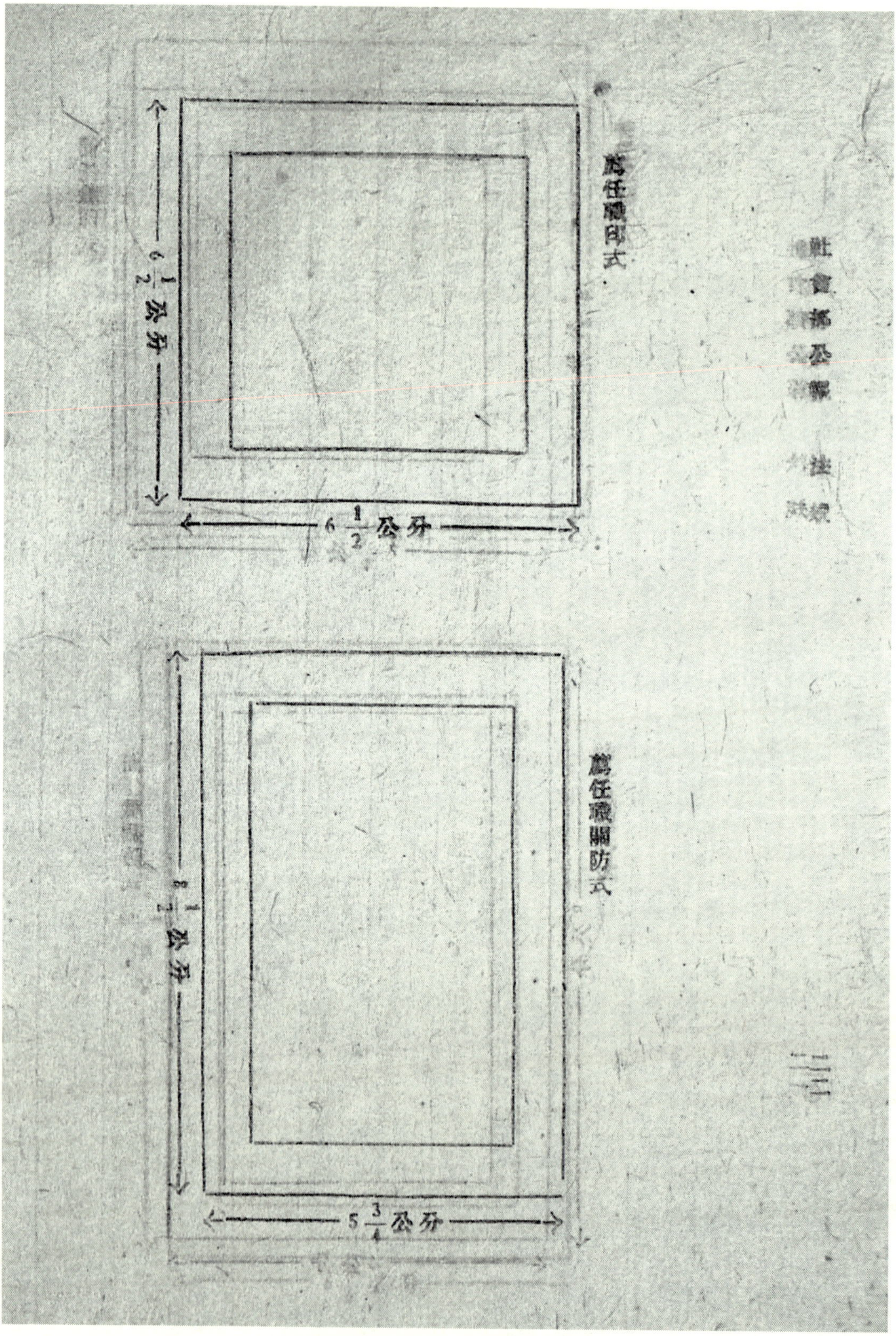
社會部公報 法規
爲任職印式
6 1/2 公分
6 1/2 公分
爲任職關防式
8 1/2 公分
5 3/4 公分
二三

委任職鈐記式

$5\frac{1}{7}$公分

$5\frac{1}{7}$公分

特任職官章式

2公分

2公分

簡任職官章式

$1\frac{3}{4}$公分

$1\frac{3}{4}$公分

薦任職官章式

$1\frac{1}{2}$公分

$1\frac{1}{2}$公分

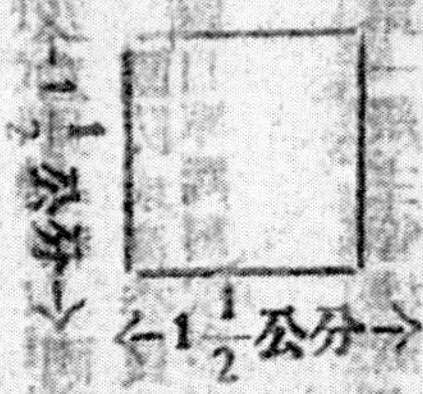

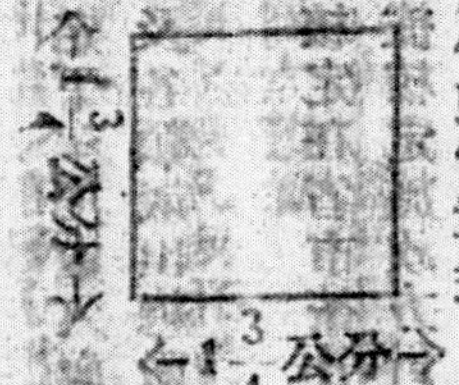

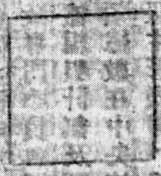

戰時國家總預算編審辦法

國防最高委員會第一四次會議修正
三十二年七月十五日國民政府令頒

一　戰時國家總預算之編審依本辦法辦理

二　行政院會同主計處於七月底以前將可供決定下年度歲入歲出概算總數之資料及意見呈報　國防最高委員會交由中央設計局及財政專門委員會擬定下年度施政方針及各類歲出總數於八月底以前提請　國防最高委員會核定送由政府發交各主管機關依據編製計劃及預算
前項分類總數在中央按各第二級機關單位核定在省市按各省市核定

三　各第二級主管機關（包括省及院轄市）依據核定施政方針及各類歲出總數暨第一級主管機關之指示編具其所主管之計劃及預算於十月十日以前以二份送主計處同時以一份送第一級主管機關以三份送中央設計局並以歲入預算一份送達財政部

四　各類支出得按常時部份預算總額酌列百分之五之第一預備金

五　各機關公務員生活補助費及公糧（包括公糧實物折價及米貸金）均預為估計列入各機關歲出臨時預算其估計標準由行政院會同主計處商定呈准　國防最高委員會辦理

六　第一級主管機關應將其所屬各第二級機關（包括省及院轄市）單位之預算及計劃分類審定隨時分送主計處及中央設計局至遲以十月二十五日為限

七　自治財政在總預算內僅列分配縣市之各項國稅不再列補助支出

八　各機關及其主管範圍內本年度應有之一切收入均應估計編入預算

九　財政部應將各機關所送歲入預算連同本部主管歲入預算編製歲入總預算於九月二十五日以前送達主計處及中央設計局

十　主計處應將各類歲入歲出預算彙核整理編成國家總預算於十一月十日以前呈請　國民政府轉送國防最高委員會　中央設計局應於十一月十日以前整理各類計劃連同審查意見呈報　國防最高委員會

十一　國防最高委員會以五院院長參謀總長財政部長組織總預算審議委員會審議總預算並先付財政專門委員會審查財政專門委員會應會同中央設計局依據計劃審查預算審查時通知主計處行政院財政部各派代表參加並得通知各主管機關派代表列席

十二　國防最高委員會於十二月十日以前核定總預算送　國民政府發交立法院審議

十三　立法院於十二月三十一日以前議決總預算呈請　國民政府施行

十四　各機關編製分配預算時應附編實物數量表人工數目表連同分配預算送達主計處審計部備核

十五　營業預算編審辦法另定之

十六　預算法之規定與本辦法不抵觸者仍適用之

戰時各機關年度工作計劃編造辦法

（國防最高委員會第一一六次常會通過　三十二年九月十日國民政府令頒）

一　戰時各機關年度工作計劃之編造依本辦法辦理

二　本辦法所訂之程序及時限係遵照　國防最高委員會第一百十四次常務會議核定之「戰時國家總預算編審辦法」訂定

三　中央設計局每年應擬訂下年度國家施政方針呈請　國防最高委員會核定於八月底以前發交各機關依據編製年度工作計劃

四　中央各第二級主管機關（包括各省政府及院轄各市政府）依據核定施政方針及各類歲出總數暨第一級主管機關之指示編造下年度工作計劃連同預算至遲須於十月十日以前送請第一級主管機關審核並應同時以三份送中央設計局二份送主計處

五　各機關應就擬辦工作中依其輕重緩急列舉若干項計劃為本機關中心工作其列舉之主要標準約如左

（甲）中央特別決定應行舉辦者

（乙）總裁特別交辦者

（丙）本機關長官體察過去辦理成績或目前實際需要認為絕對必須舉辦者

六　第一級主管機關應將所屬各機關之年度工作計劃及預算分類彙定各檢一份連同審查意見隨時分送中央設計局及主計處至遲須於十月二十五日以前辦理完竣

七　中央設計局應將各機關年度工作計劃參照預算及第一級主管機關審查意見予以審核呈報　國防最高委員會須於十一月十日以前辦理完竣

八　各機關年度工作計劃及中央設計局審核意見由　國防最高委員會依照戰時國家總預算編審辦法第十一條之規定發交財政專門委員會會同中央設計局擬以審核各機關之預算

九　各機關年度工作計劃經　國防最高委員會核定後凡應修正整理者應由原編機關自奉到核定案之日起兩星期內遵照核定案指示予以修正整理依照實施

十　年度工作計劃經核定後如有變更或有臨時增擬之計劃仍應依照本辦法之有關規定將變更或增擬之計劃送由第一級主管機關核轉中央設計局審定呈准後再行實施其涉及經費者並應附送預算

十一　前項變更或增擬之計劃確有特殊情形不得不先予變更或執行者應於一個月內將該項計劃與預算補送中央設計局審核並通知黨政工作考核委員會遵照本辦法第八條之規定

各機關年度工作計劃程式應照本辦法附件之所定

（附）各機關年度工作計劃程式

一　各機關編造年度工作計劃應依照程式編製

二　各機關編造年度工作計劃應標名爲「某機關某年度工作計劃」

三　計劃內容規定如左

（一）目錄

（二）計劃提要　每一計劃應將計劃要點及本計劃經費總數以文字摘要敍述其所需經費不能分別擬列者僅敍述計劃要點

（三）計劃正文

1　工作計劃應參照現行預算編造程式將計劃分門別類列爲若干項目並應盡可能按其所涉範圍及排列次序與相關預算科目符合以便對照其所需經費不能分別擬列者可斟酌編製

每一項計劃應列述左列各點

（1）過去辦理情形或創辦緣起

（2）本年度實施限度

（3）本年度實施方法

（4）本年度所需經費與物料之數量及其來源（其所需經費不能分別擬列者從略）

3　中心工作項目應標註星號

（四）附件

1　工作計劃簡明表　表式適用國防最高委員會頒行之黨政各機關工作計劃及概算配合編造通則附表三（表式附）惟（1）如係新辦事業則「完成限度」「完成目的數字」兩欄可略（2）如事業對象不同則「目的數字」及「經費」「人員」各欄均得變通繕寫但仍以詳明扼要爲主

2　工作分月進度表　依照國防最高委員會規定程式擬訂

3　其他（與計劃有關之圖表法令及其他可供參考之資料均可附列）

四　計劃擬製照左列規定

（一）紙張照中式標準計算每頁分兩面每面長爲市尺八寸寬爲六寸

（二）除圖表外每篇格式以每面十二行（由右至左）每行二十五字為原則並加新標點

（三）裝訂辦法照現行中文書籍通例

（四）封面除標明計劃名稱外註明冊數號碼及編製年月日

附工作計劃簡明表式

機關　年度工作計劃簡明表

計劃名稱	全計劃限度	完成限度	完成目的數字	本年計劃限度	本年目的數字	上年所備條件		本年所備條件		增（減）	審查意見
						經費		經費			
						人員		人員			
計劃名稱	全計劃限度	完成限度	完成目的數字	本年計劃限度	本年目的數字	上年所備條件		本年所備條件		增（減）	審查意見
						經費		經費			
						人員		人員			
計劃名稱	全計劃限度	完成限度	完成目的數字	本年計劃限度	本年目的數字	上年所備條件		本年所備條件		增（減）	審查意見
						經費		經費			
						人員		人員			

附註一　例如修築川康公路五百公里全年運輸量六萬噸則表內「計劃名稱」為修築川康公路「計劃限度」為五百公里「目的數字」為運輸量六萬噸（無目的數字者可免）

二　完成限度及完成目的數字以全年度計算填寫時可分本年已完成者及預料本年可完成者

三　假定某某年度爲三十三年度則表內所稱本年爲三十三年度所稱上年爲三十二年度

三十三年度各機關公務員生活補助費及公糧（包括實物及貸金）編列預算辦法

國防最高委員會第一一八次常會通過
三十二年九月六日行政院祕書處函檢送

第一條　本辦法依據戰時國家總預算編審辦法第五項規定訂定之

第二條　各機關職員生活補助費及員工公糧（包括實物及代金）支給辦法依照公務員戰時生活補助辦法之規定

第三條　各機關職員生活補助費及員工公糧除各軍事機關學校及部隊等應在軍務費預算內統籌省級機關學校及團警等應在省預算內統籌列入建設事業專款預算內之事業機關應在建設事業費預算內統籌公有營業機關應在營業預算內統籌外其各機關應在國家總預算普通歲出經常門臨時部份按各該機關單位分別編列

第四條　原屬國家總預算所列統籌科目內之各機關應由各該第二級主管機關查明覈實分別單位編列

第五條　行政院會同主計處依左列之規定先行分別估計三十三年度各費類生活補助費及公糧歲出概數并各按其總數加列總準備金呈報　國防最高委員會供決定歲出總數之參考

一　各費類生活補助費　依據財政部實發三十二年七月份數目估計並按其總數加列百分之五十爲「生活補助費總準備金」

二　各費類之公糧　依據三十二年七月份核發數量并參照財政部實發同月份生活補助費人數暨按職員四人雇用工役一人規定以每人每月職員平均食米九市斗工役食米六市斗估計數量以六成照規定三十三年度公糧實物折價標準以四成按核定三十二年度七至十二月份全國各地區公糧貸金標準之平均數折算列入並按其總數加列百分之三十爲「公糧總準備金」

第六條　各機關依左列之規定編造三十三年度生活補助費及公糧歲出預算送由各該上級主管機關匯轉第二級主管機關於十月十日以前以五份送達主計處彙編并以二份送達行政院（附格式）

一　生活補助費　依據三十二年六月份調整標準并按其三十二年度歲出分配預算所列職員人數覈實編造

二　公糧　依據三十二年度歲出分配預算所列員工人數職員依照年齡分別每人每月食米一市石八市斗六市斗工役一律六市斗並按核定各該機關所在地區三十二年七月至十二月代金標準折合國幣覈實編造

（四）[illegible]

（三）[illegible]

前項生活補助費及公糧預算之員工人數如各機關員額經核定裁減者應按各該機關核定裁減人數編列如各機關係在

（二）[illegible]

十二年度內新設其經費預算尚未確定或因其他特殊原因無三十二年度歲出分配預算可資依據者得按各該機關實有人數編列

第七條　各機關生活補助費及公糧歲出預算由各第二級主管機關限期分飭造送如未能按期送達者應查明代編

第八條　主計處於彙編國家總預算時應將各費類所列各機關生活補助費及公糧數目查明核計如較核定概數有增減時在「生活補助費總準備金」及「公糧總準備金」項下分別調整之

第九條　各機關生活補助費及公糧應由主計處就原送預算彙編附表隨同國家總預算轉送　國防最高委員會同時各以附表一份分送財政部糧食部俟核定後再由主計處遵照核定案整理將整理情形分別函達行政院財政部糧食部并將整理後附表一份送審計部

第十條　各機關公糧預算應在規定範圍內按實際需要將擬領實物數量及代金數額分別列明仍由糧食部於國家總預算核定後遵照核定案按各地區糧食供應情形會同財政部迅即統籌商定配發實物或代金數目其實物或代金分別由糧食財政兩部分月或分期撥付并將配發情形呈報行政院

第十一條　前項配發各機關代金數目經商定後如有特殊情形原定配發實物之公糧須改發代金者由糧食部核發

第十二條　各機關生活補助費及公糧代金本年度內因改訂標準支出增加時由財政部遵照改訂標準分別計算補足差額在「生活補助費總準備金」及「公糧總準備金」項下支撥

第十三條　各機關在年度內因組織法修訂人員有增減時得重編預算呈請追加或追減其追加或追減數目分別在「生活補助費總準備金」及「公糧總準備金」項下調整之

第十四條　凡有機關裁併者應由該管上級機關分別通知財政部糧食部停發其生活補助費及公糧並追減預算其追減之數分別歸入「生活補助費總準備金」及公糧總準備金」

第十五條　「生活補助費總準備金」及「公糧總準備金」預算在年度內如發生不足時由財政部查明呈請頒發緊急命令并辦理追加預算

第十六條　各機關生活補助費及公糧凡未列入預算者概不發給

第十七條　各機關生活補助費及公糧絕對不得流用所有節餘應依法分別繳還

第十八條　各機關生活補助費及公糧應由各該機關主管長官負責依照規定嚴實發給並由該管監察機關切實監督隨時抽查

第十九條　中央黨部三民主義青年團中央團部及其所屬機關生活補助及公糧應由中央黨部中央團部依照本辦法規定分別機關單位編造三十三年度生活補助費及公糧歲出預算送由主計處彙編轉送存核定國家總預算內除將在陪都及疏建區者

分別機關預算依核列預算外其餘各地黨部團部應於各該歲類支出款內各該黨部團部分別生活補助費及公糧支出科目

第十九條　其標準暨手續由中央黨部中央團部與財政部糧食部商定之

第二十條　本辦法自核准之日施行

中華民國三十三年度國家歲出預算書

歲出經常門臨時部份

甲表二一級以上機關彙編

科目			機關所在地	人數		基本生活補助費	薪俸加成數	公糧(實物)抵價數	代金數	合計
款	項	目		職員	公役					

中華民國三十三年度國家歲出預算書

歲出經常門臨時部份
乙表三四 級機關編造

機關所在地　省　市　縣　街

分配預算俸給費月支數　本機關　附屬機關

職員實有人數　本機關　附屬機關

公役人數　本機關　附屬機關

按照區域規定應領　基本生活補助費　薪俸加成數　食米每斗價款

款	項	目	科目	預算數 月支數	預算數 年計數	備攷
1			某機關及所屬分支機關生活補助費公糧代金臨時費			
	1		本機關			
		1	應領基本生活補助費			
		2	應領薪俸加成數			
		3	應需公糧(實物)數	食米　斗 折合國幣		
		4	應領米代金數	食米　斗 折合國幣		
	2		附屬機關（或分支機關）			
		1	應領基本生活補助費			
		2	應領薪俸加成數			
		3	應需公糧(實物)數			
		4	應領米代金數			

一 本預算之編造以國家總預算內有獨立科目之三四級機關單位編造之
二 「每月應領基本生活補助費」按照本辦法第六條規定人數填入
三 「每月應領薪俸加成數」按各機關人員實領薪俸額數填列並在備攷欄註明五六八〇元六〇〇元四〇〇元三〇〇元二四〇元二〇〇元一六〇元一〇〇元五〇元者等各若干人
四 「每月應領公糧數」按各機關員工實領食米人數填列並在備考欄註明在任所眷屬需要實物者應領食米二斗四斗六斗八斗一石者各若干人
五 「每月應領米代金數」按各機關實領米代金人數填列並在備考欄註明不在任所眷屬需要代金者計二斗四斗六斗八斗各若干人
六 附屬機關為分辦機關應併填列（如分局幾某某分局等分處幾某某分處等分所幾某某分所等分校幾第幾分校處等或附中附小等）需說明「一二三四五區」其所屬分支機關較多而區域不相同者另加附表註明（如田賦機關稅務機關等）

公務員戰時生活補助辦法

三十三年九月二十七日國防最高委員會第一二〇次常務會議修正

第一章　通則

第一條　中央政府各機關及其附屬機關（以下簡稱各機關）公務員戰時生活之補助依本辦法之規定

第二條　本辦法所稱之公務員係指各機關依照法定員額實際執行職務之職員及雇員

第三條　凡非依照法令成立之中央機關或附屬機關其服務人員不得享受本辦法所規定之補助

各機關享受本辦法所定補助之人員總人數不得超過俸給費預算所列之人數

第二章　食米及代金

第四條　公務員得經由服務機關向各該地之糧食供應機關領取食米每人每月准領之數量依下列之規定：

甲　年在二十五歲以下者准領六市斗

乙　年在年在二十六歲至三十歲者准領八市斗

丙　年在三十一歲以上者准領一市石

前項規定應領之食米還按本人及其住在任所之眷屬人數照每人每月食米二市斗（小口減半）核實配發其應領部份經過某人口所需食米數量者超過部份應發代金

第五條　前條之公務員年齡應以各機關之職員錄或國民身份證所載年齡爲準（亦得以其他合法證明爲根據）並按歷年計算不按足年計算

第六條　公務員兼在他機關服務者不得在兩機關同時請領食米

第七條　未辦食米供應之地方或公務員自願時得發給食米代金

第八條　代金每市斗之金額依照糧食部查報各地糧食價分區計算之每半年得更改一次由行政院核定

前項糧價應由糧食主管機關逐月呈報行政院

第九條　食米或代金之核發應由各機關之主管長官依照本辦法第四至第七各條之規定切實負責審核辦理

第三章　戰時生活補助費

第十條　公務員戰時生活補助費分基本數薪俸加成數兩種由國防最高委員會根據各地之物價指數及公務員生活費指數分區核定之

前項指數由國民政府主計處統計局逐月呈送

第十一條　前條之基本數及薪俸加成數每四個月更改一次並以每年二六十月爲更改期

第四章　其他補助

第十二條　各機關應籌設公共食堂其所需之燃料水電工資等費由各機關另行供給之

第十三條　公務員參加公共食堂膳食除應將所領之食米每人二市斗歸公支配外其所需之菜蔬費用並應自行負担

第十四條　各機關得籌設公共宿舍供給職員居住所收宿費每人每月不得超過十元

第十五條　各機關應籌設合作社供給職員所需日用必需品

第十六條　公務員及其眷屬（連同本身以五人計）所需食油燃料政府應廉價定量供給由各機關合作社承辦或由公務員憑證逕向平價機關購取之

第十七條　各機關應單獨或聯合設立醫務所並診療室所需藥品由政府酌予分配

公務員患重病或急病非住院不能治療者其住院期內醫藥手術等費由機關補助三分之二作正開支

第十八條　公務員或其配偶生育子女由機關支給生育補助費二千元作正開支前項補助費如夫妻同爲公務員時應由其妻請領

第五章　罰則

第十九條　公務員請領食米或代金時如有謊報重領或冒領情事應由各機關主管長官按其情節之輕重作下列之處罰

一　停發食米（或代金）暨戰時生活補助費六個月

二　撤職查辦依法治罪

第二十條　各機關對所屬人員請領食米（或代金）數量之審核除應由各主官負責外並須責成其所屬部份主管人員層層負責不得有前條情事之發生各機關科與科同等組織爲單位每一單位人員互負保證責任單位首長負覆查責任每一單位如有第十九條之情事發生除該單位之首長應受記過及罰俸處分外並得停發該單位所有人員食米或代金一個月一司或一署處之內有一單位發生該項情事時其主官應受記過罰俸處分

第六章　附則

第二十一條　各機關之工役每人每月發給食米六市斗

第二十二條　各機關應供給工役膳宿除得將其所領之食米二市斗歸公支配外不另收費

第二十三條　各機關報領食米或代金之公役人數不得超過機關公役限制及登記辦法之規定

第二十四條　各機關如訂有與本辦法有關之辦法與本辦法抵觸或不符者其上級機關應負責糾正之

第二十五條　中央黨政機關及中央黨部直屬機關人員生活之補助由中央黨部參酌本辦法擬定呈國防最防最高委員會核准施行

第二十六條　地方機關公務員戰時生活補助辦法得由地方政府酌照本辦法之規定各依其財政情形生活狀況訂定之

第二十七條　國立學校教職員生活補助辦法得酌照本辦法由教育主管機關擬訂呈請國防最高委員會核准施行

第二十八條　本辦法施行細則由行政院擬訂呈國防最高委員會備案

第二十九條　本辦法自三十二年十月一日修正施行

社會部員工保險籌備委員會組織規程

三十二年七月十日部令公布

第一條　本部爲安定員工生活增進工作效率起見特設員工保險籌辦本部員工保險事宜（以下簡稱本委員會）

第二條　本委員會設委員七人至十一人由部長就本部職員中遴派就中並指定一人爲主任委員綜理一切事務

第三條　本委員會設秘書一人由部長指派之幷得因事務之需要請准調用其他辦事人員

第四條　本委員會開會由主任委員召集之所有議決事項須報經核准後施行

第五條　本委員會工作人員均爲義務職

第六條　本規程自呈奉部長核准之日施行

社會部員工保險實施方案

三十二年七月十日部令公佈

壹　實施目的

一　安定員工生活增進員工福利

二　保障員工健康增加工作效率

貳　實施原則

一　採用強制保險辦法

二　概不檢驗體格

三　由本部自行辦理

叁　實施範圍

一　凡奉到正式任命並經常在部辦公之職員均為本部員工保險之被保險人（俟部內職員辦有成效後再行推及外聘工作人員）

二　凡經過正式僱用手續並長期留部工作之工役警衛均為本部員工保險之被保險人

三　本部員工保險之保險事故暫定為疾病負傷養老生育死亡及家屬喪葬六種

前項負傷包括戰時意外傷害在內家屬喪葬暫限於夫或妻之死亡

肆　實施事項

甲　關於保險費之計算方法

保險費之計算以各被保險人（員工）所得報酬乘保險費率

前項報酬包括正額薪俸（或工餉）津貼補助費及實物給付

乙　關於保險費率之規定

保險費率暫定為所得報酬百分之二

丙　關於保險費負責之規定

一　保險費之負擔由本部及其本人各分擔二分之一按月計算之

二　本部應代各被保險人分擔之保險費在本部預算第一預備金項下支付

（說明）本部為各員工分担二分一之保險費係遵照行政院三十二年三月三十日仁伍字第七三二八號訓令之規定

丁　關於保險費保管之規定

一　本部員工保險之經費會計獨立
二　經費之保管另設社會部員工保險基金保管委員會保管之（組織規程另定）

戊　關於繳納保費之規定

一　保險費之繳納採月付辦法
二　保險費之繳納由總務司在各被保人（員工）之月薪或津貼內按月代扣其應繳部份連同本部應擔部份於每月終按期消繳本部員工保險基金保管委員會（辦法另訂）

己　關於保險給付之規定

一　員工保險之保險給付爲疾病給付負傷給付死亡給付生育給付家屬給付及養老金六種
二　被保險人患病不能工作時得請領疾病給付其給付方法如左
子　由部醫診療（本部員工保險實施時擬請充實部內醫療設備）
丑　送本部重慶實驗救濟院醫療所或重慶社會服務處義診療（詳細辦法另定）
寅　補助醫藥（詳細辦法另定）
卯　發給疾病療養津貼（詳細辦法另定）
三　被保險人身負重傷或遭遇戰時意外傷害不能工作時得請領負傷給付其給付方法與前條疾病給付者同
四　被保險人於死亡時得請領死亡給付其給與方法如左
子　發給殮葬費其金額爲其一年所得報酬十分之一
丑　對於被保險人之遺族發給遺族津貼凡加入員工保險滿一年者發給一年所得報酬十分之一滿二年者十分之二滿三年者十分之三滿四年者十分之四滿五年以上者十分之五
五　被保險人之配偶死亡時得請領家屬殮葬費其給與方法如左
發給家屬殮葬費其金額爲被保險人一年所得報酬二十分之一但須在部任職一年以上而有確實證明書始有請領權
六　被保險人之妻或其本人（女員工）於生產時得請領生育給付其給與方法如左：
子　送本部重慶實驗救濟院護產所護產（詳細辦法另定）
丑　發給生育津貼（辦法另定）
寅　發給哺乳津貼（辦法另定）
七　被保險人加入本部員工保險滿十年而年滿六十歲不能工作時得於退休前三個月內申請養老金其計算方法如左表

社會部員工養老金額計算表

服務年數	年齡	月給百分比	備註
服務滿十年	年滿六十歲	月給百分之五十	
服務滿十一年	年滿六十歲	月給百分之五十二	
服務滿十二年	年滿六十歲	月給百分之五十四	
服務滿十三年	年滿六十歲	月給百分之五十六	
服務滿十四年	年滿六十歲	月給百分之五十八	
服務滿十五年	年滿六十歲	月給百分之六十	
服務滿十六年	年滿六十歲	月給百分之六十二	
服務滿十七年	年滿六十歲	月給百分之六十四	
服務滿十八年	年滿六十歲	月給百分之六十六	
服務滿十九年	年滿六十歲	月給百分之六十八	
服務滿二十年以上	年滿六十歲	月給百分之七十	

附記（一）本部員工年滿六十歲而工作滿十年以上始得按照表列計算金額申請養老金

（二）養老金額之計算以申請員工最後三個月之平均所得報酬為準

（三）報酬以日計算以某一日份乘三十為其一月應得之報酬

（四）養老金之給與以正額薪俸或薪餉為準其他一切津貼不包括在內

庚 關於入保與停保之規定

子 關於入保者

一 本部員工保險按照規則入保之規定凡新進員工應於正式奉到任命之次月一日以前填具申請書辦理入保手續

二 新進員工辦妥入保手續正式加入後即有保險給付請求權

三 正式加入員工保險之新進員工其保險費率按照規定費率核算之

丑 關於停保及退保者

一 本部員工如有離職情事應於呈請辭職時附簽呈請停保

二　本部員工如有革職免職情事其入保資格亦同時取銷

三　停保或退保後其保險效力亦同時停止

辛　關於罰則之規定

子　被保險人有左列情形之一者不給與保險給付並呈請予以相當之處罰

一　故意使發生保險事故者

二　因自己故意之犯罪行爲致發生保險事故者

三　因毆鬥或沉醉致生病負傷者

四　以詐欺或其他不正當行爲意圖冒領保險給付者

五　無正當理由拒絕醫師之診斷或指示者

丑　被保險人有左列情形之一時在其期間內發生保險事故不給與保險給付

一　入免費之公共醫院療養所或其他救濟設施時

二　入禁戒感化監護之處所時

三　被處拘役徒刑在執行中時

壬　關於籌備事項之規定

在部內組織籌備委員會負責籌備

附則

一　本方案如有未盡事宜另以命令補充之

二　本方案自呈奉　部長核定後施行

社會部對附屬機關實施攷核辦法

（三十二年八月三十日部長核准）

一　本部附屬機關之考核工作應依遵「分級負責」「分級負責」之原則切實辦理

二　「勞動」「合作」兩局爲本部之業務主管單位其本身之設計考核應統一於本部設計考核委員會仍各設置設計考核機關辦理各該局及所屬機關之設計考核事宜

三　本部直轄機關應各指定高級主管人員一人或二人主辦設計考核事宜經常與本部設計考核委員會取得密切聯繫并受本部設計考核委員會之指導

四　對本部直轄機關應行考核之事項如左

一　工作進度之實施情形及其成效

二　人事與工作之配合情形

三　經費支用與工作之配合情形

四　其他奉交考核事項

五　本部設計考核委員會對直轄機關之考核方式如左

甲　書面考核　各直轄機關應按照限期呈送工作報表本部設計考核委員會根據報表及主管單位核簽意見考核之

1每月或每季報告表（工作進度及人事經費等報表）限月終或季終半個月內呈送

2年度總報告表（包括工作人事經費）限年度終了後一個月內呈送

各直轄機關適用報表之種類及格式由主管單位會同本部設計考核委員會就原製發之各項報表重加檢討分別予以

本部對直轄機關之視導報告及專案報告應視為考核之重要資料

乙　實施考核　必要時得指派人員實地考核

六　各直轄機關工作進度之實施及經費支付情形每三個月主管單位應在業務檢討會議中提出檢討報告一次并由本部設計考核委員會予以考核與評判

七　勞動合作兩局考核所屬機關工作情形應呈報本部備查每季一次

八　本辦法自核准之日施行

社會部各司分科規則

三十二年九月二十三日部令修正公布

第一條　本部各司掌管事項依本規則之規定分科處理之

第二條　總務司設第一　第二　第三　第四　四科

第三條　總務司第一科掌左列各事項

一　關於宣達部令及對外公佈事項

二　關於典守印信事項

三　關於全部公文書之收發分配及繕寫事項

四　關於全部公文書之保存事項

五 關於不屬各科文稿之撰擬事項

第四條 總務司第二科掌左列各事項

一 關於本部公報之編輯發行事項

二 關於本部法規之彙輯發刊事項

三 關於本部工作報告及大事記之編纂事項

四 關於本部有關刊物之編審及發行事項

五 關於本部圖書儀器之徵集及保管事項

第五條 總務司第三科掌左列各事項

一 關於本部經費之出納事項

二 關於現金之保管事項

三 關於票據及有價證券之保管事項

第六條 總務司第四科掌左列各事項

一 關於本部應用物品之購置及分配事項

二 關於本部官產官物之登記保管及修繕事項

三 關於夫役衛兵之管理事項

四 關於部內公共衛生及消防事項

五 關於附屬機關官產官物之稽核事項

六 關於其他一切庶務事項

第七條 組織訓練司置第一第二第三第四第五第六六科

第八條 組織訓練司第一科掌左列各事項

一 關於農漁團體組織之許可及撤銷事項

二 關於農漁團體之登記及指導監察事項

三 關於農漁團體幹部工作人員之選用考核獎懲事項

四 關於農漁團體相互關係之調整聯繫事項

五 關於農佃爭議及漁業爭議之處理事項

六　關於農漁團體經費之稽核事項
七　關於農漁團體及農村地區狀況之調查事項
八　關於農漁團體目的事業外一般活動之指導監督事項
九　關於其他有關農漁團體之組織事項

第九條　組織訓練司第二科掌左列各事項

一　關於工人團體組織之許可及撤銷事項
二　關於工人團體之登記及指導監督事項
三　關於工人團體幹部工作人員之選用考核獎懲事項
四　關於工人團體相互關係之調整聯繫事項
五　關於工人團體經費之稽核事項
六　關於勞資或勞資糾紛之調解及仲裁事項
七　關於勞資協調之倡導及促進事項
八　關於國際勞工會議之參加事項
九　關於僑外華工之調查及保護事項
十　關於各國僑華工人之調查及管制事項
十一　關於工人團體目的事業外一般活動之指導監督事項
十二　其他有關工人團體之組織事項

第十條　組織訓練司第三科掌左列各事項

一　關於工商業團體組織之許可及撤銷事項
二　關於工商業團體之登記及指導監督事項
三　關於工商業團體之幹部工作人員之選用考核獎懲事項
四　關於工商業團體相互關係之調整聯繫事項
五　關於工商業團體組織之處理事項
六　關於工商業團體經費之稽核事項
七　關於工商業團體及商業狀況之調查事項

八　關於國際工商業團體會議之參加事項
九　關於僑外華商團體之調査及指導協助事項
十　關於各國僑華工商業團體之登記及指導監督事項
十一　關於工商業團體目的事業外一般活動之指導監督事項
十二　其他有關工商業團體之組織事項

第十一條　組織訓練司第四科掌左列各事項
一　關於自由職業團體社會團體組織之許可及撤銷事項
二　關於自由職業團體社會團體之登記及指導監督事項
三　關於自由職業團體社會團體幹部工作人員之選用考核奬懲事項
四　關於自由職業團體社會團體相互關係之調整聯繫事項
五　關於自由職業團體社會團體組織之處理事項
六　關於自由職業團體社會團體經費之稽核事項
七　關於自由職業團體社會團體及其工作狀況之調査事項
八　關於自由職業團體社會團體等目的事業外一般活動之指導監督事項
九　其他有關自由職業團體社會團體之組織事項

第十二條　組織訓練司第五科掌左列各事項
一　關於人民團體幹部人員之訓練事項
二　關於人民團體會員訓練之設計督導事項
三　關於各級社會工作人員訓練之指導監督事項
四　關於訓練方案之研究編製事項
五　關於訓練課程敎材之編訂審査事項
六　關於受訓人員之聯絡及考核事項
七　關於社會秩序改進及訓練之指導監督事項
八　其他有關社會訓練事項

第十三條　組織訓練司第六科掌左列各事項

一 關於社會運動之規劃事項
二 關於社會運動之指導監督事項
三 關於社會運動之調查事項
四 關於人民團體目的事業外一般活動之指導監督事項
五 關於社會風俗之改進保持及化導事項
六 其他有關社會運動事項

第十四條 社會福利司置第一第二第三第四第五第六六科及工礦檢查室

第十五條 社會福利司第一科掌左列各事項
一 關於社會保險之規劃事項
二 關於社會保險之倡導實施事項
三 關於社會保險機關之設置及監督管理事項
四 關於社會保險金庫之監督稽核事項
五 關於社會保險工作人員之養成選用及考核獎懲事項
六 關於各國社會保險設施之調查研究事項
七 關於推行社會保險與其他有關機關或團體之合作聯繫事項
八 關於社會公嘗之指導監督考核事項
九 關於職工儲蓄之倡導推行事項
十 關於小本貸款之實施指導及監督事項
十一 關於日常生活費用指數之調查統計事項
十二 其他有關社會保險事項

第十六條 社會福利司二科掌左列各事項
一 關於勞動者福利設施之計劃推行事項
二 關於勞動者福利設施之指導監督事項
三 關於勞動者生活之改良及保障事項
四 關於勞動者教育衛生之促進事項

五　關於勞動者失業及傷害之救濟撫卹事項
六　關於勞動者移殖事項
七　關於國際勞工會議之參加事項
八　關於勞動者生活狀況及各國勞動者福利設施之調查研究事項
九　其他有關勞動者之福利事項

第十七條　社會福利司第三科掌左列各事項
一　關於社會服務之計劃推行研究調查事項
二　關於社會服務設施之倡導獎勵監督考核事項
三　關於社會服務機構之設置事項
四　關於推行社會服務與其他有關機關團體或國際間之聯繫事項
五　關於宗教團體及外僑所辦社會服務設施之指導監督事項
六　關於社會生活之指導改進事項
七　關於社會習尙之轉移取締及倡導改進事項
八　其他有關社會服務事項

第十八條　社會福利司第四科掌左列各事項
一　關於職業介紹之計劃推行事項
二　關於職業介紹之指導監督事項
三　關於職業介紹機構之籌設及監督管理事項
四　關於社會人才之調劑事項
五　關於人才供需之調查事項
六　關於失業就業之研究事項
七　關於失業救濟之協助事項
八　關於職業指導之推行事項
九　關於職業介紹工作人員之選用培養考核事項
十　關於職業短期訓練之實施事項

十一　其他有關職業介紹事項

第十九條　社會福利司第五科掌左列各事項

一　關於殘疾老弱之救濟事項
二　關於貧民之救濟事項
三　關於無正當職業者收容救養事項
四　關於貧病醫療護產之倡導推行事項
五　關於救濟經費之規劃及審核稽察事項
六　關於救濟設施之設置指導監督事項
七　關於慈善團體之指導監督事項
八　關於國際救濟之聯繫推行事項
九　關於社會救濟制度及社會救濟業務之規劃指導改進事項
十　關於社會救濟工作人員之甄用考核獎懲事項
十一　其他有關社會救濟事項

第二十條　社會福利司第六科掌左列各事項

一　關於兒童福利設施之計劃推行事項
二　關於兒童福利設施之指導監督事項
三　關於兒童福利設施之倡導宣傳及獎懲事項
四　關於兒童福利工作人員之培養選用攷核獎懲事項
五　關於兒童福利設施之調查登記事項
六　關於兒童保護事項
七　關於孤貧無依兒童之收容教養事項
八　關於低能殘疾兒童之特殊教養事項
九　關於行為不良兒童之感化矯正事項
十　關於兒童營養健康之指導促進事項
十一　關於貧苦兒童之醫藥療養事項

十二　關於婦嬰保健事項
十三　關於推行兒童福利事業與其他有關機關或團體合作聯繫事項
十四　其他有關兒童福利事項

第二十一條　社會福利司工礦檢查室掌左列各事項
一　關於工廠礦場安全衛生及工廠檢查法與礦場法所規定應行檢查事項
二　關於廠礦檢查員之養成選用及考核獎懲事項
三　關於廠礦檢查工作之指導監督及推進事項
四　關於廠礦檢查之設計研究及報告書之編譯事項
五　其他有關廠礦檢查事項

社會部處務規程第三十四條第三十九條第四十條第四十一條修正條文

三十二年九月二十三日部令修正公布

第三十四條　各職員到部辦公時須在簽到簿上親自簽名各辦公室於辦公時間開始後將簽到簿送由主管長官查閱未簽到人員應分別註明於辦公時間開始後半小時內送交人事室月終由室列表彙呈常務次長核呈　部長核閱
簽到簿考核辦法另定之

第四章　購置財物及營繕工程

第三十九條　凡經常消耗物品文具煤炭油脂等類應由總四科估計每月所需數量預先購置之
前項購置及隨時修繕工程價額在千元以內者由總務司第四科估計開單經由總務司長核定交科辦理之并由司指派人員驗收

第四十條　凡集中或臨時購置及營繕工程價額超過前條規定者由總務司第四科取具或開具請求購置營繕清單估計價額經由總務司長核明指定預算科目簽請常務次長核呈　部長裁定交司科辦理之并由司簽報常務次長指派人員驗收
前項購置營繕價額較鉅　部長認爲有採用比價招標之必要者得指定其他高級人員會同總務司長辦理比價招標手續

第四十一條　凡購置營繕價額已達審計法令規定標準者其比價招標驗收并應通知審計機關派員監視
已達前項標準之購置營繕事實上無法採用比價招標方式者應隨時將理由咨請審計機關備案

續

社會部職員到職辦法

三十二年九月二十三日部令修正公布

一　本部職員應於奉到委派公文書一個月內到職任事

二　職員到職應攜帶公文書先向人事室報到辦理下列手續

甲　繳保證書人事調查表家庭經濟調查表及其他規定表格

乙　繳最近二寸半身相片三張

丙　留具印鑑及簽字式樣

三　前條各款逐一辦理完竣後由人事室發給證章服務證本部有關服務法規說明應行注意事項並引往或書面介紹派定服務部份

四　職員到職後各主管部份應於三日內塡寫到職通知單送人事室分別通知關係部份存查及會計室查照起薪

五　職員不能一個月內到職任事者應具事由書呈經部長特許延長之其期間以一個月爲限

前項事由如係因公者得以書面辦理報到手續

六　凡服務地點在本部部址以外者其報到手續得由該管部份長官核轉人事室辦理

七　本辦法自核准之日施行

社會部業務檢討會議考核辦法

三十二年九月二十三日部令修正公布

一　本部業務檢討會議決定事項之實施由本部設計考核委員會負責考核

二　各單位經辦前條決定事項應予每月月終將辦理情形列表送設計考核委員會審核

三　設計考核委員會審核各單位經辦事項報告表應依照預定工作計劃切實檢查并考核其成績

四　設計考核委員會對於各單位經辦事項尙未如期辦理者得隨時查詢并得將考核情形提出業務檢討會議報告

五　設計考核委員會每月應將考核結果製成書面報告加具考語酌定獎懲呈請部長核定施行

社會部職員簽到簿考核辦法第一條第二條第五條第七條第八條修正條文

三十二年九月二十三日部令修正公布

第一條　本辦法依本部處務規程第三十四條規定制定之

第二條　各廳司局室科各任職以下各級職員應於規定辦公時間在各該辦公部門簽到簿內親自簽到並簽註到公真實時間以資查核簡任職職員在各該單位辦公室簽到其辦法另定之

第五條　簽到簿由人事室在規定辦公時間以前分送各廳司局科室并按規定時間收回凡未簽到又未經各該主管長官註明請假或公出緣由者一律作為遲到遲到者仍須到人事室補行簽到

第七條　遲到或曠職之職員由人事室按日通知其本人及各該主管長官并於月終列表呈由常務次長核呈　部長裁定後公佈之

前條所書之證明須於接獲前項通知之當日或次日為之

第八條　凡遲到或曠職或託人代簽或代人簽到或預先簽到之職員依其情節之輕重於月終予以下列之處分

警告

申誡

記過

記大過

遲到在五次以上者警告十次以上者申誡二十次以上者記過曠職在五次以上者申誡十次以上者記過二十次以上者記大過

前項處分併入年終考績案計算之

社會部職員請假規則第四條第九條第十一條第十四條第十五條修正條文

三十二年九月二十三日部令修正公布

第四條　病假全年累計不得過三星期事假全年累計不得過兩星期生育假在生育前後各不得過一個月婚假喪假各不得過二十日但因婚喪或特殊故必需回籍或有離開本部所在地之必要者得聲敍理由經由人事室按照往返所需最短時間酌擬路程給假簽請常務次長轉呈　部長核准

第九條　簡任聘任職員請假應逕呈　部長核准其他職員請假在三日以內者由該管廳司處室長官核准其一次請假在三日以上或續假者並應層轉部次長核准

本局簡任以下職員之請假得由各局局長依照本規則之規定核准之

聘任職員之分派在各廳司處室辦事者其請假由該管主管長官核轉

第十二條　凡曠職未滿一星期者按日扣除薪俸滿一星期以上者由常務次長核呈　部長分別予以處分

第十四條　請假時應向人事室調取請假單逐項填明呈請核准後送回並由人事室填發准假通知單銷假時將准假通知單繳銷

第十五條　凡職員之請假續假或曠職由人事室於每月終分別查明列表呈閱

社會部職員出差辦法

三十二年九月二十三日部令修正公布

一　本部職員出差應依本辦法規定程序辦理

二　職員出差由主管部份填具「職員出差請示單」呈請　部次長核准并會同「職員出差通知單」第二三兩聯送人事室擬辦訓令稿并檢發中央公務人員出差戒條以資遵守

三　職員出差係由　部次長指派者仍應於奉派後填具前項通知單送室分別辦理

訓令判發後人事室應將出差職員姓名職別官等服務部份出差任務往返終點及起訖日期等項分別登記於「職員出差登記表」並將「職員出差通知單」第三聯送會計室存查

四　職員出差奉核准預支差費者由會計室憑出差通知單製證轉送總務司第三科照支

五　職員出差已超過預定日期尚不能銷差者應詳具緣由及請展緩日期呈經核准後送人事室登記

六　職員出差竣回部後由主管部份將「職員差竣通知單」二三兩聯填送人事室登記並將第三聯轉送會計室憑單核銷差費

七　人事室每月月終應填具「職員出差彙報表」呈請　部次長鑒核

八　職員出差應用各種通知單登記表等式樣另定之

九　本辦法呈奉　部次長核定施行

社會部防空洞管理規則第二條修正條文

三十二年九月二十三日部令修正公布

二　防空洞證之核發由人事室依本規則辦理之

社會部社會工作人員調查登記辦法第四條修正條文

三十二年九月二十三日部令修正公布

四　社會工作人員之調查登記由本部人事室辦理

各廳司局室處經辦文件中遇有例應登記人員及其有關事項應於文件核辦終結時送科登記

社會部員工短程出差報領交通膳食辦法

三十二年九月二十八日部長核准

一　本部員工因公出差除長途或一日不能往返者應照國內出差旅費規則列報旅費外凡奉派本市及遷建區往返在一日以內者其舟車費及膳食費應依本辦法之規定報領

二　本部職員出差以搭乘公共汽車或馬車爲原則如公共汽車或馬車不能直達目的地時可乘人力車或肩輿肩輿城區內禁乘郊區通行汽車及人力車之地點亦不得乘坐

三　本部職員出差凡在本部附近二華里以內者不得報領車膳費

四　舟車（包括汽車馬車人力車）轎（包括滑竿）費悉依重慶市各該主管機關規定列報價目

五　本部工友出差以不支領車費爲原則如遇緊急公務經主管長官許可者不在此限

六　本部員工出差單程在十華里以外不及回部用膳時得支領膳費但以報領午晚兩餐爲限如單程在十華里以內情形特殊須報領膳費者應詳註理由始得核給

前項膳費暫定每餐叁拾元

七　本部員工報領車膳費應於差竣後二日內按規定填具領據經該管長官簽署證明并檢同證明文件送由總務司審核如有緊急事件須立即出差者由該主管人員負責簽辭補送總務司審核（各單位主管及簡任人員不受此限）

八　出差人員如有溢報車報或虛報交通膳食費情事除追繳已領款外并得酌量情節予以懲處

九　本辦法自呈奉核之日實行

組織訓練

醫師法

（三十二年九月二十二日國民政府公布）

第一章　資格

第一條　中華民國人民經醫師考試及格者得充醫師

第二條　對於具有左列資格之一者前條考試得以檢覈行之

一　公立或經教育部立案或承認之國內外專科以上學校修習醫學並實習成績優良得有證書者

二 在外國政府領有醫師證書經衞生署認可者

前項檢覈辦法由考試院會同行政院定之

第三條 中醫具有左列資格之一者亦得應醫師檢覈

一 曾向中央主管官署或省市政府領有合格證書或行醫執照者

二 在中醫學校修習醫學並經實習成績優良得有畢業證書者

三 曾執行中醫業務五年以上卓著聲望者

第四條 有左列各款情形之一者不得充醫師者撤其資格

一 背叛中華民國證據確實者

二 曾受本法所定除名處分者

第五條 經醫師考試及格者得請領醫師證書

第六條 請領醫師證書應具聲請書及證明資格文件呈請衞生署核明後發給之

第二章 開業

第七條 醫師開業應向所在地縣市政府呈驗醫師證書請求登錄發給開業執照

第八條 醫師歇業復業或移轉時應於十日內向該管官署報告死亡者由其最近親屬報告

第九條 醫師非加入所在地醫師公會不得開業

第三章 義務

第十條 醫師非親自診察不得施行治療開給方劑或交付診斷書其非親自檢驗屍體職不得交付死亡診斷書及死產證書

第十一條 醫師執行業務時備治療簿記載病人姓名年齡性別職業病名病歷醫法

前項治療簿應保存十年

第十二條 醫師處方時應記明左列事項

一 自己姓名證書及執照號數並簽名或蓋章

二 病人姓名年齡藥名藥量用法年月日

第十三條 醫師對於診治之病人交付藥劑時應於容器或紙包上將用法病人姓名及自己姓名或診療所逐一註明

第十四條 醫師如診斷傳染病人或檢驗傳染病之屍體時應指示消毒方法并於四十八小時內向該管官署報告

第十五條 醫師檢查屍體或死產兒如認為有犯罪嫌疑者應於二十四小時內向該管官署報告

第十六條　醫師如無法令所規定之理由不得拒絕診斷書檢案書或死產證書之交付

第十七條　醫師關於其業務不得登載或散布虛偽誇張之廣告

第十八條　醫師除正當治療外不得濫用鴉片嗎啡等毒劇藥品

第十九條　醫師不得違背法令或醫師公會公約收受超過定額之診療費開設醫院者亦同

第二十條　醫師對於危急之病症不得無故不應招請或無故遲延

第二十一條　醫師受公署訊問或委託鑑定時不得為虛偽之陳述或報告

第二十二條　醫師對於因業務知悉之他人秘密不得無故洩漏

第二十三條　醫師關於傳染病預防等事項有遵從該管行政官署指揮之義務

第四章　懲處

第二十四條　醫師於業務上如有不正當行為或精神有異狀不能執行業務時衛生主管官署得令繳銷其開業執照或予以停業處分

第二十五條　醫師受繳銷開業執照之處分時應於三日內將執照繳銷其受停業之處分者應將執照送由衛生主管官署將停業理由及期限記載於該執照背面後仍交由本人收執期滿後方准復業

第二十六條　醫師未經領有醫師證書或未加入醫師公會擅自開業者由衛生主管官署科以五百元以下罰鍰

第二十七條　醫師違反本法第十條至第二十五條之規定者由衛生主管官署科以三百元以下之罰鍰其觸犯刑法者除應送司法機關依法辦理外並得由衛生署撤銷其醫師資格

第五章　公會

第二十八條　醫師公會分市縣公會及省公會並得設全國公會聯合會於國民政府所在地

第二十九條　醫師公會之區域依現有之行政區域在同一之區域內同級之公會以一個為限但中醫得另組醫師公會

第三十條　市縣醫師公會以在該管區域內開業醫師九人以上之發起組織之其不滿九人者得加入鄰近區域之公會或共同組織

第三十一條　省醫師公會之設立應由該省內縣市醫師公會五個以上之發起及全體過半數同意組織之其縣市公會不滿五單位者得聯合二以上之省共同組織之

第三十二條　全國醫師公會聯合會之設立應由省或院轄市醫師公會七個以上發起其全體過半數同意組織之

第三十三條　各級醫師公會之主管官署為主管社會行政機關但其目的事業應受衛生主管官署之指揮監督

第三十四條　各級醫師公會依其級別設理事監事其名額如左

一　理事三人至三十一人

二　監事一人至九人

前項理監事之任期不得逾三年連選得連任一次

第三十五條　醫師公會應訂立章程造具會員簡表及職員名冊呈請所在地社會行政主管官署立案並應分呈衛生署備查

第三十六條　各級醫師公會之章程應載明左列各項

一　名稱區域及會所所在地

二　宗旨組織任務職或事業

三　會員之入會及出會

四　理監事名額權限任期及其選任解任

五　會員大會及理監事會會議之規定

六　會員應遵守之公約

七　貧民醫藥扶助之實施辦法

八　經費及會計

九　章程之修改

十　其他處理會務之必要事項

第三十七條　各級醫師公會會員大會或理監事會之決議有違反法令者得由主管官署撤銷之

第三十八條　醫師公會之會員有違背法令或章程之行爲者公會得依理監事會或會員大會之決議將其事實證據報經衛生署核准予以除名並應分呈社會行政主管官署備查

第六章　附則

第三十九條　本法施行細則由衛生署會同社會部擬訂呈請行政院核定之

第四十條　本法自公布日施行

新聞記者法第十四條修正條文

（三十七年九月二十七日國民政府修正公布）

第十四條　新聞記者公會設理事監事其名額如左

一　縣市公會或其聯合公會理事三人至九人監事一人至三人

二　省公會或其聯合公會或院轄市公會理事九人至十七監事三人至五人

三　全國公會聯合會理事十五人至二十七人監事五人至九人

前項各款理事監事之任期不得逾三年連選得連任一次

藥劑師法

三十二年九月三十日國民政府公布

第一章　資格

第一條　中華民國人民經藥劑師考試及格者得充藥劑師

第二條　對於具有左列資格之一者前條考試得以檢覈行之

一　公立或經教育部立案承認之國內外專科以上學校修習藥學並經實習成績優良得有畢證書者

二　在外國領有藥劑師證書經衛生署認可者

前項檢覈辦法由考試院會同行政院定之

第三條　有左各款情事之一者不得充藥劑師其已充藥劑師者撤銷其資格

一　背叛中華民國證據確實者

二　曾受本法所定除名處分者

第四條　經藥劑師考試及格者得請領藥劑師證書

第五條　請領藥劑師證書應具聲請事及證明資格文件呈請衛生署核明後發給之

第二章　開業

第六條　藥劑師開業應向所在地縣市政府主驗藥劑師證書請求登錄發給開業執照

第七條　藥劑師歇業復業或移轉時應於十日內向該管官署報告死亡者由其最近親屬報告

第八條　藥劑師非加入所在地藥劑師公會不得開業

第三章　義務

第九條　藥劑師一人不得執行兩處藥房之業務

第十條　藥劑師無論何時不得無故拒絕藥方爲之調劑

第十一條　藥劑師接受藥方時應注意方上年月日病人姓名年齡藥量用法醫師署名或蓋章等項如有可疑之點應詢明原開方醫

師方得調劑

第十二條 藥劑師調劑應按照藥方不得錯誤如藥品未備或缺乏時應通知原開方醫師請其更換不得任意省略或代以他藥

第十三條 藥劑師對於醫師所開含有毒劇藥品之藥方非經原開方醫師特別通知只許配賣一次其藥方應由藥劑師簽名或蓋章並記調劑年月日保存五年

第十四條 藥劑師應備調劑簿記載左列各項

一 藥方上所載事項

二 調劑年月日

三 調劑者姓名

四 依第十一條第十二條規定詢問或請醫師更換之顛末

前項調劑簿應保存十年

第十五條 藥劑師於藥劑之容器或紙包上簽名蓋章並記明左列各項

一 藥方上記載之病人姓名及藥之用法

二 藥房之地點名稱及調劑者姓名

三 調劑年月日

第十六條 藥劑師受公署訊問或委託鑑定時不得為虛偽之陳述或報告

第十七條 藥劑師對於因業務知悉之他人秘密不得無故洩漏

第四章 懲處

第十八條 藥劑師於業務上如有不正當行為或精神有異狀不能執行業務時衛生主管官署得令繳銷開業執照或予以停業處分

第十九條 藥劑師受繳銷開業執照之處分時應於三日內將執照繳銷其受停業之處分者應將執照送由衛生主管官署將停業理由及期限記載於該執照背面後仍交由本人收執期滿後方准復業

第二十條 藥劑師未經領有藥劑師證書或未加入藥師公會擅自開業者由衛生主管官署科以五百元以下罰鍰

第二十一條 藥劑師違反本法第九條至第十七條之規定者由衛生主管官署以三百元以下罰鍰其觸犯刑法者除應送司法機關依法辦理外並得由衛生署撤銷其藥劑師資格

第五章 公會

第二十二條 藥劑師公會分市及省公會並得設全國公會聯合會於國民政府所在地

第二十三條　藥劑師公會之區域依現有之行政區域在同一區域內同級之公會以一個為限

第二十四條　省轄市及縣藥劑師公會以在該管區域內開業藥劑師五人以上之發起組織之其不滿五人者得加入鄰近區域之公會或共同組織之

第二十五條　省藥劑師公會由該省內縣市藥劑師公會三個以上之發起及全體過半數之同意組織之其縣市公會不滿三個者得聯合鄰近之省共同組織之

第二十六條　全國藥劑師公會聯合會之設立應由省或院轄市藥劑師公會五個以上之發起及全體過半數之同意組織之

第二十七條　各級藥劑師公會之主管官署為主管社會行政機關但其目的事業應受衛生主管官署之指揮監督

第二十八條　各級藥劑師公會依其級別設理事監事其名額如左

一　理事三人至二十七人

二　監事三人至九人

前項理監事之任期不得逾三年連選得連任一次

第二十九條　藥劑師公會應訂立章程造具會員簡表及職員名冊呈請所在地社會行政主管官署立案並應分呈衛生署備查

第三十條　各級藥劑師公會章程應載明左列各項

一　名稱區域及會所所在地

二　宗旨組織任務或事業

三　會員之入會及出會

四　理監事名額權限任期及其選任解任

五　會員大會及理監事會會議之規定

六　會員應遵守之公約

七　經費及會計

八　章程之修改

九　其他處理會務必要事項

第三十一條　各級藥劑師公會會員大會或理監事會之決議有違反法令者得由主管官署撤銷之

第三十二條　藥劑師公會之會員有違反法令或章程之行為者公會得依理監事會或會員大會之決議將其事實證據報經衛生署核准予以除名並應分呈社會行政主管官署備查

第六章 附則

第三十三條 醫師得自行調配藥品以爲診療之用無須請領藥劑師證書但本法所定關于義務及懲處之規定仍適用之

第三十四條 輔助藥劑師調劑藥品之藥劑生其資格及管理辦法由衛生署定之

第三十五條 關於中藥調劑者之資格及管理在未制定法律以前暫由衛生署定之

第三十六條 本法施行細則由衛生署會同社會部擬訂呈請行政院核定之

第三十七條 本法自公布日施行

助產士法 三十二年九月三十日國民政府公佈

第一章 資格

第一條 中華民國人民經助產士考試及格者得充助產士

第二條 對如具有左列資格之一者前條考試得以檢覈行之

一 公立或經主管官署立案或承認之國內外助產學校產科學校或產科講習所修習產科二年以上畢業領有證書者

二 修學不滿二年在本法施行前已執行助產業務三年以上者

三 在外國政府領有助產士證書經主管官署認可者

前項檢覈辦法由考試院會同行政院定之

第三條 有左列各款情事之一者不得充助產士其以充助產士者撤銷其資格

一 背叛中華民國證據確實者

二 曾犯墮胎罪者

三 曾受本法所定除名處分者

第四條 經助產士考試及格者得請領助產士證書

第五條 請領助產士證書應具聲請書及證明資格文件呈請衛生署核明後發給之

第二章 開業

第六條 助產士開業應向所在地縣市政府呈驗助產士證書請求登錄發給開業執照

第七條 助產士歇業復業或死亡時應於十日內向該管官署報告死亡者由其最近親屬報告

第八條　助產士非加入所在地助產士公會不得開業

第三章　義務

第九條　助產士如認爲產婦或胎兒生兒有異狀時應告知其家屬延醫師診治不得自行處理但臨時救急處置不在此限

第十條　助產士對於產婦或胎兒生兒不得施行外科手術但施行消毒灌腸及剪臍帶之類不在此限

第十一條　助產士應備接生簿載明產婦姓名年齡住址生產次數生兒姓別等項

前項接生簿應保存十年

第十二條　助產士應於每月十日前將前月份助產人數列表報告該管官署層轉衛生署備查

前項報告表式由衛生署定之

第十三條　助產士關於其業務不得登載或散布虛僞誇張之廣告

第十四條　助產士不得違背法令或助產士公會公約收受超過定額之助產費

第十五條　助產士不得無故拒絕或遲延助產

第四章　懲處

第十六條　助產士於業務上如有不正當行爲或精神有異狀不能執行業務時衛生主管官署得令繳銷其開業執照或予以停業處分

第十七條　助產士受繳銷開業執照之處分時應於三日內將執照繳銷其受停業之處分者應將執照送衛生主管官署將停業理由及期限載於執照背面後仍交由本人收執期滿後方准復業

第十八條　助產士未經領有助產士證書或未加入助產士公會擅自開業者由衛生主管官署科以五百元以下罰鍰

第十九條　助產士違反本法第九條至十五條之規定者由衛生主管官署科以三百元以下罰鍰其觸犯刑法者除應送司法機關依法辦理外並得由衛生署撤銷其助產士資格

第五章　公會

第二十條　助產士公會分市縣公會及省公會並得設全國公會聯合會於國民政府所在地

第二十一條　助產士公會之區域依現有之行政區域在同一之區域內同級之公會以一個爲限

第二十二條　市縣助產士公會以在該管區域內開業助產士五人以上之發起組織之其不滿五人者得加入鄰近區域之公會或共同組織之

第二十三條　省助產士公會之設立應由該省內縣市助產士公會三個以上之發起人及全體過半數之同意組織之其縣市公會不滿

三單位者得聯合二以上之省共同組織之

第二十四條　全國助產士公會聯合會之設立應由省或院轄市助產士公會五個以上之發起及全體過半數之同意組織之

第二十五條　各級助產士公會之主管官署為主管社會行政機關但其目的事業應受衛生主管官署之指揮監督

第二十六條　各級助產士公會應依級別設理事監事其名額如左

一　理事三人至二十七人

二　監事一人至九人

前項理監事之任期不得逾三年連選得連任一次

第二十七條　各級助產士公會應訂立章程造具會員簡表及職員名冊呈請所在地社會行政主管官署立案並應分呈衛生署備查

第二十八條　各級助產士公會之章程應載明左列各項

一　名稱區域及會所所在地

二　宗旨組織任務或事業

三　會員之入會及出會

四　理監事名額權限任期及選任解任

五　會員大會及理監事會會議之規定

六　會員應遵守之公約

七　經費及會計

八　章程之修改

九　其他處理會務之必要事項

第二十九條　各級助產士公會會員大會或理監事會之決議有違反法令者得主管官署撤銷之

第三十條　助產士公會之會員有違反法令或章程之行為者公會得依理監事會或會員大會之決議將其事實證據報經衛生署核准予以除名並應分呈社會行政主管官署備查

第六章　附則

第三十一條　本法施行細則由衛生署會同社會部擬訂呈請行政院核定之

第三十二條　本法自公布日施行

各級社會工作人員協助推行兵役辦法

三十二年七月十三日部令頒發

（一）以各級兵役協會為聯繫機構

1 尚未組織者應即依據各省縣市鄉鎮兵役協會組織通則策動組織已有組織者加強其組織

（二）領導團體研究役政癥結所在及改進役政意見向當地兵役主管機關建議

1 徵兵制度之認識

2 兵役法令之研究

3 兵役實務之考察

（三）配合徵兵程序發動人民團體協助推行兵役工作並輔以各項兵役宣傳期能順利進行

1 身家調查——發動各種職業團體協助調查以防止壯丁逃避兵役

2 體格檢查——發動醫藥職業團體協助徵役機關檢查入伍壯丁以防流弊

3 抽籤——領導人民團體推派代表監視壯丁抽籤並負責檢舉辦理役政人員之舞弊

4 徵集——發動人民團體舉行歡送新兵入伍及榮譽軍人歸隊大會以示尊敬

5 訓練——發動文化學術團體選擇優秀黨員團員協助軍事機關配合軍訓對新兵予以政治訓練

（四）協助解決出徵後之各項問題

1 優待徵屬——領導人民團體（特別是農會）定期慰問徵屬協助徵屬耕種收獲或辦理具領優待金撫卹金及其子女入學與訴訟糾紛等事項

2 慰勞出徵將士——發動徵募慰勞運動（特別是工商業團體）協助改善士兵生活並供給各種物質上及精神上之食糧

3 救護傷病士兵——發動慈善團體及醫藥職業團體協助政府辦理救護傷病士兵以激勵士氣

（五）考核人民團體協助推行兵役之成績分別優劣予以獎懲

鄉（市區）農會會員代表大會代表選舉辦法

三十二年八月十九日部令公佈

第一條　本辦法依據農會法第三十九條之規定訂定之

第二條　鄉（市區）農會會員代表大會之代表選舉（以以簡稱代表選舉）應由鄉（市區）農會派員主持并呈請 主管官署派員監選及指導

第三條　代表選舉之選舉票應由鄉（市區）縣會製定幷加蓋圖記

第四條　代表選舉以鄉（市區）縣會所轄小組為選舉單位幷以每十人中選舉一人為原則其人數不及十人而超過五人者仍以十人計算其選舉權及被選舉權以曾經登記而取得會員資格者為限

第五條　代表選舉之前七日鄉（市區）縣會應將選舉日期選舉人數及被選舉人數分別通知所屬小組

第六條　代表選舉方式以記名連選法行之如有困難得由會員當場提出加倍候選人再以舉手方式表決之

第七條　代表選舉結果以得票較多者為當選次多者為候補當選其票數相同時用抽籤法決定之

第八條　代表選舉辦理完畢後三日內鄉（市區）縣會應正式通知各當選人

第九條　凡本辦法未規定事項適用人民團體職員選舉通則之規定

第十條　本辦法自公布之日施行

推定仲裁委員辦法

民國三十二年九月二十三日部令修正公佈

第一條　本辦法依勞資爭議處理法第十六條第三項規定制定之

第二條　各市政府推定仲裁委員應依本辦法之規定辦理

第三條　省政府每二年應依勞資爭議處理法第十六條之規定就其所轄各縣市中介工商業較為發達之若干縣市各推定仲裁委員二人至六人開列名單送呈核准并於核准後彙送社會部備案

第四條　前條所稱各該縣市政府應於奉令後十日內轉令所屬之工人團體及僱主團體各選派一人至四人幷應於限期內集中各該代表依省政府規定之人數分別推定各該縣市之仲裁委員

第五條　院直轄市市政府每二年應令所屬之工人團體及僱主團體於奉令後十日內各選派代表一人至三人并應於限期內集合各該代表依照勞資爭議處理法第十六條之規定分別推定開列名單送呈核准後轉咨社會部備案

第六條　本辦法自公佈之日施行

社會福利

社會救濟法

三十二年九月二十九日國民政府公布

第一章 救濟範圍

第一條 合於左列各款規定之一因貧窮而無力生活者得依本法予以救濟

一 年在六十歲以上精力衰耗者

二 未滿十二歲者

三 妊婦

四 因疾病傷害殘廢或其他精神上身體上之障礙不能從事勞作者

五 因水旱或其他天災事變致受重大損害或因而失業者

六 其他依法令應予救濟者

第二條 對於遭受非常災變之災民難民所爲之緊急救濟其受救濟人不以前條所列者爲限

第三條 對於性格操行不良具有犯罪傾向有矯正之必要者予以矯正救濟

第四條 應受救濟人得向主管官署或有救濟設施之處所請求予以適當之救濟但救濟亦得依職權爲之

第五條 依第一條所列各款規定得受救濟者如有受扶養之權利其扶養義務人具有扶養能力時得不予以救濟但有切迫情形者不在此限

第二章 救濟設施

第六條 救濟設施分左列各種

一 安老所

二 育嬰所

三 育幼所

四 殘疾教養所

五 習藝所

六 婦女教養所

七 助產所
八 施醫所
九 其他以救濟為目的之設施

第七條 各種救濟設施由各縣市視實際需要及經濟狀況依照本法分別舉辦中央及省亦得酌量辦理其設置救濟院者得於院內分辦各種救濟設施

鄉鎮財力充裕者亦得舉辦各種救濟設施

第八條 團體或私人亦得舉辦救濟設施但應經主管官署之許可

第九條 主管官署對於前條之救濟設施有視察及指導之權

第十條 團體或私人辦理之救濟設施主管官署應予保護其成績卓著者應予以獎勵

第十一條 團體或私人辦理之救濟設施如辦理不善主管官署得令其改進其違反法令情節重大者並得令其停辦

第十二條 救濟設施得利用公共適宜處所為其地址但應先經主管官署之核准

第十三條 法院或警察機關得將應受救濟人送交救濟設施處所非有正當理由不得拒絕接受

第三章 救濟方法

第十四條 救濟除本法或其他法律另有規定者外依受救濟人之需要以左列方法為之

一 救濟設施處所內之留養
二 現款或食物衣服等必需品之給與
三 免費醫療
四 免費助產
五 住宅之廉價或免費供給
六 資金之無息或低息貸與
七 糧食之無息或低息貸與
八 減免土地賦稅
九 實施感化教育及公民訓練
十 實施技能訓練及公民訓練
十一 職業介紹

十二　其他依法令所定之救濟方法

第十五條　凡年在六十歲以上之男女應受救濟者得於安老所內留養之

第十六條　凡未滿二歲之男女應受救濟者得於育嬰所內留養之

第十七條　凡滿二歲以上未滿十二歲之幼年男女應受救濟者得於育幼所內留養之

第十八條　育幼所應按留養兒童之年齡設置相當班次授以相當教育并為技能上之訓練或送就近相當學校免費肄業

第十九條　留養於育幼所者出所時應予以適當之安置

第二十條　生育子女過多者如因生活困難無力養育得請求主管官署給予補助費或將該子女送育嬰所或育幼所留養之

第二十一條　育嬰所或育幼所留養之嬰孩兒童如有人願收養為子女者得具妥實保證請求主管官署核准給領

前項之嬰孩兒童如有直系血親尊親屬者於核准給領前應得其同意

給領後主管官署或原育嬰所育幼所得於相當期內查視被收養人之生活狀況

第二十二條　殘疾人應受救濟者得留養於殘疾教養所

第二十三條　殘疾教養所對於留養者應分盲啞及肢體殘廢三種就其各個能力授以相當之智識及技能必要時并得開辦盲啞學校

第二十四條　殘疾人受教養後力能自謀生活者應為介紹職業令其出所

第二十五條　殘廢之榮[illegible]人其救濟設施不適用本法之規定

第二十六條　為治療受救濟人疾病得設置醫療所

第二十七條　醫療所得附設於公立醫院或由主管官署委託富有聲譽之私立醫院設置分院設有衛生院所之縣市得由該院所辦

第二十八條　應受救濟之孕婦由助產所醫師助產士助產未設助產所之縣市鄉鎮應為備定助產之醫師助產士或處所不收費用

第二十九條　為預防或治療精神病及防護社會利益得設精神病院患精神病而應受救濟者得令入院治療

第三十條　對於幼年男女之應受矯正救濟者得設矯正處所予以矯正

第三十一條　對於從事不正當業務或受虐待之婦女得設置婦女教養所授以相當之智識及技能并矯正其不良習慣

第三十二條　對於懶惰成習或無正當職業之游民得設置習藝所收容之強制其勞作并授以必要之智識及技能養成其勤儉之習慣

第三十三條　對於受救濟人應予介紹職業者由職業介紹所辦理之

第三十四條　在人口稠密之地區住宅不敷居住時縣市政府得修建平民住宅廉價出租或修建宿舍免費或廉價供平民暫時住宿

第三十五條　糧食或其他生活必需品之價格昂貴致一般平民無力購買時縣市政府得辦理公共食堂或採憑證購買制以廉價供給之

第三十六條　縣市鄉鎮爲準備救荒設置倉儲以糧食無息或低息貸與平民令於次期收穫時償還

第三十七條　每屆冬季得視事實之需要辦理粥廠或對貧民發給糧食棉衣或其他生活必需品

第三十八條　各地遇有水旱風雹地震蝗螟等災縣市政府得視被災情形呈請減免土地賦稅

第三十九條　爲救濟遭受非常災變之災民難民實施緊急振濟時得爲現款或食物衣服等必需品之給與必要時并得設所予以臨時收容

第四十條　對於專供臨時急振之振品及災民難民之輸送得免繳運費

前項振品并得免稅

第四十一條　受救濟人或流浪人死亡無人埋葬者由代葬所埋葬未設代葬所者其代葬事務由所在地之鄉鎮公所辦理之其在救濟設施處所內死亡者由救濟設施主管人辦理之

第四章　救濟費用

第四十二條　救濟設施由縣市舉辦者其費用由縣市負擔中央或省舉辦者其費用由中央或省負擔

第四十三條　救濟設施由團體或私人舉辦者其費用由各該團體或私人負擔

前項救濟設施辦理著有成績者得由主管官署酌予補助

第四十四條　救濟事業經費應列入中央或地方預算

第四十五條　縣市依本法舉辦之救濟事業得由中央政府予以補助

第四十六條　各種救濟設施得於設置時籌募基金其因事業發展而須擴充設備者并得增募基金但團體或私人舉辦之救濟設施非經主管官署核准不得向外募捐

第四十七條　救濟經費之募集不得用攤派或其他強制徵募方法

第四十八條　救濟經費不得移作別用

第四十九條　救濟設施應由主辦人將收支款項及辦理實況按月公布并分別造具計算書及事實清冊呈報主管官署查核

第五章　附則

第五十條　本法稱主管官署在中央爲社會部在省爲省政府在市爲市政府在縣爲縣政府但第二十六條至第二十九條所定事項之中央主管官署爲衛生署關於臨時及緊急之救濟由振濟委員會主管

第五十一條　本法關於省市之規定於相當於省或市之特別行政區域準用之關於縣之規定於相當於縣之行政區域準用之

第五十二條　本法施行細則及各種救濟設施或其他救濟事業之實施辦法由社會部會同有關各部會署擬訂呈請行政院核定之

第五十三條 本法自公布日施行

公私營工廠礦場農場推行職業補習教育並利用設備供給職業學校學生實習辦法

三十二年九月十一日行政院指令核准備案

一 教育部經濟部農林部社會部為謀增進工礦農各業職工之智識技能工作效率及改善其生活起見訂定本辦法

二 公私營工廠礦場農場（以下簡稱廠場）實行本辦法時應依照下列規定進行

（一）自本辦法頒行之日起凡公私營工廠礦場職工人數在五百人以上農場職工在三百人以上者應於一年內一律遵照本辦法辦理

（二）其在二百名以上者應督飭辦理或聯合數廠場辦理

（三）其在二百名以下者由附近教育機關辦理巡迴職業補習班定期分赴各廠場訓練之

三 凡不能按期舉辦職業補習教育之廠場應籌措職工補習教育費每名每月一元委託其他廠場代辦之

四 公私營廠場實行本辦法分為下列二項

（一）附設職業補習學校或職業訓練班以教育本廠場職員藝徒為主必要時并得招收附近現正從事或有志從事工礦農業等之成年及青年

（二）接受政府命令或公私機關委託供給設備人才辦理短期職業訓練班

五 公私營廠場實行本辦法其經費之負擔規定如左

（一）附設職業補習學校或職業訓練班其經費由本廠場自行籌措

（二）接受政府命令或公私機關委託辦理職業訓練班其經費由政府或委託機關負擔

六 公私營廠場實行本辦法關於設置教學等應依照教育部頒行之職業補習學校規程短期職業訓練班暫行辦法及其他有關之教育法令辦理

七 公私營廠場除依照本辦法第二條實施外并應依照教育部頒發之職業學校與建設機關協作大綱之規定供給學生實習

八 公私營廠場供給學生實習時得另設實習場所供給學生練習

九 公私營廠場應指定專職人員辦理職業補習及訓練事宜

十 公私營廠場實行本辦法得與附近學校合作并得商請當地主管教育行政機關代為規劃

十一 各級主管教育行政機關應會同各級經濟建設及社會行政主管機關隨時考核公私營廠場辦理職業補習及訓練情形并成績

優良者並酌予獎勵

職工福利金條例施行細則

三十二年五月二十五日行政院備案
三十二年七月十六日部令公布

第一條　職工福利金條例所稱之其他企業組織包括平時僱用職工在五十人以上之銀行公司行號農漁牧場等

第二條　工廠礦場或其他企業組織提撥之職工福利金應於提撥後立即移送職工福利委員會保管

第三條　工廠礦場或其他企業組織應將左列書表以一份送職工福利委員會備查

一　每月職員薪津計算表
二　每月工資報告表
三　每年營業損益計算表
四　向董事會提出之業務報告書
五　向監察人提出之財務狀況報告書

第四條　工廠礦場或其他企業組織提撥下腳時應通知職工福利委員會派人參加

第五條　職工年終分紅獎金等暨彙辦職工福利事業之職工薪津不得在職工福利金項下開支

第六條　職工福利金應存入公營銀行但因特殊情形經主管官署核准者不在此限

第七條　工廠礦場或其他企業組織受破產宣告時其尚未依法提撥之職工福利金仍應依法儘先撥足債權人不得藉口對抗

第八條　公司之監察人受破產宣告之破產管理人或破產清算人執行職務時應查核職工福利金是否依法提撥如因怠忽職務致應撥之福利金受有損害者得依職工福利金條例第十一條之規定處罰之

第九條　工廠礦場或其他企業組織經宣告破產或解散後對於所提撥之職工福利金應依左列辦法處置之

一　因人事經濟或組織上之變動而仍繼續經營者所提之福利金應專款存儲留備續辦職工福利事業之用
二　宣告破產或解散後其業務消滅者所存之福利金應由職工雙方推派代表會同福利委員會妥議辦法分別發給原有職工並造冊呈報主管官署備案

第十條　工廠礦場或其他企業組織因經濟或業務上之變動而緊縮其原來之範圍者所有因緊縮而遣散之職工其遣散費用應另行設法不得在福利金項下動支

第十一條　職工福利金條例第三條所稱之補助及第四條所稱之獎助金應適用社會部獎助社會福利事業暫行辦法之規定

第十二條　工廠礦場施行職工福利金條例及本細則情形應受工廠礦場檢查員之檢查

第十三條　職工福利金條例及本細則所稱主管官署在中央為社會部在省為社會處未設社會處之省為民政廳在縣市為縣市政府在院轄市為社會局

第十四條　本細則自公佈日施行

各省市縣社會救濟事業協會組織規則

三十二年七月十七日部令頒行

第一條　各省市縣為發展社會救濟事業增進社會福利應依據本規則組織社會救濟事業協會（以下簡稱救濟事業協會）

第二條　救濟事業協會設於各省市縣政府所在地

第三條　各省市縣凡有公立私立社會救濟機關團體或類似社會救濟之組織其單位在三個以上者應組識社會救濟事業協會

前項所稱類似社會救濟之組織包括各地育嬰堂施醫濟貧恤嫠養老育幼及其他慈善公益性質之設施

第四條　救濟事業協會以左列人員為委員

一　主管及主辦之社會行政首長

二　公立社會救濟機關之主管人員

三　私立社會救濟團體或類似救濟組織之負責人

四　當地熱心社會救濟事業之正士

前項一至三款所規定之人員按實有人數參加第四款委員由社會行政長官延聘之其人數至多以全體委員人數之四分之一為限

第五條　市縣區域毗連其救濟事業不易劃分者得聯合組織之

第六條　救濟事業協會設主任委員一人在省會由社會處長或民政廳長兼任市由市長或社會局長兼任縣由縣長兼任之綜理會務統籌轄境內社會救濟事業改進事宜必要時得設副主任委員一人襄理會務

依照第五條規定組織之協會其主任委員應由市縣府呈其上級機關核定之

第七條　救濟事業協會設秘書一人由主任委員指派主辦社會行政之秘書或科長兼任之秉承主任委員負責處理日常事務

第八條　救濟事業協會得因事實上之需要分股辦事其股長由主任委員在各機關團體高級人員中調派兼任

前項分股辦事細則由該會擬定呈報其上級機關備案

第九條　救濟事業協會職員以在各機關團體中調任為原則必要時得酌用專人但以不超過全體職員三分之一為限

第十條　救濟事業協會之任務如左

一　關於社會救濟事業之調查統計事項
二　關於社會救濟事業財產之協助整理事項
三　關於社會救濟事業經費之協助籌集事項
四　關於社會救濟事業之工作計劃及業務分配事項
五　關於社會救濟事業之業務聯繫合作事項
六　關於社會救濟事業設施上之輔導改進事項
七　關於社會救濟事業之呈請獎助事項
八　關於新興救濟事業之倡導及地方緊急救濟之主辦或協助事項
九　關於社會救濟法令之推行或奉行事項

第十一條　救濟事業協會每三個月開會一次決定應辦事項檢討實施情形審核經費收支必要時得開臨時會

第十二條　救濟事業協會應於每年度開始前二個月擬具全年工作計劃及進度呈報主管機關核定推行年度開始後一個月內應將上年度工作狀況及經費收支製成報告書表層轉社會部查核

第十三條　救濟事業協會一切薪公事費應恪守撙節原則自行籌集其工作緊劇成績優良者得由主管機關呈請社會部酌予補助
前項補助費社會部得逐年考核其工作成績予以增減

第十四條　救濟事業協會所聘兼任人員均不得支取薪公津貼等費

第十五條　本規則自公布日施行

社會部免費醫療陪都貧病兒童暫行辦法

三十二年七月三十日部令頒發

第一條　社會部為實施貧病兒童之醫療救濟特先就陪都辦理貧病兒童免費醫療事宜

第二條　免費醫療貧病兒童之業務由社會部委託或指定左列各院所分任之
一　市民醫院
二　寬仁醫院
三　仁濟醫院
四　武漢療養院
五　重慶社會服務處醫診所

一六　重慶實驗救濟院醫療所
一七　北碚兒童福利實驗區醫療所
一八　重慶市政府有兒科設備之各診療所
一九　其他隨時委託或指定之醫療機關

第三條　凡受委託或指定之院所爲辦理免費醫療貧病兒童所需增加之設備及添用人員由社會部核予補助
前項補助費不得移作別用並應由各院所將動用情形報部查核

第四條　免費醫療貧病兒童分門診及住院兩種

第五條　凡家境確爲貧寒經查屬實者除門診費免收外並得酌免藥費之全數或半數其規定另訂之

第六條　免費門診時間除例假外每日依各該院所門診時間之規定依號就診不得歧視急病並應隨到隨診

第七條　貧病兒童患有急難病症經醫生診斷有住院之必要者得免費住院但各院所對貧病兒童之診治應視同一般住院病人不得歧視

第八條　各院所視其實際需要情形酌量免費病床
前項免費病床除隔離病房外均設置於三等病房之內並應標明「社會部免費病床」字樣

第九條　免費住院之病童以家境赤貧確無担負醫藥費用之能力經鄉鎮長證明屬實或由各該院所社會服務部調查確實者爲限惟病愈經醫生之證明後應立即出院

第十條　免費門診及病床之費用概由社會部負担各院所於每月月終報部領取
前項費用之報領由社會部製發報核聯單由病童之家長或監護人塡具簽名蓋章一聯由各該院所負責人查核辦理一聯報部

第十一條　各院所均應置備簿冊載明免費門診免費住院之病童人數日數患病科別及發給藥品數目每三個月列表彙報社會部備查必要時並得由部派員視導

第十二條　本辦法所稱免費醫藥對各該院所通常辦理之免費種痘注射等業務不包括在內

第十三條　本辦法實施後各該院所對於貧病兒童原已訂定之免費優待辦法仍適用之

第十四條　本辦法所稱兒童以自出生之日起至滿足十二歲爲止

第十五條　本辦法應由各該院所揭示之

第十六條　本辦法自公布之日施行

農民福利社設置辦法（三十二年八月十六日部令公佈）

第一條 社會部爲倡導農會服務促進農民福利特制定本辦法

第二條 縣市農會應依本辦法之規定設置農民福利社院轄市之各區農會得分別或聯合設立之

鄉鎮農會得依實際需要分別或聯合設置農民福利社

第三條 前條所列各農會於籌設農民福利社時應將進行計劃及經費來源呈請主管官署核准備案並受其指導監督

第四條 本辦法所稱主管官署在縣市爲縣市政府在院轄市爲社會局

第五條 農民福利社得視實際需要及經濟狀況辦理或協導農民辦理左列各項業務

一 辦理農民往來之食宿事項

二 辦理農民書報閱覽及公共娛樂事項

三 辦理農民關於一切人事經濟及法律上所有諮詢之解答事項

四 辦理農民之委託調查事項

五 辦理農民醫藥助產及清潔衞生之輔導事項

六 協導農民辦理農業貸款及產銷合作事項

七 協導農民辦理災禍救濟及民生疾苦之呼籲事項

八 協導農民出征軍人家屬辦理請求撫卹具領卹金優待金及其子女入學事項

九 辦理或協導農民辦理其他有關農民福利事項

第六條 農民福利社辦理各項業務除物品消耗得依成本收費外概以免費爲原則

第七條 農民福利社設主任一人綜理社務幹事助理幹事各若干人助理社務均由主辦之農會派充之

第八條 農民福利社得視業務需要酌設農事醫藥法律等顧問由主任聘任之

第九條 農民福利社經費除由主辦農會撥給外必要時得呈請主管官署補助或募集之

前項募集經費辦法及其用途應呈經主管官署核准

第十條 農民福利社設立後應由主辦農會將設立經過職員名冊及各項規則呈由主管官署轉呈社會部備案

第十一條 農民福利社辦理特具成績者得由社會部酌予獎勵

第十二條 本辦法自公布之日施行

社會部直轄兒童福利機關人員任用配置規則

三十二年八月二十五日部令公佈

第一條　本部直轄兒童福利機關人員之任用及待遇除法令別有規定外悉依本規則辦理

第二條　凡本部直轄兒童福利機關主管人員均由社會部派任之各組組長（主任或研究員）由各該機關主管人員提請社會部核派其餘人員由各該主管人員遴選派充並呈報社會部備案

前項人員以訓練合格者爲原則

第三條　醫務人員會計人員之任用依照各　法令之規定其薪給由社會部核定之得不受本規則所定薪給之拘束

第四條　凡主管人員應就具有左列各款資格之一者任用之

一　高等考試及格或與高等考試相當之特種考試及格者

二　現任或曾任薦任職對於兒童福利工作有經驗或具有服務志願者

三　在教育部認可之國內外大學畢業曾服務於兒童或社會福利機關或辦理兒童教育二年以上著有成績有公文書足資證明者

四　在本部直屬各社會福利機關負一部份責任服務三年以上卓著成績有公文書足資證明者

五　對於兒童保育有特殊之研究或著述經本部審查認可者

第五條　組長（主任或研究員）應就具有左列各款資格之一并曾受兒童福利專業訓練者任用之

一　具有前條各款資格之一者

二　在教育部認可之公私立專科以上學校畢業辦理社會福利或兒童教育一年以上有證明文件者

三　師範或與師範同等之中等學校畢業曾服務於教育或社會事業三年以上已著成績有證明文件者

第六條　教務員及教師應就具有左列各款資格之一并曾受兒童福利專業訓練者任用之

一　公私立專科以上學校畢業具有教學經驗者

二　師範學校或高中師範科畢業者

三　中等學校畢業曾任小學職教員二年以上有證明文件者

第七條　事務員應就左列各款資格之一并曾受兒童福利專業訓練者任用之

一　初級中學畢業曾服務行政機關一年以上持有證明文件者

二　曾在行政事業機關服務二年以上持有證明文件者

第八條　保育員以具有中等教育程度年在二十歲以上四十五歲以下身體健全無不良嗜好并曾受兒童福利事業訓練合格者任用之

前項人員以任用女性爲原則

第九條　保姆以具有兒童保育經驗及衛生常識粗通文字性情温和身體健全無不良嗜好年在二十歲至四十五歲者任用之

第十條　兒童福利機關人員之薪俸依第十一條之規定核給除部派人員由社會部核定外餘由各該機關主管人員依其學識資歷核敘薪給報部備查但所敘薪級如與資歷不合者社會部得核減之

第十一條　兒童福利機關人員薪給核敘標準如左

一　凡主管人員之資格合於第四條第一第二兩款者由薦任五級或六級起薪合於第三款者由薦任七級或八級起薪合於第四第五兩款者由薦任九級或十級起薪

二　組長主任或研究員之資格合於第五條第一款者由薦任十級或委任一級起薪合於第二款者由委任一級或二級起薪合於第三款者由其主管機關按其學識經驗酌敘級俸報由社會部核定之

三　教師教務員事務員及保育員之資格合於第六第七兩條各款者由其主管機關依照附表規定標準核敘級俸報由社會部備核事務員保育員如無適當資格而有工作能力或服務經驗者得酌定之

四　保姆之薪給標準視其能力經驗酌定之

第十二條　兒童福利機關人員之配置暫定標準如左：

一　教師以每二班用三人爲原則設六班以上者用教務員一人至二人每班人數低級以三十名爲限中級以四十名爲限高級以五十名爲限

二　凡年在一歲以下之嬰兒每五名用保育員一人每十名用保姆一人每三十名用護士一人每百名用小兒專科醫師一人

三　凡年在一歲以上二歲以下之嬰兒每十名用保育員一人每二十名用保姆一人每五十名用護士一人每一百名用小兒專科醫師一人

四　凡年在二歲以上四歲以下之幼兒每十五名用保育員一人每三十名用保姆一人

五　凡年在四歲以上六歲以下之幼兒每二十名用保育員一人每四十名用保姆一人

六　凡年在六歲至十二歲者每四十名用保育員一人每八十名用保姆一人

七　凡年自二足歲至十二足歲之幼兒每一百名用護士一人滿三百名時用政府註册醫師一人滿五百名時得用護士

長一人並得用醫師二人

八　凡兒童在二百名以下者用事務員二人二百名以上者每增加兒童一百名增用事務員一人有特殊情形者得呈請增加

前項各款人員得因實際需要由社會部核定增減之

第十三條　育幼院院長每週至少授課四節教務組長保育組長每週授課至少八節

第十四條　衛生組長或保健組長均由醫師兼任不另支薪

第十五條　工役之雇用視事務之繁簡酌定之

第十六條　本規則自公布日施行

（附）社會部直轄兒童福利機關人員級俸比敍表

社會部直轄兒童福利機關人員級俸比敘表

<table>
<tr><th>任別</th><th>級別</th><th>俸別</th><th colspan="5">兒童福利機關</th></tr>
<tr><td rowspan="10">薦任</td><td>一</td><td>400</td><td rowspan="8">院長</td><td></td><td></td><td></td><td></td></tr>
<tr><td>二</td><td>380</td><td></td><td></td><td></td><td></td></tr>
<tr><td>三</td><td>360</td><td></td><td rowspan="8">所長</td><td></td><td></td></tr>
<tr><td>四</td><td>340</td><td></td><td></td><td></td></tr>
<tr><td>五</td><td>320</td><td></td><td></td><td></td></tr>
<tr><td>六</td><td>300</td><td></td><td></td><td></td></tr>
<tr><td>七</td><td>280</td><td></td><td></td><td></td></tr>
<tr><td>八</td><td>260</td><td rowspan="7">組長 研究員 主任</td><td></td><td></td></tr>
<tr><td>九</td><td>240</td><td></td><td></td><td></td></tr>
<tr><td>十</td><td>220</td><td></td><td></td><td></td></tr>
<tr><td rowspan="15">委任</td><td>一</td><td>200</td><td></td><td></td><td></td><td></td></tr>
<tr><td>二</td><td>180</td><td></td><td></td><td></td><td></td></tr>
<tr><td>三</td><td>160</td><td></td><td></td><td rowspan="9">教師 教務員</td><td></td></tr>
<tr><td>四</td><td>140</td><td></td><td></td><td></td></tr>
<tr><td>五</td><td>130</td><td></td><td></td><td></td><td rowspan="9">事務員 保育員</td></tr>
<tr><td>六</td><td>120</td><td></td><td></td><td></td></tr>
<tr><td>七</td><td>110</td><td></td><td></td><td></td></tr>
<tr><td>八</td><td>100</td><td></td><td></td><td></td></tr>
<tr><td>九</td><td>90</td><td></td><td></td><td></td></tr>
<tr><td>十</td><td>85</td><td></td><td></td><td></td></tr>
<tr><td>十一</td><td>80</td><td></td><td></td><td></td></tr>
<tr><td>十二</td><td>75</td><td></td><td></td><td></td><td></td></tr>
<tr><td>十三</td><td>70</td><td></td><td></td><td></td><td></td></tr>
<tr><td>十四</td><td>65</td><td></td><td></td><td></td><td></td><td></td></tr>
<tr><td>十五</td><td>60</td><td></td><td></td><td></td><td></td><td></td></tr>
<tr><td colspan="8">雇員（如保姆）最高月薪六十元最低月薪四十元</td></tr>
</table>

說明

一、本表將主管人員暫份爲院長所長兩種名稱，範圍較大者，其主管人員比照院長敘俸，範圍較小者，其主管人員，得比照所長敘俸。

二、初任人員應從各該職務之最低級俸敘起，但二等委任職以下人員，得按其學歷經驗酌敘級俸。

三、服務人員現支薪給如已超過表列最高額者仍准照支，但不得再行增加。

各職業介紹機關實施失業人員職業訓練辦法

三十二年九月二十七日部令公佈

第一條 各職業介紹機關實施失業人員職業訓練依本辦法之規定

第二條 各職業介紹機關實施失業人員職業訓練應根據社會需要及求職人登記統計使求才求職兩方獲得適當之配合為原則

第三條 各職業介紹機關得接受求才機關之委託代辦職業訓練

第四條 實施失業人員職業訓練得視當地情形分別採用下列方式：

一 由職業介紹機關自行設班訓練

二 洽商當地學校合作辦理

三 洽商當地工廠礦場或其他企業組織合作辦理

四 洽商各職業團體或社會團體合作辦理

第五條 實施失業人員職業訓練應依職業種類及教育程度為設班單位取單式編制。

第六條 實施失業人員職業訓練普通職業訓練班得設班務主任一人教導員事務員各一人其受訓人數及班數較多者得分股辦事並酌量增加教職員名額

第七條 失業人員職業訓練之課程內容應注重專業之實際知能及服務道德訓練時期較長者並應授以黨政課程兼重精神訓練

第八條 失業人員職業訓練之教學方法注重實地觀察實地練習相互討論及個別指導。

第九條 實施失業人員職業訓練應同時施行職業指導及職業介紹

第十條 實施失業人員職業訓練時期普通為三個月至少為一個月至多不得超過六個月

第十一條 實施失業人員職業訓練所需經費由主辦機關負担必要時得向受訓人員酌收書籍文具費其由求才機關委託代辦者所需經費由該委託機關負担

第十二條 本辦法自公布日起施行

陪都育幼院收容兒童辦法

三十二年九月二十九日部令公佈

第一條 陪都育幼院收容兒童悉依本辦法之規定

第二條 凡一等傷殘軍人之子女年在五足歲以上十五足歲以下者得由其親屬或監護人向軍政部榮譽軍人總管理處申請轉

送收容

第三條　依照前項規定年齡之貧苦無依抗戰軍人子女必要時亦得由社會部核飭收容之

收容名額由社會部決定通知軍政部榮譽軍人總管理處依照前條第一項規定造具名冊送部核飭收容

前項名冊應詳載兒童姓名性別年齡籍貫住址及家屬或監護人姓名關係等項

第四條　收容之兒童因故離院或死亡而有缺額時由院報部轉知榮譽軍人總管理處甄選函送遞補

第五條　患傳染病及其他重病之兒童不予收容

第六條　兒童入院後須填具志願書及保證書並由院發給入院證還寄各該兒童親屬或監護人保存以為將來申請領回時之憑證

第七條　兒童入院後其親屬或監護人得於規定時間內來院探視

第八條　收容之兒童得由其親屬或監護人隨時申請領回

第九條　兒童因疾病或其他不可抗力之變故以致死亡者除由院料理葬後直接通知其親屬或監護人並報部轉知榮譽軍人總管理處備查外不負任何責任

第十條　兒童教養至超過規定年齡時得通知其親屬或監護人領回或轉送其他機關教養

第十一條　收容之兒童如其家屬與第二條規定不符經查核屬實者即限令領回並追繳其自收容之日起之全部費用

第十二條　本辦法自公佈日施行

合作事業

合作金庫條例

三十二年九月十八日國民政府公佈

第一章　總則

第一條　合作金庫以調劑合作事業資金為宗旨

第二條　合作金庫分左列二級

一　中央合作金庫及其各省（市）分金庫

二　縣（市）合作金庫

中央合作金庫得於必要地區設立合作支金庫

第三條 縣市合作金庫得於各該縣（市）區域內設立代理處
合作金庫受合作及金融主管機關之監督指揮
中央合作金庫及其分支庫之設立應呈請中央合作及金融主管機關備案縣市合作金庫之設立應向各該縣市政府登記並經中央合作金庫核轉中央合作及金融主管機關備案

第四條 中央合作金庫對縣市合作金庫之組織及業務有監督指導之權

第五條 中央合作金庫設於國民政府所在地省市合作分金庫設於省市政府所在地縣市合作金庫除因特殊情形經中央合作金庫特別核准者外應設於縣市政府所在地

第二章 資本

第六條 中央合作金庫之資本定為六千萬元縣市合作金庫之資本定為十萬元至五十萬元必要時得隨時增加之

第七條 中央合作金庫之資本除由國庫及有關國家銀行担任五千萬元外餘由各省市政府各縣市合作金庫各級合作業務機關各合作社團及縣以上各級合作社認購
縣市合作金庫之資本由各該縣市政府地方銀行縣市合作業務機關各合作社團及各級合作社認購
合作金庫主管機關應獎勵督促合作業務機關合作社團及各級合作社增購股本其辦法由社會部定之

第八條 中央合作金庫及縣市合作金庫之資本均採股份制中央合作金庫每股定為國幣五百元縣市合作金庫每股定為國幣一百元均為記名式

第九條 合作金庫為有限責任制各股東均以所認股額負其責任

第三章 組織

第十條 中央合作金庫設理事二十五人組織理事會除由中央合作及金融主管機關會同選派十三人外餘由各認股單位選舉之中央合作金庫設監事十一人組織監事會除由審計部選派一人中央合作及金融主管機關會同選派五人外餘由各認股單位選舉之
中央合作金庫各認股單位理監事之選舉辦法由社會部定之

第十一條 縣市合作金庫設理事七人至十一人組織理事會除由縣市合作主管機關遴聘中央合作金庫派充二人至四人外餘由各認股單位選舉之
縣市合作金庫設監事五人至七人除由當地合作主管機關及省合作分金庫會同選派三人外餘由各認股單位選舉之

縣市合作金庫各認股單位理監事之選舉辦法由社會部定之

第十二條 中央合作金庫理事會互選常務理事七人由中央合作及金融主管機關會同指定其中一人為理事長

縣市合作金庫理事長由縣市合作主管機關薦請中央合作金庫就理事中指派之並分別呈報中央合作及金融主管機關備案

第十三條 各級合作金庫理事任期三年監事任期一年均得連選連任

第十四條 中央合作金庫置總經理一人副總經理一人由中央合作金庫理事長商同常務理事選定提經理事會同意聘任並呈報中央合作及金融主管機關核准備案

總經理因事故不能執行職務時由副總經理代理並呈報中央合作及金融主管機關備案

省市合作分金庫置經理一人副經理一人由中央合作金庫總經理提陳理事長同意後經常務理事會通過由理事長派任之

第十五條 縣市合作金庫置經理一人由縣市合作金庫理事會聘任並分別呈報縣市政府及中央合作金庫備案

第十六條 各省市合作分金庫得設設計委員會以合作事業及有關機關團體代表及專家為委員其組織規程由社會部會同財政部擬訂呈請行政院核定之

第四章 業務

第十七條 合作金庫之業務範圍以專營或兼營之各級合作社合作社團及合作業務機關為限其種類如左

一 收受各種存款及儲蓄存款

二 放款及投資

三 票據之承受或貼現

四 辦理匯兌及代理收解各種款項

五 辦理信託及倉庫運銷業務

六 代理保險業務

合作金庫與農業金融之業務由行政院劃分之

第十八條 中央合作金庫經財政部之核准得發行合作債券但其發行總額不得超過其實收資本總額之五倍並不得超過其放款之總額

第十九條 中央合作金庫應於每一營業年度開始前一個月擬具營業計劃營業預算呈請中央合作及金融主管機關核准並於年

度終了後兩個月內造具營業報告書資產負債表損益計算書財產目錄公積金及盈餘分配表呈報中央合作及金融主管機關查核備案

第二十條　縣市合作金庫應於每一營業年度開始前二個月擬具營業計劃營業概算報由各該省合作分金庫核轉中央合作金庫備案並於年度終了後一個月內造具營業報告書資產負債表損益計算書財產目錄公積金及盈餘分配表報經各該省合作分金庫核轉中央合作金庫備案

第二十一條　各級合作金庫每年度營業所得純益除彌補虧損及提付股息外如有盈餘應以百分之五十以上為公積金百分之三十以上為特別準備金其餘為職員獎勵金其數額不得超過全數辦給四分之一

第五章　附則

第二十二條　合作金庫施行細則由社會部會同財政部擬訂呈請行政院核定之

第二十三條　本條例自公佈日施行

農貸手續簡則

三十二年八月行政院核准（見三十二年八月份行政院公報）

甲　對於農村合作社貸款手續（農行及合作金庫對於合作社農會及農會會員團體及其他農民團體貸款均適用之）

（一）合作社申請借款手續

1 合作社向貸款行庫申請借款應依照貸款行庫之規定填具借款申請書并儘可能獲得合作指導員或技術指導員在借款申請書上加註意見連同附件於申請用款一個月前送達貸款行庫審核

2 借款申請書應備之附件如左

子　合作社章程及社員人數表

丑　合作社及其職員之印鑑紙

（以上二件於第一次申請借款時必須附送以後如無變更可免再附）

寅　社員借款用途細數表（借款作共同經營資金者免附）

卯　業務計劃（凡借款供經營信用業務資金者免附）

辰　担保品記載表（無担保品者免附）

（二）行庫貸款手續

1 貸款行庫接到借款申請書件後應即考查申請借款社之社務業務并於二十日內將准否貸放之決定以書面通知申請借

款社

2 前項核准通知應隨附空白借據由申請借款社填寫加蓋合作社及負責代表人印章於指定日期及地點辦理領取手續

3 合作社之申請借款屬於轉放性質者貸款行庫應派員監放或請由合作指導員或技術指導員或上級聯合社之理監事協助監放并核查其借款社員對社所立之借據其借款屬於共同經營性質者應查核參加各該業務之社員所具「借款連結願書」

（三）還款及展期還款手續

1 合作社將借款本息清償後貸款行庫將原借據註銷交還借款社附有抵押品者亦同時交還之

2 借款分期歸還者在借款本息未全部清償前每次還款由貸款行庫給予還款收據或於借據上批註俟借款本息全部清償後即由貸款行庫將原借據註銷交還借款社附有抵押品者亦同時交還之

3 合作社因故不能將借款如期歸還時應於借款到期前一個月繕具正式公函向貸款行庫申請展期

4 貸款行庫接到上項展期申請書後應即派員調查并將准否展期之決定於到期前以書面通知借款社

乙 對合作金庫貸款手續

（一）合作金庫借款應先於每年年終擬具下年度業務計劃及資金匡計表陳貸款行核定

（二）業務計劃及資金匡計表經核定後即簽訂信用或抵押透支合約

（三）合作金庫每次支領透支款項時應填具「撥款申請書」函請貸款行核撥

（四）合作金庫還款及展期還款手續照本簡則合作社還款及展期還款手續辦理

丙 對農民團體及各省省政府之大型農田水利貸款手續

（一）借款機關申請借款手續

1 借款機關申請借款應先將一工程之經濟價值（包括灌溉區內農戶調查土壤性質現在各項農作物種植情形耕作及土地分配狀現受益田畝每畝平均負担工費數額以及增產數量最低之估計及工程說明全部設計圖表趕辦不及時應將下列各件先行送核

子 工程說明

丑 灌溉區域全部地形及建築位置圖

寅 幹渠縱橫剖面圖

卯 渠首設計圖表

辰　流量
巳　用水量
午　灌溉面積
未　全部工程費（包括分支渠土方）
申　施工期限（分期進度及工款配合）
酉　主要建築材料來源
戌　受益田畝或農民組織情形及預籌還款辦法

2 行政院水利委員會審核後擬具意見連同各件轉貸款行

3 貸款核定訂立合約後承辦工程機關應即將全部施工設計圖表及工程處臨時費經常費預算書暨施工細則一式二份請貸款行備查

(二)貸款行貸款手續

1 貸款行就行政院水利委員會轉送各件及工程經濟價值再加審核轉四聯總處核准後即逕與借款機關訂立合約

2 按工程進度及實際需要在約定貸額內經派駐督察工程師簽證得隨時支付貸款

(三)凡貸款因物價續漲或變更設計必需增加工程費方能完工時應事先擬具追加預算詳述理由事實連同增加或變更工程圖表等申請增加貸款經水利委員會審核貸款行同意轉四聯總處核定後即辦理換文作爲原和同之附件

丁　對於農民團體及個人小型農田水利貸款手續

(一)借款團體（或個人）申請借款手續

1 借款團體（或個人）申請借款應依照貸款行庫之規定填具借款申請書連同附件於申請用款一個月前逕送貸款行庫審核

2 借款申請書應備之附件如左

子　團體組織章程及團員名冊（個人借款免送）
丑　團體及職員或個人借款之印鑑紙
寅　貸款分配明細表（個人借款免送）
卯　担保品記載表
辰　經營計劃（包括說明灌溉區域工程費用施工期限用款方法工程完工後管理辦法等）

（二）貸款行庫貸款手續

1 貸款行庫接到借款申請書件後應即慎密審核派員前往調查借款者之組織狀況并至施工地點實施查勘後於一個月內將准否貸放之決定以書面通知借款人

2 貸款核定即由借款雙方訂立合約貸款行庫即按合約規定支款辦法支付貸款

（三）還款及展期還款手續

除還款方法以分期償還爲原則外其餘照本簡則合作社還款及展期還款手續辦理

戊 對中央農業改進機關推廣及其附屬各地實驗場所各級農業學校社團之農業推廣貸款手續

（一）借款機關申請借款手續

1 借款機關申請貸款除應備具正式公函外并應依照貸款行之規定塡具借款申請書連同附件於申請用款前兩個月送所在地貸款行審核

2 借款申請書應備之附件如左

子 業務計劃

丑 與借款有關各項章則

寅 担保品記載表（無担保品者免附）及承還保證人證函

卯 介紹書（借款機關由其主管機關或技術機關介紹借款者應由介紹機關塡具介紹書一併送交貸款行查考其經貸款行認爲無需介紹機關者得免附）

（二）貸款行貸款手續

1 貸款行得到申請書件後應於一個月內將審查手續辦理完畢並將准否貸放之決定以書面通知貸借款機關

2 貸款核定後即由借貸雙方按照四聯總處規定之農業推廣貸款合約藍本簽訂正式合約并由借款機關塡具借款印鑑紙送由貸款行存查

3 合約簽訂後由借款機關按合約規定并憑印鑑及收據一次或分次支取借款

（三）還款及展期還款手續

除關於申請展期手續其介紹機關者并應由介紹機關具函證明外其餘照本簡則合作社還款及展期還款手續辦理

巳 對省農業改進機關或農業推廣機關暨所屬之各地實驗場所之農業推廣貸款手續

（一）借款機關申請借款手續

借款機關申請借款應擬具與借款有關之業務計劃經主管機關核定後送當地貸款行考查并洽得貸款行同意於各該省農貸協議書內訂明

(二)貸款行貸款手續

1協議書簽訂後卽由借款機關與所在地貸款行按照四聯總處規定之農業推廣貸款合約藍本簽訂正式合約並由各該借款機關分別塡具印鑑送貸款行存查

2合約簽訂後由借款機關按照合約規定幷憑印鑑及收據一次或分次支取借款

(三)還款及展期還款手續

除由主管機關以公函證明外餘照本簡則合作社還款及展期還款手續辦理

庚　對農場貸款手續

(一)農場申請借款手續

1農場申請借款時除應備具正式公函外幷依照貸款行之規定塡具借款申請書連同附件於申請用款前二個月送貸款行審核

2借款申請書應備之附件如左

子　農場平面圖

丑　農場概況及經營計劃

寅　與借款有關之各項章則

卯　担保品記載表及承還保證人證函

(二)貸款行貸款手續

1貸款行接到申請書件後應於一個月內將審查手續辦理完畢幷將准否貸放之決定通知借款農場

2借款經核准後卽由借貸雙方簽訂合約幷由借款農場塡具領款印鑑交由貸款行存查

3合約簽訂後借款農場得按照合約規定幷憑印鑑及收據一次或分次支取借款

(三)還款及展期還款手續

除於本息全部淸償後應由借貸雙方將原訂合約註銷外其餘照本簡則合作社還款及展期還款手續辦理

信用合作推進辦法

三十二年七月十二日部令公佈

一　信用合作以運用合作方式推行節約儲蓄吸收社會遊資調劑平民資金籌謀合作金融基礎之建立為目標

二　本辦法所稱信用合作業務不包括合作社為集體轉向合作金融機關借款或貼現之行為

三　各級合作主管機關應宣傳信用合作之正確意義糾正以往專為借款而組織合作社之錯誤以謀信用合作業務之健全發展

四　信用合作業務在鄉村以由鄉鎮合作社兼營為原則在城市以組設信用合作社專營為原則其存款業務概以收受社員之存款為限

五　各級合作社聯合社之信用業務在設有同級之合作金庫時以併入合作金庫辦理為原則

六　合作主管機關應指導專營或兼營信用業務之合作社辦理存款並應為獎勵節約儲蓄舉行競賽

七　合作主管機關為保障存款人之利益應對經營信用業務之合作社就其社務財務及業務人員之操守能力等各方面檢查其信用之程度在未經檢查合格前各合作社不得擅自吸收存款經營信用業務合作社之信用程度標準另定之

八　經營信用業務之合作社辦理存款業務應儘量提倡並便利存戶之小額定期存款并應視實際情形規定各種存款方式

九　經營信用業務之合作社應獎勵定期長期存款並得經社員大會之決議酌量採行強制存款制度強制每一社員實行定期小額存款

十　合作社之存款應以百分之四十為準備

十一　合作社之存款準備以存入合作金融機關便於隨時提取為原則

十二　合作社之存款期限在六個月以上者得由合作社以此項存款之一部份購買或代社員購買建國儲蓄券及其他債券

十三　合作社除酌留存款準備及購買建國儲蓄券暨其他債券之金額外應就社員間需要資金之情形予以合理之融通

十四　合作社之存款不敷社員個別所需資金之融通時得向合作或有關合作金融機關申請借款但保合作社在設有鄉鎮合作社之區域須先經鄉鎮合作社之審核認可後始得申請借款

十五　合作社對社員貸款除有流動性之社員外應以對人信用為主並應注意使有正當職業并有合作信念工作技能及償還信用之貧民亦能人人有通融資金之機會

十六　合作社對社員之放款以用於生產或生產品之運銷為原則但遇有賠產債務經調查屬實者及不違反節約精神之必需消費亦得視為放款之正當用途

十七　合作社對社員之放款得以社員之參加儲蓄及參加保險合作為附帶之條件

十八　合作社放款時視借款社員之需要在合理之條件下得以實物貸予之

十九　合作社對社員放款在合於經濟原則之條件下應酌採定額透支及緊借帶還制度以期適應社員個別之情形並應儘量避免全體社員每年同時借用同額款項期滿整數歸還之辦法

二十　信用合作業務應與其他合作業務如產銷合作及保險合作等取得密切之配合

二十一　各級合作金庫及有關合作金融機關對經營信用業務各合作社之輔導或協助辦法另定之

二十二　本辦法自公佈之日施行

出征抗敵軍人對合作社借款展期償還及救濟辦法

（三十二年九月十三日部令頒行）

一　合作社出征社員於應召前對合作社所負債務得依本辦法之規定辦理

二　凡合作社社員出征抗敵者其應召前對合作社所負債務如確係無力償還應准展緩至役滿返籍後之第二年籌措清理在展期期間內免計利息

三　前項出征社員所負債務如係由合作社向貸款機關轉借貸放者應由合作社填具展期還款申請書呈縣市政查明應還日期並蓋印證明後轉請貸款機關准其展期停息

四　縣各級合作社依照各級合作社組織大綱第二七條規定解散者對出征社員展期償還之債權應造具結欠本息清單一式二份呈請當地合作主管機關審核後以一份存留備查並立簿專卷保管另一份函送貸款機關申明代為接管該舊社對出征社員之債權及該舊社對貸款機關之債務

五　凡出征社員戰役及因戰殘廢或戰事結束後一年無下落（自退伍之日起算）其債務確無法清償者應由出征社員家屬（無家屬者由合作社代請）呈請該管鄉鎮公所書面證明並由合作社造具清單載明社員姓名住址借款數額日期出征情況無法償還事由等項呈經當地合作主管機關查明屬實由縣市政府核轉原借款銀行彙報四聯總處轉報財政部請由國庫負擔以原貸款本息總額撥還原貸款銀行

六　前款出征社員之債權因合作社解散已移歸合作主管機關接管者其證明及造具清單手續均由出征社員家屬呈請該管鄉鎮公所辦理其無家屬者由合作主管機關逕行辦理之

七　出征社員於其出征期間因家人散亡家產無存致役滿返籍後第二年仍無法籌措清理對合作社之債務時得依前項之規定辦理

八　合作社社員家屬出征者不適用本辦法

九　本辦法對互助社及其他以互助為宗旨之社團出征社員準用之

本辦法自公佈日施行

人力動員

戰時全國技術員工管制條例

三十二年七月九日國民政府公布

第一條　本條例依國家總動員法第十條至第十二條之規定制定之

第二條　本條例所稱技術員工係以左列者為限

一　曾在國內外專科以上學校或高級職業學校之理工農醫會計及工商管理等科畢業或對上述各學科有專門著作或發明者

二　曾受前款各學科或其相關學科技術訓練合格者

三　曾任前款各科工作或修習前款各科技術二年以上具有相當經驗者

四　其他合於專門技術人員考試法所規定之資格者

第三條　凡合於前條規定之技術員工無論現職非現職開業或未開業均應受本條例之管制

第四條　技術員工之管制為調查登記分配限制調整徵調招致訓練獎勵等事項

前項事項由社會部勞動局統籌管制分別會同各主管機關辦理之其原屬各主管機關辦理者仍由各主管機關辦理勞動局負綜合聯繫之責

第五條　技術員工由各主管機關分別登記彙送勞動局勞動局得就應登記事項予以調查

第六條　全國各機關及公私營業之農礦工商場廠應將現有服務技術員工造具名冊送主管機關登記

第七條　全國各專科以上學校或高級職業學校修習第二條第一款規定學科滿二年以上之學生應由學校造具名冊送主管機關登記

第八條　全國各機關及公私營業之農礦工商場廠所辦之技術員工訓練班所合於本條例第二條第二款之規定者應於結業時將受訓人員造具名冊送主管機關登記

第九條　凡非現職或失業開業或未開業來自戰區或回國僑胞之技術員工應就近報請各該主管機關登記

第十條　在職之技術員工不得無故離職

第十一條　各機關場廠雇用技術員工如係現在他機關場廠服務者應得原服務機關場廠之同意

第十二條　凡與國家總動員業務有關之現職技術員工有轉業或改業之必要時得由各機關場廠請求勞動主管機關代為分配適

當工作

第十三條　全國各機關場廠技術員工之待遇應求謀劃一由勞動局會同各有關機關統籌規劃擬訂標準轉呈行政院核定施行

第十四條　因國家總動員業務之需要勞動局對於已登記之技術員工依左列順序徵調之

一　現無職業及未開業者

二　自行開業者

三　與國家總動員業務與相服務人員

四　與國家總動員業務關係較輕之公營場廠從業人員

五　與國家總動員業務關係較輕之私營場廠從業人員

六　曾受一定期間之特殊技術訓練或修習專門技術滿二年以上之學生

第十五條　因軍事或行政機關之殊特需要勞動局得商同各主管機關實施緊急徵調

第十六條　凡奉令徵調之技術員工應即遵照限期前往指定地點機關報到

第十七條　奉令徵調技術員工之旅費等必需費用由徵調服務機關發給之

第十八條　凡調往前方或邊疆服務滿三年之技術員工除本人自願繼續服務外應調回原機關場廠如原機關裁撤或場廠停閉時勞動局應儘先分配相當工作

第十九條　被徵調之學生應保留其原有學籍

第二十條　各機關場廠自行從海外或淪陷區招致技術員工時應與勞動局洽商辦理

第二十一條　某種技術員工特別缺乏或不敷分配時勞動局得商由主管機關設班訓練之

第二十二條　凡調往前方或邊疆服務或回國報効僑胞之技術員工滿三年以上著有勞績者除依考績獎勵法規辦理外得由勞動主管機關呈請予以獎勵其回國報効僑胞之技術員工並由服務機關按其成績及服務期間之長短酌給獎金

第二十三條　違反第十六條之規定者依妨害國家總動員懲罰暫行條例懲罰之

第二十四條　本條例自公布日施行

國民政府令

任命賀衷寒署社會部勞動局局長此令　三十二年七月一日

行政院院長蔣中正呈據社會部部長谷正綱呈爲社會部合作事業管理局視察詹紹楨呈請辭職請免本職應照准此令　三十二年七月六日

行政院院長蔣中正呈據社會部部長谷正綱呈請任命林　嵘爲社會部合作事業管理局視察應照准此令　三十二年七月六日

行政院院長蔣中正呈據社會部部長谷正綱呈請任命嚴　炬爲社會部勞動局秘書應照准此令　三十二年七月七日

任命楊呈放署社會部秘書此令　三十二年七月十四日

行政院院長蔣中正呈據社會部部長谷正綱呈請任命許道夫署社會部合作事業管理局科長應照准此令　三十二年七月三十日

行政院院長蔣中正呈據社會部部長谷正綱呈請任命鍾重威署社會部科員應照准此令　三十二年七月三十日

行政院院長蔣中正呈據社會部部長谷正綱呈爲署社會部視導項學儒另有任用請免本職應照准此令　三十二年七月三十一日

行政院院長蔣中正呈據社會部部長谷正綱呈請任命王仙舟爲社會部視導應照准此令　三十二年七月三十一日

行政院院長蔣中正呈據社會部部長谷正綱呈請將賀奎榮一員以社會部勞動局視導試用應照准此令　三十二年七月三十一日

行政院院長蔣中正呈據社會部部長谷正綱呈請派彭棨湘續署社會部勞動局視導職務應照准此令　三十二年七月三十一日

行政院院長蔣中正呈據社會部部長谷正綱呈請任命徐　鎣爲社會部視導應照准此令　三十二年七月三十一日

行政院院長蔣中正呈據社會部部長谷正綱呈請任命劉　暢署社會部科員應照准此令　三十二年七月三十一日

行政院院長蔣中正呈據社會部部長谷正綱呈爲社會部視導覃毓身另有任用請免本職應照准此令　三十二年七月三十一日

行政院院長蔣中正呈據社會部部長谷正綱呈請任命吳興幹爲社會部勞動局科長應照准此令　三十二年七月三十一日

行政院院長蔣中正呈據社會部部長谷正綱呈請任命龍舒甲爲社會部科員應照准此令　三十二年七月三十一日

行政院院長蔣中正呈據社會部部長谷正綱呈請任命張廣鴻爲社會部科員應照准此令　三十二年七月三十一日

社會部視導陳　言另有任用陳　言應免本職此令　三十二年八月十九日

任命陳　言爲社會部總務司司長此令　三十二年八月十九日

行政院呈據社會部部長谷正綱呈爲社會部科長徐幼川呈請辭職請免本職應照准此令　三十二年八月二十四日

行政院呈據社會部部長谷正綱呈請任命朱家讓爲社會部科長應照准此令　三十二年八月二十四日

行政院呈據社會部部長谷正綱呈爲社會部科長劉修如另有任用請免本職應照准此令　三十二年八月三十一日

行政院呈據社會部部長谷正綱呈爲社會部合作事業管理局科長侯厚宗另有任用請免本職應照准此令　三十二年九月十七日

行政院呈據社會部部長谷正綱呈請任命侯厚宗爲社會部合作事業管理局秘書應照准此令　三十二年九月十七日

社會部令

公佈令

茲制定勞工衛生委員會規程公佈之此令（與衛生署會同公佈）

社法字第四八七一六號　三十二年七月一日

茲制定全國各地商業工會籌備委員會組織規程公佈之此令（與財政部會同公佈）

社法字第四八九七四號　三十二年七月十日

兹制定本部員工保險籌備委員會組織規程本部員工保險實施方案公佈之此令
總一字第四九三一九號　三十二年七月十日

兹制定信用合作推進辦法公佈之此令
社法字第四九四一八號

兹制定職工福利金條例施行細則公佈之此令
社法字第四九六四二號　三十二年七月十六日

兹制定農民福利社設置辦法公佈之此令
社法字第五一一八三號　三十二年八月十六日

兹制定鄉(市區)農會會員代表大會代表選舉辦法公佈之此令
社法字第五一三六三號　三十二年八月十九日

兹制定本部直轄兒童福利機關人員任用配置規則公佈之此令
社法字第五一六六三號　三十二年八月二十五日

人民團體實際負責人緩役辦法着即廢止此令
社法字第五二四八五號　三十二年九月九日

兹將正出征抗敵軍人對合作社借款展期償還及救濟辦法公佈之至前訂出征抗敵軍人對合作社借款展期償還辦法　應予廢止
此令
社法字第五二七五六號　三十二年九月十三日

兹修正推定仲裁委員辦法公佈之此令
組二字第五三三一七號　三十三年九月二十三日

兹修正本部職員請假規則各司分科規則處務規程業務檢討會議考核辦法防空洞管理規則法規保管整理辦法社會工作人員調查登記辦法職員簽到簿考核辦法職員到職辦法職員出差辦法公佈之此令
社法字第五三三一九號　三十二年九月二十三日

兹制定各職業介紹機關實施失業人員職業訓練辦法公佈之此令
社法字第五三四九二號　三十二年九月二十七日

兹制定陪都育幼院收容兒童辦法公佈之此令

[illegible]總一字第五三六四三號　三十二年九月二十九日

任免令

本部統計處調查員辛論三張東之應予免職此令
人字第四八六八九號　三十二年七月一日

茲派毛　幹代理本部科員此令
人字第四八七四一號　三十二年七月二日

茲派周世蘭爲本部統計處調查督導員此令
人字第四八七四三號　三十二年七月二日

茲派林伯琦張崇文謝遐五伍澤之爲本部統計處調查員此令
人字第四八七四四號　三十二年七月二日

茲派本部司長陸京士兼任全國各地鹽業工會籌備委員會委員此令

茲派本部司長謝徵孚兼任全國各地鹽業工會籌備委員會委員此令
人字第四八九七五號　三十二年七月五日

茲派本部專員彭利人兼任全國各地鹽業工會籌備委員會組訓組組長此令
人字第四八九七六號　三十二年七月五日

茲派本部科長張永懋兼任全國各地鹽業工會籌備委員會福利組副組長此令
人字第四八九七六號　三十二年七月五日

茲派周卓英代理本部科員此令
人字第四九一〇二號　三十二年七月七日

茲派蔣豐鈞爲本部勞働局科員此令
人字第四九一二九號　三十二年七月七日

茲派本部工礦檢查室主任張天開、科長周泰京、專員徐　端兼任本部社會工作人員訓練班第六期工礦檢查組、社會服務救濟組、人民團體幹部組組長此令
人字第四九一三二號　三十二年七月七日

茲派謝叔程代理本部內江社會服務處總幹事此令

人字第四九一七七號　三十二年七月七日

茲派陳卓新黃溶清代理本部勞動局科員此令

人字第四九一九四號　三十二年七月八日

茲派汪維揚為本部統計處調查審導員此令

人字第四九一九八號　三十二年七月八日

本部調查員王　瑩呈請辭職應予照准此令

人字第四九二一〇號　三十二年七月八日

茲派殷會呂代理本部邊疆社會服務處業務組組長此令

人字第四九二一〇號　三十二年七月八日

代理本部勞動局視導謝呂森呈請辭職應予照准此令

人字第四九三七五號　三十二年七月十二日

本部科員郭詩暢呈請辭職應予照准此令

人字第四九五五五號　三十二年七月十四日

中華海員工會特派員辦事處設計委員張東林呈請辭職應予照准此令

茲派張汝芬為中華海員工會特派員辦事處設計委員此令

人字第四九五六二號　三十二年七月十四日

中華海員工會特派員辦事處西文祕書吳兆嶽呈請辭職應予照准此令

中華海員工會特派員辦事處設計委員王雅倫另有任用應予免職此令

茲派王雅倫為中華海員工會特派員辦事處西文祕書此令

茲派馮仲逵為中華海員工會特派員辦事處設計委員此令

中華海員工會特派員辦事處設計委員胡　琦另有任用應予免職此令

茲派龐濟民為中華海員工會特派員辦事處設計委員此令

人字第四九五六四號　三十二年七月十四日

本部統計處調查審導員方號英另有任用應予免職此令

人字第四九五六七號 三十二年七月十四日

茲派方毓英代理本部科員此令

人字第四九五六八號 三十二年七月十四日

本部統計處計算員王生陵着即免職此令

人字第四九六四八號 三十二年七月十六日

茲派楊銳彪蕭興驊代理本部勞動局科員此令

人字第四九八二〇號 三十二年七月十九日

茲派蔡元洪代理本部科員此令

人字第四九八二一號 三十二年七月十九日

茲委任鄧曙暉陳嵩嶽為本部合作事業管理局科員此令

人字第四九八二三號 三十二年七月十九日

茲派王儆予為本部重慶游民訓練所訓導主任此令

人字第四九八六八號 三十二年七月二十一日

茲派黃煥東為本部下運督導員此令

人字第四九八八五號 三十二年七月二十一日

茲派石雯青沈竹筠為本部調查員此令

人字第四九八八八號 三十二年七月二十一日

茲派萬伯攸江昌運為本部統計處調查督導員此令

人字第四九八八九號 三十二年七月二十一日

茲派桂丹秋鍾澤貴張人文為本部統計處調查員此令

人字第四九八九〇號 三十二年七月二十一日

本部統計處調查員邵建民應予免職此令

人字第四九九一五號 三十二年七月二十一日

本部桂林社會服務處職業介紹組總幹事劉綱晉辜鳳錫方着即撤職此令

人字第四九九五八號 三十二年七月二十一日

本部科長劉餘如另有任用應予免職除呈報外此令　人字第四九九二號　三十二年七月二十二日

本部遷義社會服務處職業介紹組幹事季良莊延不到差着即撤職此令　人字第四九九七號　三十二年七月二十二日

本部科員蕭溆懿呈請辭職應予照准此令　人字第五〇〇一二號　三十二年七月二十二日

茲派陳道良代理本部科員此令　人字第五〇〇一三號　三十二年七月二十二日

茲派康國瑞爲本部重慶市工人福利社籌備主任此令　人字第五〇〇八九號　三十二年七月二十三日

本部科員王希祥因病呈請辭職應予照准此令　人字第五〇〇九六號　三十二年七月二十四日

茲派吳南僊代理本部科員此令　人字第五〇〇九八號　三十二年七月二十四日

茲派本部荐任科員張翼鴻兼代本部福利司第五科科長此令　人字第五〇三一五號　三十二年七月三十日

本部衡陽社會服務處組長蕭傳玖楊昌藩因病呈請辭職應予照准此令　人字第五〇三四四號　三十二年七月三十日

茲派陳舍吾代理本部科員此令　人字第五〇五四七號　三十二年八月五日

茲派林振威代理本部科員此令　人字第五〇五四八號　三十二年八月五日

茲派王培源爲本部重慶游民訓練所所長此令　人字第五〇五五五號　三十二年八月二日

本部科長王家樹另有任用應予免職除呈報外此令

茲派彭利人代理本部科長除呈報外此令　人字第五〇八三〇號　三十二年八月十日

人字第五〇八三一號　三十二年八月十日

茲派魏　衡代理本部勞動局科長除呈報外此令

人字第五〇八三七號　三十二年八月十日

代理本部勞動局科長黃貞球呈請辭職應予照准此令

人字第五〇八三八號　三十二年八月十日

本部督導員李子明呈請辭職應予照准此令

人字第五〇八八四號　三十二年八月十日

本部科員郭　鐸呈請辭職應予照准此令

人字第五一〇三五號　三十二年八月十三日

茲派吳世恕代理本部遵義社會服務處總務組組長此令

人字第五一〇九四號　三十二年八月十四日

茲派魏　勳代理本部遵義社會服務處業務組組長此令

人字第五一〇九四號　三十二年八月十四日

茲派王公璧代理本部科員此令

人字第五一〇九九號　三十二年八月十四日

本部調查員王公璧另有任用應免本職此令

人字第五一一〇〇號　三十二年八月十四日

茲派鮑　練代理本部科員此令

人字第五一三九五號　三十二年八月十九日

茲委任李志倫試署本部科員此令

人字第五一三九九號　三十二年八月十九日

茲委任衛　玠試署本部科員此令

人字第五一四一七號　三十二年八月十九日

本部專員兼任重慶實驗救濟院院長王[illegible]克呈請辭院長兼職應予照准此令
人字第五一四四一號　三十二年八月二十日

茲派本部計劃委員曾心耆兼任重慶實驗救濟院院長此令
人字第五一四四二號　三十二年八月二十日

本部調查員王功榮逾假不歸着即撤職此令
人字第五一六二三號　三十二年八月二十五日

代理本部科員周　寯呈請辭職應予照准此令
人字第五一六二四號　三十二年八月二十五日

本部重慶社會服務處人事部[illegible]處總幹事方金鏞另有任用應免本職此令

本部重慶社會服務處總務組幹事李士賢另有任用應免本職此令
人字第五一六三七號　三十二年八月二十五日

茲派方金鏞爲本部重慶社會服務處協理此令

茲派李士賢爲本部重慶社會服務處總務組組長此令
人字第五一六二八號　三十二年八月二十五日

本部衡陽社會服務處總務組組長湯昌濬呈請辭職應予照准此令
人字第五一六四七號　三十二年八月二十五日

本部農運督導員倪　信呈請辭職應予照准此令
人字第五一七一三號　三十二年八月二十六日

本部重慶社會服務處職業介紹組總幹事顧[illegible]方因病呈請辭職應予照准此令
人字第五一八一七號　三十二年八月三十日

茲委任徐審吾試署本部合作事業管理局科員此令
人字第五一八六二號　三十二年八月三十日

本部督導員龍鐵珊呈請辭職應予照准此令
人字第五一八六三號　三十二年八月三十日

本部科員陶秀君呈請辭職應予照准此令○

人字第五二一九四〇號　三十二年九月一日

茲派陳書煒宋正昌代理本部科員此令

人字第五一九五二號　三十二年九月一日

本部調查員薰　蕭呈請辭職應予照准此令

人字第五二一五〇號　三十二年九月四日

茲派劉匡一為本部調查員此令

人字第五二一五一號　三十二年九月四日

茲派温光衆黃克賢代理本部科員此令

人字第五二五一九號　三十二年九月十日

茲派蕭鼎漢為本部統計處調查員此令

人字第五二八七二號　三十二年九月十五日

茲派許志致為本部統計處調查員此令

人字第五二八七三號　三十二年九月十五日

茲派張樹德為本部統計處調查員此令

人字第五二八七四號　三十二年九月十五日

茲派王允年為本部調查員此令

人字第五二八八八號　三十二年九月十五日

茲派鄭伯勛為本部統計處計算員此令

人字第五二八九二號　三十二年九月十五日

茲派王　理為本部統計處計算員此令

人字第五二八九三號　三十二年九月十五日

茲派張國彙凌英貞羅振遐王夢揚張源浩徐嘉麟為本部督導員此令

人字第五二八九四號　三十二年九月十五日

茲員傅　楨馮夢蓮王雲龍徐甯為周文由汪積恭孫邁斯鄒承魯方乃昌蔡澤永葛桂生為本部督導員此令

人字第五二八九六號　三十二年九月十六日

代理本部科員賈寶書應予免職此令　人字第五二八九七號　三十二年九月十六日

代理本部科員陳聘三呈請辭職應予照准此令　人字第五二九二一號　三十二年九月十六日

本部合作事業管理局科員蘇錫盤呈請辭職應予照准此令　人字第五二九四一號　三十二年九月十六日

茲派饒坤苑代理本部合作事業管理局科員此令　人字第五二九四二號　三十二年九月十六日

本部調查員王允年呈請辭職應予照准此令　人字第五三一一二號　三十二年九月二十日

茲派范鵰采世民為本部督導員此令　人字第五三一一三號　三十二年九月二十日

茲派耿家舒代理本部科員此令　人字第五三一一四號　三十二年九月二十日

本部代理科員劉金嶺應予免職此令　人字第五三一一五號　三十二年九月二十日

茲派馬鳳閣為本部重慶社會服務處康樂部總幹事此令
茲派龔縱德為本部重慶社會服務處義診所主任醫師此令　人字第五三二一一號　三十二年九月二十一日

本部衡陽社會服務處組長喻九皋呈請辭職應予照准此令　人字第五三四七七號　三十二年九月二十七日

茲派劉國興為本部衡陽社會服務處組長此令　人字第五三四七八號　三十二年九月二十七日

茲派歐陽正宅代理本部勞動局視導除呈薦外此令　人字第五三五八〇號　三十二年九月二十八日

茲委任羅淵辦爲本部科員此令

人字第五三五八五號　三十二年九月二十八日

本部合作事業管理局科員蒲觀巖另有任用應免本職此令

人字第五三五九五號　三十二年九月二十八日

附載

社會部最近聘派人員姓名一覽（三十二年七月至九月）

聘任

本部社會行政計劃委員

趙體文　裴民任　溫廣彝（專任）　劉脩如（專任）

張劍白（專任）　吳克剛（改兼任）

本部戰後社會救濟研究委員會委員

畢饒宇　傅維德　凌道揚

派任

本部組織訓練司幫辦

劉脩如（原兼任幫辦姜懷素調視導室工作）

本部各司副科長

組織訓練司第一科副科長林慶森

組織訓練司第六科副科長宋訓倫

社會福利司第五科副科長鍾其燾

本部勞動局技術委員

劉正炯　劉晉爐

總務類

社會部咨　人字第五〇一六六號　三十二年七月廿六日

為准中央訓練委員會函送十中全會政治組審查委員會對於
總裁指示全會注意事項第四項研究結果實施辦法第五項所列各點咨請查照由

案准中央訓練委員會本年七月十日訓（32）二字第三九九七號公函，送十中全會政治組審查委員會，對於　總裁指示全會注意事項，第四項「培植黨政幹部具體計劃之研討」研究結果實施辦法一份，其所列第五項爲：從職業團體及其他人民團體選拔幹部；（一）以平日工作努力成績優良之人民團體職員會員爲選拔標準；（二）由省縣政府就上項標準予以選拔，並酌量派任地方行政或地方自治工作。等語，除照案實施並分咨外，相應咨請
查照爲荷！

此咨
各省省政府

社會部咨　人字第五三四九一號　三十二年九月二十七日

准咨據粵漢鐵路工會呈請支給該會各級主管人員特別辦公費復請查照由

案准
貴部本年八月十七日人勞渝字第一七九八〇號咨，以據粵漢鐵路工會呈請支給該會各級主管人員特別辦公費，應否支給幷支給之標準如何？事關通案，囑查核轉陳核定並復，等由；准此，查工會係人民團體，其理監事及各分會幹事，幷非公務人員，按照行政院所頒「院屬各機關特別辦公費支給細則」之規定，支給特別辦公費，似有未合，且人民團體除書記及專任雇員外，理監事并係義務職，惟各鐵路工會理監事及其分會幹事，倘所負實際任務繁重時，可酌支交通費，在工會經費內支

，如工會經費困難，得請路局酌予補助，准咨前由，相應復請

查照爲荷。

此咨

交通部

社會部訓令　總四字第四八七三五號　三十二年七月二日

令本部附屬各機關

奉令抄公役管理規則及公役服務規則各機關長官公館之伕役亦須參照各該規則管理令仰遵照等因轉令遵照由

案奉

行政院三十二年四月二十一日仁庶字第九一二九號訓令開：

「茲訂定公役管理規則暨公役服務規則兩種，通飭施行，仰即遵照辦理，並轉飭所屬一體遵照。各機關長官公館之伕役，亦須參照各該規則管理，以期一致，幷仰知照。規則抄發此令。」

等因；奉此。除分令外，合行抄發公役管理規則暨公役服務規則令仰遵照。

此令！

附抄發公役管理規則暨公役服務規則各一份（見第十期公報）

社會部訓令　總字第四八九六〇號　三十二年七月五日

令本部附屬各機關

奉令轉知人事管理條例施行日期暨實施機關並廢止各機關人事管理暫行辦法令仰知照

案奉

行政院卅三年六月二十二日仁人字第一四一六四號訓令內開：

「案奉　國民政府卅二年六月十一日渝文字第四一四號訓令略開：人事管理條例，自民國三十二年七月一日起，爲地方各機關開始施行日期，以各省政府院轄市政府及其所屬廳處局暨各行政督察專員公署各縣市政府爲實施機關，並將二十九年十二月二十日公佈之各機關人事管理暫行辦法明令廢止，等因奉此，除分令外，合行令仰知照並轉飭所屬一體知照。此令。」

等因；奉此。除分令外，合行令仰知照。

此令！

社會部訓令

人字第四九四二六號　三十二年七月十三日

令本部附屬各機關

為奉令公務員因病而致扣發薪金者在扣發薪金期間其生活補助費及米代金應全數發給至全部停薪人員無論因病因事不能仍發生活補助費及米代金令仰知照由

案奉

行政院本年六月二十九日仁人字第一四七四四號訓令內開：

「案奉　國民政府三十二年六月十六日渝文字第四二二號訓令開：『據本府文官處簽呈稱：「准國防最高委員會祕書廳三十二年六月十二日國紀字第三〇一六六號公函開：『奉交下監察院呈，爲據審計部轉請解釋公務員罹病，其薪金倘全部停發，是否視爲扣發疑義？祈鑒核示遵呈一件，並奉批交財政專門委員會核覆；茲據覆稱：查各機關服務規程，每有公務員病假逾若干日，卽予扣薪若干成之規定，而在此非常時期者將生活補助費及米代金比照扣發，將不足以維持生活。本會因此於上年五月間提出公務員因病而致扣發薪金者，在扣發薪金期間，其生活補助費及米代金應全數發給等意見，業奉鈞會通過施行在案。至於全部停薪人員，無論因病因事不能仍發生活補助費及米代金，以杜流弊等語，經提奉　國防最高委員會第一百十二次常務會議決議，照審查意見通過，相應抄同原呈函達卽希查照轉陳，通飭知照』，等由；理合簽請鑒核」等情；據此，除復並分行，合行令仰知照，並轉飭所屬一體知照，此令』等因；奉此。除分行外，合行令仰知照，並轉飭所屬一體知照，此令！」

等因；奉此。除分令外，合行令仰知照。

此令！

社會部訓令

總一字第四九五九二號　三十二年七月十五日

令各省市社會行政機關

准出版事業管理委員會函以議定稿費版稅增加數目一案令仰知照并轉飭所屬印刷業等同業公會知照由

案准中國國民黨中央執行委員會出版事業管理委員會管稽字第七四四號公函略開：

「查關於保障作家生活提高稿費版稅一案，迭據中華全國文藝界抗敵協會來函請予鼎助，俾作家生活稍得改進，以便安，以從事創作等情，幷提經本會出版界談話會第九次會議議定（一）稿費最低每千字三十元，以重慶爲準，各地視實際生活情形，酌量增減之。（二）版稅初版按出版書局售價抽百分之十五等語，紀錄在案。除分函外，相應錄案函達，即希查照轉飭各省市圖書教育用品同業公會及印刷業同業公會知照。」

等由；准此，除分令外，合行令仰知照並轉飭所屬圖書教育用品同業公會暨印刷業同業公會知照。

此令！

社會部訓令　總一字第四九八二九號　三十二年七月日

令本部附屬各機關

爲令轉發懲治貪污條例並廢止前頒懲治貪污暫行條例令仰知照幷飭屬知照由

案奉

行政院三十二年七月十日仁捌字第一五六七七九號訓令略開：「案奉國民政府本年六月卅日渝文字第四四五六號訓令節開：『查懲治貪污條例現經制定明令公布，應即通飭施行，所有貪污案件，在特種刑事案件之審判程序未制定法律公布以前，仍暫依軍事審判程序辦理。至於前頒懲治貪污暫行條例業經明令廢止，應即通行飭知。除分令外合行抄發該項條例令仰知照並飭屬知照此令。』等因，奉此，除分行外，合行抄發該條例令仰知照幷轉飭所屬一體知照。」等因，計抄發懲治貪污條例一份；奉此。除分令外，合行抄發原件令仰知照幷轉飭所屬知照。

此令！

附抄發懲治貪污條例一份（略）

社會部訓令　總四字第四九八七〇號　三十二年七月二十一日

令本部在渝各附屬機關

爲令以轉奉國防最高委員會訓令轉發限制引用適齡壯丁充當伕役實施辦法令仰遵照等因原辦法令仰遵照由

案奉

行政院三十二年七月十二日仁貳字第一五八零二號訓令開：

「國防最高委員會國綜字第三二一九〇號訓令：飭辦中央黨政軍各機關以及各級主管官或職員私宅僱用伕役，不得引用適齡壯丁一案，前經召集各該機關會商後，擬定實施辦法三項，茲已呈奉國防最高委員會核准施行。除分行外，合行抄發原辦法令仰遵辦並轉飭所屬一體遵辦，爲要。此令。」

等因；奉此，除分令外，合行抄發原辦法，令仰遵照。此令！

計抄發限制引用適齡壯丁充當伕役實施辦法一份

限制引用適齡壯丁充當伕役實施辦法

一、自奉令之日一概不得再引用適齡壯丁爲伕役並酌用榮譽軍人

二、原有之適齡壯丁伕役由當地兵役機關調查後一律參加當地兵役抽籤中籤者立即解僱應徵未中籤者仍在原機關繼續服務但以在奉令三日以前雇用者爲限

三、各級主管官或職員私宅雇用之伕役應同樣辦理

社會部訓令

總一字第五〇四六七號 三十二年八月三日

令本部附屬各機關

奉令轉發修正國民政府頒發印信條例令仰知照由

案奉

行政院三十二年七月十九日仁人字第一六四五六號訓令開：

「案奉 國民政府三十二年七月六日渝文字第四六三號訓令，頒發修正國民政府頒發印信條例到院，合行抄發該修正條例令仰知照並轉所屬一體知照，此令。」

等因；附抄發修正國民政府頒發印信條例一份，奉此，除分令外，合行抄同原件令仰知照。

此令！

抄附發修正國民政府頒發印信條例一份（見法規欄）

社會部訓令

總一字第五一五〇四號 三十二年八月廿一日

令本部附屬各機關

奉令轉知嗣後呈件須填明年月日至於有時間性之文電應註明收到或發出時間令仰遵照并飭屬遵照

案奉

行政院卅二年八月十二日仁文字第一八一六四號訓令內開：

「案奉　國防最高委員會本年八月六日國綱字第三七九八三號代電開：『查黨政軍各機關呈核文件，往往漏塡時日或僅塡年月而不塡日期，此皆由於各機關首長不注重時效不能綜理密微，以致所屬主管員司亦並潦草疏忽任其疏漏，亟應通飭糾正。除分電外，希即切實遵照注意，嗣後在呈件上務須塡明年月日，對於有時間性之文電應註明收到或發出時間以昭時效，而便稽核，并轉飭所屬一體遵照注意爲要。』等因；奉此。合亟令仰遵照並飭屬遵照。」

等因；奉此。除分令外，合行令仰遵照。

此令！

社會部訓令　人字第五一八一一號　三十二年八月三十日

令本部附屬各機關

爲重新製定職員簡歷表服務人員一覽表及人事動態表格式三種令仰遵辦由

查本部各附屬機關應造報之職員簡歷表，服務人員一覽表，人事動態表，關係人事登記及考核，至爲重要。玆查各該機關對於上項報表，多未造送到部，即已造送者，亦復內容簡略，格式各異，不便查考，爲求整齊劃一起見，特重新製就表式三種頒發塡用，除分令外，合行檢發上項表式三種，令仰遵照，將現有人員分別塡具上項簡歷表及一覽表，於文到五日內呈部以憑核辦。至各月份人事動態表，應在次月上旬塡報，勿延爲要！

此令。

附發職員簡歷表一份服務人員一覽表一份人事動態表一份

號碼	
姓名	

社會部　職員簡歷表

式表（一）

姓名		別號		性別		籍貫	省市　縣	粘本人二寸照片處
出生	年　月　日	體格		嗜好		宗教		
永久住址		現在住址						
黨籍		黨證字號		入黨介紹人				
團籍		團證字號		入團介紹人				
曾否參加其他黨派及担任何種工作								民國　年　月　日填

學歷					
經歷					
來歷		保證人及其通訊處			
定職	服務部份	職別	薪給	到差 年　月　日	文案 文別　字號　日期	摘要

家庭	稱謂	氏名	出生	學歷	職業	服務機關及職別	每月收入	現在住址

工作志趣	
備考	

主管官 □　　本人 □　　年　月　日

說明：此表適用組長總幹事以上人員

家庭欄祖父祖母父母以次均須詳細填明

表式（二）

社會部 月份人事動態表

年　月　日　填報

動態原由	級職 原來	級職 現在	姓名	性別	出身及簡歷	以某人遞補 遞補某缺	到職 月日	離職 月日	備考

表式（三）

社會部 服務人員一覽表

年　月　日　製表員

職別	姓名	性別	年齡	籍貫	到職年月日	出身簡歷	服務部份	月薪	備考

社會部訓令

總一字第五二一一三號　三十二年九月三日

令各省市社會行政機關

奉令轉發出征抗敵軍人婚姻保障條例令仰知照並飭屬知照由

案奉

行政院三十二年八月二十一日仁捌字第一八七五四號訓令內開：

「奉國民政府三十二年八月十一日渝文字第五二六號訓令開：『查出征抗敵軍人婚姻保障條例，現經制定明令公布，應即通飭施行。除分令外，合行抄發該條例令仰知照，并轉飭所屬一體知照，此令』。等因；奉此，除分令外，合行抄發該條例令仰知照，並轉飭所屬一體知照，此令。」等因；附抄發出征抗敵軍人婚姻保障條例一份，奉此。除分令外合行令仰知照並飭屬知照！此令。

附抄發出征抗敵軍人婚姻保障條例一份（略）

社會部訓令

人字第五二三三〇號　三十二年九月七日

令各省社會行政機關

爲製就職員名冊格式令仰遵辦由

本部爲明瞭各省社會行政工作人員人事情形起見，特製就職員名冊格式頒發填用。除分令外，合行檢發上項格式令仰遵照辦理，並限於文到五日內將該處八月份現有職員名冊（按照編制員額級職）造製來部，以備查考，勿延。嗣後如有更動，併仰隨時呈報，爲要！此令。

附職員名冊格式一份

省　廳/處職員名冊

服務部份	職別	姓名	別號	年齡	籍貫	學歷	經歷	到職年月日	薪金	備考

社會部訓令

總字第五三七六九號　三十二年九月三十日

令本部附屬各機關

奉令轉發中華民國國民政府組織法修正第八、十、十一、十二、十三、十四、十五等條條文令仰遵由

案奉

行政院三十二年九月十八日仁壹字第二〇九一九號訓令內開：

「奉　國民政府三十二年九月十五日渝文字第五八八號訓令開：『查中華民國國民政府組織法第八條第十條第十一條第十二條第十三條第十四條及第十五條條文現經修正明令公佈，應即通飭施行，除分令外，合行抄發修正條文令仰知照，并轉飭所屬一體知照此令。』等因；除分令各部會署暨各省市政府外，合行抄發原件令仰知照并轉飭知照此令。」等因；附抄發修正中華民國國民政府組織法第八、十、十一、十二、十三、十四、十五等條條文一份，奉此。除分令外，合行抄發原件令仰知照。

此令！

附抄發中華民國國民政府組織法修正第八、十、十一、十二、十三、十四、十五等條條文一份（見法規欄）

社會部訓令

總一字第五四〇〇四號　三十二年十月五日

令本部附屬各機關

奉令轉知行政機關行文署名蓋章辦法令仰知照由

案奉

行政院三十二年九月二十一日仁壹字第二一一一九號訓令內開：

「茲規定行政機關行文署名蓋章辦法如次：

一、上行文件主管應署名蓋官章，無官章時蓋私章。

二、平行及下行文件主官署名不蓋章，批不署名亦不蓋章。

三、一機關長官有正副時，一切對外文件應以正者名義行之，副者無庸署名蓋章。

四、印領及交代文件應蓋私章。

以上各項，除分行院屬各部會署及各省市政府外，合行令仰知照，并飭屬知照，此令。」

等因；奉此。除分令外，合行令仰知照。

此令！

組織訓練類

社會 教育部呈　組六字第四九八六〇號　三十二年八月十日

為擬定二月十五日為戲劇節三月二十五日為美術節呈請鑒核示遵由

為查戲劇與美術關係國民精神至鉅，抗戰以還，全國戲劇界及美術界人士，本其愛國熱忱，各就崗位努力宣傳工作，鼓舞抗戰情緒，補助政令推行，諸多貢獻。查戲劇界曾定十月十日為戲劇節，美術界亦曾於九月九日舉行美術節紀念，因與國慶紀念及體育節相值，似均未盡妥善。茲擬定二月十五日為戲劇節，以時近元宵，田功多隙，歡聚演劇為俗之常。在昔隋唐，每歲正月，萬國來朝，均以演劇為歡聚之餘興，以示昌明文教協和萬邦之盛。又擬定三月二十五日為美術節，以民國十八年曾於是日舉行第一屆全國美術展覽會，且時値仲春，似亦饒有意義，以上所擬，是否有當？理合備文呈請

鑒核示遵！謹呈

行政院

社會部咨　組二字第四九一一二號　三十二年七月七日

為令飭湘粵贛滇各省成立各種鑛業工會咨請轉飭各該當地鑛務主管機關隨時協助由

查湘、粵、贛、滇四省出產之鎢錫鋁銻等鑛，關係國防生產，至屬重要！鑛工人數衆多，際茲非常時期，亟應積極加強其組織，以適應戰時需要，增加生產力量。本部茲為迅速促成各該鑛業工會組織俾達到上項目的起見，經令行各該省民政廳社會處，限於六個月內一律成立各該鑛業工會。如已有工會組織者，應健全其組織，并斟酌實際情形，分別籌組各該業工會聯合會，除分行外，相應咨請

貴部查照轉飭各該當地鑛務主管機關，隨時協助，以利進行，并希

見復，為荷！此咨

經濟部

社會部咨　組二字第五〇七三九號　三十二年八月初七日

准咨爲鋼鐵遷建委員會及其附屬機關所有編入正式名額之船伕視同現役軍人身份未便加入工會囑查照核辦一案復請查照由

案准

貴部本年七月十七日航務渝字第一六八九四號咨，以准鋼鐵廠遷建委員會函，爲該會及其附屬機關所有編入正式名伕，視同現役軍人身份，未便加入工會組織，等由，囑查照核辦一案。查該會係由軍政經濟兩部合辦，其業務屬於軍事工業範圍，依照工會法第三條但書之規定，所有該會及其附屬機關僱用之民船船伕，已編入正式名額者，自可不加入工會。除令川江民船業同業公會船員工會聯合會籌備委員會知照外，相應復請查照爲荷。

此咨

交通部

社會部咨　組六字第五二一五九號　卅二年九月初四日

爲請轉飭所屬社會行政機關切實督導新生活運動以期加緊推行希查照辦理由

查新生活運動爲社會建設之基本運動，值此抗戰建國時期尤宜加緊推行，以煥發民族精神轉移社會風氣。溯自此項運動發韌以來，十載於茲，風聲已樹，四方景從。亟待深入民間，以宏實效。惟一般人民習染已深積重難迅，而過去新生活運動之主要方式，重在倡導推行，期能激發人民自動自覺之精神，惟倡導不能盡督導之功，推行不能收執行之效，爲求切實有效起見，自應由倡導進而爲督導，由推行進而爲執行。各級社會行政機關負督導社會運動之責，對於新生活運動務須恪遵斯旨，切實推進，以期轉移風尚而正末俗。茲訂定目前工作步驟如下：(一)調整當地新生活運動機構，已有此項組織者，使其充實健全，未有此項組織者須勸從速依法組織。(二)厘訂中心工作查新生活運動範圍至廣，應體察當前需要及各地實際情形，擬訂中心工作計劃，由簡入繁，由淺入深，逐步推進。並使新生活運動與人民日常生活打成一片。目前各地新運工作應遵照委座指示以秩序規矩清潔衛生爲主，并應注意：甲、爲并肩作戰之盟友服務。乙、爲避難返國之僑胞服務。丙、爲作戰負傷之將士服務，丁、爲戰時運輸之員工服務，戊、爲流離轉徙之難胞服務等工作。邊遠各省尤須着重，甲、掃除文盲，乙、提倡衛生，丙、革除迷信，丁、指導生產，戊、宣揚主義等項。(三)加强新生活運動，與其他各項社會運動之聯繫。查新生活運動爲心理建設，倫理建設，社會建設，政治建設經濟建設等之總運動。今後新運工作，必須與各項社會運動配合進行，在戰時尤應與國民精神總動員運動切取聯繫。並應利用各種紀念民間季節時與著慶及社交娛樂等機會，推行有關新生活之各項運動，改良風俗習尚。（四）一切運動之推行，必須以有組織之羣衆爲基礎，易言之必須運用現有組織方能切實有效。今後新生活運動應透過人民團體及保甲組織切實推進，各團體負責人及保甲長尤應以身作則率先倡導實行。各保甲長應與當地憲警密切聯繫執行新生活運動各項規章，其有違反新運規章者除以法令制裁外，並應運用社會制裁。以上各項，爲推進新生活運動目前之重要工作步驟，除分咨外，相應檢同各級新生活運動促進會暨委員會組織大綱新生活運動要項暨現在推行辦法及生活軍事化生產化藝術化初步推行方案各一份，咨請

查照轉飭於文到一月內切實辦理具報，爲荷！

此咨

各省市政府

附四件（略）

社會部咨　組三字第五三三〇九號　卅二年九月二十三日

准咨以據開縣府電請示紡織業規模大小不同應否一律加入公會請核案復請查照飭知由

案准

貴省政府本年七月二十八日社一字第五三三六號咨，以據開縣縣政府電請示木機紡織業規模大小不同，應否一律加入同業公會一案，咨請查照見復，等由；到部。查棉紡織業重要工業，合於工業同業公會法第十一條標準者，依同法第六條辦理，否則依同法第五十七條辦理，均以設廠製造者爲限，家庭副業雖不入會應參照非常時期工商業及團體管制辦法向公會登記，至於自置木機一二架，從事紡紗業之工人，自應依法組織或加入當地該業職業工會，學徒以學習生產技術爲目的，年滿十六歲以上者，自可加入工會爲會員。准咨前由，相應復請

查照飭知爲何！

此咨

四川省政府

社會部咨　組三字第五三三一〇號　卅二年九月二十三日

准咨以據興文縣商會請示食鹽公賣店應否組同業公會或加入商會請核復等由復請查照飭遵由

案准

貴省政府本年七月二十七日社一字第四五一五號咨，以據興文縣商會呈請核示食鹽公賣店應否組同業公會，或單獨加入商會一案，咨請查照見復，等由到部。查凡經營食鹽之公司行號，不論公營或民營均應加入該業同業公會，其尚未組會者應即依法組織同業公會，不滿三家時直接加入商會爲非公會會員。准咨前由，相應復請

查照飭遵爲荷，

此咨

四川省政府

社會部公函 組三字第五〇八〇八號 三十二年八月初九日

爲長沙市商會電呈公營事業加入公會或商會會員對於各種負担應遵繳案及陝西省社會處電呈西京市銀行公會會員中交農三行均不担負派繳案已予核示請查照轉飭知照由

案准

貴處本年七月商字第五三四一號文代電，以據長沙市商會本年五月敬代電略以公營事業，一經加入同業公會或商會爲會員，對於該同業公會，或商會決議之各種負担，應一體遵繳一案，囑酌辦逕復，等由到部，正核辦間，復據陝西省社會處文電稱：西京市銀行商業同業公會會員，中國交通農民三行均不負担派款，致會務停頓，請核示等情前來，查凡已加入同業公會或商會爲會員，無論其公司行號，係屬公營與否，自以平均負担應盡之義務爲原則，除電復并令行外，相應復請

查照轉飭所轄各公營事業機關知照爲荷！此致

經濟部

社會部電 組六字第五二一七〇號 三十二年九月四日

(一)爲飭切實辦理節儲宣傳競賽及團體儲蓄等事宜由

各省市社會行政機關：准全國節約建國儲蓄勸儲委員會未寒代電，請通飭各級社會行政機關，於本年九月十八日加強宣傳節儲運動，切實督促儲蓄競賽，並策勵人民團體持久辦理團體儲蓄，等由；准此，仰即會商當地節儲機構切實遵辦具報。

社會部組六申支印

社會部代電 組六字第四八七〇六號 三十二年七月一日

准中國航空建設協會總會函以奉准在本年「八一四」空軍節發動「一縣一機運動」[illegible]法請予協助等由[illegible]

各省市社會行政機關：案准中國航空建設協會總會三十二年六月十五日會渝字第九二三二號公函，略以本會擬訂之一縣一機運動推行辦法，業經呈奉行政院核准施行。並定於本年「八一四」空軍節發動，相應檢同該項運動各種辦法請予飭令各省市社會行政機關盡力協助策動，等由；准此，除電復并分行外，合行抄附一縣一機運動推行辦法一份，電仰遵照并轉飭遵辦具報。附一縣一機運動推行辦法一份，社會部組六午東印。

一縣一機運動推行辦法

行政院第六一六次會議通過

（一）本會為擴大獻機運動普遍推行於全國各縣鼓勵民衆踴躍捐獻每縣以捐獻飛機一架為原則（能超過一架以上更佳）定名為「一縣一機運動」

（二）本運動獻機一架捐款標準定為國幣貳拾萬元但災荒貧瘠或人口稀少之縣份得由各省勸募機構酌按實際情形劃定若干縣聯合捐獻之其配額由分會擬定報總會備查

（三）本運動定於本年「八一四」各地舉行空軍節時同時開始發動各縣完成期限由分會酌按當地實際情形規定報總會備案但至少不得超過十二個月

（四）本運動對捐獻個人團體及各縣間採用捐獻競賽辦法以資鼓勵（捐獻競賽辦法另定之）

（五）本運動開始時先由各分會召集當地各界領袖開會商討一切進行事宜在確切聯繫之下組織「××省（市）一縣一機運動勸募委員會」（以下簡稱省市勸委會）並敦聘省主席（市長）為籌備主任

（六）各分會督促各縣推行本運動規定

一、由各分會聘請該省（市）所轄各縣（市）長担任本縣（市）「一縣一機運動籌備主任」

二、督促各縣（市）籌備主任從速召集各界領袖發動籌備組織××縣（市）一縣一機運動勸募委員會（以下簡稱縣市勸委會）

三、縣市勸委會設主任委員一人由縣市長担任之委員若干人由該縣（市）各界領袖担任之上項人選決定後由各縣 市籌備主任報請省市勸委會轉請省市航建分會補行聘任之

四、縣市勸委會內應有勸募宣傳財務等部門之設立各部門負責人應由各委員兼任勸募部門由主任委員兼任

五、各部門工作人員可在當地各團體機關調用惟須嚴格規定辦公時間常川在會工作必要時得酌情聘用臨時雇員

六、各分會應隨時檢查各縣市對本運動籌備推行之情況及進度按月呈報總會（附本運動推行情況月報表式）必要時得分區派員切實督導之（督導辦法由各分會擬定呈核）

（七）本運動主要對象爲各縣民衆故爲謀本運動之能深入民間勸募部門應先充分利用現行行政系統分設勸募機構（例如勸募總隊縣長任總隊長區長任大隊長鄉鎮長任中隊長本會基本會員（卽保甲長）分任分隊長及勸募員）

（八）爲求工作之周密與進行之便利各縣市勸委會應訂立組織規章辦事細則收款辦法並公佈之同時報省航建分會備査

（九）於勸募工作進行前及進行中必須將本運動之意義勸募方法捐款手續及競賽奬勵辦法等對民衆廣爲宣傳故在勸委會之宣傳部門內應控制若干宣傳團隊相輔推行

（十）本運動勸募手續照勸募須知辦理

（十一）本運動告民衆書及各項辦法綱要均由各分會轉發各縣市捐册由各縣市勸募委會按頒定式樣統籌印製會同縣市政府加蓋印信編號分發各勸募隊領用

（十二）各分會推行本運動應需一切費用（包括各縣勸委會辦公經費臨時雇用人員薪給宣傳費印製捐册督導人員旅費以及命名典禮等項費用）請縣市政府先行墊支於捐款項下扣還惟應依照統一捐募運動辦法之規定辦理

（十三）前項提成數規定各縣勸委會提用五分之四省航分會提用五分之一關於推行本運動之宣傳費用不得少於所提用提成費之百分之三十

（十四）繳解捐款辦法勸募員一日一解分隊三日一解中隊五日一解總隊十日一解不得因故延誤勸募分隊應將捐款人及捐款數目逐月開單公佈勸委會及各省市航建分會應切實督飭遵照施行

（十五）各縣市勸委會所收捐款應依照「統一捐款現金收支處理辦法」之規定解繳就近中中交農四銀行之任何一行核收轉解重慶各該總行列收財政部「一縣一機捐」捐獻戶帳後按旬分別解交國庫收入特種基金存款戶帳再行撥用一面仍由該縣市勸委會將解繳捐數目及解繳數目銀行收據日期字號列表三份報由航建分會分別存轉航建總會及財政部以備查核（表式附發）

（十六）本運動除以競賽方式鼓勵各縣市民衆踴躍捐獻外並依照總會訂定捐款奬勵辦法分別奬勵（附捐款奬勵辦法）

（十七）各縣市捐款達國幣貳拾元者除按捐款奬勵辦法給奬外並得以飛機一架用該縣市之名稱命名之兩縣以上合捐者其命名名稱由省航建分會酌定之

（十八）各縣市推行本運動完成後應由勸委會造具捐款請册三份連同收據存根送請航建分會審核無訛再原請册分轉航建總會及財政部備査

（十九）本辦法如有未盡事宜得隨時修正之

（二十）本辦法呈報　行政院核准後由本會頒布施行

附註：（一）無航運分會設立之省市得由航建總會請准該省市政府代辦

（二）各市推行本運動亦悉依本辦法辦理之

社會部代電　組四字第四八七九九號　三十二年七月三日

據電請核示各種劇社編譯社等是否人民團體電仰遵照由

四川省社會處：本年三月四日社一丑支代電悉，查通訊社社員之合資格者，應加入新聞記者公會，至各種劇社及編譯社如以營利為目的應視為商業公司行號，惟不營利之劇團與編譯社，而有固定之社員者，得認為社會團體，仰即遵照辦理為要。社會部午江印。

社會部代電　組一字第四八九二九號　三十二年七月三日

規定示範農會工會督導員通訊辦法并飭從速遴派督導人員限期報部備查電仰遵照由

各省市社會行政機關：查為確切明瞭各地農會工會示範工作之實際狀況，并便於隨時予以指示起見，特規定如下：（一）示範農會工會之督導員，應每三月直接向本部組織訓練司通訊一次。（二）通訊內容應着重示範農會工會之會務與一般活動實況，及督導工作之建議等事項。除分行外，合亟電仰該○責成各該督導員切實遵照。又各地督導員如尚未派齊，應即從速遴派，以利工作，并將所有督導人員名冊報部備查，併仰遵照辦理具報，為要！社會部組一午江印。

社部會代電　組四字第四八九五一號　三十二年七月五日

據電以劇團立案應由何處辦理乞示一案電仰遵照由

浙江省社會處：組外寢雲電悉。查劇團立案應視其團體之性質而確定，如為研究藝術者自屬社會團體，應由社會行政機關辦理，如係以營利為目的之職業團體，應由民政機關辦理，仰即遵照。社會部午歌印。

社會部代電　組一字第五〇一〇八號　三十二年七月二十四日

據浙江省社會處電以漁會得選任非會員為理監事之規定是否繼續適用請核示等情電仰知照

各省市社會行政機關：案據浙江省社會處午江家電，以漁會得選任非會員為理監事之規定，是否繼續適用？請核示，等情，到部，除以「查非常時期人民團體組織法第九條規定：『人民團體均應置理事監事，就會員選舉之』，又同法第十九條規定：『現行法令，關於人民團體組織之規定，與本法不抵觸者，仍適用之』！是漁會法第八條但書，『漁會於必要時，得選任非會員爲理事」之規定，顯與前項組織法抵觸，自不適用」等語：電復，並分電外，特知照！社會部組一午敬印。

社會部代電 組一字第五〇二一五號 三十一年七月二十六日

據電以教育會農會及飲食公會匯業公會之理事長可否得以兼任請核示等情電復知照

廣東省社會處：（卅二）韶社二組字第〇八七五〇號巳有力組代電悉。查非常時期人民團體組織法第六條規定：「凡具有兩種以上人民團體之會員資格者，得同時加入兩種以上之團體爲會員」，依此類推則凡具有兩種團體會員資格者，當亦可兼任兩種團體職員，特電復仰知照。社會部組一午感印。

社會部代電 社組字第五〇三六〇號 三十二年七月二十七日

據前湖南省社會處轉呈平江縣政府請示人民團體設置監事一案電請查照飭遵由

湖南省政府勛鑒：案據貴省前社會處三十一年十二月未社二字第三二三一號呈轉平江縣政府請示人民團體設置監事疑義一案，經核人民團體監事在三人以上者應組織監事會，其名額並宜採用奇數，不足三人者，爲加強監察權之行使，名額可不拘奇偶數，如監事爲二人，其意見不同，得各自對會員或代表大會提出報告。據呈前情，相應電請查照飭遵爲荷。社會部組印

社會部代電 組二字第五〇六四〇號 三十二年八月六日

據電請釋非常時期工會管制暫行辦法第二條內市政文化名稱等由電復知照

甘肅省社會處：本年五月社二辰字第二一五二號世代電悉。茲核示如次：（一）市政類職業工會係指有關市容衛生公安等之各種職業工會，如建築旅社茶館業等；文化類職業工會，係指有關文化之各種職業工會，如印刷派報等。（二）關於各種職業工會之分類，本部以各地情形不同尚未作具體規定，仰即參照以上原則自行劃分，特電知照。社會部組二未魚。

社會部代電 組二字第五〇七三〇號 三十二年八月七日

據河南省民政廳請核示各業工會會員不繳納會費及理監事不稱職者應如何處置一案電請查照并飭屬知照由

各省市政府：案據河南省民政廳本年六月八日社每字第三三二一號代電，以各業工會會員不繳納會費，及理監事不稱職者應如何處置，電請核示等情到部，查各業工會及縣市總工會會員不繳納會費制裁辦法，前經本部以社組字第七〇四四號代電通行有案，應飭依規定各業工會及縣市總工會會員不繳納會費，由各該工會警告限繳，逾期仍不繳納，即予以停權等制裁，

蓋非常時期職業團體，係强制組織，工人在停權期間卽不得在該區域內作工，但繳清會費，可由會隨時撤銷其處分。如停權限滿仍不繳費者，則爲無故退會，卽依照非常時期職業團體會員强制入會與限制退會辦法第四條規定，適用同辦法第三條處分。至工會理監事不稱職者，主管官署得依非常時期工會管制辦法，第五條第五款之規定辦理。除電復并分行外，特電請查照并飭屬知照。社會部組二未陽。

社會部代電　組二字第五〇七七〇號　三十二年八月七日

據河南省民政廳電請解釋工會聯合會發起組織團體數疑義一案電請查照由

各省市政府：案據河南省民政廳本年已微社會電稱：省工會聯合會發起組織團體數法無規定乞電示等情，經以『查本案得根據非常時期人民團體組織法第十一條除外之規定，依照工會法第四十五條及民國二十一年三月三十一日司法院院字第七〇九號解釋：「凡屬同一職業或產業之工會，不問縣與縣間或縣與市間，如數在二個以上以至若干縣市之工會，均得組織聯合會」辦理。但應依照非常時期人民團體組織法第八條規定，在同一區域內其同性質同級者以一個爲限。』等語，電復在案。除分電外相應電請查照爲荷。社會部組二未陽。

社會部代電　組三字第五〇九四八號　三十二年八月十二日

准四川安徽等省政府先後咨電請釋人民團體行文署名疑義一案電仰遵照由

各省市社會行政機關：准四川安徽等省政府，先後咨電請核釋人民團體行文署名疑義，等由；查人民團體設有理事長者，應由理事長署蓋，未設理事長者，應由全體常務理事署蓋，餘毋庸副署。除分別咨電並分行外，特電仰遵照，並轉飭所屬遵照，社會部組三未文印。

社會部代電　社組字第五一〇二八號　三十二年八月十三日

規定人民團體主管官署及其目的事業主管官署以外之行政機關與其轄區內人民團體行文程式電仰知照飭遵由

各省市社會行政機關：人民團體主管官署及其目的事業主管官署以外之行政機關，與其轄區內人民團體行文，除法令別有規定外，依照下列程式行之：（一）前項行政機關在行使職權有所指揮督導時用令，人民團體有所陳時用呈，但前項機關以依法設立領有印信者爲限。（例如各縣稅務員辦公處對當地商會及各同業公會應互用公函）（二）非行使職權，而爲一般事項之洽辦時，互用公函箋函。除分行外，特電仰知照飭遵。社會部組未元。

社會部代電　社組字第五一一〇三號　三十二年八月十四日

擬電請釋示黨務工作人員是否視同公務員不得兼任人民團體職員一案電仰知照由

河南省民政廳：曾社午佳電悉。查本案除社會團體原不限制外，農會法已有明文規定，公會法第十一條亦有限制，政府會法令公務員不得兼營商業，則公務員自亦無當選為商會同業公會職員之可能，又自由職業從業人員，均不得兼任公務員，則公務員自無被選為自由職業團體職員之可能。至公務員是否包括黨務工作人員，查前中央社會部准司法院公字第五九八號函復：略以公務員之涵義，有廣有狹，視法令之性質而別，刑法上所釋之公務員，屬於廣義者，至官吏二字，則屬狹義，故辦理黨務人員，雖為刑法上之公務員，而非官吏，農會法第二十條所稱之公務員，應解為狹義之公務員，即指現在受有任命之官吏而言云云。本案所稱職業團體之公務員，應作狹義解釋，故黨務工作人員，自不受其限制，特仰電知照飭遵，社會部未鹽。

社會部代電　組六字第五一四八五號　三十二年八月二十一日

為擬發各項紀念暨各種社會運動報告表電請查照辦理由

各省市政府勛鑒：查本部前為明瞭各省市辦理各項紀念暨各種社會運動情形起見，曾於三十年八月以社組字第六八八二號代電，附發報告表式一種，希查照辦理在案。茲以該項報告表，已失時效，應予廢止。特另製報告表式一種，隨電附送，希即查照辦理，并轉飭所屬遵辦為荷！附省（市）社會運動暨各項紀念日工作報告表式一份，社會部（未）（馬）印。

附省(市)社會運動紀念暨各項工作報告表式

____省(市)社會運動暨各項紀念日工作報告表

填報日期：____年____月____日　填報機關________主管人蓋章

運動或紀念日名稱				
主辦機關	名稱			
	組織			
	經費來源與數額			
指示要點或原定計劃				
辦理情形	已遵辦縣份數		未遵辦縣份數	
	成績優良縣名	成績優良之點	未遵辦縣名	未辦原因
辦理成效	項目	成效	項目	成效
困難問題				
審核意見	省			
	中央			

填寫說明

1. 本表每半年由省填報一次七月填報一月至六月工作次年一月填報七月至十二月工作
2. 由省縣政府或社會處局直接辦理者組織及經費兩欄無庸填入
3. 辦理成效係指全省（市）辦理成效之總和或某項運動未推及各縣或無需推及各縣者其辦理情形得填入此欄
4. 項目係指某一運動或紀念日中之各種工作如征募運動中之鞋襪代金等類
5. 成效着重數字報告
6. 本表各欄如有不敷時可另紙填寫註明第　頁
7. 如有建議事項可列入困難問題欄內

社會部代電　組一字第五二三一四號　三十二年九月初七日

准電以有級數之人民團體縣級以下圖記式樣大小是否相同囑核復等由復請查照由

河南省政府公鑒：卅二年七月民五眘字第五六〇二號巧辰代電敬悉，查人民團體圖記之刊發，依其主管官署，分社會部省社會處（社會局或民政廳）縣（市）政府三級，縣（市）以下之各級人民團體圖記均由縣（市）政府刊發，應依人民團體圖記刊發規則第三條第一項第三款之規定辦理，毋庸依次縮小、相應復請查照飭遵爲荷。社會部組一未申陽印。

社會部代電　組六字第五二四八六號　三十二年九月九日

據全國慰勞抗戰將士委員會總會呈爲發動全國秋節勞軍運動附呈辦法要點請轉飭各級社政機關推行等情電仰遵照由

各省市社會行政機關：案據全國慰勞抗戰將士委員會總會三十二年九月一日慰（三十二）發秘字第四一一七號呈稱：「竊查本會爲激勵軍心，發揚民氣起見，定於農曆中秋節日（九月十四日）舉辦秋節勞軍運動，辦法要點業已另案呈請備案在卷。除電各省市發動外，理合檢呈辦法要點一份，呈請鈞部轉飭全國所屬各級社會機構協助，一致推行，以利慰勞，仰祈賜准，實爲公便」等情，附呈秋節勞軍運動辦法要點一份，據此，合行抄同原附件電仰知照協助推行爲要，附發慰勞總會三十二年度全國秋節勞軍運動辦法要點一份，社會部組六申佳。

全國慰勞總會三十二年度全國秋節勞軍運動辦法要點

一　秋節勞軍於農曆中秋日舉行以精神慰勞爲主物質慰勞爲輔
二　凡有部隊暨榮譽軍人駐在之處不分前後方一律慰勞
三　發動各部隊機關黨部團體於中秋日舉行「月下同樂會」增强軍民聯歡
四　慰勞物品須適合需要由各界各業自行徵集直接慰勞就近駐軍或榮譽軍人
五　發動戲劇電影院與商店於中秋日一律免費及減價優待軍人觀劇購物
六　於秋節日前後儘量刊載勞軍文字擴大宣傳以資激勵軍心民氣

社會部代電　組二字第五三〇四六號　卅年九月十八日

據電爲鐵路裝隊兵應否加入當地工會爲會員一案復請查照由

廣西省政府公鑒：本年七月六日民津字第壹零壹捌捌號代電敬悉。查鐵路裝鉬隊兵既係路局裝卸伕編組而成，應不加入當地工會，至其工作範圍，業經咨准交通部人勞渝字第一九一五四號咨復：在原則上應以鐵路界內爲限，但爲便利旅客，依軍在市區設有營業所者，其營業所與車站間之路線亦得包括在內，俾免發生困難，等由，相應復請查照轉知爲荷。社會部組二申巧印。

社會部代電　組四字第五三〇八八號　卅二年九月廿日

據呈請核示會計師公會之目的事業主管官署等情令仰知照由

浙江省社會處：未支家代電悉。會計師公會之目的事業省級主管官署應爲建設廳，仰卽知照，社會部申哿。

社會部代電　組一字第五三一三一號　卅二年九月廿日

據電請示農工團體與合作社配合推進概況彙報表疑義一案電仰知照由

湖南省民政廳：本年八月十二日陽五字第一四二五號未元代電悉。茲分別核示如次：（一）查社員入會與會員入社之人數，在事實上決難相同，卽或相同亦屬偶然，自不必求其一律相等。（二）每期塡報數字以同期爲限，毋庸將前期已報數字累積計算。（三）已配合之合作社解散，另組鄉鎮保社或專營社，從新與農工團體配合推進時，應就其推進時實際數字彙報，並應將合作社解散事實於備考欄內註明，以備查考，仰知照，社會部組一申哿印。

社會部
中央宣傳部
三民主義青年團中央團部
軍事委員會政治部
代電　組六字第五三三四五號　三十二年九月二十三日

爲本年國慶紀念仍以國防科學運動爲中心工作電達查照辦理由

四川湖南湖北貴州雲南陝西甘肅廣東廣西重慶等省市黨部抄送省市政府青年團支團部駐軍高級政治部公鑒：本年國慶紀念，各地除遵照中央規定舉行慶祝外，仍以國防科學運動爲中心工作，酌斟舉辦國防科學展覽，國防科學講演及論文競賽通俗科學表演等，以啓發國民對於國防科學之認識與興趣，積極培養國防科學幹部人才，並推行一縣一機運動，特電達查照，飭屬遵照，並將辦理情形彙報爲荷！中央宣傳部三民主義青年團中央團部軍事委員會政治部社會部組六申梗印。

社會部代電　社組字第五三六四八號　三十二年九月二十九日

爲舉辦重慶市江北巴縣農工商團體理監事及其基層幹部講習會指示實施要點電仰遵照辦理由

重慶市社會局
江北縣縣政府
巴縣縣政府

查舉辦重慶市及江巴兩縣農工商團體理監事及其基層幹部講習會，爲推行職業團體示範工作計劃之一，重慶市江北縣巴縣區域，應由該局縣政府主持辦理，茲將辦理講習會各項要點指示如次：（一）講習會得視實際情形，分區分期分組辦理，儘於本年十月一日起至十一月底以前辦理完竣。（二）聽講人員由該局縣政府依照本部頒發推行重慶市及江巴兩縣農工商團體示範工作計劃之規定，並就事實需要於團體實際負責人員中遴調之，非因疾病或其他特殊原因經許可者，應一律到會，不得規避。（三）講習會講習時間以利用聽講人員業餘時間爲原則，其因地區遼闊，往返不易，得變通辦理，每期講習時間，均不得少於三十六小時。（四）講習會之課程，應包括下列各項：（甲）一般課程爲 總理遺教 總裁言論，精神講話，地方自治，國家總動員，新生活須知各二小時，集會演習四小時共十六小時。（乙）業務課程（1）農會組爲農民組訓，農業常識各四小時，農運技術，農民福利，農村合作事業 各二小時，專題講座六小時計二十小時。（2）工會組爲工人組訓，勞工福利各四小時，工運技術，合作事業，勞資爭議處理，各二小時，專題講座六小時計二十小時。（3）工商業團體組爲商人組訓四小時，工商管制合作事業各二小時，專題講座十二小時，計二十小時。（五）講習會各項課程應儘量採用啓發討論等方式。（六）講習結束時，應就聽講人員之體格，精神，思想，學識，能力及聽講成績等項評定總分，加具評語，呈報本部備案。以上各項，除分行并飭本部督導專員協助辦理外，仰即遵辦具報爲要。社會部申豔組印。

社會部代電　組六字第五三七七一號　三十二年九月三十日

據民族健康運動委員會電呈訂九月爲民族健康運動月附呈工作項目請備案一案電請查照轉飭所屬社會行政機關列入三十三年度工作計劃由

各省市政府公鑒：據民族健康運動委員會三十二年九月一日新字第四〇號代電，略以民族健康運動，爲當前強種強國之重要工作，本會爲積極推行此項運動暨擴大宣傳起見，特定九月份爲民族健康運動月，茲將民族健康運動月工作項目隨電送請鑒核，懇予備案，等情；附民族健康運動月工作項目一份，據此。民族健康運動，關係國家民族前途至鉅，亟應全國一致普遍推行，除電復准予備案并分電外，相應檢同原附件電請查照轉飭所屬社會行政機關列入三十三年度工作計劃，並參照民族健康運動委員會所訂工作項目，斟酌當地實際情形，擬具辦法切實辦理，并希見復爲荷！附民族健康運動月工作項目一份，社會部申陷印。（工作項目略）

社會部訓令　組四字第四八八四四號　三十二年七月三日

令發本部指示各級社會行政機關對各級社會團體工作要點仰遵照辦理具報由

各省市社會行政機關

查各省市人民團體總登記業已次第結束，各級團體之組織亦多依法調整。此後各團體之工作，自應積極督導開展，期以協助政令推行。茲擬訂本部指示各級社會行政機關對各級社會團體工作要點，隨令頒發，仰即遵照辦理并轉飭所屬一體遵辦，隨時將遵辦情形具報，以憑考核。此令。　附指示工作要點一份

本部指示各級社會行政機關對各級社會團體工作要點

（甲）對各級社會行政機關之指示：

（一）每一社會團體至少應舉辦一種以上事業

(二)各社會團體其業務性質相同者應令力求合併以期力量集中

(三)各社會團體業務應配合政令之推行

(四)對各社會團體業務認為有獎勵推進之必要時應予以獎助

(五)各社會團體應切實推行國民精神總動員及新生活工作實施綱要並倡導徵募慰勞救濟節約儲蓄運動等工作

(六)各級社會行政工作人員如何發動社會力量協助兵役推行應由各級主管人員擬具意見呈核

(七)後表所列各社會團體之發展為本年度之中心工作應會同目的事業主管官署參酌地方情形辦理

(八)各社會團體發展情形及其困難應詳細記載以為日後改進參考之用

(九)對社會團體之業務應嚴加考核督促施行

(十)各社會團體發展數字事業項目及推行成績應於每年十二月底以前層轉彙報本部備查

(乙)對地方社會團體之指示

團體種類	工作要項
慈善團體	(1)施棺施茶施藥施診等
	(2)收養棄嬰遺孤難民難童殘廢並舉辦生產訓練
	(3)設立涼亭茶亭義務醫師輪流診所等
	(4)推行冬令救濟運動
	(5)整理並登記財產
婦女會	(1)舉辦婦女各種補習教育(課程內容偏重識字記賬縫紉編織日常常識簡易治療等)
	(2)倡導家庭副業(如編草帽、打草鞋、紡織……)
	(3)推行保健運動(着重環境衛生飲水清潔嬰兒健康檢查勸種牛痘等)
體育團體	(1)提倡並改進我國民間體育活動(如龍燈舞獅龍船游泳踢毽子騎乘行獵……)
	(2)推行各種健身操及國術
	(3)籌備簡易公共體育場
	(4)獎勵各種體育競賽如龍舟競賽游泳比賽爬山比賽百里競走等
	(5)進行民衆體育運動及公教人員之體育活動等

(6)鼓勵學習軍事基本技能如擲手榴彈障礙通過等

衛生團體

(1)改良環境衛生（如街道及公共廁所之清潔飲水水源附近之清潔溝渠之疏濬汚物之處理滅蠅運動……）

(2)推行衛生教育（着重國民衛生習慣之養成及衛生常識之普遍宣傳）

(3)辦理預防接種等工作

(4)訓練新法接生人員提倡新法接生

(5)分區舉行清潔競賽國民體格檢查（……）

兵役協會

(1)協助推行慰勞抗戰將士榮譽軍人在營壯丁及出征軍人家屬運動

(2)優待出征軍人家屬（協助耕種扶助子女入學……）

(3)發動學校機關團體等組織服務隊協助本區域內之軍隊工作

(4)協助徵調工作

(一)兵役之宣傳及調查

(二)監察及檢舉兵役實施之違法舞弊

(三)監視壯丁抽籤

(四)防止壯丁逃避兵役并檢舉潛住在本區域內之外埠逃丁

(五)檢舉無業游民轉服兵役

(六)協助辦理游擊區壯丁徵募

社會部訓令　組四字第四八九三〇號　三十二年七月三日

令各省市社會行政機關

為頒發各級社會工作人員協助推行兵役辦法令仰遵照並轉飭所屬遵辦由

查目前兵役之重要，迭奉　委員長蔣凱切指示，我各級社會工作人員，自應切實奉行，協助宣傳鼓勵壯丁入伍，而於優待征屬慰勞出征將士救護傷病士兵諸端，尤應發動社會力量積極辦理，以增強國軍之兵源。茲經本部訂定各級社會工作人員協助推行兵役辦法一種，隨令頒發，仰即遵照并轉飭所屬各級工作人員一體遵照辦理，為要！此令。

附發各級社會工作人員協助推行兵役辦法一份（見法規欄）

社會部訓令　組六字第五〇九九八號　三十二年八月十一日

令各省市社會行政機關

爲准軍事委員會政治部函以各戲院放映國歌片時應先映告觀衆肅立和唱一案令仰轉飭遵照由

案准國民政府軍事委員會政治部本年六月二十六日勤二巴(三十二)字第〇六〇八號函，以各戲院於放映國歌片前，應以標語或玻片映告全體觀衆同時肅立和唱，囑通令各省市社會行政機關轉飭全國各戲院一體遵照，以示鄭重，而昭劃一，等由；准此，自應照辦，除函復并分行外，合行令仰轉飭遵照！此令。

社會部訓令　組四字第五一〇三七號　三十二年八月十三日

令各省市社會行政機關

據重慶市社會局呈請解釋慈善團體是否爲非常時期人民團體組織法之法人及其代表之董事應否改爲理監事等情經予核示令仰知照由

案據重慶市社會局本年五月二十七日呈：

「案准重慶市公益委員會公賑字第零一六號公函開：『案據本會有關各慈善團體負責人報稱：「該善團等均於民國二十七年十二月依民法總則第二章第二節之規定暨監督慈善團體法及監督慈善團體法施行規則第三條第十三條之規定，以法人資格，由董事將其應行登記之事項造具各清冊文件，連同呈請書呈請重慶市政府重行核定轉報內政部備案，三十一年八月重慶市社會局令發非常時期人民團體組織法人民團體總登記表，飭各照表填報，均遵改理監事制，塡表登記在案。惟細查非常時期人民團體組織法所稱，人民團體似指職業團體而言，並無以法人爲人民團體之明文，各善團前既依法登記成爲法人，以董事爲其代表，今又登記爲人民團體改用理監事制，似於組織有所變更，而法人資格不復存在，恐其法益被人侵害，難得法律上相當之保障，用特協請大會函請社會局查核予以回復法人原狀，或予轉請行政院或司法院解釋法人是否人民團體及是否應改爲理監事制，以定資格，而有遵循，」等情；據此，查慈善團體之爲法人在民法總則第二章第二節第二第三兩款暨監督慈善團體法及監督慈善團體法施行規則規定甚詳，而非常時期人民團體組織法亦無有法人爲人民團體之明文，各慈善團體前既登記爲法人，若令變更組織，恐有變更法律上之嫌，茲據前情，相應函請查核予以回復原狀或爲轉請解釋俾定資格而有遵循，實紉公誼！』等由；准此，理合轉請鈞部賜予核示，以便指復。」

等情；據此，查民法第二十五條規定「法人非依本法或其他法律之規定不得成立，」同法第三十條規定「法人非經向主管官署登記不得成立，」「關凡依非常時期人民團體組織法之規定，經向主管官署登記而成立之人民團體，均爲法人，受法律之保障，值此非常時期，凡人民團體之組織應依照非常時期人民團體組織法辦理，慈善團體原設立事者應即一律依法調整」，又非常時期人民團體組織法所稱人民團體，包括社會團體在內，非僅指職業團體而言，除指令外，合行令仰知照，並轉飭知照。

此令。

社會部訓令 組五字第五一三九三號 三十二年八月十九日

令各省社會行政機關

爲摘要提示縣級辦理人民團體幹部訓練要領五點令仰遵照飭遵由

查各級人民團體幹部之訓練，原有社會工作人員訓練暫行辦法及綱要爲依據。惟縣(市)一級爲基層部份，關係尤爲重要。茲爲加強實施訓練計，訂定縣（市）級辦理人民團體幹部訓練要領五點如後：

一 訓練機關名稱，除縣地方行政幹部訓練所附設者依其規定外，概稱「某縣（市）某訓練班」，如「成都市人民團體幹部訓練班」等。

二 訓練機關組織，除在縣訓所附設者依其規定外，由縣（市）長兼任班主任，縣（市）黨部書記長兼任班副主任，下設總務、教務、訓導三股，必要時并設教育長一人，襄辦班務。（如採集中訓練并應設置隊部實施軍事管理）。

三 訓練內容：分爲普通課程，業務課程兩類；另加訓育實施，其科目及每期至少授課時數分配如次：

甲 普通課程 精神講話 總理遺教 總裁言行 黨員須知(以上各四小時) 國家總動員法 國民精神總動員 新生活運動綱要 軍事常識 救護常識 音樂體育（以上各二小時）

乙 業務課程 社會行政（四小時） 人民團體組織須知 人民團體會員訓練（以上各六小時） 民運技術 農工福利 合作事業 社會運動 工會管制 工商業團體管制 書記任務 限制工資辦法 勞資爭議處理（以上各四小時） 農業常識 工業常識 商業常識（以上各三小時） 業務演習及工作討論（六小時）

丙 訓育實施爲小組討論，自修，指導黨團活動等，仍須另定時間，擇要舉行，小組討論題材，應與黨政課程相聯繫，并注重民權初步之練習。

以上課程時間，各地得視實際情形，酌予變通增減。

四 訓練期限：爲顧及地方情形，暫不統一規定，惟以依照上開科目、時數、實施完畢爲準，如自定期限較長者，得照上開時數比例增加，或酌增其他應用科目。

五　每期舉辦訓練，應於事前報告計劃，并於事後將畢業學員履歷現職及其受訓成績，造具名冊，呈報省主管機關遞轉備案。除分行外，合行令仰遵照，并轉飭遵照此令。

社會部訓令　組三字第五一四一五號　三十二年八月十八日

令各省市社會行政機關

爲據廣東省社會處呈擬造送商會及同業公會備表辦法尚屬可行令仰通令遵照由

案據廣東省社會處本年五月十八日（三十二）韶社二組字第零六六九四號呈稱：略以准該省建設廳函，以奉經濟部代電飭通令填送各地商會及重要商業同業公會章程名冊，並督促按期填送業務報告表，經已電飭各縣市局遵辦在案，嗣後有關處理商會法令請抄送參考并請依照處理商公會案件手續第六項規定補送組織備表備查，等由，查團體組織完成時應由各主管官署造具備表轉送目的事業主管官署，毋須附送章冊，但縣各級人民團體主管官署及目的事業主管官署，爲同一縣政府，此項備表自可毋庸造送，惟爲使上級目的事業主管官署，易於明瞭下層組織概況，擬由縣依法填具報告表層轉備案外，另造送備表二份呈由該管目的事業主管官署之上級機關備查，以代替章冊、請核示等情前來，查該處所擬造送商會及同業公會備表辦法，尚屬切實可行，經已咨准經濟部同意，除指令并分行外，仰即轉飭遵照此令。

社會部訓令　社第組字第五一四三六號　三十二年八月二十日

令重慶市社會局

爲檢發重慶市及江巴兩縣農工商團體人力節制限制工資工作競賽各項章則及記分標準令仰遵照由

查重慶市及江巴兩縣農工商團體工作競賽辦法，記分標準，及人力節制限制工資工作競賽辦法記分標準，業經會商工作競賽推行委員會分別擬訂。茲准該會競秘字第二四七六號公函，略以各項競賽辦法業已提經本會第十七次委員會議議決通過，特檢同各項競賽辦法及記分標準，函請分飭施行，等由；准此，合行檢發重慶市及江巴兩縣農工商團體人力節制限制工資工作競賽各項章則，及記分標準一覽二一〇本，令仰遵照并轉發各團體一體遵照實行。再各項競賽實施辦法中，分別規定在競賽時，由各主管機關會商有關機關暨參加競賽單位組織各項工作競賽委員會，現各項工作競賽既同時實施，經與該會商妥該五項工作競賽，可合併組織縣(市)社會工作競賽委員會主持辦理，併仰遵照，為要！此令。

附發重慶市及江巴兩縣農工商團體人力節制限制工資工作競賽各項章則及記分標準一覽二一〇本（除競賽通則外餘略）

工商團體及農會工作競賽通則

三十二年五月二十九日工作競賽推行委員會第十七次委員會議通過

第一條　工作競賽推行委員會（以下簡稱本會）為加強人民團體組織增進社會福利起見特依據社會部各種非常時期管制農工商團體法令訂定本通則

第二條　本競賽之單位規定如左

一　工人團體以各業工會為互賽單位但得斟酌情形劃為產業與職業兩項分別舉行之

二　商人團體以同業公會為互賽單位

三　農人團體以鄉(區)農會為互賽單位

四　縣級團體為競賽單位

五　省(市)「院轄」級團體為競賽單位

第三條　本競賽主要項目暫選定如左各地方主管機關得就實際情形增減之但須事先呈報社會部核准

甲　組織

乙　訓練

丙　福利

丁　一般活動

第四條　本競賽之實施辦法及判紀標準另定之

第五條　舉行競賽時間各主管機關會同有關機關組織某某省(市)(或某某縣(市))某某工作競賽委員會負督導檢查評判之責其組織規程自行訂定呈報社會部核轉本會備查

第六條　本競賽分左列期限舉行之

一　分月競賽——各主持競賽機構應於每月月終舉行督導檢查一次評定成績并通告各競賽團體知所惕勵

二　分期競賽——以六個月為一期由主持競賽機構切實總檢查一次評判其六個月之平均成績公佈外并將每月及一期之平均成績呈報上級主管機關轉送本會備查

三　年度競賽——每兩期成績總和之平均分數即爲年度競賽成績由主持競賽機構評定優劣逐級呈報上級主管機關轉送本會備查

第七條　本競賽成績等第規定如左

一　總平均分數在九十分以上者爲優等

二　總平均分數在八十分以上者爲甲等

三　總平均分數在七十分以上者爲乙等

四　總平均分數在六十分以上者爲丙等

五　總平均分數不及六十分者爲丁等

第八條　競賽結果其成績優良者由上級主管機關分別予以獎勵其成績特優者則轉送本會依照工作競賽獎勵辦法獎勵之過劣者由各該主管機關予以懲處

第九條　本通則經本會委員會議通過後函請社會部施行

社會部訓令　組六字第五一四四八號　三十二年八月二十日

令各省市社會行政機關

爲河南省政府電詢省縣慰勞會對省縣政府行文程序及申請備案手續一案令仰知照由

准河南省政府三十二年七月民五魯字第五一八六號歌巳代電開：

「准全國慰勞抗戰將士委員會總會三十二年四月二十三日慰（三十二）發動字第二四四一號漾代電，抄發各省縣市慰勞抗戰將士委員會通則一份，囑會商有關機關團體迅予組織省市縣慰勞會，俾慰勞工作得以普遍開展，以應軍事需要，等由，准此，除會商有關機關組織省慰勞會分飭所屬策動組織縣會外，查該會組織通則第十五條規定，各省慰勞會之組織，均應向當地社會行政主管官署申請備案，并受其指揮監督。惟省慰勞會對省政府，縣慰勞會對縣政府，其行文程序均無明文規定，其申請備案手續，是否與一般申請備案相同，相應電請查核，見復爲荷」

等由，准此，查省市縣慰勞會組織通則第十五條規定，各省市縣慰勞會之組織均應向當地社會行政主管官署申請備案，并受其指揮監督，省縣慰勞會對省縣政府行文自應用呈，各省縣慰勞會，申請備案手續，應依照非常時期統一社會運動辦法第五條規定辦理，准電前由，除電復并分行外，合行令仰知照。此令。

社會部訓令　組四字第五一四八八號　三十二年八月二十一日

令各省市社會行政機關

據浙江省社會處電請釋示縣政府對律師公會指導監督權限一案令仰知照並轉飭遵辦由

案據浙江省社會處本年六月家字第二九八六號巳馬代電，以據瑞安縣政府電請釋示縣政府對當地律師公會指導監督權限一案，轉請核示等情；查自非常時期人民團體組織法公布後，依其第十九條之文義解釋，凡律師法所訂事項與之抵觸者，均應無效，律師公會自應同由各級社會行政機關主管，但其目的事業依法仍受同級司法行政機關之指揮監督，關於組織整理改組改選及刊發圖記頒發立案證書等事宜，則應改由社會行政機關辦理。復查本部於上年舉辦全國人民團體總登記各地律師公會多未遵照辦理，殊屬不合，應即轉飭於文到一月內補行登記手續，並換領立案證書，如逾限仍不履行登記即予以違反法令處分，除電復及分令外，合行令仰遵照轉飭所屬一體遵照辦理為要。此令。

社會部訓令　組四字第五二〇九七號　三十二年九月三日

令本部各直轄社會團體

令發三十三年度業務計劃簡報表式及三十二年度工作實施檢討報告表式各一種仰遵照由

查本部此次會同各目的事業主管機關，分別召集各直轄社會團體指示工作會談，據各團體報告，尚能按照預定工作計劃，努力實施，至堪欣慰，茲為便於指導考核起見，特製定各團體三十三年度業務計劃簡報表及三十二年度工作實施檢討報告表各一種，隨令附發，仰即依限分別妥填呈部，並分呈各目的事業主管機關備查為要！此令。

附發三十三年度業務計劃簡報表式及三十二年度工作實施檢討報告表式各一種

（團體名稱）三十三年度業務計劃簡報表

計劃項目		實施進度				經費預算	備註
項	目	第一季（一—三月）	第二季（四—六月）	第三季（七—九月）	第四季（十—十二月）		

說明：一、本簡表計劃項目欄內分「項」「目」兩欄「項」欄係填列某項計劃整個標題「目」欄即就整個計劃分別填具實施節目，其實施進度一欄，分期表明，即就「目」列計劃，劃分時期，實施程序。

二、本表填寫時，務須簡明扼要，并應就各團體力之所及擬具計劃，避免空泛。

三、「經費預算」一欄，應配合計劃需要，如因必須另行籌措情事，可在備註欄內說明。

四、各團體擬具計劃時，最低限度，應於每期中確定中心工作計劃一項。

五、本簡表限於本年十月底以前填報。

（團體名稱）三十二年工作實施檢討報告表

原定計劃項目	工作之實施與檢討	備註

說明：一、原定計劃項目一欄，應根據各團體呈准之本年度工作計劃填列

二、工作之實施與檢討一欄應將實施經過及困難情形簡述

三、計劃以外之工作亦應編入工作之實施與檢討一欄并於備註欄內說明

四、本檢討報告表應於次年一月底前填送

社會部訓令　組二字第五二四五五號　三十二年九月九日

令粵浙贛閩各省社會處
　皖桂湘豫各省民政廳

據四川省社會處代電爲奉令籌組省級工會聯合會一案擬議請核示等情令仰知照由

案據四川省社會處本年七月三十一日社一字第四六四七號代電，爲「奉令籌組民船建築挑挽紡織等業省級工會聯合會一案，查建築業包括泥木石土，挑挽業包括人力肩挑搬運，紡織業包括麻毛絲織及棉紡織等工人，過去各縣市大部分別組織，如飭調整合併，事實上不無困難，可否在省級團體之名稱定爲建築業工會聯合會，以各縣泥木石土各業工會爲會員，抑分別組織泥木等業職業工會聯合會請核示」等情前來；查本部前規定「各省應組織之各業工會聯合會業類一覽表，」所列民船建築挑挽紡織等業，係應行組織業類之範圍，在策動組織時，仍應依照工會法第四十五條之規定，以聯合同一產業或職業之工會組織之，即照該處所擬分組辦法辦理，除電復并分行外合亟令仰知照！此令。

社會部訓令　組一字第五二六八一號　三十二年九月十一日

令各省市社會行政機關

奉行政院令爲保障佃農權利一案令仰知照

案奉

行政院三十二年八月十七日仁二字第一八三九四號訓令內開：

「查保障佃農逐漸達到耕者有其田之目的爲政府一貫政策，農地出租人，不得收取押租及耕地租用契約，非基於法定原因，不得終止，土地法第一七七條及第一八〇條均有明文規定，當事人締結耕地租用契約，自應嚴格遵守，惟耕地承租人交付押租或爲習慣上所難免，而遇有退租情事，承租人恆處於不利地位，致發生業佃糾紛，各級司法機關於受理此項糾紛時，應依照土地法之規定妥爲運用，不得容認地主收取押租或非法撤佃，其基於習慣關係或其他原因，已訂有押租，並須終止租約者，應體察當地社會經濟情形，並斟酌當事人生活狀況，爲持平之處理，以期達到政府保障佃農之目的，除令飭司法行政部轉行各級司法機關知照，並分行財政農林兩部及地政署外合行令仰知照」。

等因；奉此，除分令外合行令仰知照，此令。

社會部訓令 組一字第五二九九二號 三十二年九月廿日

令各省市社會行政機關

爲各級農會會費應依照農會法第四十條之規定擬訂最高額報部備案令仰遵照由

查農會法業經 國民政府於三十二年六月十四日修正公布，並經本部於七月八日總一字第四九二〇八號訓令通飭知照在案。該法第四十條第一款有會員會費之最高額，應由省級主管官署按照地方情形擬訂呈報社會部備案之規定，關係各級農會經費至爲重要，亟應依法擬訂該項會費之最高額，呈部備案，除分行外，合行令仰遵照辦理具報爲要！此令。

社會福利類

社會部 經濟部 農林部 教育部 呈 福二字第五一九九九號 三十二年九月二日

呈送公私營工廠礦場農場推行職業補習教育並利用設備供給職業學校學生實習辦法請准予備案由

案查前爲改善公私營工廠礦場農場職工之智識技能服務道德，並改進職業學校學生實習，藉以推進技術教育起見，曾由本經濟部農林部教育部會商訂定「公私營工廠礦場農場推行職業補習教育並利用設備供給職業學校學生實習辦法綱要」於三十年八月公布令飭施行，茲鑒於此項設施，今後更有加强推行之必要，且一部份與社會部職掌有關，爲切取聯繫加强推行起見，經會商酌予修改，茲特檢同原頒及修正該項辦法，會同具呈，擬請鈞院准予備案，以利施行，是否有當？敬請鑒核示遵！

謹呈

行政院

附呈原頒及修正公私營工廠礦場農場推行職業補習教育並利用設備供給職業學校學生實習辦法（原頒辦法略修正辦法

見法規欄）

社會部簽呈

三十二年八月十六日愛（九）字第四五一三一號通知
三十二年九月　日簽

奉交衛生署呈爲所屬戰時醫療藥品經理委員會等公營事業機關可否適用職工福利金條例第二條第一款及第四款之規定一案飭核議具復等因簽請鑒核轉飭知照由

遵查不以營利爲目的之公營事業，應不適用職工福利金條例第二條第一及第四兩款，於同條第二項已有明文規定，衛生署所屬各公營事業機關既非以營利爲目的自難例外。奉交前因，理合簽請

鑒核轉飭知照。謹呈

行政院

社會部咨

鷗五字第四九六二三號　三十二年七月十五日

爲咨請轉飭各縣市寬籌救濟經濟增擴救濟設施對於原有救濟基金尤應依法管理不得藉名統收統支移挪別用希查照辦理見復由

查自抗戰以還，百業失常，人民顛沛流離，在所不免。政府安懷撫輯，責無旁貸，對於各地經常救濟設施，亟應積極擴展，以宏救濟，比値編擬三十三年度施政計劃之際，務請轉飭所屬縣市政府寬籌救濟經費，增擴救濟院所，對於各該院所原有基金款產，尤應遵照院頒各省市縣地方救濟事業基金管理辦法專案管理，不得藉名統收統支，移挪別用。相應咨達，即希查照辦理見復，爲荷！

此咨

各省市政府

社會部公函

鷗三字第四九二五七號　三十二年七月九日

爲檢送各級黨部社會服務處工作月報表式暨塡寫注意要點請査照飭遵由

案查本部前會修訂各級黨部社會服務處每月工作報告表式，於三十年五月以社統字第四九二三號公函請轉頒各處應用在案。茲爲謀各處彙報便捷明確，並使主管機關便於指導考核起見，經將原表重加修訂，並規定自本年十月份起開始適用；

隨分函外，相應檢同上項修訂表式暨填送注意要點各一份，函請查照轉飭遵照，爲荷！

此致

中國國民黨各省市黨部

附檢送各級黨部社會服務處工作月報表式暨填送工作月報表注意要點各一份

各級黨部社會服務處填送工作月報表注意要點

一　各級黨部社會服務處應將該處工作經費人事等項狀況依照本表規定格式大小按月逐項填報

二　各級黨部社會服務處名稱應填明全稱如（一）某某省（市）黨部某某社會服務處（二）某某縣（市）黨部社會服務處（三）某某縣（市）黨部某某鄉鎮社會服務處（四）某某縣（市）第一、二、三、……社會服務處

三　「服務概況」欄內「工作項目」應依照社會服務設施綱要所列項目依次填入如項目過多不敷填寫時得加填第二頁「實施情形」應詳填各工作項目之統計數字其不能用數字計算者可填註實施經過及結果「工作檢討」應填載工作經驗（包括困難心得及成效）建議（包括理由及辦法）或改進計劃

四　「經費收入狀況」欄各分欄內應按實填明金額數字不得漏誤

五　「人事狀況」欄內所填董事職員姓名及動態均以本月任職調職或離職人員爲限

六　本表所稱「主辦黨部」在縣以下爲縣黨部「主管官署」在縣爲縣政府在省爲社會處或民政廳

七　本表各欄如須詳加說明時得另附說明書隨表呈報

八　本表應於次月上旬填寫二份呈由主辦黨部轉送主管官署核轉社會部備查轉送機關均應於主辦黨部及主管官署指導考核欄內加具指示要點及考語

社會部公函　福三字第五〇三八九號　三十二年七月三十一日

爲各級黨部社會服務處主任不能再依照原有修正兵役法施行暫行條例之規定予以緩役一案函請查照并轉行知照由

查各級黨部社會服務處主任是否仍可依照原有修正兵役法施行暫行條例之規定予以緩役一案，前准福建省執行委員會函請解釋到部，經轉准軍政部三十二年七月七日體役務字第七〇七九號公函節開：「查兵役法修正頒佈後對於『主任官公事務』緩役之條款，業已删去，各地社會服務處主任，似不能再依以前規定辦理，」等由過部，除逕函請福建省執行委員會查

4公分

(名稱)社會服務處工作月報表

(處)主任(簽名蓋章)

1.5公分 民國　年　月份　　　民國　年　月　日填報

2公分 2公分 4.5公分 3.5公分 6公分 2公分 6公分 2公分

通訊地址　　備案日期及文號　　成立日期

服務概況：工作項目（3.5公分）｜實施情形（15公分）｜備註（3.5公分）

1.5公分

工作檢討　1.75公分

經費收支狀況：收入（本月收入｜上月結存｜收入共計）｜支出（事業費｜購置費｜員工薪津｜其他支出｜上月透支｜支出共計）｜收支相抵（結存｜透支）

2公分 2公分 2公分 2公分 2公分 2公分 2公分 2公分 2公分 2公分 2公分

人事狀況：董事姓名、職員姓名（8公分）｜動態（1公分）（13公分）

4公分

2公分 1公分

下月增辦業務：業務項目（6公分）｜預定計劃（16公分）

4公分

主辦黨部指導考核　　(主任委員或書記長簽名蓋章)

2公分

主管官署指導考核　　(主管長官簽名蓋章)

2公分

3公分

照外，相應函請
查照并通行各省市黨部知照爲荷。

此致

中央祕書處

社會部公函 福二字第五二六〇五號 三十二年九月十日

爲准函囑解釋職工福利金條例第二條第二款規定之福利金應在何處提撥等由復請查照并轉飭知照由

案准

貴部三十二年九月四日渝辦用（三二）管字第三八五〇號函，以據

貴部交通司呈請解釋職工福利金條例第二條第二款規定之福利金，應在何處提撥一案，囑查照見復等由，准此，查該款所稱每月比照職員工人薪津總額提撥百分之二至百分之五，應由職員工人所屬之工廠礦場或其他企業組織，於其經常費中提撥之。准函前由，相應復請查照，並轉飭知照爲荷！此致

軍政部

社會部公函 福六字第五三二九七號 三十二年九月二十二日

爲檢送免費醫療陪都貧病兒童暫行辦法請查照轉飭警察局通告市民週知由

本部鑒於目前醫藥缺乏，一般貧病兒童偶罹疾病，往往易遭夭折，事關兒童福利與民族健康至鉅，經決定自本年八月一日起，委託本市市民醫院、仁濟醫院、寬仁醫院、武漢療養院、并指定本部重慶社會服務處，（地址在兩路口）重慶實驗救濟院醫療所，（地址在土橋）北碚兒童福利實驗區診療所等院所辦理免費醫療，前經函請查照在案。茲爲使本市貧苦民衆普遍明瞭此項辦法而宏救濟起見，擬請貴府轉飭警察局通告市民週知，俾能深入民間普遍知曉，相應檢附免費醫療陪都貧病兒童暫行辦法一份，函請

查照辦理并見復爲荷。

此致

重慶市政府

附檢送免費醫療陪都貧病兒童暫行辦法一份（見法規欄）

社會部代電　福二字第四九四八三號　三十二年七月十三日

據湖南省建設廳呈請解釋職工福利金條例中所稱下脚之意義等情令仰知照由

湖南省建設廳：三十二年一陽已廣代電悉。查該項條例所稱下脚，係指工廠礦場或其他企業組織之渣滓廢料，本廠場已無用途，而可轉爲他用，仍能變價之物，特電仰知照！社會部福二午元印。

社會部代電　福三字第五二三七四號　三十二年九月　日

爲電復解釋各級黨部社會服務處所辦食堂是否繳納筵席捐希查照由

中國國民黨江西省執行委員會公鑒：三十二組三〇七七二七代電敬悉。各級黨部社會服務處所辦社會食堂，并非以營利爲目的，除對外營業應依照當地法令繳納筵席稅外，餘應免繳捐稅，相應復請查照爲荷，社會部福三申陽印。

社會部訓令　福三字第四九六九〇號　三十二年七月十七日

令各省社會行政機關

爲訂頒各省縣（市）社會服務處工作月報表令仰轉飭遵照由

查各級政府所辦社會服務處日益增多，爲明瞭各該處業務實際情形，以憑指導考核起見，特訂頒各省縣（市）社會服務處工作月報表式一種，除分行外，合行檢發上項表式塡報式樣，暨塡寫注意要點各一份，令仰轉飭自本年十月份起依照規定按月塡報核轉本部憑核，爲要！此令。

附檢發各省縣（市）社會服務處工作月報表式一份

各省縣（市）社會服務處工作月報表塡報式樣一份（略）

各省縣（市）社會服務處工作月報表塡寫注意要點一份

社會部訓令　福三字第四九六八九號　三十二年七月十七日

令本部重慶　內江　貴陽　遵義　桂林　衡陽　蘭州社會服務處

↑3公分↓

省縣(市)(主辦機關)　社會服務處　年　月份工作月報表

↑1公分↓

(　)××服務　表

工作項目	服務		統		計	附表號數	備註
←3公分→	←1.8公分→	←1.8公分→	←1.8公分→	←1.8公分→	←1.8公分→	←2公分→	←3公分→
合計							

←1公分→　←1.5公分→　2公分　.9公分

民國　年　月　日填　(兼)主任(簽名蓋章)

↑25公分↓

社會部　　社會服務處　　年　　月份工作月報表

(　)××服務

工作項目	服務統計					附表號數	備註
合計							

民國　　年　　月　　日塡　　　　　　（兼）主任）簽名蓋章）

說明：本表尺寸大小與上表同

爲訂頒本部各直屬社會服務處工作月報式令仰遵照由

查本部各直屬社會服務處爲事業機關，過去沿用工作檢討報告表式未盡適合，茲爲謀報表之塡報便捷，內容明確便於統計考核計考核起見，特訂頒社會部社會服務處工作月報表式一種，仰自本年七月份起依照規定按月塡報，除分令外，合行檢發上項表式塡報式樣暨塡寫注意要點各一份令仰遵照。此令。

附檢發社會部××社會服務處工作月報表式一份

社會部××社會服務處工作月報表塡寫式樣一份（略）

社會部××社會服務處工作月報表塡寫注意要點一份

社會部　社會服務處工作月報表
省縣（市）（主辦機關）社會服務處工作月報表塡寫注意要點

一、各社會服務處塡寫本表應依照規定格式大小，每月塡報一次，並於次月之十日前編竣送部查核。

二、「工作項目」欄應按照社會部社會服務處業務概要所列項目順次塡入，如項目過多不敷塡寫時，得加塡第二頁。

三、每項工作應詳實塡寫服務件數人數冊數等具體數字於「服務統計」欄各小欄內，如不敷寫時得加塡第二頁；又各小欄經第一次塡表確定單位名稱後，非有特殊原因，不得隨意變更，俾便彙集統計。

四、每項工作應另附每月份統計表（詳塡每日統計數字）並依社會服務處業務概要之次序編號塡入「附表號數」欄內。

五、本表各項目須加說明時，可於「備註」欄內塡入，但必要時得另附說明書隨表呈核。

六、各處編塡每月份統計表（附表）應行注意之點：

（一）各處附表得由各處按所辦各項業務之性質自行擬定，以每項業務製塡一頁爲原則。但內容較簡之數字單純之業務，可酌併一頁製塡，每頁寬長應與報表相等。

（二）附表以塡寫該項業務逐日所辦主要數字爲原則，表首應載明月份，服務部門，附表號數；表內應具備日期，業務項目統計類別，各項統計數字（如售出份數，寄宿人數，售出冊數，介紹次數，成功人數等）各欄小計，總計，備考等欄。

（三）附表內各欄所列名稱及位置，不得每月變更。

（四）附表塡寫方式一律自左而右。

社會部訓令　福五字第四九八二八號　三十二年七月二十日

令各省市社會行政機關

為呈奉　行政院核定公私立醫療機關免費診療意見令仰知照由

查抗戰以還，藥物奇昂，診療所需，動費千百金，貧病難胞泰半無力求治，各地公私立醫院，雖間有貧民免費診療之規定，然名額有限，難期普及，各醫院情形，又不一致，因之一般平民束手無策，坐以待斃，此類慘痛情形，若不加以糾正，影響平民生命，實非淺鮮，事關貧病救濟，爰經擬具公私立醫院辦理免費診療意見，呈准　行政院祕書處三十一年十一月二十六日順陸字第二四二七八號函，以案據衛生署核簽意見，奉准照辦，抄附衛生署原函，請查照等由，業經本部將核定意見，予以歸納，除抄發各省社會行　機關知照幷函請衛生署查照外，合行令仰知照。此令。

附抄發核定公私立醫療機構免費診療意見一份

公私立醫療機構免費診療意見

一、公立醫院及各衛生院站所，對於一般機關送請診治之病人無故不得拒絕應診及收容。

二、衛生署所屬醫療防疫隊，一概免費應診，其他公立醫院應酌設免費床位，供收診赤貧病人之用。

三、公立醫療機關，對於必須住院之病人，無故不得拒絕收診，如違應由當地主管機關，查明處分。

四、公立醫療機關，辦理免費診療，著有成績者，得視需要呈請主管機關，酌予獎助。

五、公立醫院概應規定免費診療辦法，呈由主管機關核定施行。

六、私立醫院免費診療辦法，由各該院自行規定。

七、關於公務員免費診療事宜，由衛生署擬定公立醫院優待公務員醫療免費辦法，並先自陪都實行。

社會部訓令　福三字第五〇三〇六號　三十二年七月三十日

令本部重慶　貴陽　桂林
　　內江　遵義　蘭州　衡陽社會服務處

為本部各社會服務處工作檢討會關於「如何充實並推進人事及文化服務工作」一案之決議經核可行令仰遵照由

查本部各直屬社會服務處工作檢討會關於「如何充實幷推進人事及文化服務工作」一案之決議：

1.關於人事及文化服務工作所需經費，除在本年度經常費內列支外，并應在上年度收益項下，酌提百分之十五至三十，以爲充實并推進該項之用。

2.各處應按季作成人事及文化服務工作計劃，報請核備後切實施行。

3.人事服務之零物存放及文化服務，職業訓練，讀書會，音樂研究會，國術研究會，社會劇團等，得酌收必需費用。

4.本年度各處應即成立法律及衛生顧問室，其方法或由各該處聘請當地有名律師或醫師義務担任，或選與當地律師公會暨中西醫師公會會商合作辦法均可，并得視當地情形酌量收費或免費。

5.本年度各處應即辦理職業補習教育及民衆學校；并於各校招考時間加强升學輔導工作，協助升學青年，切實解決其投考期間之食宿及交通等問題，并儘量代辦各校招考，以便青年就近參與考試。

6.各處協助救濟事業，得以各種方式代爲籌募經費。

7.關於向外募捐圖書，請部分別接洽統籌辦理；至當地書店之圖書由各該處直接洽商。

8.各處應普遍辦理文化供應，並以之爲文化服務之中心工作。

經核可行，除第七項前段由部統籌辦理，并分令外，合行令仰遵照。

此令。

社會部訓令　福工字第五〇三二四號　三十二年七月三十日

令本部各工礦檢查員

嗣後檢查各工廠時如發現其工廠規則有與工廠法抵觸者應逕與廠方商討修正由

查各工廠所訂工廠規則間有與工廠法相抵觸者，其抵觸部份自應無效。嗣後該員於檢查工廠時如發現有是項情事，應逕與廠方商討予以修正，并將修正後之規則呈部備查。除分令外，合行令仰該員遵照爲要。

此令。

社會部訓令　福三字第五〇七一三號　三十二年八月六日

令各省市社會處局及設社會科之民政廳
本部直屬各社會服務處

爲抄發本部各直屬社會服務處工作檢討會關於「各直屬社會服務處及各該處與當地社會務務設施暨社會行政機關之聯繫辦法」一案之決議令仰遵照由

查本部各直屬社會服務處工作檢討會關於「各直社會服務處及各該處與當地社會服務設施暨社會行政機關之聯繫辦法」一案之決議，核尚可行，除分令外，合行抄發原決議一份令仰遵照。

此令。

附抄發原決議一份

(甲)關於各直屬社會服務處間之相互聯繫

1. 各處已有或搜集之各項資料應即相互抄送介紹
2. 各處自行置備之展覽材料其不受時間性之限制者應相互遞送展覽
3. 各處公寓住客凡有要求寄寓他處公寓者原寄宿處應予以介紹并代電定房間可依照電局規定收取電費
4. 各處相互託購或徵借之圖書及代辦各項設備器具均應認眞從速辦理
5. 凡交通較便之處應視需要與可能商訂代客運送行李辦法
6. 各處應將業務設施及推行技術之經驗與心得隨時交換必要時并得由各處派員相互觀摩
7. 各處之求才求職應互相介紹

(乙)關於各直屬社會服務處與當地社會服務設施之聯繫

8. 各直屬社會服務處與當地社會服務設施應切取聯繫并予協助
9. 各直屬社會服務處與當地社會服務設施得經常舉行工作座談會

(丙)關於各直屬社會服務處與當地社會行政機關之聯繫

10 各直屬社會服務處所在地之社會行政機關舉行有關社會服務之各種會議或活動時應通知各該直屬社會服務處負責人參加

11 各直屬社會服務處舉行各種社會服務活動時應函請當地社會行政機關協助

社會部訓令　福五字第五〇七一四號　三十二年八月六日

令各省市社會行政機關

爲制定各省市社會處局與衛生處局舉行會報辦法令飭遵照由

查各省市社會行政機關與衛生行政機關，應仿照部署會報辦法，舉行會報一案，業於本年五月二十六日以福五字第四六七〇九號令飭遵照在案。茲制定各省市社會處（局）與衛生處（局）會報辦法提經部署第七次會報決定，由部署分別令行。鈔語，紀錄在卷，除函請衛生署查照飭遵外，合亟抄發該項辦法令仰遵照，仍將遵辦情形具報，為要！此令。

附抄發各省市社會處局與衛生處局會報辦法一份

各省市社會處（局）與衛生處（局）會報辦法

第一條　本會報依照社會部與衛生署會報方式舉行之

第二條　本會報以商討社會行政與衛生行政相關事項為主要範圍

第三條　本會報由席人員定為四人至六人由雙方各就主管長官或其他高級人員中指派二人或三人為負責代表其他人員得臨時通知列席

第四條　本會報設秘書二人由雙方各指派一人兼任担任本會報一切文書事宜

第五條　本會報每月舉行一次其日期由雙方共同決定

第六條　本會報按月輪流在兩處舉行以輪值機關為召集機關

第七條　本會報決定案件呈請雙方主管長官分別核定後實施並將實施情形通知

第八條　雙方如有重要問題得於會報前預先通知以便研究後提會討論

第九條　各省市社會處局或衛生處局未設立者由該省市主管社會行政或衛生行政機關依照本辦法辦理

第十條　本辦法經社會部衛生署核准後施行

社會部訓令　福三字五〇八二七號　三十二年八月九日

令本部直屬各社會服務處

為抄發本部各社會服務處工作檢討會關於「各直屬社會服務處附設義診所業務應如何展開」一案決議令仰遵照由

查本部各社會服務處工作檢討會關於「各直屬社會服務處附設義診所業務應如何展開」一案之決議，核尚可行，除分令外，合行抄發原文令仰遵照，此令。

附抄發「各直屬社會服務處附設診所業務應如何展開案」決議原文

1. 醫療設備及應用藥品應儘量向衛生行政機關及其他有關團體請領徵募或平價購買
2. 發動當地醫師參加義診
3. 與當地公私立醫療機構密切聯繫分工合作
4. 推行衛生運動增進民族健康減少疾病因素
5. 本年度各處應以此項為中心工作積極推行其必需經費由部統籌撥給

社會部訓令 福一字第五二九四六號 卅二年九月十六日

令湖南省民政廳

為前據該廳呈復關於接收振委會小本貸款情形懇准將接收基金免繳國庫以宏救濟一案已奉核准轉令知照由

案查前據該廳本年六月二十三日耒民叔五字第三七七七號呈，為呈報接收振濟委員會所屬小本貸款處經過情形懇准將各處接收基金免繳國庫，全部撥作各級救濟院貸款所基金以宏救濟等情前來，當經當經轉呈核示並令知各在案。茲奉行政院本年八月廿三日仁玖字第一八八一三號指令內開：

「呈悉。湖南省民政廳接收小本貸款基金，准如所請辦理，全數撥作各該縣市救濟院貸款所基金，此令。」

等因；奉此。合行令仰知照此令。

社會部訓令 福五字第五三二一九號 三十二年九月廿一日

令各省市社會行政機關

准廣西省政府電送民政廳三十三年度各縣市救濟經費概算應列科目標準表令仰參酌辦理由

案准廣西省政府本年八月攖二字第一四〇二號電送三十三年度各縣市救濟經費概算應列科目數目標準表，囑查照等由；經核該項標準尚屬妥善。除復予備查并分令外，合行抄發原表令仰根據地方實際情形參酌辦理為要此令。

附抄發三十三年度廣西省各縣市救濟經費概算應列科目數目標準表

三十二年度各縣市救濟經費概算應列科目數目標準表

縣級 科目 數目	一等縣及桂林市	二等縣	三、四、五等縣	附記
救濟院經費基金	一〇〇·〇〇〇〇〇	八〇·〇〇〇〇〇	六〇·〇〇〇〇〇	
特別救濟費	一六〇·〇〇〇〇〇	一二〇·〇〇〇〇〇	八〇·〇〇〇〇〇	救濟水火風虫旱冰雹飢荒各種災害及老弱殘廢掩埋無主尸體並難民族宿[illegible]藥生育補助死亡棺埋等費均由此款開支
救災準備金	照規定按十一個月計算總收入百分之二	同上	同上	上款應依法連同上年結餘撥交各縣市救災準備金保管委員會專款積存妥為保管年終結餘不得列為次年收入
縣振濟會經費	三·五〇〇〇〇	三·〇〇〇〇〇	二·〇〇〇〇〇	各設有專任人員之縣振濟會應酌量需要增加

說明：特別救濟費一項如不能列定至少須列半數

社會部指令　福二字第五〇〇四二號　三十二年七月二十二日

令福建省社會處

前據呈以勞工食堂可否免徵營業稅請核示等情令仰知照幷轉飭遵照由

三十二年四月未刪日陽邪發處社乙永字第三八二六九號呈一件爲勞工食堂可否免徵營業稅請核示由

呈悉。案經據情咨請財政部核復去後，茲准該部三十二年七月十二日渝直營字第五七四六八號復函開：「項准貴部福二字第四七六八二號，據福建省社會處呈，據永安縣總工會呈稱：『爲改善工人公共生活，與發展工運事業起見，經呈准舉辦勞工食堂，永安商接稅局飭繳營業稅，可否轉飭免繳之處？相應咨請察核見復，以便飭遵。等由，准此；查該勞工食堂，雖係福利工人業務之一，究與營業稅法之免稅規定不合，仍應依照營業稅法施行細目，第十二條附表之規定，按飲食業以其飲食費計算，其營業總收入額依率課征營業稅。准函前由，相應函復貴部煩爲轉飭遵照繳納，爲荷！」

等由；准此，合行令仰知照，并轉飭遵照，此令。

社會部指令　福三字第五三二三六號　三十二年九月二十二日

令福建省社會處

據呈請解釋三民主義青年團各級團部青年服務應否由各級社會行政機關予以指導監督一案令仰知由

三十二年八月六日陽未巧處社丙永字第八〇一三六號呈一件爲三民主義青年團舉辦之青年服務社本處應否予以指導監督請示遵由

呈悉。查關於三民主義青年團各級團部青年服務社，應照各級黨部社會服務處例，依社會服務設施綱要之規定，由各級社會機關指導監督，原則上已徵得該團中央團部同意。至具體辦法，仍俟統籌規定後，另令飭知，仰即知照！此令。

社會部指令　福二字五三三六六號　卅二年九月廿四日

令本部重慶實驗救濟院

據呈請示該院習藝所應否適用職工福利金條例核示知照由

三十二年七月十日院辦字第〇五八號呈一件爲本院習藝的應否適用職工福利金條例請鑒核示遵由

呈悉。查該院習藝所係以救濟爲目的，而非以生產爲目的，自不應稱爲企業組織，且該所收容之人均爲被救濟人不能視同職工，職工福利金條例應不適用，仰即知照。此令。

合作事業類

社會部咨　合二字第五〇〇〇七號　三十二年七月二十二日

准咨以鄉鎮合作社社股金額究以壹百元爲準抑十元爲準囑解釋一案咨復查照并轉飭知照由

案准

貴省政府本年六月二十二日建合第二五五號咨，以鄉鎮合作社社股金額究以壹百元爲準抑十元爲準，囑解釋等由；查縣各級合作社章程準則鄉鎮合作社章程第十四條所列百元，係屬誤排，百元應改爲十元，早經列入勘誤表訂正，准咨前由，相應咨復查照并轉飭知照爲荷！

此咨

廣西省政府

社會部咨　合四字第五〇二九〇號　三十二年七月二十九日

咨送信用合作推行辦法請查照轉飭遵照由

本部爲改善信用合作社之組織與經營，充分發揮其機能起見，經訂定信用合作推進辦法一種，並於本年七月十二日以社法字第四九四一八號令公佈在案，除分咨外，相應檢同該項辦法，咨請查照轉飭遵照爲荷。

此咨。

各省政府

附信用合作社推進辦法一份（見法規欄）

社會部咨　合二字第五〇七八四號　三十二年八月九日

准咨爲據江津縣政府呈擬鼓勵合作社社員投資辦法轉囑核復一案咨復查照飭知由

案准

貴省政府本年七月七日省建合字第一八九八號咨，以據江津縣政府呈擬具鼓勵合作社社員投資辦法，請核示一案轉囑核復等由；准此。查擬提獎勵金，在合作社法上，雖無明文足資依據，但爲配合合作事業工作競賽爭取優勝起見，於年終盈餘提撥若干作爲社員參加此項競賽之獎金，對合作社法立法意旨尚無相悖之處，且第一次社會行政會議所通過「合作事業競賽辦法大綱實施細則要項」第二十五項中亦有關於獎勵之規定。惟如提撥年終盈餘分配金二分之一充獎勵金，依認股多寡比例分配，則不無按股分紅之嫌，應飭江津縣政府改就參加各項競賽成績較優之社員分配獎勵金，不得以認股之多寡爲標準，俾符合作精神而利實施。准咨前由，相應咨復

查照并轉飭知照爲荷。

此咨

四川省政府

社會部咨　合四字第五〇七八五號　三十二年八月九日

准咨以蔗糖生產合作社運銷產品可否准將保證金減免囑查核見復一案咨復查照由

案准

貴省政府本年五月二十六日省建合字第一三三七號咨以據建設廳呈轉四川省合作事業管理處呈，爲蔗糖生產合作社運銷產品時，可否准將保證金減免一案，囑查核見復等由；經咨准財政部本年七月二十二日渝專乙字第一六一九九號函內開：

「查專賣糖類之運銷，依照專賣章則之規定，應經專賣機關特許之承銷商或零售商辦理，承銷商於具領許可證時，應繳納保證金，將來核准歇業時，其保證金仍予退還，蔗糖生產合作社，既自營運銷自應視作承銷商，照章繳納保證金，未便予以減免，致滋流弊。」准函前由，相應咨復

等由，准此。相應咨復

查照并轉飭知照爲荷！

此咨

四川省政府

社部會咨　合三字第五〇九二七號　三十二年八月十一日

爲咨送合作事業工作競賽成績考核報告表一份請查照轉飭遵辦並見復由

查本部前依照合作事業工作競賽辦法大綱，訂定合作事業工作競賽初核報告表一種，業經檢送查照轉飭遵照有案。現因該項競賽實施細則要項及陸續核定各省施行細則，對於競賽推行成績評定考核獎勵等辦法均有補充，並規定以評定分數分列等第。致原訂初核成績報告表，已不盡適用，自應廢止。茲另訂〇〇省第〇期合作事業工作競賽成績考核報告表一種，除分咨外，相應檢同原表各一份，咨請查照並轉飭合作主管機關遵照辦理並見復爲荷。

此咨

各省省政府

附〇〇省第〇期合作事業工作競賽成績考核報告表一份（略）

社會部代電　合二字第四八七七一號　三十二年七月二日

准函爲領有軍委會政治部登記合作社可否加入重慶市合作金庫請解釋一案復查照由

軍事委員會政治部印刷所鑒：本年六月十二日治印總字第三五八號公函悉。查軍事委員會所屬各部隊機關學校合作社既經政治部核准發給登記證，依法業經取得合作社之法人地位：自可請求參加當地合作金庫爲社員，除分令重慶市社會局及重慶市合作金庫外，用特電復查照。社會部合二冬印。

社會部代電　合二字第五〇七八三號　三十二年八月九日

據電以省聯合社出席代表多係縣聯合社理監事該項人員當選省聯社理監事是否引用修正合作社法七十一條辦理乞核示一案令仰知照由

江西省合作事業管理處：午刪電悉。查合作社法第七一條之規定，對任何級聯合社均一律適用。合電知照社會合二（未佳）印。

社會部訓令　合四字第四九〇五〇號　三十二年七月七日

令重慶市社會局

准四聯總處函復關於重慶市合作金庫請提高存放款利率一案已邀同有關機關會商辦法兩項請轉飭知照等由令仰轉飭知照由

據合作事業管理局三十一年七月十八日社元合字第三六七八號呈，轉重慶市合作金庫呈請提高存放款利率請核示一案，經指飭補送放款章程，并函轉中中交農四行聯合辦事處總處查核見復各在案。茲准中中交農四行聯合辦事處總處本年六月廿五日農業字第五六一七一號函內開：

「……業經邀請貴部合管局暨本處暨各有關機關代表會商決定：一、貸放利率應比照國家銀行放款利率辦理。二、放款期限在一年以上者，應以具有殷實可靠之担保或抵押品為原則等語，除分函外相應函復查照核轉為荷。」

等由；准此，又合行令仰轉飭知照為要。

此令！

社會部指令　合二字第四八八四六號　三十二年七月三日

據呈為合作社社員跨社問題法無明確規定請解釋一案指令知照由

令貴州省合作事業管理處

本年六月十日合秘(卅二)字第三一九號呈一件為合作社社員跨社問題法無明確規定請予解釋由呈悉。查兩個以上合作社，其業務性質如係相同，則參加甲社之社員自不得同時參加乙社為社員，仰即知照！

此令。

社會部指令　合二字第四九六九四號　三十二年七月十七日

據電合作社技術員工所經營之工業及其他條件均合修正戰時國防軍需工礦及交通員工緩服兵役暫行辦法時是否應受該法第二條內規定經呈經濟部發給憑證者之限制請予解釋一案指令知照由

令安徽省建設廳

本年五月十七日合二辰篠電一件為合作社技術員工其所經營之工業及其他條件均合修正戰時國防軍需工礦及交通員工緩服兵役暫行辦法時是否應受該法第二條內規定經呈經濟部發給憑證者之限制請予解釋由篠電悉。查修正戰時國防軍需工礦及交通技術員工緩服兵役暫行辦法，經本部咨准軍政部咨復該辦法仍屬有效，各合作社凡經營製造業務部份自應依據該辦法第二條之規定，向經濟部為工廠之登記憑以申請緩服兵役，仰即知照！

此令。

社會部指令　合二字第五〇四四三號　三十二年八月二日

據呈為據瑞安縣政府呈據新大學鎮合作社以股本及資金額發生疑義轉請釋示一案指令知照由

令浙江省建設廳

卅二年六月廿五日建發合字第一五三七號呈一件為据瑞安縣政府呈据新大學鎮合作社呈以股本及資金額發生疑義轉請釋示祗遵由

呈悉。茲分別指示如下：

一、關於營業稅部份：各作社繳納營業稅，并不僅以對非社員交易與否為標準，而應視其業務性質，分別處置如生產業務應以社員自力與共同生產品為限，而不得經售非社員之生產品或製造品，消費業務可向非社員之公司行號廠所購入生活用品售與社員而不得將購入貨品轉售於非社員，早經廿九年四月九日財政經濟部會咨明白規定有案，該瑞安縣新大學鎮合作社經營各種業務，如未超軼會咨規定之範圍，縱與非社員交易（如生產部份）仍可不課徵營業稅，否則不獨應予追繳，且顯與合作社法第三條之規定不合，當地主管機關應嚴加取締，以杜流弊，應飭瑞安縣政府切實查明，依法處理。

二、關於過分利得稅部份：合作社不得免納過份利得稅，已咨准財政部解釋有案，此項利得稅之起徵，以其全年收益超過資本額百分之二十以上為標準，合作社之資本額，自應指已繳之股金而言，借入款性質上既非資本，自不得以其借款來源之為合作金庫而為牽強之解釋，如該社年終純益，確已達到過份利得稅征課標準，仍應照納，仰即知照，并轉飭知照！

此令。

社會部指令　合四字第五一二九三號　三十二年八月十八日

據呈以據貴陽市建築生產合作社呈以甲等營造廠商待遇轉請核示一案指令知照由

令貴州省社會處

卅二年七月九日發處三福字第二八一五號呈一件為據貴陽市建築生產合作社呈請以甲等營造商待遇一案呈請核示由

呈悉。查管理營造業規則第五、六、七、八各條之規定，係對營造業廠商之資格資本分別訂定標準，該建築生產合作社，自應依法向市府登記，以取得合法資格，不能因其為合作社而有例外，仰即知照，并轉飭遵照！

此令。

社會部指令　合二字第五三一七三號　三十二年九月廿一日

據呈以奉令指示合作社社員跨社問題尚有疑義請再明白解釋一案指令知照由

令貴州省合作事業管理處

卅二年九月四日合祕(卅二)字第三八六號呈乙件為奉令指示合作社社員跨社問題一案尚有疑義請再明白解釋由

呈悉。查本部前令解釋兩個以上合作社，其業務如係相同，則參加甲社之社員，自不得同時參加乙社一節，所指業務性質相同，自應以合作社法施行細則第五條規定之業務為準。如二以上合作社業務性質相同，祇經營項目或供應貨品有繁簡之差，其項目或供應貨品較少之合作社社員自可請求社方增強業務以應需要、不得遽以為跨社理由，當地合作主管機關及供銷機構對各社業務充之實亦應隨時予以指導及協助，仰即知照。

此令。

人力動員類

社會部代電　勞字第五二三二五號　三十二年七月二十三日

為訂定工資調整原則轉飭遵照辦理具報由

各省市社會行政機關及部派督導員：密查自實施限制工資以來，為期已屆六月，賴各省市認真推行，一般均甚良好，近因物價相繼上漲，各地原定工資間有不足維持工人生活，必需調整者，自應參酌實際情形辦理，唯以物價之增漲有高有低，因之工資調整或緩或急步驟如不齊一，勢將影響全般工作之推進。爰訂定工資調整原則四項如下：（一）必須隨物價調整工資之地區應俟民生重要必須品（糧、鹽、食油、棉花、棉紗、布疋、燃料、紙張）價格調整後分配調整之。（二）必須調整工資之地區，其調整標準，應比照當地民生重要必需品價格調整之標準，及各業實施情形分別辦理之，（三）必須調整工資之地區，各業從前核定工資未能適當者，此次調查時得連同予以改正，（四）毗鄰省市或同省市之同行業中，如因工資差額懸殊過大，致工人流動影響生產時，得會商調整報請核示。以上原則，經提請國家總動員會議第三十七次常務委員會決議通過，除分電外，特電遵照妥慎辦理具報為要，部長谷正綱勞管三午梗印。

社會部代電　勞字第五〇七七三號　三十二年八月七日

轉准代電解釋征工疑義五點電復查照辦理由

陝西省政府公鑒：案准軍政部兵役署本年六月廿五日渝愛役組字第二四六二三號公函，以奉交貴府呈軍事委員會辰儉府民四徵字第四六五四號代電，爲奉頒各都市省會徵兵徵工綱要，關於徵工疑義五點，請解釋示一案，抄附原代電囑查核逕復等由。查所列疑義五點茲分解釋如次：（一）綱要第三條規定之徵工事項，在國民義務勞動法未頒行前可暫依國民工役法及其有關法令辦理。（二）綱要第三條第一款，規定「戰時人民除中籤壯丁法定應免工役者外，其餘一律得徵服工役」一節，應由主管機關斟酌工役事業範圍，依其需要程度決定徵用一部或全部。（三）依軍事徵用法，征服補助軍事勤務人民，應准予折抵其應服工役時間。（四）綱要第三條第三款規定之丁稅貸金，其性質與國民工役法第七條規定之代役金完全相同，其繳納數額，應遵照行政院規定可暫行比照國民工役法第七條之規定辦理。（五）省級機關職掌徵工者，應爲社會處，如未設置社會處，則爲民政廳。准電前由，相應電復查照辦理爲荷。社會部（三十二）未勞義三印，

社會部公函　勞字第四九九二九號　三十二年七月二十一日

據成都市人力車業職業工會呈以公共汽車過量增加影響人力車業生計仍請加以限制一案函請查照辦理見復由

據成都市人力車業職業工會本年六月廿六日會字五五號呈，以成都市公共汽車過量增加影響人力車生計，前經函請工商協進會轉請成都市政府予以限制，未奉令准，仍請加以限制，以維生活等情，到部。查公共汽車之行駛原爲便利交通，該會所請加以限制一節，未便照准；惟據稱有三萬餘車伕工人之生活受其影響，如果屬實，似車伕人數不無超越地方實際需要，應請貴府轉飭成都市政府查明實況，酌予調整或設法使之轉業以節人力。又查重慶市人力節制辦法，早奉明令頒佈，今已次第實施，足資參考，除批示外，相應檢附該辦法並抄附原呈，函請

查照轉飭辦理見復爲荷。

此致

四川省政府

附：檢送重慶市人力節制辦法一份（略）

社會部公函　勞字第五〇五七八號　三十二年八月五日

奉院令頒非常時期廠鑛工人受雇解雇限制辦法並廢止經濟部原頒非常時期工業技工管理規則函請查照辦理見復由

案奉　行政院卅二年四月八日仁玖字第八〇七一號訓令開：「查非常時期廠鑛工人受雇解雇限制辦法，業經本案公布應即通飭施行，經濟部原頒非常時期工業技工管理規則應予廢止，除分行外，合行抄發該項辦法，令仰知照幷轉飭所屬一體知照，」等因，計抄發非常時期廠鑛工人受雇解雇限制辦法一份，正遵辦間；復奉　行政院卅二年四月廿一日仁字第九〇五七號訓令開：「本院令頒非常時期廠鑛工人受雇解雇限制辦法，幷將經濟部原頒非常時期工業技工管理規則廢止一案，經呈奉　國民政府卅二年四月十三日渝文字第五五八號指令「准予備案」。除令知經濟部外仰卽知照，」各等因；奉此，除分別函令外，相應檢附原辦法，暨「呈報調查登記表冊及製發管制工人登記證注意事項」，並連同廠鑛工人調查登記表冊工人動態報告表，管制登記證式樣各一份函請查照，轉飭所屬廠鑛遵照辦理並希見復爲荷，此致

經濟財政等各部

各省市政府

附非常時期廠鑛工人受雇解雇限制辦法暨填報調查登記表冊及製發管制登記證注意事項」廠鑛工人調查登記表 工人動態報告表及管制登記證格式各一份（略）

社會部公函　勞字第五一四七六號　三十二年八月八日

據重慶市社會局呈請核示關於非常時期廠鑛工人受雇解雇限制辦法疑義一案函請查照由

案據重慶市社會局卅二年六月廿六日社元五字第五三五號呈，請核示關於非常時期廠鑛工人受雇解雇辦法疑義兩點：(一)奉頒辦法第二條：「凡雇用直接從事生產工人在十人以上之廠鑛適用本辦法，」依照此項辦法，非直接從事生產之廠鑛工人是否一例加以管制，或僅管制直接生產工人？應請解釋。(二)奉頒辦法第八條：「鑛廠爲前條解雇工人之請求時，應將管制登記證隨同呈繳，」而第九條第二項規定：「許其轉入他廠工作者，於其管制登記證上註明日期，並加蓋許可異動章，仍連同登記表發還本人收執，」依照前條規定廠鑛爲解雇工人請求時須呈繳管制登記證而後條第二項又規定：「仍連同登記表一併發還，」此項發還之登記證，如僅指廠鑛所存之一份，則第八條規定似有遺漏，如係指主管官署所呈之二份，則有轉無存或有存無轉，應請詳明指示，以便辦理等情到部，當經分別解釋如下：

(一)本辦法第二條：「凡雇用直接從事生產之工人，在十人以上之廠鑛適用此法，」係指廠鑛本身具有雇用直接生產工人在十人以上之條件，即可適用本辦法辦理而言，至凡符合上述條件適用本辦法之廠鑛，其所有工人無論直接從事生產，或非直接從事生產自應一律加以管制。

(二)本辦法第八條：「廠鑛為前條解雇工人之請求時，應將管制登記證隨同呈繳，」及第九條第二項規定：「許其轉入他廠鑛工作者於其管制登記證上註明日期並加蓋異動章仍連同登記表一併交本人收執，」關於前條規定因廠鑛於辦理之初，已造具工人調查登記表冊呈報主管官署有案，故廠鑛為解雇工人請求時，僅須呈繳管制登記證，以便主管官署為後條規定之處置，登記表自可不必一併附呈。至後條二項規定：「仍連同登記表一併發還」一節，係指廠鑛所存之一份而言，即主管官署許其轉入其他廠鑛工作者，於管制登記證上註明日期並加蓋許可異動章發還原廠鑛後，原廠鑛應即將管制登記證連同登記表一併轉交該工人收執，該工人既經准解雇，對該工人登記表自無續行保存之必要也。以上兩項，除指復外，事關解釋法令，相應函請查照，並請轉飭所屬知照為荷。此致

中央各部會
各省市政府

社會部訓令　勞字第四九七〇九號　三十二年七月十七日

令雲南省社會處

為據勞動局案呈調查滇緬路失業司機情況茲規定救濟辦法二項令仰遵辦具報由

本部勞動局案呈：據報現有留昆失業汽車司機，為數甚鉅，大部流離失所，生活無法維持，惟查此輩司機，過去搶運物資，均曾著有勞績，徒因滇緬公路為敵阻斷，以致陷於失業等情，值此人力動員之際，該項失業司機，自應積極設法收容安置，茲規定救濟辦法二項如下：(一)現有留昆失業司機，由該處即行舉辦調查登記並造冊（冊式自訂）報部備查。(二)業經登記之失業司機，一面由該處負責就近向外介紹工作，其經介紹就業之司機應另行冊（冊式自訂）報，一面由勞動局派員前往交通部所屬各公路運輸機關免費運送各指定地點就業。以上二項除由該局分別接洽外，合行令仰該處遵照迅即辦理具報為要！此令。

社會部訓令

勞字第五二一四五號　三十二年九月四日

令各省市社會行政機關

爲令飭轉各地方有關國家總動員業務機關廠場從速填具人力需要預計表以便統籌辦理由

查本部前爲調查有關國家總動員業務之各機關團體（廠場）所需技術員工及一般勞力狀況，經於本年四月廿九日勞字第四五三八號訓令，頒發人力需要預計表令飭轉發各地方有關動員業務各機關團體廠場依式填報。於本（卅二）年六月底前彙送來部在案，爲時已逾兩月，經查已填就送部者固多，迄未彙報者亦復不少，合行令仰遵照從速填報以便統籌辦理。再查已填就之人力需要預計表間有不明調查用意，誤列現有人數者，應於轉飭催報時參照原表背面所附調查各機關團體廠場人力需要辦法第一四條之規定辦理，并仰遵照爲要。此令。

社會部核准備案人民團體動態統計

三十二年七月至九月

團體類別	組織			改選			改組			整理		
	團體數	會員數	團體會員數	團體數	會員數	團體會員數	團體數	會員數	團體會員數	團體數	會員數	團體會員數
總計	444	90,910	718	192	30,775	251	570	96,052	1,872	60	4,825	407
職業團體	385	82,765	718	163	24,945	251	534	91,989	1,872	51	4,043	407
農會	151	67,902	184	32	10,053	45	159	63,971	120	6	773	30
漁會	2	1,173		1	476							
工會	45	6,142	104	45	11,769	20	78	16,620	94	14	1,599	9
工商業團體	152	4,386	430	76	1,764	186	285	10,669	1,658	23	454	368
自由職業團體	35	3,162		9	883		12	729		8	1,217	
社會團體	59	8,145		29	5,830		36	4,063		9	782	

說明：1.資料來源：根據本部統計處七月份至九月份人民團體動態統計彙編。

2.上表所列「會員」除工商業團體爲公司行號外，餘皆爲個人。

徵集　國民政府林故主席史料啓事

案准中國國民黨中央執行委員會祕書處渝(32)機字一四五一一號公函內開准國民政府林故主席治喪委員會函爲經第三次委員會議決定　林故主席嘉言懿行及墨跡由黨史史料編纂委員會征集希轉函照辦等由除函復外相應函達卽希查照辦理等由除分函有關各機關征集外至希各界人士將各地同志對於　林故主席之嘉言懿行及墨跡與其有關之照片遺文遺物書籍等同爲廣事搜集迅行掛號郵寄重慶山洞輯園本會查收其不能以原物捐贈或須翻攝抄錄者并請先行開示內容及費用與本會函洽辦理此啓

中國國民黨中央執行委員會黨史史料編纂委員會啓　三十二年九月　日